KB273788

해설, 판례, 소장 작성례와 함께 살펴 본

이기는 가사소송!

편저 구희진

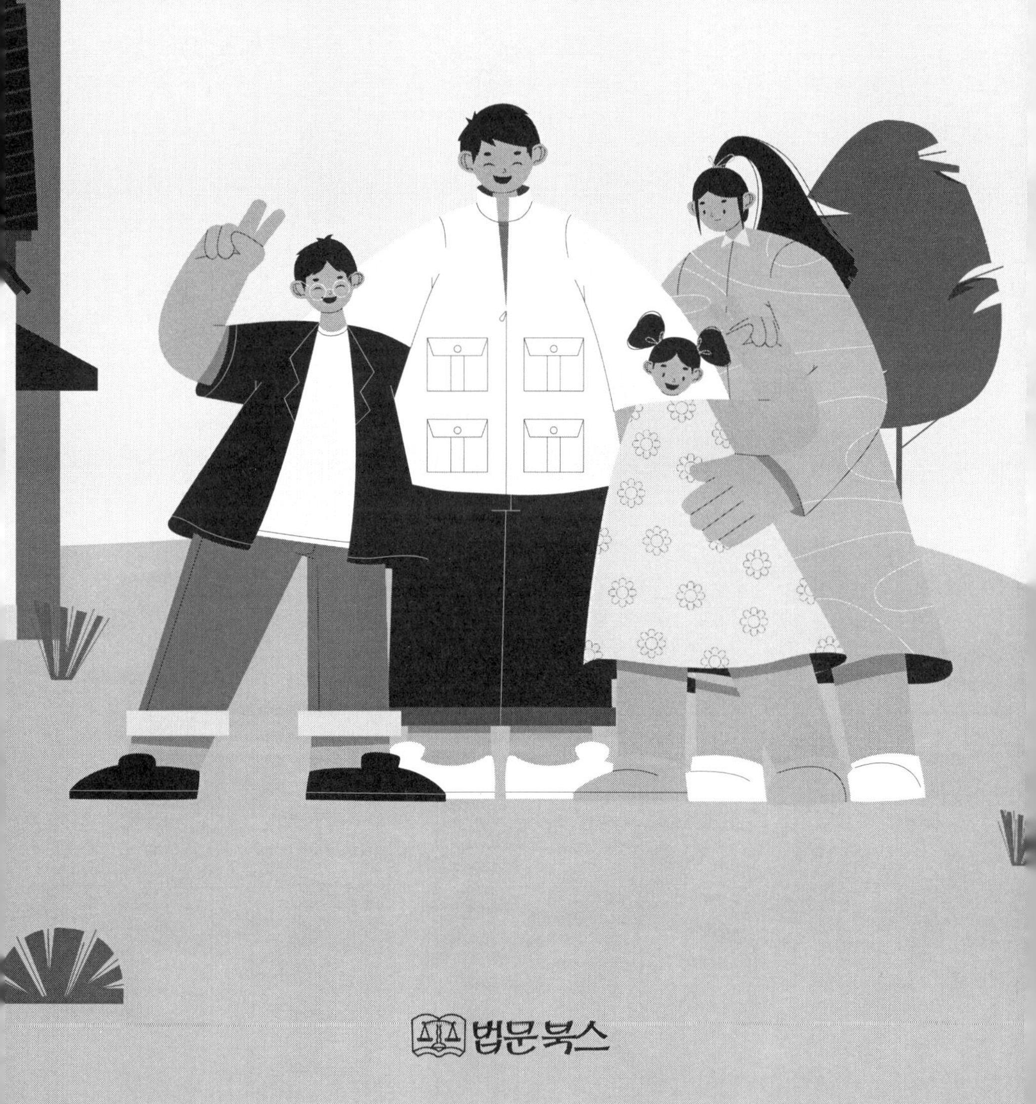

법문북스

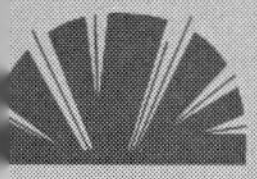

머 리 말

　가족제도가 산업이 급격하게 발전함에 따라 인간관계도 복잡하게 변화를 하게 되어 가족 간에 다양한 분쟁이 발생하게 되었습니다. 즉, 부부간의 분쟁으로 인한 혼인무효, 이혼과 재산분할 문제, 자녀의 양육과 부양료 문제, 친생자 관계 문제 등과 가족 간의 상속과 유언에 관한 문제 등 복잡한 법률상의 분쟁이 지속적으로 많은 가사사건이 발생하게 되었습니다.

　이러한 가사사건을 신속하고 공정하게 처리하기 위하여 정부에서는 기존에 존재하던 '인사소송법'과 '가사심판법'을 폐지하고, '가사소송법'을 새로이 제정하였습니다. 이 법은 인격의 존엄과 남녀의 평등을 기본으로 하고 가정평화와 친족 상조의 미풍양속을 유지·향상하기 위하여 가사에 관한 소송과 비송 및 조정에 대한 절차의 특례를 규정함을 목적으로 제정된 법률입니다.

　가사소송(家事訴訟)은 가정법원이 가정 내나 친족 간의 분쟁 등에 대하여 소송 절차에 의하지 않고 특례절차에 의해 심리 재판하는 제도를 말합니다. 혼인 관계 소송, 부모와 자 관계, 친생자 관계와 입양 관계 소송, 호주 승계 관계 소송 등이 이에 속합니다. 넓은 의미의 가사소송은 가정법원의 전속관할에 속하는 소송으로, 그 성질에 따라 가사 사건을 가사소송사건과 가사비송사건으로 나뉘며, 가사소송사건은 가·나·다류로 분류하여 판결로, 가사비송사건은 라류 및 마류로 세분하여 심판으로 처리하며, 그중에서 나류와 다류 가사소송사건과 마류 가사비송사건은 조정의 대상으로 합니다.

　이 책에서는 이와 같이 복잡하고 다양한 가사사건 중에서 가사소송에 해당하는 사건들 만을 분류하여 해설과 관련 소장의 작성례와 관련 판례들을 함께 알기 쉽게 풀이하여 체계적으로 정리하여 수록하였습니다. 이러한 자료들은 대법원의 판례와 각종 양식, 법제처의 찾기 쉬운 생활법령정보, 대

한법률구조공단의 법률서식 등을 참고하였으며, 이를 종합적으로 정리·분석
하여 일목요연하게 편찬하였습니다.

이 책이 가사소송사건 절차를 잘 몰라서 가정 및 친족간에 서로 권리를
침해받아 억울하게 피해를 받으신 분이나 손해를 당한 분, 또 이들에게 조
언을 하고자 하는 실무자에게 큰 도움이 되리라 믿으며, 열악한 출판시장임
에도 불구하고 흔쾌히 출간에 응해 주신 법문북스 김현호 대표에게 감사를
드립니다.

2025.

편저자

Section 3. 인지의 무효 ································· 47

[1] 인지의 의의 ·· 47

[2] 인지 무효의 소 ·· 47

[3] 인지 무효의 소장 작성례 ···································· 49

Section 4. 친생자관계존부확인 ···················· 56

[1] 친생자관계존부확인의 소 ·································· 56

Section 7. 인지의 취소 ····················· 217

[1] 인지 ··· 217

[2] 인지에 대한 소장 작성례 ····················· 219

[3] 관련판례 ······················ 279

Section 13. 친양자 입양의 취소 ······················ 282

[1] 친양자 입양의 취소 ······················ 282

[2] 친양자 입양의 취소의 소 ······················ 282

[3] 친양자 입양취소의 소장 작성례 ······················ 285

[4] 관련판례 ······················ 291

Section 14. 친양자의 파양 ······ 293

Chapter 2. 혼인의 무효·취소, 이혼의 무효·취소 또는 이혼을 원인으로 하는 손해배상청구 (제3자에 대한 청구를 포함한다) 및 원상회복의 청구 ······· 326

Part 1.
가사소송·가사조정 알아보기

[1] 가사소송이란?

1. 의의

① 가사소송은 혼인·친자·양자 등의 기본적인 신분관계에 관한 분쟁 및 그와 관련된 재산관계에 관한 분쟁 중 가사소송법이나 가사소송규칙 또는 다른 법률의 규정에 의하여 가정법원의 권한에 속하는 사건을 대심적 구조의 소송절차에 의하여 처리하는 재판절차라고 할 수 있습니다.

② 가사소송은 사인간의 신분관계에 관한 분쟁을 대상으로 하고, 그 절차는 기본적으로 민사소송법에 의하여 진행됩니다.

2. 가사소송사건의 종류

① 가류 가사소송사건
진실한 신분관계와 가족관계등록부의 기재 등에 의하여 공시되어 있는 외형상 신분관계의 불일치를 이유로 하는 확인의 소이며, 조정의 대상이 안 됩니다.
- 혼인의 무효
- 이혼의 무효
- 인지의 무효
- 친생자관계존부확인
- 입양의 무효
- 파양의 무효

② 나류 가사소송사건
신분관계의 형성·변경을 목적으로 하는 형성의 소이며, 조정의 대상이 됩니다.
- 사실상혼인관계존부확인
- 혼인의 취소

- 이혼의 취소
- 재판상 이혼
- 부(父)의 결정
- 친생부인
- 인지의 취소
- 인지에 대한 이의
- 인지청구
- 입양의 취소
- 파양의 취소
- 재판상파양
- 친양자 입양의 취소
- 친양자의 파양

③ 다류 가사소송 사건

가류 또는 나류 가사소송사건에 속하는 분쟁을 기초로 하는 재산상의 청구이며, 조정의 대상이 됩니다.

- 약혼해제 또는 사실혼관계부당파기로 인한 손해배상청구(제3자에 대한 청구를 포함한다) 및 원상회복의 청구

- 혼인의 무효·취소, 이혼의 무효·취소 또는 이혼을 원인으로 하는 손해배상청구(제3자에 대한 청구를 포함한다) 및 원상회복의 청구

- 입양의 무효·취소, 파양의 무효·취소 또는 파양을 원인으로 하는 손해배상청구(제3자에 대한 청구를 포함한다) 및 원상회복의 청구

- 민법 제 839조의3에 따른 재산분할청구권 보전을 위한 사해행위 취소 및 원상회복의 청구

[2] 가사조정절차란?

1. 의의

① 분쟁이 발생한 경우에 소송을 통한 판결에 의하기보다 당사자의 타
협과 양보로 신속하고 경제적으로 분쟁을 해결하기 위하여 설치된
제도이며 법관이나 학식과 덕망이 높은 사회저명인사로 구성된 조
정위원이 조정을 주재하게 됩니다.

② 특히 이혼사건의 경우 조정을 통하여 일차적으로 건전한 혼인의 지
속을 권유하고 부득이하게 이혼을 할경우에도 당사자와 그 자녀에
게 미치는 피해를 우선적으로 고려하여 처리함으로써 가정의 파탄
에 따른 충격을 최소화 할 수 있는 가장 합리적인 절차입니다.

2. 가사조정 절차의 주요 단계

가사조정 절차는 가사사건에서 당사자 간 분쟁을 법원이 중재해 합
의에 이르도록 돕는 비소송 절차입니다.

① 1단계: 조정신청 또는 회부
가사소송(이혼, 혼인무효 등)은 원칙적으로 법원이 조정절차에 회부
해야 하며, 당사자가 직접 조정신청을 할 수도 있습니다. 조정위원
회는 판사 1인과 일반 조정위원 2인 이상으로 구성됩니다.

② 2단계: 조정 진행 및 합의 도출
조정위원회는 양 당사자의 의견을 듣고, 신분·재산상 이해관계를 조
율해 합의(조정조서 작성)를 유도합니다. 조정이 성립되면 조정조서
는 확정판결과 동일한 효력을 가집니다.

③ 3단계: 조정이 불성립 시
합의가 이루어지지 않으면 소송으로 전환되어 일반 가사소송 절차
가 진행됩니다.

3. 알아두면 좋은 점

① 조정절차는 신속하고 비용이 적게 들며, 당사자 합의가 핵심입니다.

② 조정조서는 집행력도 인정되므로, 분쟁 해결에 효과적입니다.

4. 가사조정의 흐름도

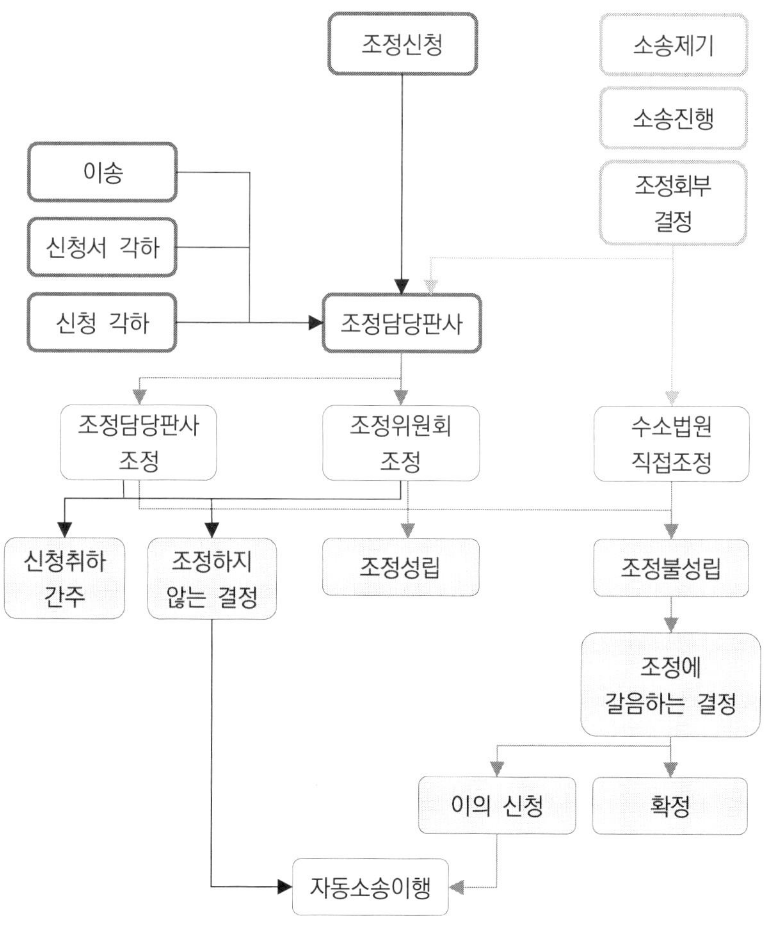

① 가사조정은 크게 가사조정신청에 의한 조정과 가정법원이 직권으로 가사조정에 회부하는 조정으로 나누어 볼 수 있습니다.

② 민사사건과는 달리 가사사건에 있어서는 조정전치주의가 일부 채택되어 있습니다. 즉 나류 및 다류 가사소송사건과 마류 가사비송사건에 관하여 당사자가 가사조정을 신청하지 아니하고 소를 제기하거나 심판 청구를 한 때에는 가정법원이 직권으로 가사조정에 회부하여야 합니다.

③ 가사조정신청은 서면 또는 구술로 할 수 있습니다. 가사조정을 함에 있어서는 사건의 진상과 당사자 주장의 진위, 당사자의 가정환경·재산상태 등의 주변상황을 파악할 필요가 있으므로, 가사조정절차에서는 특별한 사정이 없는 한 조정을 하기 전에 가사조사관으로 하여금 사건에 관한 사실의 조사를 하도록 하고 있습니다.

④ 조정절차를 진행한 결과 사건의 성질상 조정을 함에 적당하지 아니하다고 인정하거나 당사자가 부당한 목적으로 조정신청을 한 것임을 인정하는 때에는 조정을 하지 아니하는 결정으로 사건을 종결시킬 수 있습니다.

⑤ 당사자 사이에 합의가 이루어지고 조정기관이 그 합의가 상당하다고 인정하여 조서에 기재하면 조정이 성립합니다. 조정조서는 당사자가 임의로 처분할 수없는 사항을 제외하고는 확정판결과 동일한 효력이 있습니다.

⑥ 당사자 사이에 조정이 성립되지 않는 경우에는 조정 불성립으로 조서에 기재하고 사건을 종결하게 되는데, 이때에는 상당한 이유가 없는 한 직권으로 조정에 갈음하는 결정을 하여야 합니다.

⑦ 조정에 갈음하는 결정에 대해서는 그 조서정본을 송달받은 날부터 2주일 이내에 이의신청을 할 수 있고, 적법한 이의신청이 있으면 소송으로 이행됩니다.

5. 조정기일 출석

① 조정에 임하는 태도 당사자 본인은 조정기일에 반드시 출석하여 자신의 입장을 표명하되, 다음의 사항을 고려하여 주시기 바랍니다.

  - 상대방에 대한 증오나 적개심을 버리고 자녀에 대한 미래와 주변을 다시 한 번 살펴보는 현명하고 지혜로운 판단이 필요합니다. 자신의 주장을 내세우기 전에 상대방의 의견을 경청하고 조정기관이 제시하는 제안을 진지하게 받아들이는 부드러운 자세가 반드시 요구됩니다.

  - 조정신청서를 받은 피신청인(피고)은 답변서를 제출할 수 있고 신청인(원고)은 준비서면 등을 제출할 수 있으나, 다만 그 서면에 상대방을 폄하하거나 비방하는 내용이 부가되는 경우에는 원만한 조정에 방해가 될 수 있으므로 조정절차에서는 가능하면 위와 같은 서면의 제출은 자제하여 주시기 바랍니다.

② 조정의 효과조정이 성립되지 않으면 법정공방이 예상되는 소송절차로 복귀됩니다.

  - 조정이 원만하게 성립될 경우 그 효력은 재판상 확정판결과 동일합니다.

  - 당사자가 조정기일소환장을 받은 후에 불출석할 경우에는 강제로 조정결정을 할 수 있으며, 만일 당사자가 불복할 경우에는 강제조정결정서를 송달받은 날로부터 14일 이내에 이의신청서를 제출하면 강제조정결정은 그 효력을 잃고 조정절차는 종료되며 소송절차로 복귀됩니다.

[3] 소송절차와 조정절차의 차이점

1. 소송절차

분쟁당사자 쌍방이 권리를 주장하고 다툼 있는 사실관계에 대한 증거를 제출하면 법원이 어느 당사자의 주장이 옳은지를 판단하여 판결로서 분쟁을 경제적으로 해결하는 제도입니다.

2. 조정절차

분쟁당사자로부터 주장을 듣고 여러 사정을 참작하여 상호 타협과 양보에 의하여 평화적으로 해결하는 제도입니다.

Part 2.
가사소송사건(가류) 알아보기

Section 1. 혼인의 무효

[1] 혼인의 무효 사유

다음의 어느 하나에 해당하는 경우에는 결혼이 무효입니다(「민법」 제809조제1항 및 제815조).

- 당사자 사이에 혼인에 대한 합의가 없는 경우

- 8촌 이내의 혈족(친양자의 입양 전 혈족 포함) 사이에 혼인한 경우

- 당사자 사이에 직계인척관계가 있거나 있었던 경우

- 당사자 사이에 양부모계의 직계혈족관계가 있었던 경우

[2] 혼인의 무효소송

1. 의의

혼인성립 이전의 단계에서 그 성립요건의 흠으로 유효한 혼인이 성립하지 않음을 주장하는 재판으로, 사유는 크게 당사자 사이에 혼인의 합의가 없는 때와 당사자 사이가 근친(8촌 이내의 혈족관계, 직계인척관계가 있거나 있었던 때, 양부모계의 직계혈족관계가 있었던 때)일 때로 나눌 수 있습니다(민법 제815조).

2. 관할

① 부부가 같은 가정법원의 관할구역 내에 주소지가 있을 때에는 그 가정법원

② 부부가 최후의 공동의 주소지를 가졌던 가정법원의 관할구역 내에 부부 중 일방의 주소가 있을 때에는 그 가정법원

③ 위의 각 경우에 해당하지 아니하는 경우로서 부부중 어느 한쪽이 다른 한쪽을 상대로 할 경우에는 상대방의 보통재판적이 있는 곳의

가정법원, 부부 모두를 상대로 하는 경우에는 부부 중 어느 한쪽의 보통재판적이 있는 곳의 가정법원

④ 부부 일방이 사망한 경우는 생존한 타방의 주소지 가정법원

⑤ 부부 쌍방이 사망한 경우는 부부 중 일방의 최후 주소지의 가정법원

⑥ 가정법원 관할은 전속관할

3. 원고적격

혼인무효 : 당사자, 법정대리인 또는 4촌 이내 친족, 이해관계인

4. 피고적격

상대방 배우자. 부부(당사자 이외의 사람이 소를 제기할 때), 검사 (상대방으로 될 사람이 모두 사망한 때)

5. 관련 사건의 병합 문제

① 일반적으로 혼인의 무효나 취소 청구의 소에는 예비적·선택적으로 재판상 이혼청구가 병합되거나 위자료 청구가 병합되는 경우가 있다.

② 혼인의 무효를 청구하면서 예비적으로 혼인의 취소 청구를 할 수도 있다.

6. 판결확정 후의 절차

소를 제기한 자는 판결확정일로부터 1개월 이내에 시(구)·읍·면의 장에게 그 취지를 신고하여 등록부의 정정을 신청하여야 한다.

① 혼인 무효 사유가 있는 경우에는 당사자, 법정대리인 또는 4촌 이내의 친족이 가정법원에 혼인무효소송을 제기할 수 있습니다(「가사소송법」 제23조).

② 부부 중 어느 한쪽이 소송을 제기한 경우에는 배우자가 상대방이 되고, 제3자가 소송을 제기한 경우에는 부부(부부 중 어느 한쪽이

사망한 경우에는 그 생존자)가 상대방이 됩니다. 만약 소송의 상대
방이 될 사람이 사망한 경우에는 검사가 상대방이 됩니다(「가사소송
법」 제24조제1항, 제2항 및 제3항).

③ 혼인무효소송은 가정법원의 조정 절차를 거치지 않습니다[「가사소송
법」 제2조제1항제1호가목1) 및 제50조제1항 참조].

7. 혼인의 무효 효과

① 혼인이 무효가 되면 당사자는 처음부터 부부가 아니었던 것으로 되
고, 당사자 사이에 출생한 자녀는 혼인 외의 출생자가 됩니다(「민
법」 제855조제1항 참조).

② 당사자 일방의 과실로 혼인이 무효가 됐다면 상대방은 이로 인한
재산상·정신상의 손해배상을 청구할 수 있습니다(「민법」 제806조제
1항·제2항 및 제825조).

[3] 국제혼인의 무효

1. 결혼의 성립요건에 관해 무효·취소사유가 있는 경우

혼인의 성립요건에 관해 무효·취소사유가 있는 경우에는 다음의 구
분에 따라 준거법이 결정됩니다(「국제사법」 제63조 참조).

1. 내용적 성립요건은 각 당사자의 본국법

2. 형식적 성립요건은 혼인이 외국에서 이루어지면 혼인이 이루어진
그 외국법 또는 당사자 한쪽의 본국법, 대한민국에서 혼인을 하는
경우 당사자 중 한쪽이 대한민국 국민인 때에는 대한민국 「민법」

2. 혼인의 효력에 관해 무효·취소사유가 있는 경우

① 혼인의 효력에 관해 무효·취소사유가 있는 경우에는 다음에서 정한
법의 순위에 따라 준거법이 결정됩니다(「국제사법」 제64조).

1. 부부의 동일한 본국법

2. 부부의 동일한 일상거소지법

3. 부부와 가장 밀접한 관련이 있는 곳의 법

② 해당 장소가 부부와 가장 밀접한 관련이 있는 곳인지는 구체적 상황에서 당사자의 체류기간, 체류목적, 가족관계, 근무관계 등 관련 요소를 종합적으로 고려해서 결정됩니다.

3. 대한민국 「민법」이 준거법인 경우 혼인의 무효

① 혼인의 무효사유

당사자 사이에 혼인의사의 합의가 없는 경우에는 혼인 무효사유에 해당합니다(「민법」 제815조).

② 혼인무효확인의 소

- 혼인무효확인의 소를 제기하기 위해서는 조정을 거칠 필요가 없으며, 「가사소송법」에서 관할, 제기권자, 상대방 등에 대해서 규정하고 있습니다(「가사소송법」 제2조제1항, 제22조부터 제24조까지 및 제50조제1항).

- 혼인무효확인의 소는 당사자, 법정대리인, 4촌 이내의 친족이 제기할 수 있습니다(「가사소송법」 제23조).

- 혼인무효확인의 소에 관한 자세한 내용은 이 콘텐츠의 〈국제결혼 일반-국제결혼 해소-이혼〉에서 확인할 수 있습니다.

4. 혼인무효의 효과

① 당사자 사이의 효과

결혼이 무효가 되면 당사자는 처음부터 부부가 아니었던 것이 되므로, 부부임을 기초로 한 상속·권리변동은 모두 무효로 됩니다. 또한, 결혼의 무효에 관해 당사자 일방에게 과실(過失)이 있으면 상대방은 그 당사자에 대해 재산상 또는 정신적 손해의 배상을 청구할 수 있습니다(「민법」 제806조 및 제825조).

② 자녀에 대한 효과

당사자 사이의 출생자는 결혼 외의 출생자가 됩니다(「민법」 제855
조제1항).

[4] 혼인의 무효소송 소장 작성례

■ 혼인무효확인의 소(법원양식)

혼인무효확인의 소

원 고:　　　　　　　　(연락 가능한 전화번호:　　　　　　　　　)
주민등록번호:
　　　주　　　소:
　　　송 달 장 소:
　　　등 록 기준지:
피 고:
주민등록번호:
　　　주　　　소:
　　　등 록 기준지:

청 구 취 지

1. 원고와 피고 사이에 [　　년　월　일]　　(시,도)　　(시,군,
구)　　청장　　에게 신고하여 한 혼인은 무효임을 확인한다.
2. 소송비용은 피고가 부담한다.
라는 판결을 구합니다.

청 구 원 인

(소송을 제기하는 사유를 구체적으로 기재하십시오.)

첨 부 서 류

1. 혼인관계증명서(원고, 피고)   각 1통
2. 가족관계증명서(상세)(원고, 피고)   각 1통
3. 주민등록표등(초)본(원고,피고)   각 1통
4. 혼인신고서사본   1부
5. 소장부본   1부

20   .   .   .

원고   (서명 또는 날인)

법원   귀중

휴대전화를 통한 정보수신 신청

위 사건에 관한 재판기일의 지정·변경·취소 및 문건접수 사실을 예납의무자가 납부한 송달료 잔액 범위 내에서 아래 휴대전화를 통하여 알려주실 것을 신청합니다.

▣ **휴대전화번호:**

20   .   .   .

신청인   원고   (서명 또는 날인)

※ 문자메시지는 재판기일의 지정·변경·취소 및 문건접수 사실이 법원재판사무시스템에 입력되는 당일 이용 신청한 휴대전화로 발송됩니다.

※ 문자메시지 서비스 이용 금액은 메시지 1건당 17원씩 납부된 송달료에서 차감됩니다(송달료가 부족하면 문자메시지가 발송되지 않습니다.).

※ 추후 서비스 대상 정보, 이용 금액 등이 변동될 수 있습니다.

※ 휴대전화를 통한 문자메시지는 <u>원칙적으로 법적인 효력이 없으니 참고 자료로만</u> 활용하시기 바랍니다.

◇ **유의 사항** ◇

1. 소장에는 인지액 20,000원 상당의 금액을 현금이나 신용카드·직불카드 등으로 납부한 내역을 기재한 영수필확인서를 첨부하여야 합니다.
2. 송달료는 당사자 수 ×우편료 × 15회분을 송달료 취급 은행에 납부하고 납부서를 첨부하여야 합니다.

[작성례 ①] 혼인무효확인 등의 소(일방적 혼인신고)

<h1 align="center">소　　　장</h1>

원　고　○　○　○ (○○○)
　　　　　　　1900년 ○월 ○○일생
　　　　　　　등록기준지　　○○시 ○○구 ○○길 ○○
　　　　　　　주소　　○○시 ○○구 ○○길 ○○ (우편번호)
　　　　　　　전화　　○○○ - ○○○○

피　고　△　△　△ (△△△)
　　　　　　　1900년 ○월 ○일생
　　　　　　　등록기준지　　○○시 ○○구 ○○길 ○○
　　　　　　　주소　　○○시 ○○구 ○○길 ○○ (우편번호)
　　　　　　　전화　　○○○ - ○○○○

<h2 align="center">혼인무효확인 등의 소</h2>

<h2 align="center">청　구　취　지</h2>

1. 원고와 피고의 혼인신고 (20○○년 ○○월 ○○일 ○○구청장 접수)는 무효임을 확인한다.
2. 피고는 원고에게 금15,000,000원 및 소장부본 송달 다음날부터 다 갚는 날까지 연 20%의 비율에 의한 금원을 지급하라
3. 소송비용은 피고가 부담한다.
4. 제2항은 가집행할 수 있다.
라는 판결을 구합니다.

<h2 align="center">청　구　원　인</h2>

1. 피고 △△△은 원고의 스토커로 2년동안 줄기차게 원고에게 구혼을 요구하였으나 원고는 따로 결혼을 약속한 사람이 있어 피고와의 혼인을 단호

히 거부하였습니다.

2. 그러나 피고는 원고의 동의 없이 20○○년 ○○월 ○○일 ○○구청에서 혼인신고를 하였습니다.

  이 사실을 모르고 원고는 소외 □□□과 ○○예식장에서 20○○년 ○월 ○일 결혼식을 올리고 6월 뒤인 20○○년 ○월 ○일에 혼인신고를 하려던 차에 이미 피고와 혼인신고가 되어 있음을 이유로 소외 □□□와 말다툼 끝에 서로 헤어지는 결과를 초래하였습니다.

3. 이에 원고는 혼인무효확인을 구함과 아울러 피고의 불법행위에 대한 위자료 금15,000,000원을 청구하기에 이른 것입니다.

입 증 방 법

1. 갑 제1호증	혼인관계증명서
1. 갑 제2호증	주민등록등본
1. 갑 제3호증	결혼식 사진
1. 갑 제4호증	증언서

첨 부 서 류

1. 위 입증방법	각 1통
1. 소장부본	1통
1. 납부서	1통

20○○년 ○월 ○일

원 고   ○ ○ ○ (서명 또는 날인)

○ ○ 가 정 법 원 귀 중

[작성례 ②] 혼인무효확인 청구의 소(혼인 불합의)

소　　　장

원 고　이 ○ ○ (주민등록번호)
　　　　등록기준지 : ○○시 ○○구 ○○길 ○○
　　　　주소 : ○○시 ○○구 ○○길 ○○(우편번호)

피 고　텐 △△△ (TEN. △△△)
　　　　1900년 ○월 ○일생, 여
　　　　국적 : 카자흐스탄
　　　　최후 주소 : ○○시 ○○구 ○○길 ○○(우편번호)

혼인무효확인청구의 소

청　구　취　지

1. 가. 주위적 청구
　원고와 피고 사이에 2000. ○. ○. ○○시 ○○구청장에게 신고하여
　한 혼인은 무효임을 확인한다.
　나. 예비적 청구
　원고와 피고는 이혼한다.
2. 소송비용은 피고가 부담한다.
라는 판결을 구합니다.

청　구　원　인

1. 원고는 1900. ○.경부터 □□□ 교회에 다니다가 □□□에서 주최하는
　국제 합동결혼식절차를 통하여 2000. ○. ○. 한국 ◎◎회관에서 카자
　흐스탄 국적의 피고와 결혼식을 거행하고, 2000. ○. ○. ○○시 ○○
　구청장에게 혼인신고를 함으로써 가족관계등록부상으로는 피고와 부부
　로 되어 있습니다.

2. 그런데 원고는 위 결혼식 이전에는 피고를 만나 본 사실이 없고 서로 사진만 본 상태에서 □□□에서 정해주는 절차에 따라 피고와 결혼식을 올렸습니다. 그리고 결혼식 후에도 즉시 혼인생활을 위한 동거에 들어가지 못하는 □□□ 교리에 따라 피고는 원고와 떨어져 ○○시 ○○구 ○○동 ○○ 소재 □□□ 기숙사에서 40일을 지내야 하였고, 그 기간을 도과한 이후에서야 원·피고는 비로소 정식으로 혼인생활에 들어가도록 예정되어 있었습니다.

   따라서 원고는 피고와 결혼식만 올렸을 뿐, 육체관계나 동거 한번 없이 피고의 국내 체류기간 연장을 위하여 20○○. ○. ○. 피고와 혼인신고를 하였던 것입니다.

3. 그러나 피고는 위 □□□의 별거기간을 끝내고 원고와 혼인생활에 들어가기로 예정되어 있던 바로 전날인 20○○. ○. ○. 비자와 여권을 가지고 도망을 가서 지금까지 소재불명상태인바, 출입국사실을 확인해 본 결과 아직 국내 체류 중으로 되어 있었습니다. 피고의 여권은 원래 원고가 보관하고 있었는데 피고가 □□□의 교구장 목사를 통하여 자신의 여권을 돌려 달라고 사정하는 바람에 20○○. ○. ○. 마지못해 피고에게 여권을 주었는데 여권을 받은 바로 다음날 사라진 것입니다.

4. 위와 같은 사실을 종합해 볼 때 피고는 원고와 혼인할 의사 없이 단지 한국에 입국할 목적으로 원고를 기망하여 혼인신고를 한 것으로서 원·피고의 혼인은 혼인 당사자 간에 혼인에 관한 실질적 합의가 결여된 상태에서 이루어진 것으로서 무효라 할 것입니다.

   가사 혼인무효가 인정되지 않는다 하더라도, 민법 제840조 제2호 소정의 재판상이혼사유인 "악의의 유기"에는 해당된다고 할 것입니다.

5. 따라서 원고는 청구취지 기재와 같이 주위적으로는 혼인무효확인을 구하고 예비적으로 재판상 이혼을 구하기 위하여 이 건 소제기에 이르렀습니다.

입　증　방　법

1. 갑 제1호증　　　　혼인관계증명서
1. 갑 제2호증　　　　주민등록등본
1. 갑 제3호증　　　　피고여권사본

1. 갑 제4호증   가출인신고 접수증
1. 갑 제5호증   출입국에관한사실증명
1. 갑 제6호증   원고본인진술서

첨　　부　　서　　류

1. 소장 부본   1통
1. 위 각 입증방법   각 1통
1. 위임장   1통
1. 납부서   1통

20○○년　○월　○일

위　원고　　　　　　　(서명 또는 날인)

○ ○ 가 정 법 원　　　　　　귀 중

[작성례 ③] 혼인무효확인 청구의 소(당사자 간 직계혈족)

소　　　　　장

원　고　○ ○ ○ (○○○)
　　　　1900년 ○월 ○일생
　　　　등록기준지　○○시 ○○구 ○○길 ○○
　　　　주소　○○시 ○○구 ○○길 ○○ (우편번호)
　　　　전화　○○○ - ○○○○

피　고　△ △ △ (△△△)
　　　　1900년 ○월 ○일생
　　　　등록기준지　○○시 ○○구 ○○길 ○○
　　　　주소　○○시 ○○구 ○○길 ○○ (우편번호)
　　　　전화　○○○ - ○○○○

혼인무효확인청구의 소

청 구 취 지

1. 원고와 피고 사이에 20○○. ○. ○. ○○시 ○○구청장에게 신고하여
   한 혼인은 무효임을 확인한다.
2. 소송비용은 피고가 부담한다.

라는 판결을 구합니다.

청 구 원 인

1. 피고 △△△은 원고의 이종사촌이었으나 원고의 어머니와 피고의 어머
   니가 1951년 8월경 피란 도중 헤어지게 되어 이를 알지 못하고 피고
   와 원고는 같은 대학 같은 학과에 입학하여 서로에게 호감을 갖고 사귀
   던 중 결혼을 하고 19○○년 ○월 ○일 ○○구청에서 혼인신고를 하였
   습니다.
2. 이후 원고 어머니와 피고 어머니가 옛날 이야기를 하던 도중 서로가 6
   ·25때 헤어진 자매라는 사실을 알게되어 원고는 혼인무효확인을 청구
   하기에 이른 것입니다.

입 증 방 법

1. 혼인관계증명서	1통
1. 제적등본	1통
(또는, 가족관계기록사항에 관한 증명서)	1통
1. 결혼식 사진	1통
1. 증언서	1통

첨 부 서 류

1. 위 입증방법	각 1통
1. 소장부본	1통
1. 납부서	1통

20○○년 ○월 ○일

원   고   ○ ○ ○   (서명 또는 날인)

○ ○ 가 정 법 원   귀 중

[작성례 ④] 혼인무효확인 청구의 소(당사자 간 직계인척)

소   장

원   고   ○ ○ ○

　　　　1900년 ○월 ○일생

　　　　등록기준지   ○○시 ○○구 ○○길 ○○

　　　　주소   ○○시 ○○구 ○○길 ○○ (우편번호)

　　　　전화   ○○○ - ○○○○

피   고   김 △ △

　　　　1900년 ○월 ○일생

　　　윤 △ △

　　　　1900년 ○월 ○일생

　　　　○○시 ○○구 ○○길 ○○

　　위 피고들의 등록기준지   ○○시 ○○구 ○○길 ○○

　　　　주소   ○○시 ○○구 ○○길 ○○ (우편번호)

　　　　전화   ○○○ - ○○○○

혼인무효확인청구의 소

청 구 취 지

1. 피고들 사이에 20○○. ○. ○. ○○시 ○○구청장에게 신고하여 한 혼인은 무효임을 확인한다.
2. 소송비용은 피고들이 부담한다.

라는 판결을 구합니다.

청 구 원 인

1. 피고 김△△은 원고의 차녀이며, 같은 피고 윤△△는 20○○. ○. ○. 피고 김△△와 혼인신고를 한 법률상 부부로서 원고에게는 둘째 사위입니다.

2. 피고 김△△은 ○○제과 ○○대리점의 영업사원으로 근무하다 대리점 주인이었던 소외 망 윤▲▲와 혼인을 하였던 사실이 있습니다. 그러나 원고는 장성한 자식들이 있는 위 망 윤▲▲와 피고 김△△의 혼인관계를 인정할 수 없어 연락을 두절하고 살았는데, 그 후 몇 년 만에 위 망 윤▲▲가 사망하자 얼마 되지 않아 피고 김△△와 같은 피고 윤△△가 재혼하였다는 소식을 듣게 되었습니다.

3. 피고들은 결혼식을 올리지도 않고 동거에 들어가면서 혼인신고를 마친 후, 법률상 부부로서 살고 있었는데 이후 집안간 왕래하는 과정에서 피고 윤△△가 위 망 윤▲▲의 자로서 피고들 간에 직계인척 관계가 있었던 사실이 밝혀졌습니다.

4. 원고와 가족들은 위와 같은 청천 벽력같은 소식에 우선 당사자들에게 관계를 정리하고 모든 것을 없었던 상태로 되돌릴 것을 요구하였으나 당사자들은 이미 자신들이 법률상 부부이므로 헤어질 수 없다며 가족들의 요구를 거절하고 있습니다.

5. 원고와 가족들은 피고들이 원만히 이번 일을 해결하기를 바랐으나, 피고들은 가족들의 거듭된 요구를 거절하고 있고, 당사자들의 혼인은 민법 제815조 제3호에 해당되어 무효인 혼인에 해당되므로 원고가 스스로 피고들의 패륜적인 관계를 종결시키고자 본 소송에 이른 것입니다.

입 증 방 법

1. 갑 제1호증   가족관계증명서(김△△)
1. 갑 제2호증   가족관계증명서(윤△△)
1. 갑 제3호증   혼인관계증명서

첨 부 서 류

1. 위 입증방법   각 1통
1. 소장부본   2통

1. 납부서   1통

20○○년 ○월 ○일
원   고   ○ ○ ○ (서명 또는 날인)

○ ○ 가 정 법 원   귀 중

[5] 상담사례

■ 협의이혼으로 혼인관계가 해소된 이후에 혼인무효의 소를 제기할 수 있는지요?

[질문] 甲은 乙과의 혼인관계가 협의이혼신고에 의해 해소된 이후에 乙을 상대로 혼인무효의 소를 제기할 수 있나요?

[답변] 판례는 과거 일정기간 동안의 혼인관계의 존부의 문제라 해도 혼인무효의 효과는 기왕에 소급하는 것이고 그것이 적출자의 추정, 재혼의 금지 등 당사자의 신분법상의 관계 또는 연금관계법에 기한 유족연금의 수급자격, 재산상속권 등 재산법상의 관계에 있어 현재의 법률상태에 직접적인 중대한 영향을 미치는 이상 그 무효확인을 구할 정당한 법률상의 이익이 있다고 하였습니다(대법원 1978.7.11. 선고 78므7 판결).

나아가 판례는 혼인당사자 중 일방이 사망하면 그 혼인관계는 해소되고 따라서 기왕의 혼인관계는 과거의 관계로 된다고 볼 수 있는데 이러한 경우에도 검사를 상대방으로 하여 그 과거의 혼인관계의 무효확인을 구할 수 있도록 규정한 인사소송법 제27조 1항 내지 3항을 둔 근거도 바로 위와 같은 점에 있다고 생각되는데 다같은 과거의 혼인관계의 무효확인을 구하는 소의 이익문제에 있어서 그 혼인관계가 당사자 일방이 사망함으로써 해소된 경우와 당사자의 협의이혼으로 인하여 해소된 경우와를 구별하여 취급할 합리적 이유를 찾아 볼 수 없다고 하였습니다(대법원 1978.7.11. 선고 78므7 판결).

따라서 甲이 乙과의 혼인관계로 인해서 신분이나 재산상속 문제 등에 있어서 중대한 영향을 받고 있다면 乙을 상대로 혼인무효의 소를 제기할 수 있을 것으로 보입니다.

■ 이혼경력의 말소를 위하여 혼인무효확인청구를 할 수 있는지요?

[질문] 저는 甲과 혼인신고를 하고 살던 중 성격차이로 협의이혼을 한 사실이 있습니다. 최근 재혼하려고 보니 제 가족관계등록부에 협의이혼한 기록이 남아 있는데, 여자인 저로서는 그러한 등록부상의 기재가 앞으로 살아가면서 매우 부담스럽습니다. 만일 제가 甲과의 혼인은 당초부터 무효임을 주장하여 이혼경력의 기재를 없앨 수 있는 혼인무효소송을 제기한다면 인정받을 수 있는지요?

[답변] 혼인의 무효에 대하여는 「민법」 제815조가 규정하고 있는바, 그 사유로는 당사자 사이에 혼인의 합의가 없는 때, 근친혼인 때 등을 규정하고 있습니다.

문제는 이미 혼인이 해소된 경우에 다시 혼인관계의 무효확인을 청구할 수 있는지 여부입니다.

일반적으로 과거의 법률관계의 존부는 독립된 확인의 소의 대상이 될 수 없고, 그 과거의 법률관계의 존부의 확정은 단지 현재의 분쟁해결의 전제로 됨에 불과하여 사인(私人)간의 현재 현존하는 분쟁을 해결하려는 민사소송의 목적으로 보아 직접적이고 간명한 방법이 되지 않기 때문입니다(대법원 1993. 7.27. 선고 92다40587 판결 참조).

그러나 신분관계의 경우 그것을 기본으로 하여 수많은 법률관계가 계속하여 발생하고 그 효과가 널리 일반 제3자에게까지 미치게 되어 그로 인한 법률효과도 복잡다기한 경우에는 과거의 법률관계의 확인이라 하더라도 예외적으로 무효확인청구가 가능할 것입니다(대법원 1995. 9. 29. 선고 94므1553 판결 참조).

이와 관련하여 판례는 "과거 일정기간 동안의 혼인관계의 존부의 문제라 해도 혼인무효의 효과는 기왕에 소급하는 것이고 그것이 적출자의 추정, 재혼의 금지 등 당사자의 신분법상의 관계 또는 연금관계법에 기한 유족연금의 수급자격, 재산상속권 등 재산법상의 관계에 있어 현재의 법률상태에 직접적인 중대한 영향을 미치는 이상 그 무효확인을 구할 정당한 법률상의 이익이 있다."라고 하면서, 협의이혼으로 혼인관계가 형식상 해소되었다 하더라도 그와 같은 확인의 이익이 있는 이상 혼인무효의 소를 제기할 수 있다고 하였습니다(대법원 1978. 7. 11. 선고 78므7 판결, 1995. 11. 14 선고 95므694 판결).

이러한 판례의 입장에 따라 귀하의 경우를 판단해보면, 이미 해소된 혼인관계의 명예회복을 위한 혼인무효확인청구가 현재의 법률상태에 직접적인 중대한 영향을 미치는가가 문제됩니다.

그러나 대법원은 귀하의 경우와 같은 경우 혼인무효확인청구를 할 수 없다고 판단하고 있습니다. 즉, "청구인과 피청구인 사이의 혼인관계가 이미 협의이혼신고에 의하여 해소되었다면 청구인이 주장하는 혼인관계의 무효확인은 과거의 법률관계의 확인으로서 그것이 청구인의 현재의 법률관계에 영향을 미친다고 볼 자료가 없는 이 사건에 있어서 단순히 여자인 청구인이 혼인하였다가 이혼한 것처럼 호적(현행 가족관계등록부)상 기재되어 있어 불명예스럽다는 사유만으로는 확인의 이익이 없다."라고 하였습니다(대법원 1984. 2. 28. 선고 82므67 판결).

따라서 귀하의 경우 당사자의 신분법상의 관계, 상속권 등 재산법상의 관계에 있어 현재의 법률상태에 직접적인 중대한 영향을 미친다고 볼 수 없는 단순한 가족관계등록부상의 불명예라는 사유만으로는 이미 해소된 혼인관계의 무효를 다시 청구할 수는 없다고 보이며, 만일 다른 사유가 있어 확인의 이익이 인정되더라도 혼인이 무효라는 점에 대한 객관적 증거가 없다면 무효 판결을 받기 어렵습니다.

■ 혼인할 의사가 전혀 없음에도 상대 여성을 한국에 입국시킬 목적으로 혼인신고를 하여 공전자기록에 불실의 사실을 기재하게 하였다는 등의 범죄사실로 유죄판결을 받아 확정된 경우, 혼인무효판결을 받아야만 가족관계등록부를 정정할 수 있는지요?

[질문] 저는 중국 국적의 조선족 여성을 한국에 입국시킬 목적으로 혼인신고를 하였다가 최근 공전자기록불실기재 등의 범죄사실로 유죄판결을 받아 확정되었습니다. 이제는 가족관계등록부를 정정하고 싶은데 어떻게 해야 되는지요.

[답변] 민법 제815조 1호는 당사자간에 혼인의 합의가 없는 때 혼인이 무효로 됨을 규정하고 있습니다. 이러한 취지에서 판례는 甲과 乙이 참다운 부부관계를 설정하려는 의사 없이 단지 한국에 입국하여 취업하기 위한 방편으로 혼인신고에 이르렀다고 봄이 상당한 사안에서, "설령 乙이 한국에 입국한 후 한 달 동안 甲과 계속 혼인생활을 해왔다고 하더라도 이는 乙이 진정한 혼인의사 없이 위와 같은 다른 목적의 달성을 위해 일시적으로 혼인생활의 외관을 만들어 낸 것이라고 보일 뿐이므로, 甲과 乙 사이에는 혼인의사의 합치가 없어 그 혼인은 민법 제815조 제1호에

따라 무효"라고 판단한 바 있습니다(대법원 2010. 6. 10. 선고 2010
므574 판결).

한편, 가족관계등록부의 정정사항이 친족법상 또는 상속법상 중대한 영
향을 미치는 사항이라면 가족관계의 등록 등에 관한 법률 제107조에
따라 확정판결에 의하여 정정할 수 있음이 원칙이지만, 신고로 인하여
효력이 발생하는 행위에 관한 가족관계등록부상 기재사항의 경우에 그
행위가 확정된 형사판결(약식명령 포함)에 의하여 무효임이 명백하게 밝
혀진 때에는 법 제105조에 따라 사건 본인의 등록기준지를 관할하는
가정법원의 허가를 받아 가족관계등록부를 정정할 수 있습니다(호적선례
200208-1, 가족관계등록선례 200906-3 등 참조).

따라서 귀하의 경우, 귀하의 혼인은 혼인의사의 합치가 결여되어 무효임
이 명백하게 밝혀진 때에 해당하므로(대법원 2009.10.8, 자, 2009스
64 결정), 혼인무효판결을 받지 않았더라도 가족관계의 등록 등에 관한
법률 제105조에 따라 가정법원의 허가를 받아 가족관계등록부를 정정할
수 있을 것입니다.

[6] 관련판례

[대법원 2024. 5. 23.선고 2020므15896 전원합의체 판결]

【판시사항】

혼인관계가 이혼으로 해소된 이후에도 과거 일정기간 존재하였던 혼인관계의
무효 확인을 구할 확인의 이익이 있는지 여부(원칙적 적극)

【판결요지】

이혼으로 혼인관계가 이미 해소되었다면 기왕의 혼인관계는 과거의 법률관계
가 된다. 그러나 신분관계인 혼인관계는 그것을 전제로 하여 수많은 법률관
계가 형성되고 그에 관하여 일일이 효력의 확인을 구하는 절차를 반복하는
것보다 과거의 법률관계인 혼인관계 자체의 무효 확인을 구하는 편이 관련된
분쟁을 한꺼번에 해결하는 유효·적절한 수단일 수 있으므로, 특별한 사정이
없는 한 혼인관계가 이미 해소된 이후라고 하더라도 혼인무효의 확인을 구할
이익이 인정된다고 보아야 한다. 그 상세한 이유는 다음과 같다.

① 무효인 혼인과 이혼은 법적 효과가 다르다. 무효인 혼인은 처음부터 혼
   인의 효력이 발생하지 않는다. 따라서 인척이거나 인척이었던 사람과의
   혼인금지 규정(민법 제809조 제2항)이나 친족 사이에 발생한 재산범죄

에 대하여 형을 면제하는 친족상도례 규정(형법 제328조 제1항 등) 등이 적용되지 않는다. 반면 혼인관계가 이혼으로 해소되었더라도 그 효력은 장래에 대해서만 발생하므로 이혼 전에 혼인을 전제로 발생한 법률관계는 여전히 유효하다. 그러므로 이혼 이후에도 혼인관계가 무효임을 확인할 실익이 존재한다.

② 가사소송법은 부부 중 어느 한쪽이 사망하여 혼인관계가 해소된 경우 혼인관계 무효 확인의 소를 제기하는 방법에 관한 규정을 두고 있다. 이러한 가사소송법 규정에 비추어 이혼한 이후 제기되는 혼인무효 확인의 소가 과거의 법률관계를 대상으로 한다는 이유로 확인의 이익이 없다고 볼 것은 아니다.

③ 대법원은 협의파양으로 양친자관계가 해소된 이후 제기된 입양무효 확인의 소에서 확인의 이익을 인정하였다. 대법원의 위와 같은 판단은 이혼으로 혼인관계가 해소된 이후 제기된 혼인무효 확인의 소에서 확인의 이익을 판단할 때에도 동일하게 적용될 수 있다.

④ 무효인 혼인 전력이 잘못 기재된 가족관계등록부의 정정 요구를 위한 객관적 증빙자료를 확보하기 위해서는 혼인관계 무효 확인의 소를 제기할 필요가 있다.

⑤ 가족관계등록부의 잘못된 기재가 단순한 불명예이거나 간접적·사실상의 불이익에 불과하다고 보아 그 기재의 정정에 필요한 자료를 확보하기 위하여 기재 내용의 무효 확인을 구하는 소에서 확인의 이익을 부정한다면, 혼인무효 사유의 존부에 대하여 법원의 판단을 구할 방법을 미리 막아버림으로써 국민이 온전히 권리구제를 받을 수 없게 되는 결과를 가져올 수 있다.

[대법원 2022. 7. 28.선고 2020므13975 판결]

【판시사항】

민법 제815조 제1호 에서 혼인무효의 사유로 정한 '당사자 간에 혼인의 합의가 없는 때'의 의미 및 이를 판단하는 기준

【이유】

상고이유(상고이유서 제출기간이 지난 다음 제출된 상고이유 보충서의 기재는 상고이유를 보충하는 범위에서)를 판단한다.

1. 관련 법리

민법 제815조 제1호가 혼인무효의 사유로 규정하는 '당사자 간에 혼인의 합의가 없는 때'란 당사자 사이에 사회관념상 부부라고 인정되는 정신적·육체적 결합을 생기게 할 의사의 합치가 없는 경우를 의미한다(대법원 2010. 6. 10. 선고 2010므574 판결 등 참조).

가정법원은 상대방 배우자에게 혼인신고 당시 혼인의사가 없었던 것인지, 혼인 이후에 혼인을 유지할 의사가 없어진 것인지에 대해서 구체적으로 심리·판단하여야 하고, 혼인의사라는 개념이 다소 추상적이고 내면적인 것이라는 사정에 기대어 상대방 배우자가 혼인을 유지하기 위한 노력을 게을리 하였다거나 혼인관계 종료를 의도하는 언행을 하는 등 혼인생활 중에 나타난 몇몇 사정만으로 혼인신고 당시 혼인의사가 없었다고 추단하여 혼인무효 사유에 해당한다고 단정할 것은 아니다(대법원 2021. 12. 10. 선고 2019므11584, 11591 판결 등 참조).

2. 원심의 판단

원심은 다음과 같은 이유로 원고와 피고 사이의 혼인은 무효라고 판단하였다.

가. 피고가 다른 소송에서 원고 사망 이후 유족연금을 받기 위하여 혼인신고를 한 것이라고 주장하였던 점, 원고의 정년퇴직 직전에 혼인신고가 마쳐진 점 등에 비추어 보면, 원고와 피고의 혼인신고는 피고에게 유족연금 수급권자 자격을 취득시킬 목적으로 이루어졌음이 명백하다.

나. 가톨릭 신도인 원고와 피고가 혼인성사를 하였으나, 그 혼인성사의 절차나 방식이 가톨릭 교회법의 규정에 부합하지 않고 원고의 가족이 전혀 참석하지 않았으며 원고와 피고가 사후에도 가족이나 지인들에게 혼인성사 사실을 알리지 않은 점 등을 고려할 때 이러한 혼인성사 사실만으로 혼인신고 무렵 당사자들에게 혼인의 의사가 존재하였다고 인정하기 어렵다.

다. 원고와 피고는 처음부터 상호 합의 아래 각자의 집에서 각자의 개인 생활을 영위하였는데, 이는 혼인의 본질이 요청하는 부부간 동거의무를 당사자들이 임의로 전면 배제한 것으로서 허용될 수 없으므로, 이 사건 혼인신고 무렵 당사자들에게 진정한 혼인의 의사가 존재하였다고 보기 어렵다.

라. 원고와 피고가 함께 자주 저녁식사를 하였고 몇 차례 성관계를 가진 점, 원고가 피고에게 금전적 지원을 한 점 등은 부부관계가 아닌 관계에서도 가능한 것이므로 이러한 사정만으로 원고와 피고 사이에 혼인생활의 실체가 있었다고 볼 수 없다.

3. 대법원의 판단

그러나 이러한 원심의 판단은 다음과 같은 이유로 수긍하기 어렵다.

가. 원심판결 이유와 기록에 의하면 다음 사실을 알 수 있다.

  1) 원고는 전 배우자인 소외 1이(연원일 1 생략) 사망한 후(연원일 2 생략) 피고와 소외 2 신부의 주례 아래 혼인성사를 마친 다음 (연원일 3 생략) 혼인신고를 마쳤다. 혼인신고 당시 원고는 만 65세, 피고는 만 47세였다.

  2) 혼인신고 전부터 원고는 대구 남구(주소 1 생략) 에서, 피고는 같은 아파트(주소 2 생략) 에서 거주하였는데, 혼인신고 이후에도 원고와 피고는 각자의 집에서 계속 생활하였다.

  3) 원고는 혼인성사 이후 수시로 피고의 집을 방문하여 피고와 저녁식사를 함께 한 다음 자신의 집으로 돌아왔고, 2008년 무렵부터는 거의 매일 피고의 집에 방문하였으며, 그 과정에서 수차례 피고와 성관계를 가졌다. 원고와 피고의 이러한 생활양상은 원고가 2018년경 신장암 진단을 받아 수술 및 입원치료를 받을 무렵까지 지속되었다.

  4) 원고는 혼인성사 이후부터 피고에게 생활비 명목으로 월 100만 원 내지 150만 원을 매월 지급하였고, 피고는 자신의 차량을 이용하여 여러 차례 원고의 출퇴근을 도왔다.

  5) 피고는 2018. 1. 8. 자신이 거주하는 아파트와 관련된 소송에서 성립한 조정에 따라 1억 1,500만 원을 지급할 의무를 부담하게 되었는데, 원고는 2018. 1. 30. 피고에게 1억 2,000만 원을 지급하였고 피고는 그 돈으로 조정금을 지급하였다.

나. 이러한 사실관계에 의하면, 원고와 피고는 혼인성사를 통해 자신들의 혼인의사를 대외적으로 표시한 다음 혼인신고를 마쳤고, 혼인신고 이후에도 15년 가까이 장기간에 걸쳐 정신적·육체적 결합관계를 유지하면서 부부간의 부양의무나 협조의무를 이행하였다고 봄이 타당하다. 설령 피고가 혼인신고 당시 원고 사망 이후 유족연금을 받을 목적을 가지고 있었다고 하더라도 이는 혼인신고에 이른 부수적인 동기에 불과하므로 그러한 사정만으로 피고에게 진정한 혼인의 의사가 없었다고 단정할 수는 없다.

원고와 피고가 같은 거주지에서 동거를 하지는 아니하였으나 그러한 사정만으로 원고와 피고가 애초부터 부부간의 동거의무를 전면적으로 배제하기로 합의하였다고 인정할 수 없고, 이들이 동거의 합의 없이 혼인신고 후에도 계속 별거하면서 왕래하려는 의사만 있었다고 하더라도 혼인의 실질적 합의가 없었다고 할 수도 없다.

다. 그런데도 원심은 이와 같이 당사자들의 혼인의사를 추단할 수 있는 여러 사정을 도외시한 채 판시와 같은 몇몇 사정만을 내세워 피고가 원고와 진정한 혼인의 의사 없이 유족연금 수급 등 다른 목적으로 혼인신고를 하였으므로 혼인이 무효라고 판단하였다. 이러한 원심의 판단에는 민법 제815조 제1호에서 정한 혼인무효 사유에 관한 법리를 오해하고 이에 대한 심리를 다하지 아니한 잘못이 있다. 이를 지적하는 피고의 상고이유는 이유 있다.

라. 위와 같이 주위적 청구 중 혼인무효 확인 부분이 파기되는 이상 예비적 청구에 관한 부분 역시 파기되어야 한다.

[대법원 2022. 1. 27.선고 2017므1224 판결]

【판시사항】

민법 제815조 제1호에서 혼인무효의 사유로 정한 '당사자 간에 혼인의 합의가 없는 때'의 의미 / 대한민국 국민과 베트남 배우자 사이에 혼인의 합의가 없는지 여부를 판단할 때, 특히 고려하여야 할 사항

【판결요지】

민법 제815조 제1호에서 혼인무효의 사유로 정한 '당사자 간에 혼인의 합의가 없는 때'란 당사자 사이에 사회관념상 부부라고 인정되는 정신적·육체적 결합을 생기게 할 의사의 합치가 없는 경우를 뜻한다. 가정법원은 혼인에 이르게 된 동기나 경위 등 여러 사정을 살펴서 당사자들이 처음부터 혼인신고라는 부부로서의 외관만을 만들어 내려고 한 것인지, 아니면 혼인 이후에 혼인을 유지할 의사가 없어지거나 혼인관계의 지속을 포기하게 된 것인지에 대해서 구체적으로 심리·판단해야 하고, 상대방 배우자가 혼인을 유지하기 위한 노력을 게을리하였다거나 혼인관계 종료를 의도하는 언행을 하였다는 사정만으로 혼인신고 당시에 혼인의사가 없었다고 단정할 것은 아니다.

대한민국 국민이 베트남 배우자와 혼인을 할 때에는 대한민국에서 혼인신고를 할 뿐만 아니라 베트남에서 혼인 관련 법령이 정하는 바에 따라 혼인신고 등의 절차를 마치고 혼인증서를 교부받은 후 베트남 배우자가 출입국관리법령에 따라 결혼동거 목적의 사증을 발급받아 대한민국에 입국하여 혼인생활을 하게 되는 경우가 많다. 이와 같이 대한민국 국민이 베트남 배우자와 혼인을 하기 위해서는 양국 법령에 정해진 여러 절차를 거쳐야 하고 언어 장벽이나 문화와 관습의 차이 등으로 혼인생활의 양상이 다를 가능성이 있기 때문에, 이러한 사정도 감안하여 당사자 사이에 혼인의 합의가 없는지 여부를 세심하게 판단할 필요가 있다.

[대법원 2022. 1. 27.선고 2019므287 판결]

【판시사항】

민법 제815조 제1호에서 혼인무효의 사유로 정한 '당사자 간에 혼인의 합의가 없는 때'의 의미 / 대한민국 국민과 베트남 배우자 사이에 혼인의 합의가 없는지 여부를 판단할 때, 특히 고려하여야 할 사항

【이유】

상고이유를 판단한다.

1. 관련 법리

민법 제815조 제1호에서 혼인무효의 사유로 정한 '당사자 간에 혼인의 합의가 없는 때'란 당사자 사이에 사회관념상 부부라고 인정되는 정신적·육체적 결합을 생기게 할 의사의 합치가 없는 경우를 뜻한다(대법원 2010. 6. 10. 선고 2010므574 판결 등 참조). 가정법원은 혼인에 이르게 된 동기나 경위 등 여러 사정을 살펴서 당사자들이 처음부터 혼인신고라는 부부로서의 외관만을 만들어 내려고 한 것인지, 아니면 혼인 이후에 혼인을 유지할 의사가 없어지거나 혼인관계의 지속을 포기하게 된 것인지에 대해서 구체적으로 심리·판단하여야 하고, 상대방 배우자가 혼인을 유지하기 위한 노력을 게을리하였다거나 혼인관계 종료를 의도하는 언행을 하였다는 사정만으로 혼인신고 당시 혼인의사가 없었다고 단정할 것은 아니다(대법원 2021. 12. 10. 선고 2019므11584, 11591 판결 참조).

대한민국 국민이 베트남 배우자와 혼인을 할 때에는 대한민국에서 혼인신고를 할 뿐만 아니라 베트남에서 혼인 관련 법령이 정하는 바에 따라 혼인신고 등의 절차를 마치고 혼인증서를 교부받은 후 베트남 배우자가 출입국관리법령에 따라 결혼동거 목적의 사증을 발급받아 대한민국에 입국하여 혼인생활을 하게 되는 경우가 많다. 이와 같이 대한민국 국민이 베트남 배우자와 혼인을 하기 위해서는 양국 법령에 정해진 여러 절차를 거쳐야 하고, 언어장벽이나 문화와 관습의 차이 등으로 혼인생활의 양상이 다를 가능성이 있기 때문에 혼인신고 당시 당사자 사이에 혼인의 합의가 없었는지 여부를 세심하게 판단할 필요가 있다.

2. 원심의 판단

원심은 판시와 같은 사실 등을 인정한 후, 혼인의 무효 확인을 구하는 원고의 주위적 청구에 대해서 ① 피고가 대한민국에 입국하여 원고와 동거한 기간이 3주 정도에 지나지 않고, 피고는 외국인등록증을 수령한 직후 가출한

점, ② 대한민국 입국을 전후하여 피고가 원고에게 지속적으로 금전을 요구한 점, ③ 피고는 원고와 동거하는 동안 성관계를 갖지 아니한 점, ④ 피고는 원고가 정신병적 이상 행동을 보여 가출하였다는 취지로 주장하나, 원고가 정신질환으로 장애등록이 된 사실이 없고, 피고가 주장하는 원고의 이상 행동들도 혼인관계 유지와 문화적 차이 극복을 위한 진지한 노력 없이 혼인생활 시작 3주 만에 가출할 정도로 혼인관계를 지속하기 어려운 중대한 사정이라고 보기는 어려운 점 등을 이유로 민법 제815조 제1호의 혼인무효 사유가 인정된다고 판단하였다.

3. 대법원의 판단

가. 그러나 원심이 든 사정들을 앞서 본 법리에 비추어 살펴보면, 원심의 판단은 다음과 같은 이유로 수긍하기 어렵다.

1) 원고는 2016. 11.경 베트남에서 베트남 국적의 피고를 소개받아 결혼식을 하고 신혼여행까지 다녀온 뒤 2017. 5. 29. 대한민국에서 혼인신고를 마쳤다. 그 과정에서 원고는 2016. 12.경 베트남에 있는 피고의 집을 방문하여 머물렀고 2017. 4. 19.경에는 부모님과 함께 피고의 집을 다시 방문하여 상당 기간 머무르기도 하였다. 이후 대한민국 출입국관리 법령에 따라 피고에 대한 결혼이민비자가 신청·발급되어, 피고는 2017. 8. 19. 대한민국에 입국하여 원고와 동거하게 되었다. 이와 같이 원고와 피고가 대한민국과 베트남 양국 법령에 정해진 여러 절차를 거치고 상당한 시간과 노력 등을 기울여 혼인에 이르게 된 점 등을 고려하면, 피고가 대한민국에서 원고와 동거한 지 3주 만에 외국인등록증을 수령한 직후 가출하였다거나 피고가 원고에게 대한민국 입국을 전후하여 용돈이나 병원비, 학원 등록비 등으로 돈을 지속적으로 요구하였다는 사정만으로 피고의 혼인의사를 쉽게 부정할 것은 아니다.

2) 원심이 든 나머지 사정들은 대체로 혼인이 성립된 이후의 사정으로서 결국 피고가 혼인 이후 혼인을 유지하기 위한 노력을 하지 않고, 혼인관계의 지속을 쉽게 포기하였다는 이혼 사유에 가까운 바, 이러한 사정들을 이유로 애초부터 혼인의사가 없었다고 단정하기는 어렵다 할 것이다.

나. 그럼에도 원심은 위와 같은 사정만을 들어 원고와 피고의 혼인이 혼인무효 사유에 해당한다고 판단하였으니, 그와 같은 원심의 판단에는 혼인무효 사유에 관한 법리를 오해하여 필요한 심리를 다하지 아니한 잘못이 있다. 이 점을 지적하는 피고의 상고이유 주장은 이유 있다.

4. 파기 범위

위와 같이 원심판결 중 주위적 청구 부분을 파기하는 이상, 이와 불가분적으로 결합된 예비적 청구 부분도 함께 파기한다.

[대법원 2021. 12. 10.선고 2019므11584, 11591 판결]

【판시사항】

우리나라 국민이 외국인 배우자에 대하여 혼인의 의사가 없다는 이유로 혼인무효 소송을 제기한 경우, 외국인 배우자의 혼인의사 유무를 판단할 때 고려하여야 할 사항

【판결요지】

민법 제815조 제1호가 혼인무효의 사유로 규정하는 '당사자 간에 혼인의 합의가 없는 때'란 당사자 사이에 사회관념상 부부라고 인정되는 정신적·육체적 결합을 생기게 할 의사의 합치가 없는 경우를 의미한다. 혼인무효 사건은 가류 가사소송사건으로서 자백에 관한 민사소송법의 규정이 적용되지 않고 법원이 직권으로 사실조사 및 필요한 증거조사를 하여야 하는바(가사소송법 제12조, 제17조), 일방 배우자가 상대방 배우자를 상대로 혼인신고 당시에 진정한 혼인의사가 없었다는 사유를 주장하면서 혼인무효 확인의 소를 제기하는 경우, 가정법원으로서는 직권조사를 통해 혼인의사의 부존재가 합리적·객관적 근거에 의하여 뒷받침되는지 판단하여야 한다.

민법은 혼인성립 이전의 단계에서 성립 요건의 흠결로 혼인이 유효하게 성립하지 않은 혼인무효(민법 제815조)와 혼인이 성립한 후 발생한 사유로 혼인이 해소되는 이혼(민법 제840조)을 구분하여 규정하고 있다. 또한 혼인무효는 이혼의 경우에 비하여 가족관계등록부의 처리 방식이 다르고, 이혼과 달리 혼인무효의 소가 제기되지 않은 상태에서도 유족급여나 상속과 관련된 소송에서 선결문제로 주장할 수 있어 유리한 효과가 부여된다. 따라서 가정법원은 상대방 배우자에게 혼인신고 당시 혼인의사가 없었던 것인지, 혼인 이후에 혼인을 유지할 의사가 없어진 것인지에 대해서 구체적으로 심리·판단하여야 하고, 혼인의사라는 개념이 다소 추상적이고 내면적인 것이라는 사정에 기대어 상대방 배우자가 혼인을 유지하기 위한 노력을 게을리하였다거나 혼인관계 종료를 의도하는 언행을 하는 등 혼인생활 중에 나타난 몇몇 사정만으로 혼인신고 당시 혼인의사가 없었다고 추단하여 혼인무효 사유에 해당한다고 단정할 것은 아니다.

우리나라 국민이 외국인 배우자에 대하여 혼인의 의사가 없다는 이유로 혼인무효 소송을 제기한 경우, 가정법원은 위 법리에 더하여 통상 외국인 배우자가 자신의 본국에서 그 국가 법령이 정하는 혼인의 성립절차를 마친 후 그에 기하여 우리나라 민법에 따른 혼인신고를 하고, 우리나라 출입국관리법령에 따라 결혼동거 목적의 사증을 발급받아 입국하는 절차를 거쳐 비로소 혼인생활에 이르게 된다는 점, 언어장벽 및 문화와 관습의 차이 등으로 혼인생활의 양상이 다를 가능성이 있는 점을 고려하여 외국인 배우자의 혼인의사 유무를 세심하게 판단할 필요가 있다.

[대법원 2015. 12. 10.선고 2014도11533 판결]
【판시사항】
민법 제815조 제1호의 혼인무효 사유인 '당사자 사이에 혼인의 합의가 없는 때'의 의미 및 혼인신고가 다른 목적을 달성하기 위한 방편에 불과한 경우, 혼인의 효력(무효)
【이유】
1. 민법 제815조 제1호는 당사자 사이에 혼인의 합의가 없는 때에는 그 혼인을 무효로 한다고 규정하고 있고, 이 혼인무효 사유는 당사자 사이에 사회관념상 부부라고 인정되는 정신적·육체적 결합을 할 의사를 가지고 있지 않은 경우를 가리킨다. 그러므로 비록 당사자 사이에 혼인의 신고가 있었더라도, 그것이 단지 다른 목적을 달성하기 위한 방편에 불과한 것으로서 그들 사이에 참다운 부부관계의 설정을 바라는 효과의사가 없을 때에는 그 혼인은 무효라고 할 것이다(대법원 2004. 9. 24. 선고 2004도4426 판결 등 참조).
그리고 형법 제354조, 제328조 제1항에 의하면 배우자 사이의 사기죄는 이른바 친족상도례에 의하여 형을 면제하도록 되어 있으나, 사기죄를 범하는 자가 금원을 편취하기 위한 수단으로 피해자와 혼인신고를 한 것이어서 그 혼인이 무효인 경우라면, 그러한 피해자에 대한 사기죄에서는 친족상도례를 적용할 수 없다고 할 것이다.

Section 2. 이혼의 무효

[1] 이혼의 무효 사유

① 협의이혼은 ㉮ 부부간 이혼의사가 합치하고 ㉯ 이혼신고 절차를 거치는 경우에 성립합니다. 이혼신고가 없다면 외관상 이혼이 성립할 수 없으므로 결국 협의이혼이 무효가 되는 경우는 부부간 이혼의사가 합치하지 않는 경우입니다.

② 이혼무효 사유의 예시
- 부부 일방 또는 쌍방이 모르는 사이에 누군가에 의해 이혼신고가 된 경우(「민법」 제834조)
- 부부 일방이 모르는 사이에 외국에서 이혼소송이 진행되어 이혼판결이 난 경우(서울가정법원 1993. 12. 9. 선고 92드68848 판결)
- 이혼신고가 수리되기 전에 부부 일방 또는 쌍방이 이혼의사를 철회했는데 이혼신고가 수리된 경우(대법원 1994. 2. 8. 선고 93도2869 판결)
- 심신상실지기 의사능력이 결여된 상태에서 이혼한 경우

[2] 이혼의 무효 방법: 이혼무효소송

1. 관할법원

이혼무효소송의 관할법원은 다음에 해당하는 가정법원이 됩니다(「가사소송법」 제22조).

1. 부부가 같은 가정법원의 관할구역 내에 보통재판적이 있는 경우에는 그 가정법원

2. 부부가 마지막으로 같은 주소지를 가졌던 가정법원의 관할구역 내

에 부부 중 어느 한쪽의 보통재판적이 있는 경우에는 그 가정법원

3. 위 1.과 2.에 해당되지 않는 경우로서 부부 중 어느 한쪽이 다른 한쪽을 상대로 하는 경우에는 상대방의 보통재판적소재지이 있는 곳의 가정법원, 부부 모두를 상대로 하는 경우에는 부부 중 어느 한쪽의 보통재판적이 있는 곳의 가정법원

4. 부부 중 어느 한쪽이 사망한 경우에는 생존한 다른 한쪽의 보통재 판적이 있는 곳의 가정법원

5. 부부가 모두 사망한 경우에는 부부 중 어느 한쪽의 마지막 주소지 의 가정법원

2. 소송의 제기권자 및 제소기간

이혼무효 사유가 있는 경우에는 당사자, 법정대리인 또는 4촌 이내 의 친족이 언제든지 가정법원에 이혼무효소송을 제기할 수 있습니다 (「가사소송법」 제23조).

3. 소송의 상대방

① 이혼무효 소송의 상대방은 부부 중 어느 한쪽이 소송을 제기한 경 우에는 배우자가 상대방이 됩니다(가사소송법」 제24조제1항).

② 제3자가 이혼무효 소송을 제기한 경우에는 부부가 그 상대방이 되 며, 부부 중 어느 한쪽이 사망한 경우에는 그 생존자를 상대방으로 합니다(「가사소송법」 제24조제2항).

③ 소송의 상대방이 될 사람이 사망한 경우에는 검사가 그 상대방이 됩니다(「가사소송법」 제24조제3항).

4. 조정절차의 생략

이혼무효소송은 가정법원의 조정절차를 거치지 않습니다[「가사소송 법」 제2조제1항제1호가목 2) 및 제50조제1항].

5. 이혼무효판결의 효력

① 이혼무효청구를 인용(認容)하는 확정판결의 효력은 제3자에게도 적용됩니다(「가사소송법」 제21조제1항).

② 이혼무효청구를 배척하는 판결이 확정된 경우 다른 제소권자는 사실심의 변론종결 전에 참가하지 못한 것에 대해 정당한 사유가 있지 않으면 다시 소송을 제기할 수 없습니다(「가사소송법」 제21조제2항).

③ 이혼무효판결이 확정되면 그 이혼은 처음부터 없었던 것과 같아지므로 이전의 혼인은 중단 없이 계속된 것으로 됩니다.

6. 이혼무효판결에 대한 불복

① 이혼무효소송에 관한 가정법원의 판결에 대해 불복하는 경우에는 판결정본의 송달 전 또는 판결정본이 송달된 날로부터 14일 이내에 항소할 수 있습니다(「가사소송법」 제19조제1항).

② 이혼무효소송에 관한 항소법원의 판결에 대해 불복하는 경우에는 판결정본의 송달 전 또는 판결정본이 송달된 날로부터 14일 이내에 대법원에 상고할 수 있습니다(「가사소송법」 제20조).

[3] 이혼의 무효소송 소장 작성례
① 이혼무효확인 청구의 소(협의를 가장하여 신고)

소　　　　　　　장

원　　고　　○　○　○
　　　　　　　19○○년 ○월 ○일생
　　　　　　　등록기준지　　○○시 ○○구 ○○길 ○○
　　　　　　　주소　　○○시 ○○구 ○○길 ○○ (우편번호)
　　　　　　　전화　　○○○ - ○○○○

피　　고　　△　△　△
　　　　　　　19○○년 ○월 ○일생
　　　　　　　등록기준지　　○○시 ○○구 ○○길 ○○
　　　　　　　주소　　○○시 ○○구 ○○길 ○○ (우편번호)
　　　　　　　전화　　○○○ - ○○○○

이혼무효확인청구의 소

청　구　취　지

1. 원고와 피고 사이에 20○○. ○. ○○. ○○시 ○○구청장에게 신고하여
　 한 이혼은 무효임을 확인한다.
2. 소송비용은 피고가 부담한다.
라는 판결을 구합니다.

청　구　원　인

1. 원고와 피고는 20○○. ○. ○. 결혼식을 거행하고 20○○. ○. ○.에
　 혼인 신고를 필한 법률상 부부로서 그 후 피고와 계속하여 동거생활을
　 하여 왔는데, 피고가 평소 알고 지내던 □□□와 불륜관계를 맺어 오면

서 20○○. ○. ○. 원고의 주소지를 ○○시 ○○구 ○○길 ○○로 전출시켜 놓고 위 □□□를 원고로 가장하여 원고도 모르게 20○○. ○. ○. ○○구청장에게 원고와 피고의 협의이혼신고를 하였습니다.

2. 그러므로 원고와 피고의 협의이혼은 원고가 전혀 모르는 사실이며 원고는 피고와 이혼할 의사가 없기 때문에 ○○구청장에게 신고한 원고와 피고의 협의이혼은 무효이므로 청구취지와 같이 본 소 청구에 이르렀습니다.

입 증 방 법

1. 갑 제1호증   혼인관계증명서
1. 갑 제2호증   주민등록등본

첨 부 서 류

1. 위 입증방법   1통
1. 소장부본   1통
1. 납 부 서   1통

20○○년 ○월 ○일

원   고   ○   ○   ○   (서명 또는 날인)

○ ○ 가정법원   귀중

② 이혼무효확인 청구의 소(일방이 협의없이 신고)

소   장

원   고   ○ ○ ○(○○○)
　　　　　　1900년 ○월 ○일생
　　　　　　등록기준지   ○○시 ○○구 ○○길 ○○
　　　　　　주소   ○○시 ○○구 ○○길 ○○ (우편번호)

　　　　　　　전화　　○○○ - ○○○○

피　　고　　△　△　△(△△△)
　　　　　　　1900년 ○월 ○일생
　　　　　　　등록기준지　　○○시 ○○구 ○○길 ○○
　　　　　　　주소　　○○시 ○○구 ○○길 ○○ (우편번호)
　　　　　　　전화　　○○○ - ○○○○

이혼무효확인청구의 소

청 구 취 지

1. 원고와 피고 사이에 20○○. ○. ○○. ○○시 ○○구청장에게 신고하여
   한 이혼은 무효임을 확인한다.
2. 소송비용은 피고가 부담한다.
라는 판결을 구합니다.

청 구 원 인

1. 원고와 피고는 20○○. ○. ○○. 혼인 신고한 법률상 부부로서 이후 혼
   인생활을 유지해 오던 중 20○○. ○월부터 피고가 잦은 외박을 하더니
   아예 20○○. ○월에는 연락도 없이 집을 나가버렸습니다.
2. 원고는 이미 임신 3개월째라 피고가 돌아오기만을 기다리며 지내던 중
   20○○. ○.경 피고로부터 전화가 걸려왔고 다른 여자와 동거하고 있으
   니 이혼해 달라고 요구하였는 바, 원고는 임신사실을 이야기하며 이혼
   은 할 수 없다고 하였고, 이후에도 피고로부터 몇차례 이혼을 종용하는
   전화가 걸려왔으나 같은 이유로 거절하였으며 이후 피고가 임의로 협의
   이혼신청서를 가정법원에 접수시켜 원고는 법원에서 통보한 날짜인 20
   ○○. ○. ○. 출두하여 이혼의사가 없음을 밝히기도 하였습니다.
3. 20○○. ○. 원고는 피고의 아이를 출산하였고 아이의 출생신고를 위해
   20○○. ○.구청에 갔다가 원고와 피고간에 협의이혼 신고(20○○. ○.
   ○. ○○시 ○○구청장 접수)가 되어 있음을 알게 되었습니다.
4. 원고는 전혀 모르는 사실이었으므로 협의이혼신고시 제출된 서류들을

열람한 결과, 협의이혼의사확인서 등본이 교묘히 위조되었음을 확인하
였고, 이에 피고를 공정증서원본부실기재죄로 고소해 둔 상태입니다.
5. 이와 같이 원고와 피고의 협의이혼은 원고가 전혀 모르는 사실이고 원
   고는 피고와 이혼할 의사가 없기 때문에 ○○구청장에게 신고한 원고와
   피고의 협의이혼은 무효이므로 청구취지와 같이 본 건 청구에 이른 것
   입니다.

<h2 align="center">입 증 방 법</h2>

1. 갑 제1호증	혼인관계증명서(원고)
1. 갑 제2호증	혼인관계증명서(피고)
1. 갑 제3호증	협의이혼의사확인서 사본
1. 갑 제4호증	고소장

<h2 align="center">첨 부 서 류</h2>

1. 위 입증방법	각 1통
1. 소장부본	1통
1. 납 부 서	1통

2000년 ○월 ○○일

원 고   ○ ○ ○ (서명 또는 날인)

○ ○ 가 정 법 원   귀 중

[4] 관련판례

[대법원 2017. 9. 12.선고 2016두58901 판결]

【판시사항】

이혼이 가장이혼으로서 무효가 되기 위한 요건 / 이혼이 가장이혼으로서 무효가 아닌 이상 이혼에 따른 재산분할은 원칙적으로 증여세 과세대상이 아닌지 여부(적극) 및 재산분할의 실질이 증여라고 평가할 만한 특별한 사정이 있는 경우 상당한 부분을 초과하는 부분에 한하여 증여세 과세대상이 될 수 있는지 여부(적극)

【판결요지】

법률상의 부부관계를 해소하려는 당사자 간의 합의에 따라 이혼이 성립한 경우 그 이혼에 다른 목적이 있다 하더라도 당사자 간에 이혼의 의사가 없다고 말할 수 없고, 이혼이 가장이혼으로서 무효가 되려면 누구나 납득할 만한 특별한 사정이 인정되어야 한다. 그리고 이혼에 따른 재산분할은 부부가 혼인 중에 취득한 실질적인 공동재산을 청산·분배하는 것을 주된 목적으로 하는 제도로서 재산의 무상이전으로 볼 수 없으므로 이혼이 가장이혼으로서 무효가 아닌 이상 원칙적으로 증여세 과세대상이 되지 않는다. 다만 민법 제839조의2 제2항 의 규정 취지에 반하여 상당하다고 할 수 없을 정도로 과대하고 상속세나 증여세 등 조세를 회피하기 위한 수단에 불과하여 그 실질이 증여라고 평가할 만한 특별한 사정이 있는 경우에는 상당한 부분을 초과하는 부분에 한하여 증여세 과세대상이 될 수 있다.

[대법원 2016. 12. 29.선고 2016다249816 판결]

【판시사항】

협의이혼에 다른 목적이 있는 경우, 협의이혼이 무효인지 여부(소극)

【이유】

이혼의 효력발생 여부에 관한 형식주의 아래에서의 이혼신고의 법률상 중대성에 비추어, 협의이혼에 있어서의 이혼의 의사는 법률상의 부부관계를 해소하려는 의사를 말한다 할 것이므로, 일시적으로나마 그 법률상의 부부관계를 해소하려는 당사자간의 합의하에 협의이혼신고가 된 이상, 그 협의이혼에 다른 목적이 있다 하더라도 양자간에 이혼의 의사가 없다고는 할 수 없고 따라서 그 협의이혼은 무효로 되지 아니한다(대법원 1993. 6. 11. 선고 93므171 판결 등 참조).

[대법원 1997. 1. 24.선고 95도448 판결]

【판시사항】

[1] 협의상 이혼이 무효로 되는 경우

[2] 상대방을 기망하여 협의상 이혼의 확인을 받아 이를 신고한 경우, 공정증
    서원본불실기재죄의 해당 여부(소극)

【판결요지】

[1] 협의상 이혼이 가장이혼으로서 무효로 인정되려면 누구나 납득할 만한
    특별한 사정이 인정되어야 하고, 그렇지 않으면 이혼당사자 간에 일시적
    으로나마 법률상 적법한 이혼을 할 의사가 있었다고 보는 것이 이혼신고
    의 법률상 및 사실상의 중대성에 비추어 상당하다.

[2] 협의상 이혼의 의사표시가 기망에 의하여 이루어진 것일지라도 그것이
    취소되기까지는 유효하게 존재하는 것이므로, 협의상 이혼의사의 합치에
    따라 이혼신고를 하여 호적에 그 협의상 이혼사실이 기재되었다면, 이는
    공정증서원본불실기재죄에 정한 불실의 사실에 해당하지 않는다.

[대법원 1993. 6. 11.선고 93므171 판결]

【판시사항】

일시적으로 법률상 부부관계를 해소할 의사로써 한 협의이혼신고의 효력 유
무(적극)

【판결요지】

협의이혼에 있어서 이혼의사는 법률상 부부관계를 해소하려는 의사를 말하므
로 일시적으로나마 법률상 부부관계를 해소하려는 당사자간의 합의하에 협의
이혼신고가 된 이상 협의이혼에 다른 목적이 있더라도 양자간에 이혼의사가
없다고는 말할 수 없고 따라서 이와 같은 협의이혼은 무효로 되지 아니한다.

[대법원 1988. 4. 12.선고 85므71 판결]

【판시사항】

가. 민사소송법 제203조 제1호의 규정취지 및 외국법원의 이혼판결에 적용
    여부

나. 섭외이혼 사건에 있어서 이혼판결을 한 외국법원에 재판관할권이 있다고
    하기 위한 요건

【판결요지】

가. 민사소송법 제203조 제1호의 규정취지는 우리나라에서 외국판결을 승인하기 위하여는 그 판결을 한 외국법원이 당해사건에 관하여 우리나라의 법률 또는 조약 등에 의한 국제재판관할원칙에 따라 국제재판관할권을 가지고 있음이 인정되어야 한다는 것으로 풀이되고 위 법조항은 외국법원의 이혼판결에도 적용된다.

나. 우리나라의 법률이나 조약 등에는 섭외 이혼사건의 국제재판관할에 관한 규정을 찾아 볼 수 없으므로 섭외이혼사건에 있어서 위 규정에 의한 외국법원의 재판관할권의 유무는 섭외이혼사건의 적정, 공평과 능률적인 해결을 위한 관점과 외국판결 승인제도의 취지등에 의하여 합리적으로 결정되어야 할 것이므로 섭외이혼사건에 있어서 이혼판결을 한 외국법원에 재판관할권이 있다고 하기 위하여는 그 이혼청구의 상대방이 행방불명 기타 이에 준하는 사정이 있거나 상대방이 적극적으로 응소하여 그 이익이 부당하게 침해될 우려가 없다고 보여지는 예외적인 경우를 제외하고는 상대방의 주소가 그 나라에 있을 것을 요건으로 한다고 하는 이른바, 피고주소지주의에 따름이 상당하다.

[대법원 1964. 4. 21.선고 63다770 판결]

【판시사항】

위조된 협의 이혼서에 의하여 그 배우자를 호적에서 제적한 후에 이루어진 새 혼인신고에 의한 입적의 효력

【판결요지】

원고와 피고 "갑" 사이의 협의이혼이 무효라 할지라도 다른 특별한 사정이 없는 한, 이로 인하여 그 후에 한 피고 "갑"과 피고 "을" 간의 혼인이 당연 무효라고는 볼 수 없고 이것이 본조의 중혼이 된다면 본법 제816조 에 의하여 그 취소를 법원에 청구할 수 있을 뿐이다.

【이유】

피고 1의 상고이유 제1점을 판단한다.

원판결은 증거에 의하여 원고는 1932.4.9 피고 2와 혼인하고 1961.11.8 이혼신고가 되어 피고의 호적에서 제적되고 피고 1이 1962.1.30 피고 2와 혼인신고를 하여 동 피고의 호적에 입적된 점과 피고 2는 원고가 가정불

화와 친정아버지 간병차 그 친정에 가 있음을 기화로 동 피고와 약20년간 내연관계를 맺고 생남한 피고 1을 입적시킬 목적으로 원고의 아무런 동의나 협의없이 함부로 원고와 협의이혼한 요량으로 원고와 동 피고 연서의 협의이혼 신고서를 위조하여 소할면장에게 제출하고 그 정을 모르는 호적리로 하여금 위와 같이 불실의 호적기재를 함에 이르게 하고 원고를 제적시킨후 1962.1.30에 이르러 피고 1과의 혼인신고를 한점을 인정한 후 위의 협의이혼신고는 원고의 의사에 반대되는 것으로서 원고로서는 피고 2와 협의이혼을 할 의사가 없었으므로 위의 협의이혼은 무효임이 분명하고 따라서 원고와 피고 2와의 혼인관계가 계속되지 않음을 전제로 한 피고 2와 피고 1사이에 혼인 또한 당연무효의 것이라고 판단하여 원고의 혼인무효 확인청구를 인용하였다.

그러나 원고와 피고 2사이의 1961.11.8 협의이혼이 무효라 할지라도 다른 특별한 사정이 없는한 이로 인하여 피고 2와 피고 1간의 1962.1.30 혼인이 당연무효라고는 볼 수 없고 이것이 민법 810조의 중혼이 된다면 민법 816조 에 의하여 그 취소를 법원에 청구할 수 있을 뿐이고 그 혼인이 당연무효라 하여 그 확인을 청구할 수는 없다 할 것이니 이와 반대되는 견해로서 원고의 혼인무효 확인청구를 인용한 원판결은 다른 특별한 사정의 존재 여부에 대한 심리를 다하지 아니하였고 이로 인하여 이유에 모순이 있는 때에 해당한다 할 것이니 상고 논지는 이점에서 이유있고 다른 상고논지에 대한 판단을 생략하고 원판결을 파기하여 원심으로 하여금 다시 심리판단케 하기위하여 사건을 광주고등법원으로 환송하기로 하고 관여법관의 일치된 의견으로 주문과 같이 판결한다.

Section 3. 인지의 무효

[1] 인지의 의의

① 인지는 생부 또는 생모가 혼인 외 출생자를 자기의 자녀로 인정하여 법률상의 친자관계를 발생시키는 행위입니다.

② 인지는 피인지자가 사망하거나 아직 출생하지 않은 태아인 경우에도 할 수 있습니다.

③ 인지의 종류에는 생부 또는 생모가 스스로 인지의 의사표시를 하는 임의인지와 생부 또는 생모를 상대로 인지청구의 소를 제기하여 인지의 효과를 발생하게 하는 재판상 인지가 있습니다.

[2] 인지 무효의 소

1. 제출법원(가사소송법 제26조)

① 자(子)의 보통재판적소재지 가정법원

② 자(子)가 사망한 때에는 그 최후 주소지 가정법원

2. 제기권자(가사소송법 제28, 제23조)

① 당사자

② 법정대리인

③ 4촌 이내의 친족

3. 상대방(가사소송법 제28, 제24조)

① 인지자 및 피인지자의 일방이 소를 제기할 때에는 인지자는 피인지자를, 피인지자는 인지자를 상대방으로 합니다.

② 제3자가 소를 제기할 때에는 인지자 및 피인지자를 상대방으로 하고, 일방이 사망한 때에는 그 생존자를 상대방으로 합니다.

③ 제1항 및 제2항의 규정에 의하여 상대방이 될 자가 사망한 때에는 검사를 상대방으로 합니다.

4. 제출부수

소장원본 1부 및 피고 수만큼의 부본 제출

5. 불복절차 및 기간

① 항소(가사소송법 제19조제1항)

② 판결정본이 송달된 날로부터 14일이내(가사소송법 제19조제1항)

6. 비용

① 인지액 : 20,000원

② 송달료 : 당사자수× 000원(1회송달료) ×12회분

7. 인지무효 사유

혼인이외의 자에 대하여 법률상의 부모자 관계가 형성된 것으로 호적기재가 이루어져 있으나 그 성립과정에 하자가 있는 경우입니다.

[3] 인지 무효의 소장 작성례

① 인지무효확인 청구의 소(법원양식)

인 지 무 효 확 인

원 고   (연락 가능한 전화번호:)
　　　　주민등록번호   -
　　　　주소
　　　　등록기준지

피 고
　　　　주민등록번호   -
　　　　주소
　　　　등록기준지

청 구 취 지

"원고가 피고에 대하여 한 인지(20   .   .   . 구청장 접수)는 무효임을 확인한다."라는 판결을 구합니다.

청 구 원 인

1. 원고는 피고의 생모인 소외   와 내연관계를 맺고 20   .   .   .부터   20   .   .   .까지 동거생활을 한 사실이 있습니다.

2. 피고의 생모인 소외   은(는) 원고와의 관계를 끊고 난 후 곧바로 성명불상의 남자와 동거한 사실이 있었습니다.

3. 피고의 생모는 원고와의 관계를 끊고 1년이 훨씬 지난 후인 20   .   .   . 피고를 출산하였습니다.

4. 피고의 생모는 피고가 출산하자 원고의 자식이라고 주장하며 원고에게 인지신고를 하여 달라고 말한 사실이 있습니다.

5. 그 후 여러 해가 지난 다음 가족관계증명서를 교부하여 보았는데 피고

가 20 ． ． ． 인지신고에 의하여 원고의 가족관계등록부에 등록되
어 있음을 발견하였습니다.

6. 이와 같이 원고가 모르는 사이에 원고 의사에 반하여 원고의 이름으로
인지신고가 된 것은 무효이므로 원고는 그 무효를 구하기 위하여 이건
청구에 이르렀습니다.

첨 부 서 류

1. 가족관계증명서(상세)   1통
2. 주민등록등본   1통

20 ． ． ．
　　　원고　　　　　　　　　　　　(서명 또는 날인)

법원 귀중

② 인지무효확인 청구의 소

소   장

원　고　　정 ○ ○ (원 성명 김 ○ ○)
　　　　　　1900년 ○월 ○일생
　　　　　　등록기준지　　○○시 ○○구 ○○길 ○○
　　　　　　주소　　○○시 ○○구 ○○길 ○○ (우편번호)
　　　　　　전화　　○○○ - ○○○○
　　　　　　원고는 미성년자이므로 법정대리인
　　　　　　친권자 모 김 □ □
　　　　　　등록기준지 및 주소 : 원고와 같음
피　고　　정 △ △
　　　　　　1900년 ○월 ○일생

등록기준지　　○○시 ○○구 ○○길 ○○
주소　　○○시 ○○구 ○○길 ○○ (우편번호)
전화　　○○○ - ○○○○

인지무효확인청구의 소

청 구 취 지

1. 피고가 20○○. ○. ○. ○○시 ○○구청장에게 신고하여 한 원고에 대한 인지는 무효임을 확인한다.
2. 소송비용은 피고가 부담한다.

라는 판결을 구합니다.

청 구 원 인

1. 원고는 원고의 생모인 김□□과 소외 박□□ 사이에 출생한 모의 혼인 외 출생자인데 생부인 소외 박□□가 인지를 하지 않아 생모인 친권자 위 김□□의 출생신고에 의하여 모의 성과 본을 따라 성명은 김○○로 하여 모의 호적에 자로 입적된 것입니다.

2. 피고는 원고가 출생하고 나서 원고의 생모와 관계를 맺은 사실도 있었으나, 두 사람 사이에는 태어난 자녀가 없었으며 결혼을 할 만한 정신적, 경제적 여유도 없었기에 원고의 생모와 피고는 헤어지기로 하였습니다.

3. 그러나 피고는 계속하여 결혼을 요구하였고, 이에 원고의 생모는 결혼할 수 없음을 설득하던 중, 피고가 원고와 원고의 생부 부지중에 20○○. ○. ○. 원고의 본래 이름인 김○○의 성을 정○○로 정정하여 원고를 자신의 호적에 자로 입적하였습니다.

4. 따라서 위 입적은 원고와 피고 사이에 친생자관계가 존재하지 않음에도 불구하고 원고의 의사에 반한 피고의 일방적인 허위의 사실에 기한 인지이므로 원고는 민법 제862조에 의하여 청구취지와 같은 판결을 구하고자 이 건 청구에 이른 것입니다.

입 증 방 법

1. 갑 제1호증　　　　　　기본증명서(원고)

1. 갑 제2호증   가족관계증명서(원고)
1. 갑 제3호증   진술서(생모 김□□)

첨 부 서 류

1. 위 입증방법   각 1통
1. 소장부본   1통
1. 납 부 서   1통

20○○년   ○월   ○일
원 고   정 ○ ○의
친권자 모 김 □ □ (서명 또는 날인)

○ ○ 가 정 법 원 귀중

[4] 관련판례

[대법원 2022. 7. 28.선고 2022므11621 판결]

【판시사항】

[1] 친생자가 아닌 사에 대하여 한 인지신고의 효력(=당연무효) 및 그 무효를 주장하는 방법

[2] 친생자가 아닌 자에 대한 인지에 입양의 효력이 있는 경우, 그 자녀가 생부모를 상대로 인지청구를 할 수 있는지 여부(적극) 및 이 경우 인지청구 전에 허위의 인지신고로 기록된 가족관계등록부상 친생자관계를 양친자관계로 정정하여야 하는지 여부(소극)

【이유】

상고이유를 판단한다.

1. 제1 상고이유에 관하여

친생자가 아닌 자에 대하여 한 인지신고는 당연 무효이고, 이러한 인지는 무효를 확정하기 위한 판결 기타의 절차에 의하지 아니하고도, 또 누구라도 그 무효를 주장할 수 있다(대법원 1992. 10. 23. 선고 92다29399

판결 참조). 한편 친양자가 아닌 한 양자의 입양 전 친족관계는 존속하므로(민법 제882조의2 제2항, 제908조의3 제2항), 친생자가 아닌 자에 대한 인지에 입양의 효력이 있는 경우에도 그 자녀는 곧바로 생부모를 상대로 인지청구를 할 수 있고, 인지청구를 하기 전에 먼저 허위의 인지신고로 기록된 가족관계등록부상 친생자관계를 양친자관계로 정정하여야 하는 것은 아니다.

원심은 그 판시와 같은 이유로 이 사건 인지청구의 소가 부적법하다는 피고의 본안전 항변을 받아들이지 않았다. 원심판결 이유를 위 법리와 기록에 비추어 살펴보면, 원심의 판단에 상고이유 주장과 같이 인지청구의 소의 적법 여부에 관한 법리를 오해한 잘못이 없고, 피고가 상고이유에서 들고 있는 대법원판결은 사안을 달리하므로 이 사건에 원용하기에 적절하지 않다.

2. 제2 상고이유에 관하여

원심은 그 판시와 같은 이유로 원고들은 피고의 친생자임이 분명하다고 보아 원고들의 인지청구를 인용한 제1심판결을 그대로 유지하였다. 원심판결 이유를 관련 법리와 기록에 따라 살펴보면, 원심의 판단에 상고이유 주장과 같이 논리와 경험의 법칙을 위반하여 자유심증주의의 한계를 벗어난 잘못이 없다.

[대법원 1999. 10. 8.선고 98므1698 판결]

【판시사항】

[1] 생부의 인지 없이 생모에 의해 임의로 생부의 친생자로 출생신고되었다는 것을 이유로 한 인지무효확인심판의 기판력이 재판상 인지 청구에 미치는지 여부(소극)

[2] 인지청구권 포기의 가부(소극)

【판결요지】

[1] 생부의 인지 없이 생모에 의해 임의로 생부의 친생자로 출생신고되었다는 것을 이유로 한 인지무효확인의 확정심판은 생부 스스로 자(자)를 그의 친생자로 인정하여 출생신고를 한 바 없는데도 생모에 의해 그러한 행위를 한 것처럼 호적상 기재가 되어 있으니 그 출생신고에 의한 임의 인지가 무효임을 확인한다는 것이 심판대상임이 명백하고, 따라서 그 기판력 역시 생부의 출생신고에 의한 임의 인지가 무효라는 점에 한하여 발생할 뿐이며, 나아가 생부와 자(자) 사이에 친생자관계가 존재하는지의

여부에 대해서까지 그 확정심판의 효력이 미치는 것은 아니므로, 그 확
정심판의 효력은 자(子)와 생부 사이에 친생자관계가 존재함을 전제로 하
여 재판상 인지를 구하는 청구에는 미치지 아니한다.

[2] 인지청구권은 포기할 수 없고, 포기하였다 하더라도 효력이 발생할 수 없다.

[대법원 1993. 7. 27.선고 91므306 판결]

【판시사항】

친생자 출생신고에 의한 인지의 효력을 다투는 방법

【판결요지】

인지에 대한 이의의 소 또는 인지무효의 소는 민법 제855조 제1항, 호적법
제60조의 규정에 의하여 생부 또는 생모가 인지신고를 함으로써 혼인외의
자를 인지한 경우에 그 효력을 다투기 위한 소송이며, 위 각 법조에 의한 인
지신고에 의함이 없이 일반 출생신고에 의하여 호적부상 등재된 친자관계를
다투기 위하여는 위의 각 소송과는 별도로 민법 제865조가 규정하고 있는
친생자관계부존재확인의 소에 의하여야 할 것인바, 호적법 제62조에 부가 혼
인외의 자에 대하여 친생자 출생신고를 한 때에는 그 신고는 인지의 효력이
있는 것으로 규정되어 있으나, 그 신고가 인지신고가 아니라 출생신고인 이
상 그와 같은 신고로 인한 친자관계의 외관을 배제하고자 하는 때에도 인지
에 관련된 소송이 아니라 친생자관계부존재확인의 소를 제기하여야 한다.

[대법원 1969. 1. 21.선고 68므41 판결]

【판시사항】

호적상 인지자로 기재 된 자가 그 인지를 자신의 의사에 반한 것이라고 하여
인지무효를 청구하는 소는 본조의 소에 포함되지 않는다.

【이유】

원판결의 위 판시 취지(특히 을 제1호증의 기재나 증인 청구외 2의 증언 및
감정인 청구외 3의 감정 결과를 배척하는 이유에 관한 판시 취지)에 의하면,
원심은 청구인의 피청구인 2에 대한 전시 인지신고가 전술한 바와 같이 그의
의사에 반하여 피청구인 1에 의하여 불법히 이루어진 것이었으니 그 인지가
무효였다고 단정 하였을 분 아니라, 피청구인 2가 청구인과 피청구인 1사이
에서 포태된 아이라는 사실까지 부정하였음이 뚜렷하고 일방 민법 제862조

에 규정한 인지에 대한 이의의 소는 원판결이 판시한 바와 같이 인지 할 수 있는 자가 그의 의사에 따라 인지하였을 경우에 그 인지자 이외의 피인지자를 비롯한 다른 이해 관계인들이 그 인지의 효력을 다투는 이의 소를 말하는 것이고, 본건과 같이 인지자로 되어 있는 자가 그 인지를 자신의 의사에 반하여 무효한 것이었다 하여 인지 무효를 청구하는 소는 위 이의의 소중에 포함되는 것이라고 할 수 없음이 동 조의 물리상 명백 하다고 할 것임에도 불구하고 소론은 위 인지가 그 절차에는 하자가 있었을지라도 사실 관계에는 부합되는 것이었으며, 원고의 본소는 민법 제862조의 이의의 소에 해당되는 것인 바, 동 조 소정의 제소기간을 경과 한 후에 제기 되었으니 부적법한 것이었다 하여, 위 각 판시의 내용을 논란하는 것이니, 그 각 논지들도 받아들일 수 없다.

Section 4. 친생자관계존부확인

[1] 친생자관계존부확인의 소

1. 의의

① 친생자로 추정받지 않는 자가 가족관계등록부에 친생부모 아닌 사람들 사이에서 출생한 것으로 기록되어 있는 경우에 친생자관계의 부존재를 확인하는 재판입니다.

② 남편이 추정기간에 행방불명, 장기해외체류, 오랜 별거상태, 교도소 수용 등 남편의 자를 포태할 수 없음이 외관상 명백한 경우에 친생추정이 미치지 않으므로 친생자관계 부존재확인소송이 허용됩니다.

2. 관할

① 피고의 보통재판적 소재지 가정법원의 전속관할입니다.

② 피고가 모두 사망한 때에는 그중 1인의 최후 주소지 가정법원의 전속관할입니다.

3. 원고적격

① 자, 자의 법정대리인, 자의 직계비속

② 부 또는 모, 모의 부(夫), 모의 전부(前夫)

③ 4촌 이내의 친족(가사소송법 제28조, 제24조)

④ 후견인, 유언집행자, 기타의 이해관계인

4. 피고적격

① 자가 소를 제기하는 경우: 생존 중인 부 또는 모

② 제3자(이해관계인)가 소를 제기하는 경우: 부모와 자, 부와 자, 모와 자

③ 피고 될 자가 모두 사망한 경우 : 검사

5. 기타 입증자료

유전자시험성적서(국가공인인증기관) 등

6. 확정 후의 절차

확정 후 1개월 이내에 재판서 정(등)본 및 확정증명서를 첨부하여 시(구)·읍·면의 장에게 그 내용을 신고하여야 합니다.

7. 제척기간

① 사유가 있음을 안 날로부터 2년 내 제기하여야 합니다.

② 존재와 부존재의 소송이 피고들의 주소가 같은 때는 같은 가정법원에 소를 제기하고 소송인지대는 존재와 부존재의 소송별로 따로 계산하며, 피고들의 주소지 관할이 다른 때에는 각각의 가정법원에 소를 제기합니다.

[2] 친생자관계존부확인의 소장 작성례

[법원양식] 친생자관계 존재 확인의 소

친생자관계 존재 확인의 소

원　고 :　　　　　　　　(☎ :　　　　　　　　　　　　　)
주민등록번호 :
주　　　　소 :
송　달　장　소 :
등　록　기준지 :
피　　고 :

주민등록번호 :

주　　　　소 :

등 록 기준지 :

청 구 취 지

1. 원고와 피고 사이에는 친생자관계가 존재함을 확인한다.

2. 소송비용은 피고가 부담한다.

라는 판결을 구합니다.

청 구 원 인

(소송을 제기하는 사유를 구체적으로 기재)

첨 부 서 류

1. 기본증명서(상세)(원고,피고)	각 1통
1. 가족관계증명서(상세)(원고,피고)	각 1통
1. 주민등록표등(초)본(원고, 피고)	각 1통
1. 혼인관계증명서(원고,피고)	각 1통
1. 소장부본	1부
1. 기타 입증자료(유전자시험성적서 등)	1부

20 ．　　．　　．

원고 :　　　　　　　(서명 또는 날인)

서울○○법원　　귀중

휴대전화를 통한 정보수신 신청

　위 사건에 관한 **재판기일의 지정·변경·취소 및 문건접수 사실**을 예납의 무자가 납부한 송달료 잔액 범위 내에서 아래 휴대전화를 통하여 알려주실 것을 신청합니다.

◼ 휴대전화번호:

20   .   .   .

신청인 원고   (서명 또는 날인)

※ 문자메시지는 재판기일의 지정·변경·취소 및 문건접수 사실이 법원재판사무시스템에 입력되는 당일 이용 신청한 휴대전화로 발송됩니다.

※ 문자메시지 서비스 이용 금액은 메시지 1건당 17원씩 납부된 송달료에서 차감됩니다(송달료가 부족하면 문자메시지가 발송되지 않습니다.).

※ 추후 서비스 대상 정보, 이용 금액 등이 변동될 수 있습니다.

※ 휴대전화를 통한 문자메시지는 <u>원칙적으로 법적인 효력이 없으니 참고자료로만 활</u>용하시기 바랍니다.

◇ **유의 사항** ◇

1. 소장에는 인지액 20,000원 상당의 금액을 현금이나 신용카드·직불카드 등으로 납부한 내역을 기재한 영수필확인서를 첨부하여야 합니다.
2. 송달료는 당사자 수 ×우편료 × 15회분을 송달료 취급 은행에 납부하고 납부서를 첨부하여야 합니다.
3. 전화번호란에는 연락 가능한 휴대전화번호(전화번호)를 기재하시기 바랍니다.

[작성례 ①] 친생자관계부존재확인 청구의 소(혼인외의 자)

소   장

원 고   김 ○ ○ (주민등록번호)
           등록기준지 : ○○시 ○○구 ○○길 ○○
           주소 : ○○시 ○○구 ○○길 ○○(우편번호)

피 고   1. 김 △ △ (주민등록번호)
           2. 박 △ △ (주민등록번호)

피고들 등록기준지 : 원고와 같음
피고들 주소 : ○○시 ○○구 ○○길 ○○

친생자관계부존재확인청구의 소

청 구 취 지

1. 원고와 피고들 사이에는 각기 친생자관계가 존재하지 아니함을 확인한다.
2. 소송비용은 피고들의 부담으로 한다.

라는 판결을 구합니다.

청 구 원 인

1. 호적상 등재 사실

   원고는 피고 김△△을 아버지로, 피고 박△△를 어머니로 하여 그들 사이에 출생한 것으로 호적상 등재되어 있습니다. {증거 : 갑 제1호증 (가족관계증명서)}

2. 원, 피고들간 친생자관계 부존재 및 호적 등재 경위

   가. 원고는 피고 김△△의 친형인 소외 김□□이 한 동네에 거주하던 성명불상의 여인과의 관계에서 낳은 혼인외의 자입니다. 당시 위 김□□은 소외 이□□와 혼인한 사이로서 그 사이에 아들을 출산한 지 4일만에 원고가 태어났으므로 원고를 차마 자신의 호적에 입적시킬 수 없어 동생 부부인 피고들의 친생자인 것처럼 출생신고를 하게 되었던 것입니다.

   나. 그러나, 원고는 피고들과는 단 하루도 함께 산 적이 없으며 원고의 친부인 위 김□□과 그의 처인 위 이□□가 원고가 성장할 때까지 양육했습니다. 또한 위 이□□도 원고에 대해 기른 정이 깊어 늦었지만 이제라도 원고가 친아버지의 호적에 입적되기를 원하는 입장이며 피고들도 원고의 호적을 바로 잡는데 전혀 이의가 없습니다.

   다. 증거 : 갑 제 2호증 (기본증명서). 갑 제 3호증(가족관계증명서), 갑 제 5호증 (동생에게 입적한 이유서), 갑 제 6호증 (확인서)

3. 결 론

   위와 같이 원고는 호적상 피고들 사이의 친생자인 것처럼 등재되어 있

으나, 피고들과는 친생자관계가 존재하지 아니하므로 그 확인을 구하기
위하여 이 건 소송에 이르렀습니다.

입 증 방 법

1. 갑 제1호증   가족관계증명서(원고)
1. 갑 제2호증   기본증명서(원고)
1. 갑 제3호증   가족관계증명서(소외 김□□)
1. 갑 제4호증   주민등록등본(피고들)
1. 갑 제5호증   동생에게 입적한 이유서
1. 갑 제6호증   확인서

첨 부 서 류

1. 위 입증방법   각 2통
1. 소장부본   2통
1. 납부서   1통

20○○년 ○월 ○일
위 원고 김 ○ ○   (서명 또는 날인)

○ ○ 가 정 법 원   귀중

[작성례 ②] 친생자관계부존재확인 청구의 소(허위의 출생신고)

소   장

원   고   ○ ○ ○(주민등록번호)
          19○○년 ○월 ○일생
          등록기준지   ○○시 ○○구 ○○길 ○○
          주소   ○○시 ○○구 ○○길 ○○ (우편번호)

전화 ○○○ - ○○○○

피 고   △ △ △(주민등록번호)
          19○○년 ○월 ○일생
          등록기준지   ○○시 ○○구 ○○길 ○○
          주소   ○○시 ○○구 ○○길 ○○ (우편번호)
          전화   ○○○ - ○○○○

친생자관계부존재확인청구의 소

청 구 취 지

1. 원고와 피고사이에는 친생자관계가 존재하지 아니함을 확인한다.
2. 소송비용은 피고의 부담으로 한다.
라는 판결을 구합니다.

청 구 원 인

1. 원고는 19○○. ○. ○.에 소외 망 김□□를 아버지로, 소외 이□□를 어머니로 하여 그들 사이에 출생하였는데, 위 김□□가 마치 원고가 김□□와 피고사이에서 출생한 것처럼 허위의 출생신고를 하여 버렸습니다.
2. 이에 원고는 피고에 대하여 원고가 피고의 친생자가 이님을 확인 받기 위하여 이 사건 소를 제기합니다.

입 증 방 법

1. 갑 제1호증의 1	기본증명서(원고)
1. 갑 제1호증의 2	가족관계증명서(원고)
1. 갑 제2호증	주민등록등본
1. 갑 제3호증의 1	확인서(박□□)
1. 갑 제3호증의 2	확인서(정□□)

첨 부 서 류

1. 위 입증방법   각 1통
1. 소장부본   1통
1. 납 부 서   1통

2000년   ○월   ○일

원 고   ○ ○ ○ (서명 또는 날인)

○ ○ 가정법원 귀 중

[작성례 ③] 친생자관계부존재확인 청구의 소(문서위조)

소　　　　　장

원 고　　김 ○ ○ (주민등록번호)

등록기준지 : ○○시 ○○구 ○○길 ○○

주소 : ○○시 ○○구 ○○길 ○○(우편번호)

피 고　　1. 김 □ □ (주민등록번호)

등록기준지 : 원고와 같음

최후 주소 : ○○시 ○○구 ○○길 ○○

2. 김 ◎ ◎(주민등록번호)

등록기준지 : 원고와 같음

최후 주소 : ○○시 ○○구 ○○길 ○○

친생자관계부존재확인청구의 소

청　구　취　지

1. 원고와 피고들 사이에는 각기 친생자관계가 존재하지 아니함을 확인한다.

2. 소송비용은 피고들 부담으로 한다.

라는 판결을 구합니다.

청　　구　　원　　인

1. 호적상의 친생자관계

　　피고들은 호적상 원고를 부로 소외 김■■를 모로 하여 그들 사이에 출생한 친생자로 등재되어 있으나, {갑 제 1 (가족관계증명서)}

　　피고들은 원고와 전혀 친생자관계가 없고 알지도 못하는 자들입니다.

2. 허위의 출생신고

　　가. 피고들은 우리나라에 불법 체류중인 중국국적의 조선족들로서 피고 김□□은 본명이 강□□이고 피고 김◎◎은 본명을 알 수 없습니다.

　　나. 소외 장□□, 소외 김◑◐은 피고들로부터 부탁을 받고 각 600만원을 교부 받은 다음 1900. ○. ○. ○○시 ○○구 ○○동 ○○소재 사무소에서 피고들을 원고의 딸인 것처럼 허위로 출생신고를 하여 원고의 망부 김○○이 호주로 되어 있는 호적부에 원고의 딸로 등재하게 하였습니다.

　　다. 위 장□□는 위와 같은 범죄를 포함한 범죄사실로 공정증서원본불실기재 및 불실기재공정증서원본행사죄등으로 유죄 확정 판결을 받았고 피고 김□□ (본명: 강□□) 도 같은 죄로 유죄확정 판결을 받은 사실이 있습니다.

　　라. 증거 : 갑 제 2 호증의 1, 2(각 주민등록 말소자 등본), 갑 제 4 호증의 1, 2(각 형사 판결), 갑 제 5 호증(확정 증명)

3. 결론 및 공시송달 신청

　　위와 같이 피고들은 모두 원고의 친생자가 아님에도 호적상으로는 원고 친생자로 잘못 등재되어 있으므로 원고는 이를 바로잡고자 이 건 소제기에 이르렀는바, 피고들은 출입국에 관한 사실증명에 의하면 아직도 국내에 있는 것으로 되어 있으나 모두 주민등록이 말소되고 그 소재를 파악할 수 없어 통상의 방법으로는 이 건 소장 부본을 송달할 수 없으니 공시송달을 신청하고자 합니다.

입 증 방 법

1. 갑 제1호증   가족관계증명서
1. 갑 제2호증의 1, 2   각 주민등록 말소자 등본
1. 갑 제3호증의 1, 2   각 출입국에관한 사실증명
1. 갑 제4호증의 1, 2   각 형사 판결
1. 갑 제5호증   확정 증명
1. 갑 제6호증   민사판결
1. 갑 제7호증   사실확인

첨 부 서 류

1. 소장 부본   2통
1. 위 각 입증방법   각 1통
1. 위임장   1통
1. 납부서   1통

20○○년 ○월 ○일

위 원고 ○ ○ ○   (서명 또는 날인)

○ ○ 가 정 법 원   귀 중

[작성례 ④] 친생자관계부존재확인 청구의 소(이중등록부 정정 목적)

소   장

원 고   ○ ○ ○
         19○○년 ○월 ○일생
         등록기준지   ○○시 ○○구 ○○길 ○○
         주소   ○○시 ○○구 ○○길 ○○ (우편번호)
         전화   ○○○ - ○○○○

피　고　　1. 김　△　△

　　　　　　　　1900년 ○월 ○일생

　　　　　　　　등록기준지　○○시 ○○구 ○○길 ○○

　　　　　　　　주소　○○시 ○○구 ○○길 ○○ (우편번호)

　　　　　　　　전화　○○○ - ○○○○

　　　　　　2. 이　△　△

　　　　　　　　1900년 ○월 ○일생

　　　　　　　　등록기준지　○○시 ○○구 ○○길 ○○

　　　　　　　　주소　○○시 ○○구 ○○길 ○○ (우편번호)

　　　　　　　　전화　○○○ - ○○○○

친생자관계부존재확인청구의 소

청　구　취　지

1. 피고 김△△와 피고 이△△ 사이에는 친생자관계가 존재하지 아니함을 확인한다.

2. 소송비용은 피고들의 부담으로 한다.

청　구　원　인

1. 피고 이△△의 출생 등

　가. 피고 이△△은 1900. ○. ○. ○○도 ○○군 ○○면 ○○리 ○○ 에서 父 박□□와 母 정□□ 사이의 4남 2녀 중 막내로 출생하였고, 본적 ○○도 ○○군 ○○면 ○○리 ○○, 호주 박□□의 호적에 박□□라는 이름으로 등재되었습니다.

　나. 그런데 한국전쟁 때 피고 이△△은 부모와 네명의 오빠를 모두 잃어 현재 피고 이△△의 혈육으로는 원고만 남게 되었습니다.

　다. 이 호적은 가족관계 등록 등에 관한 법률 시행에 따라 등록기준지 ○○도 ○○군 ○○면 ○○리 ○○, 가족관계등록부로 작성되었습니다.

2. 이중등록부의 기재경위

　가. 피고 이△△은 한국전쟁 때인 12세 무렵 졸지에 고아가 되어 서울에 올라가 식모생활을 하면서 본건 등록부 상 부모로 기재되어 있

는 소외 망 이□□, 피고 김△△ 부부를 알게 되었습니다.

나. 위 이□□, 김△△ 부부는 19○○. ○. ○. 위 박□□의 이름을 피고 이△△으로 정하여 자신의 딸로 호적에 입적시키게 되었고 피고 이△△의 출생일은 19○○. ○. ○.로 신고하였던 것입니다. 그 후 위 이□□은 19○○. ○. ○. 사망하였습니다.

다. 이 호적 또한 가족관계 등록 등에 관한 법률 시행으로 등록기준지 ○○시 ○○구 ○○동 ○○번지, 가족관계등록부로 작성되었습니다.

라. 결국 피고 이△△은 박□□이라는 이름으로 소외 망 박□□과 망 정□□의 자로 가족관계등록부에 등재되어 있는 한편 이△△이라는 이름으로 소외 망 이□□, 피고 김△△의 자로도 가족관계등록부에 등재되어 있는 상황입니다.

3. 결론

이에 피고 이△△의 언니로서 이해관계인인 원고는(대법원 80므60 전원합의체판결, 90므347 판결), 피고 이△△의 이중등록부를 정리하기 위하여 피고 김△△ 및 피고 이△△을 상대로 친생자관계부존재확인을 받기 위하여 이 사건 청구에 이른 것입니다.

입 증 방 법

제1호증의 1, 2, 3	제적등본, 가족관계증명서, 기본증명서(친생부의 신고)
제2호증의 1, 2, 3	제적등본, 가족관계증명서, 기본증명서(피고의 신고)
제3호증	인우보증서 및 보증인의 주민등록초본
제4호증	원고, 피고들 각 주민등록초본

첨 부 서 류

1. 위 입증방법	각 1통
1. 소장부본	2통
1. 납부서	1통

20○○년　○월　○일

원　고　○　○　○ (서명 또는 날인)

○ ○ **가정법원　귀 중**

[3] 관련판례

[대법원 2025. 4. 24.선고 2022므15371 판결]

【판시사항】

친생자관계존재확인의 소를 통해 진실한 신분관계를 귀속시키는 것이 자녀의 복리에 현저히 반하게 되는 특별한 사정이 있는 경우, 친생자관계존재확인의 소도 예외적으로 소권남용에 해당하여 허용되지 않을 수 있는지 여부(적극) 및 여기서 자녀의 복리에 현저히 반하게 되는지 판단하는 기준

【판결요지】

가사소송절차에 준용되는 민사소송법 제1조 제2항은 당사자와 소송관계인은 신의에 따라 성실하게 소송을 수행하여야 한다고 규정하여 가사소송에 있어서도 신의성실의 원칙이 적용됨을 선언하고 있다. 그러므로 이러한 신의칙을 위배한 소권의 행사는 허용되지 아니한다 할 것이나, 법원의 재판을 받을 권리는 헌법상 보장된 기본권에 속하는 이상 실체법상의 권리를 실현하기 위한 소송의 제기에 대하여 이를 신의칙에 반하는 소권의 남용이라고 판단함에 있어서는 신중을 기하여야 한다. 특히 친족법상 친자관계의 존부를 다투는 소송에서는, 친자관계가 신분관계의 기본이 되는 것으로 단순히 친자 상호 간의 관계뿐만 아니라 친족 간의 상속문제 기타 친족관계에 기초한 각종 법률관계에도 영향을 초래할 수 있으므로 진실한 신분관계를 확정하는 것은 그 자체가 법이 의도하고 있는 정당한 행위이다. 따라서 소송의 결과가 위 각종 법률관계에 영향을 미치는 것은 정당한 신분관계의 회복에 당연히 수반되는 것이므로 이를 두고 그 소송의 동기나 목적이 소권남용의 의도에서 비롯된 것으로 단정 지어 비난할 사유가 되지 못하고, 특별한 사정이 없는 한 친생자관계존재확인의 소가 소권의 남용이라는 명목으로 쉽게 배척되어서는 아니 된다.

그러나 자녀의 복리는 친자관계의 성립과 유지에서 가장 우선적으로 고려해야 할 사항이므로, 친생자관계존재확인의 소를 통해 진실한 신분관계를 귀속시키는 것이 오히려 자녀의 복리에 현저히 반하게 되는 특별한 사정이 있다면 친생자관계존재확인의 소도 예외적으로 소권남용에 해당하여 허용되지 않을 수 있다. 여기서 자녀의 복리에 현저히 반하게 되는지는 법률상 친자관계가 진실한 혈연관계와 달라진 경위, 법률상 부모와 자녀가 친생자관계에 준할 정도의 정서적 유대와 실질적 생활관계를 형성·유지해온 기간과 내용, 판결로써 친생자관계의 존재를 확정함에 따라 자녀 및 법률상 부모가 입을 고

통이나 불이익, 원고가 친생자관계존재확인의 소에 이른 경위와 동기 및 목
적, 친생자관계존재확인의 소가 받아들여지지 않을 경우 원고가 입을 고통이
나 불이익, 원고 외에 현저하게 불이익을 받는 자의 유무 등의 사정을 종합
적으로 고려하여 신중하게 판단하여야 한다.

[대법원 2023. 9. 21.선고 2021므13354 판결]
【판시사항】
입양의 의사로 친생자 출생신고를 하고 입양의 실질적 요건이 모두 구비된
경우, 입양의 효력이 발생하는지 여부(적극) / 파양에 의하여 양친자관계를
해소할 필요가 있는 등 특별한 사정이 있는 경우, 친생자관계부존재확인청구
가 허용되는지 여부(적극) / 양친자관계를 해소하기 위한 친생자관계부존재확
인청구의 인용판결이 확정된 경우, 양친자관계의 존재를 주장할 수 있는지
여부(소극)
【판결요지】
당사자가 입양의 의사로 친생자 출생신고를 하고 입양의 실질적 요건이 모두
구비되었다면 형식에 다소 잘못이 있더라도 입양의 효력이 발생한다. 이때
친생자 출생신고는 법률상의 친자관계인 양친자관계를 공시하는 입양신고의
기능을 한다. 따라서 파양에 의하여 양친자관계를 해소할 필요가 있는 등 특
별한 사정이 있는 경우 호적기재 자체를 말소하여 법률상 친자관계의 존재를
부인하게 하는 친생자관계부존재확인청구가 허용될 수 있다. 이와 같은 양친
자관계를 해소하기 위한 친생자관계부존재확인청구의 인용판결이 확정되면
확정일 이후부터는 더 이상 양친자관계의 존재를 주장할 수 없다.

[대법원 2022. 7. 28.선고 2022므11621 판결]
【판시사항】
[1] 친생자가 아닌 자에 대하여 한 인지신고의 효력(=당연무효) 및 그 무효
    를 주장하는 방법
[2] 친생자가 아닌 자에 대한 인지에 입양의 효력이 있는 경우, 그 자녀가
    생부모를 상대로 인지청구를 할 수 있는지 여부(적극) 및 이 경우 인지청
    구 전에 허위의 인지신고로 기록된 가족관계등록부상 친생자관계를 양친
    자관계로 정정하여야 하는지 여부(소극)

【이유】

친생자가 아닌 자에 대하여 한 인지신고는 당연 무효이고, 이러한 인지는 무효를 확정하기 위한 판결 기타의 절차에 의하지 아니하고도, 또 누구라도 그 무효를 주장할 수 있다(대법원 1992. 10. 23. 선고 92다29399 판결 참조). 한편 친양자가 아닌 한 양자의 입양 전 친족관계는 존속하므로(민법 제882조의2 제2항, 제908조의3 제2항), 친생자가 아닌 자에 대한 인지에 입양의 효력이 있는 경우에도 그 자녀는 곧바로 생부모를 상대로 인지청구를 할 수 있고, 인지청구를 하기 전에 먼저 허위의 인지신고로 기록된 가족관계등록부상 친생자관계를 양친자관계로 정정하여야 하는 것은 아니다.

원심은 그 판시와 같은 이유로 이 사건 인지청구의 소가 부적법하다는 피고의 본안전 항변을 받아들이지 않았다. 원심판결 이유를 위 법리와 기록에 비추어 살펴보면, 원심의 판단에 상고이유 주장과 같이 인지청구의 소의 적법 여부에 관한 법리를 오해한 잘못이 없고, 피고가 상고이유에서 들고 있는 대법원판결은 사안을 달리하므로 이 사건에 원용하기에 적절하지 않다.

[대법원 2022. 1. 27.선고 2018므11273 판결]

【판시사항】

생모나 친족 등 이해관계인이 혼인외 출생자를 상대로 혼인외 출생자와 사망한 부 사이의 친생자관계존재확인을 구하는 소가 허용되는지 여부(소극)

【판결요지】

혼인외 출생자의 경우에 모자관계는 인지를 요하지 아니하고 법률상 친자관계가 인정될 수 있지만, 부자관계는 부의 인지에 의하여서만 발생하는 것이므로, 부가 사망한 경우에는 그 사망을 안 날로부터 2년 이내에 검사를 상대로 인지청구의 소를 제기하여야 하고, 생모나 친족 등 이해관계인이 혼인외 출생자를 상대로 혼인외 출생자와 사망한 부 사이의 친생자관계존재확인을 구하는 소는 허용될 수 없다.

[대법원 2021. 12. 30.선고 2017므14817 판결]

【판시사항】

[1] 혼인외 출생자와 사망한 부 사이의 친생자관계존재확인을 구하는 소가 허용되는지 여부(소극)

[2] 법률상 사항에 관한 법원의 석명 또는 지적의무 / 혼인외 출생자 등이
    법률상 부자관계의 성립을 목적으로 친생자관계존재확인의 소를 제기한
    경우, 법원이 취하여야 할 조치

【이유】

혼인외 출생자의 경우 모자관계는 인지를 요하지 아니하고 법률상의 친자관
계가 인정될 수 있지만, 부자관계는 부의 인지에 의하여서만 발생하는 것이
므로, 부가 사망한 경우에는 그 사망을 안 날로부터 2년 이내에 검사를 상대
로 인지청구의 소를 제기하여야 하고, 친생자관계존재확인을 구하는 소는 허
용될 수 없다(대법원 1997. 2. 14. 선고 96므738 판결). 가사소송법 제12
조 본문에 따라 가사소송 절차에 적용되는 민사소송법 제136조 제4항은 "법
원은 당사자가 명백히 간과한 것으로 인정되는 법률상 사항에 관하여 당사자
에게 의견을 진술할 기회를 주어야 한다."라고 규정하고 있으므로 , 당사자가
부주의 또는 오해로 인하여 명백히 간과한 법률상의 사항이 있거나 당사자의
주장이 법률상의 관점에서 보아 모순이나 불명료한 점이 있는 경우 법원은
적극적으로 석명권을 행사하여 당사자에게 의견진술의 기회를 주어야 하고
만일 이를 게을리 한 경우에는 석명 또는 지적의무를 다하지 아니한 것으로
서 위법하다(대법원 2010. 2. 11. 선고 2009다83599 판결 참조). 혼인외
출생자 등이 법률상 부자관계의 성립을 목적으로 친생자관계존재확인의 소를
제기한 경우에 법원은 친생자관계존재확인의 소의 보충성을 이유로 그대로
소를 각하할 것이 아니라 원고의 진정한 의사를 확인하여 그에 알맞은 청구
취지와 청구원인으로 정리하도록 석명하여야 한다.

[대법원 2021. 9. 9.선고 2021므13293 판결]

【판시사항】

생물학적 혈연관계가 없다는 점이 친생부인의 소로써 친생추정을 번복할 수
있게 하는 사유인지 여부(적극) 및 이를 넘어서 처음부터 친생추정이 미치지
않도록 하는 사유인지 여부(소극) / 처가 혼인 중에 포태하였으나 동거의 결
여로 처가 부(부)의 자를 포태할 수 없는 것이 외관상 명백한 사정이 있는
경우, 민법 제844조 제1항 의 친생추정이 미치는지 여부(소극)

【판결요지】

민법은 친생추정 규정을 두면서도 남편에게 친생부인의 사유가 있음을 안 날
부터 2년 내에 친생부인의 소를 제기할 수 있도록 하고 있다. 이는 진실한

혈연관계에 대한 인식을 바탕으로 법률적인 친자관계를 진실에 부합시키고자 하는 남편에게 친생추정을 부인할 수 있는 실질적인 기회를 부여한 것이다. 친생부인의 소가 적법하게 제기되면 부모와 출생한 자녀 사이에 생물학적 혈연관계가 존재하는지가 증명의 대상이 되는 주요사실을 구성한다. 결국 혈연관계가 없음을 알게 되면 친생부인의 소를 제기할 수 있는 제소기간이 진행하고, 실제로 생물학적 혈연관계가 없다는 점은 친생부인의 소로써 친생추정을 번복할 수 있게 하는 사유이다.

이처럼 혈연관계 유무나 그에 대한 인식은 친생부인의 소를 이유 있게 하는 근거 또는 제소기간의 기산점 기준으로서 친생부인의 소를 통해 친생추정을 번복할 수 있도록 하는 사유이다. 이를 넘어서 처음부터 친생추정이 미치지 않도록 하는 사유로서 친생부인의 소를 제기할 필요조차 없도록 하는 요소가 될 수는 없다. 혈연관계가 없다는 점을 친생추정이 미치지 않는 전제사실로 보는 것은 원고적격과 제소기간의 제한을 두고 있는 친생부인의 소의 존재를 무의미하게 만드는 것으로 현행 민법의 해석상 받아들이기 어렵다. 친생부인권을 실질적으로 행사할 수 있는 기회를 부여받았는데도 제소기간이 지나도록 이를 행사하지 않아 더 이상 이를 다툴 수 없게 된 경우 그러한 상태가 남편이 가정생활과 신분관계에서 누려야 할 인격권, 행복추구권, 개인의 존엄과 양성의 평등에 기초한 혼인과 가족생활에 대한 기본권을 침해한다고 볼 수 없다.

다만 친생추정 규정은 부부가 정상적인 혼인생활을 영위하고 있는 경우를 전제로 가정의 평화를 위하여 마련된 것이어서 그 전제사실을 갖추지 않은 경우까지 적용하여 요건이 엄격한 친생부인의 소로써 부인할 수 있도록 하는 것은 제도의 취지에 반하여 진실한 혈연관계에 어긋나는 부자관계를 성립하게 하는 등 부당한 결과를 가져올 수 있다. 대법원 2019. 10. 23. 선고 2016므2510 전원합의체 판결 에서도 이러한 입장이 변경되지 아니하였다.

따라서 민법 제844조 제1항 의 친생추정은 반증을 허용하지 않는 강한 추정이므로, 처가 혼인 중에 포태한 이상 그 부부의 한쪽이 장기간에 걸쳐 해외에 나가 있거나, 사실상의 이혼으로 부부가 별거하고 있는 경우 등 동거의 결여로 처가 부(부)의 자를 포태할 수 없는 것이 외관상 명백한 사정이 있는 경우에만 그 추정이 미치지 않을 뿐이고, 이러한 예외적인 사유가 없는 한 누구라도 그 자가 부의 친생자가 아님을 주장할 수 없다.

[대법원 2020. 6. 18.선고 2015므8351 전원합의체 판결]

【판시사항】

[1] 친생자관계존부확인의 소를 제기할 수 있는 자는 민법 제865조 제1항에서 정한 제소권자로 한정되는지 여부(적극) 및 민법 제777조에서 정한 친족이라는 사실만으로 당연히 친생자관계존부확인의 소를 제기할 수 있는지 여부(소극)

[2] 독립유공자인 갑의 장녀인 을의 자녀인 병이 독립유공자의 유족으로 인정되자, 갑의 장남인 정의 손자인 무가 검사를 상대로 갑과 을 사이에 친생자관계가 존재하지 않는다는 확인 등을 구한 사안에서, 무가 갑과 친족관계에 있다는 사실만으로 민법 제865조 제1항에서 정한 원고적격이 인정된다고 할 수 없고, 무는 친생자관계부존재확인 판결이 확정되더라도 이에 대해 법률상 이해관계를 가진다고 할 수 없으므로, 위 확인의 소는 원고적격을 갖추지 못한 사람이 제기한 것으로 부적법하다고 한 사례

【판결요지】

[1] [다수의견] (가) 친생자관계에 관하여 민법은 임신과 출산이라는 자연적인 사실에 의하여 그 관계가 명확히 결정되는 모자관계와 달리 부자관계의 성립과 해소에 대하여는 그 관계 확정을 위한 여러 규정을 두고 있다. 아내가 혼인 중에 임신한 자녀를 남편의 자녀로 추정하는 친생추정 규정(제844조 제1항)과 이에 대한 번복방법인 친생부인의 소에 관한 규정(제846조 내지 제851조), 재혼한 여자가 해산한 경우 법원에 의한 부의 결정에 관한 규정(제845조), 혼인 외 출생자의 인지에 관한 규정(제855조 제1항, 제863조), 인지의 취소 및 인지에 대한 이의의 소에 관한 규정(제861조 및 제862조)이 이에 해당한다. 따라서 법적 친생자관계의 성립과 해소를 구하는 소송절차에서는 위 각 규정에 명시된 제소권자가 해당 규정이 정한 요건을 갖춰 소를 제기하는 것이 원칙이다.

민법 제865조 제1항은 "제845조, 제846조, 제848조, 제850조, 제851조, 제862조, 제863조의 규정에 의하여 소를 제기할 수 있는 자는 다른 사유를 원인으로 하여 친생자관계존부확인의 소를 제기할 수 있다."라고 정한다. 이는 법적 친자관계와 가족관계등록부에 표시된 친자관계가 일치하지 않을 때 이를 바로잡기 위하여 친생자관계존부확인의 소를 제기할 수 있도록 한 것이다.

민법 제865조 제1항이 친생자관계존부확인의 소를 제기할 수 있는 자를

구체적으로 특정하여 직접 규정하는 대신 소송목적이 유사한 다른 소송 절차에 관한 규정들을 인용하면서 각 소의 제기권자에게 원고적격을 부여하고 그 사유만을 달리하게 한 점에 비추어 보면, 민법 제865조 제1항이 정한 친생자관계존부확인의 소는 법적 친생자관계의 성립과 해소에 관한 다른 소송절차에 대하여 보충성을 가진다.

이처럼 민법 제865조 제1항의 규정 형식과 문언 및 체계, 위 각 규정들이 정한 소송절차의 특성, 친생자관계존부확인의 소의 보충성 등을 고려하면, 친생자관계존부확인의 소를 제기할 수 있는 자는 민법 제865조 제1항에서 정한 제소권자로 한정된다고 봄이 타당하다.

① 친생자관계의 당사자인 부, 모, 자녀는 민법 제845조, 제846조, 제862조, 제863조에 의하여 소를 제기할 수 있는 자로서 다른 사유를 원인으로 하는 경우에는 친생자관계존부확인의 소를 제기할 수 있다.

② 친생자관계의 당사자인 자녀의 직계비속과 그 법정대리인은 민법 제863조에 의하여 소를 제기할 수 있는 자로서 다른 사유를 원인으로 하는 경우에는 친생자관계존부확인의 소를 제기할 수 있다.

③ 민법 제848조, 제850조, 제851조의 제소권자인 성년후견인, 유언집행자, 부 또는 처의 직계존속이나 직계비속은 위 규정들에 의하여 소를 제기할 수 있는 요건을 갖춘 경우에 한하여 원고적격이 있다. 즉, 성년후견인은 남편이나 아내가 성년후견을 받게 되었을 때(제848조), 유언집행자는 부 또는 처가 유언으로 친생자관계를 부정하는 의사를 표시한 때(제850조), 부 또는 처의 직계존속이나 직계비속은 부(부)가 자녀의 출생 전에 사망하거나 부 또는 처가 친생부인의 소의 제기기간 내에 사망한 때(제851조) 비로소 다른 사유를 원인으로 하여 친생자관계존부확인의 소를 제기할 수 있다.

④ 이해관계인은 민법 제862조에 따라 다른 사유를 원인으로 하여 친생자관계존부확인의 소를 제기할 수 있다. 여기서 이해관계인은 다른 사람들 사이의 친생자관계가 존재하거나 존재하지 않는다는 내용의 판결이 확정됨으로써 일정한 권리를 얻거나 의무를 면하는 등 법률상 이해관계가 있는 제3자를 뜻한다. 이러한 이해관계인에 해당하는지 여부는 원고의 주장 내용과 변론에 나타난 제반 사정을 토대로 상속이나 부양 등에 관한 원고의 권리나 의무, 법적 지위에 미치는 구체적인 영향이 무엇인지를 개별적으로 심리하여 판단해야 한다.

(나) 구 인사소송법(1990. 12. 31. 법률 제4300호 가사소송법 부칙 제2

조 로 폐지. 이하 같다) 등의 폐지와 가사소송법의 제정·시행, 호주제 폐지 등 가족제도의 변화, 신분관계 소송의 특수성, 가족관계 구성의 다양화와 그에 대한 당사자 의사의 존중, 법적 친생자관계의 성립이나 해소를 목적으로 하는 다른 소송절차와의 균형 등을 고려할 때, 민법 제777조에서 정한 친족이라는 사실만으로 당연히 친생자관계존부확인의 소를 제기할 수 있다고 한 종전 대법원 판례는 더 이상 유지될 수 없게 되었다고 보아야 한다. 상세한 이유는 다음과 같다.

① 가사소송법은 혼인무효의 소 등의 상대방에 관한 규정(제24조)만을 친생자관계존부확인의 소에 준용하고 있을 뿐 제기권자에 관한 규정(제23조)은 준용하지 않고 있다. 따라서 구 인사소송법이 폐지되고 가사소송법이 시행됨으로써 종전 대법원 판례의 법률적 근거가 사라지게 되었다.

② 가족관계를 둘러싼 법질서나 사회적 상황의 변화 등에 따라 부부관계와 더불어 가족관계의 근간을 이루는 친생자관계를 바라보는 사회일반의 인식도 함께 변화하였다. 가족제도 등에 관한 법률적, 사회적 상황의 변화에 비추어 보면, 호주제가 유지되던 때와 달리 오늘날에는 민법 제777조에서 정한 친족이라는 이유만으로 밀접한 신분적 이해관계를 가진다고 볼 법률적, 사회적 근거가 약해졌다.

③ 오늘날에는 가족관계가 혈연관계뿐만 아니라 당사자의 의사를 기초로 하여 다양하게 형성되고 있다. 따라서 혼인과 가족관계의 기초가 되는 법적 친자관계의 형성에 관한 당사자의 자유로운 의사를 존중하는 한편, 이에 관하여 제3자가 부당하게 개입하지 않도록 일정한 제한을 둘 필요가 있다.

④ 유전자검사 등으로 혈연관계의 증명이 어렵지 않게 된 현실을 고려할 때, 혈연의 진실을 위한다는 이유로 친생자관계의 존부를 다툴 수 있는 제3자의 범위를 넓게 보아 본안심리에 나아가도록 하는 것은 필연적으로 신분질서의 안정을 해치고 혼인과 가족생활에 관한 당사자의 자율적인 의사결정을 침해하는 결과를 가져올 가능성이 크다. 따라서 친생자관계의 존부를 다투는 소를 제기할 수 있는 제3자의 범위를 명문의 법률 규정 없이 해석을 통하여 함부로 확대하는 것은 바람직하지 않다.

⑤ 친생자관계존부확인의 소는 이미 여러 측면에서 제소요건이 완화되어 있는데, 여기에 더하여 원고적격 범위를 민법 제777조에서 정한 친족으로 넓히는 것은 앞서 본 다른 소송절차와 비교해서도 균형이 맞지 않는다. 이는 다른 소송절차에 관한 법률 규정이 정하고 있는 요건이나

제한 등을 회피하기 위한 수단으로 친생자관계존부확인의 소가 변질될 우려가 있다는 점에서 더욱 그러하다.

⑥ 민법은 민법 제865조 제1항에서 친생자관계의 당사자 아닌 제3자가 이해관계인에 해당하는 경우에는 그 존부를 다툴 수 있게 하고 있으므로, 친족관계에 있는 제3자도 이해관계인에 해당하는 경우에는 원고적격을 가진다. 따라서 민법 제777조의 모든 친족에게 일률적으로 원고적격을 부여하지 않더라도 친생자관계의 존부에 대해 법률상 이해관계를 가지는 제3자의 권리나 재판청구권을 부당하게 제약한다고 볼 수 없다.

[대법관 안철상, 대법관 민유숙의 별개의견] 대법원 판례의 변경에 관하여는 다수의견과 견해를 같이한다. 그러나 친생자관계존부확인의 소의 제기권자 범위에 관하여는 다수의견과 견해를 달리한다.

(가) 다수의견은 '부 또는 처의 직계존속이나 직계비속'은 부(부)가 자녀의 출생 전에 사망하거나 부 또는 처가 친생부인의 소의 제기기간 내에 사망한 때에 비로소 친생자관계존부확인의 소를 제기할 수 있다고 한다. 그러나 친생자관계존부확인의 소는 친생부인의 소와는 소송의 구조나 법적 성질 등이 전혀 다른 소송절차이므로, 부 또는 처의 직계존속이나 직계비속이 친생자관계존부확인의 소를 제기하는 경우에까지 친생부인의 소와 마찬가지로 별도의 요건을 요구하는 것은 타당하지 않다. 친생부인의 소의 제기권자인 당사자가 사망한 경우 보충적으로 그의 직계존속이나 직계비속이 제소권자가 되는 구조는 친생자관계존부확인의 소와 부합하지 않는다. 자녀의 직계비속이 다른 제한 없이 친생자관계존부확인의 소를 제기할 수 있도록 한다면, 부모의 직계비속도 기간 제한 없이 친생자관계존부확인의 소를 제기할 수 있다고 보는 것이 균형이 맞고 자연스러운 문언해석이다.

(나) 이해관계인의 범위를 정하는 1차적 기준은 현재 가족관계등록부에 진실한 혈연과 다른 친생자관계가 등록됨으로 인해 자신의 신분관계를 기초로 한 법적 지위에 불이익을 받는지 여부가 되어야 하고, 친생자관계존부확인 판결을 통해 잘못된 가족관계등록부의 기록을 바로잡아야 할 법률상 보호할 가치가 있는 이익이 있어야 한다. 다수의견이 제시한 기준인 '일정한 권리를 얻거나 의무를 면하는지 여부'는 신분관계에는 영향이 없으면서 재산적 이해관계만을 갖는 경우(가령 보험금 수익자나 상속인의 채권자 등)까지 확장될 우려가 있어 타당한 기준이라고 하기 어렵다. 이해관계인에 해당하는지 여부가 원고의 주장이나 변론에 나타난 제반 사정을 토대로 법원이 원고의 권리 등에 미치는 구체적인 영향이 무엇인지를 판

단해야 확정된다고 보게 되면 가정법원의 심리와 판단의 초점이 '혈연관계의 존부'가 아니라 '권리의무나 법적 지위에 미치는 영향'으로 옮겨가는 부작용이 발생할 우려가 있다.

[2] [다수의견] 건국훈장 4등급 애국장 포상대상자로 결정된 갑의 장녀인 을의 자녀인 병이 행정소송을 통해 구 독립유공자예우에 관한 법률(2012. 2. 17. 법률 제11332호로 개정되기 전의 것, 이하 '구 독립유공자예우법'이라 한다)에 따른 독립유공자의 유족으로 인정되자, 갑의 장남인 정의 손자인 무가 검사를 상대로 갑과 을 사이에 친생자관계가 존재하지 않는다는 확인 등을 구한 사안에서, 무가 갑의 직계비속(증손자)으로 갑과 친족관계에 있다는 사실만으로 당연히 친생자관계존부확인의 소를 제기할 수 있는 것은 아니고, 민법 제865조 제1항, 제862조에 따라 원고적격이 인정되어야 하는데, 구 독립유공자예우법이 정한 기준에 따르면 갑의 증손자에 불과한 무는 독립유공자의 유족으로 등록될 수 없을 뿐만 아니라, 갑의 손자녀로는 병 외에도 차녀 기의 자녀가 생존한 것으로 보이므로, 무가 갑과 을 사이의 친생자관계부존재확인 판결을 받더라도 독립유공자의 유족으로 등록될 수 없으며, 따라서 갑과 을 사이에 친생자관계가 존재하지 않는다는 내용의 확인 판결이 확정되더라도 무는 이에 대해 법률상 이해관계를 가진다고 할 수 없으므로, 위 확인의 소는 원고적격을 갖추지 못한 사람이 제기한 것으로 부적법하다고 한 사례.
[대법관 안철상, 대법관 민유숙의 별개의견] 무는 갑 및 경(갑의 아내)의 증손자로서 직계비속이므로, 민법 제865조 제1항, 제851조에서 정한 친생자관계존부확인의 소의 제기권자인 '부 또는 처의 직계비속'에 해당한다. 또한 무가 구 독립유공자예우법에 따라 독립유공자의 유족으로 등록될 수 있는지에 관하여 직권으로 엄격하게 심리·판단할 것은 아니고, 판결 결과에 따라 독립유공자의 유족으로 등록될 수 있는지에 대해 영향을 미칠 가능성이 있음이 밝혀지기만 해도 이해관계인으로서 제소권자에 포함된다고 보아야 한다.

Section 5. 입양의 무효

[1] 입양무효의 소

1. 의의

입양의 무효는 당사자의 신고로 이루어진 입양이 실체상 또는 절차상의 흠으로 인하여 입양으로서의 완전한 효력이 발생하지 않는 것을 말합니다.

2. 관할

① 양부모 중 1명의 보통재판적이 있는 곳의 가정법원, 양부모가 모두 사망한 경우에는 그 중 1명의 마지막 주소지의 가정법원의 전속관할에 속합니다(가사소송법 제30조 제1호, 제2호).

② 따라서 양부모의 주소 또는 마지막 주소지가 다른 경우에는 전속관할이 경합하게 됩니다.

3. 원고적격

당사자. 법정대리인 또는 4촌 이내 친족. 이해관계인

4. 피고적격

① 양친자 중 어느 한쪽이 소를 제기할 때에는 다른 쪽을 상대방으로 하고, 제3자가 소를 제기할 때에는 양친자 양쪽을 상대방으로 하되, 그 중 어느 한쪽이 사망한 때에는 생존자를 상대방으로 합니다(가사소송법 제31조, 제24조 제1항, 제2항).

② 상대방으로 될 사람이 모두 사망한 때에는 검사를 상대방으로 합니다(가사소송법 제24조 제3항).

5. 판결확정 후의 절차

확정판결의 효력, 가족관계등록사무를 처리하는 사람에의 통지. 가족
관계등록부 기록정정과의 관계 등은 혼인무효의 소에서와 같습니다.

6. 친양자 입양

① 친양자 입양의 경우 일반양자의 입양무효, 입양취소 규정이 적용되
지 않고(민법 제908조의4 제2항. 제883조. 제884조), 일반양자의
협의상 파양, 재판상 파양에 관한 규정도 적용되지 않습니다(민법
제908조의5 제2항, 제898조. 제905조).

② 친양자 입양무효 : 허용되지 않습니다(이유: 친양자 입양은 가정법
원의 심리를 거쳐 심판에 의하여 성립되기 때문입니다).

[2] 입양무효의 소장 작성례
[작성례 ①] 입양무효확인의 소

소　　　　　장

원　고　　○　○　○ (金○○)
　　　　　　　1900년 ○월 ○일생
　　　　　　　등록기준지　　○○시 ○○구 ○○길 ○○
　　　　　　　주소　　○○시 ○○구 ○○길 ○○(우편번호)
　　　　　　　전화　　○○○ - ○○○○

피　고　　1. 김　△　△ (金△△)
　　　　　　　　1900년 ○월 ○일생
　　　　　　2. 정　△　△ (鄭△△)
　　　　　　　　1900년 ○월 ○일생

                    피고들의 등록기준지 : 원고와 같음

                    피고들의 주소 : ○○시 ○○구 ○○길 ○○(우편번호)

                    피고들의 특별대리인 □　□　□

                                주소 : ○○시 ○○구 ○○길 ○○

                                우편번호 : ○○○○○

입양무효확인의 소

청 구 취 지

1. 원고와 피고들 사이의 20○○. ○. ○. ○○시 ○○구청장에게 신고한
   입양은 무효임을 확인한다.
2. 소송비용은 피고들의 부담으로 한다.

라는 판결을 구합니다.

청 구 원 인

1. 피고들은 입양관계증명서 상 20○○. ○. ○. 원고에게 입양된 양 신고
   되어 있 습니다.
2. 그러나 사실은 피고들의 생부인 소외 김□□는 20○○. ○. ○. 원고 및
   피고들의 생모인 소외 박□□과 상의없이 일방적으로 피고들을 원고의
   양자로 하는 입양신고를 함으로서 입양관계증명서와 기본증명서 및 가
   족관계증명서 상 그와 같이 등재된 것입니다.
3. 그러므로 원고와 피고들 사이의 위 입양신고는 당사자 사이에 입양의
   합의없이 이루어진 것으로서 그로 인한 입양은 무효라고 할 것이므로
   그 확인을 구하고자 이 사건 소제기에 이르게 된 것입니다.

입 증 방 법

1. 갑제 1호증의 1, 2   각 가족관계증명서
1. 갑제 2호증의 1, 2   각 입양관계증명서
1. 갑제 3호증의 1, 2   각 기본증명서

첨 부 서 류

1. 소장부본　　　　　　　　　　　　1통
1. 위 입증방법　　　　　　　　　　　각 1통
1. 납부서　　　　　　　　　　　　　1통

20○○년　○월　○일

위 원고　○　○　○ (서명 또는 날인)

○ ○ 가 정 법 원　귀 중

[작성례 ②] 입양무효확인 청구의 소

소　　　　　장

원　　고(양부)　1.　김　○　○ (金 ○ ○)
　　　　　　　　　　1900년 ○월 ○일생

　　　　(양모)　2.　이　○　○ (李 ○ ○)
　　　　　　　　　　1900년 ○월 ○일생

　　　　위 원고들의 등록기준지　○○시 ○○구 ○○길 ○○
　　　　　　　　주소　○○시 ○○구 ○○길 ○○(우편번호)
　　　　　　　　전화　○○○ - ○○○○

피　　고(양자)　△　△　△ (△△△)
　　　　　　　　1900년 ○월 ○일생
　　　　　　　　등록기준지　○○시 ○○구 ○○길 ○○
　　　　　　　　주소　○○시 ○○구 ○○길 ○○(우편번호)
　　　　　　　　전화　○○○ - ○○○○

입양무효확인청구의 소

청 구 취 지

1. 원고들과 피고사이의 입양신고(○○구청장 20○○. ○. ○.접수)는 무효임을 확인한다.
2. 소송비용은 피고의 부담으로 한다.
라는 판결을 구합니다.

청 구 원 인

1. 원고들은 누군가가 슬며시 원고들의 집앞 대문에 놓아두고 간 기아인 피고를 가엾이 여겨 마침 자녀가 없는 터라 양육하기로 협의하고 현재까지 친자녀처럼 양육을 하여 왔습니다.
2. 원고들은 비록 슬하에 친자녀가 없습니다만 재산은 상당히 축적하고 있어서 자녀가 있는 부부보다 못지 않게 여생을 안락하게 보낼 수 있는 처지였으므로 입양을 할 생각은 전혀 없었습니다.
3. 그런데, 업무상 직장에 제출할 필요가 있어 20○○. ○. ○.경 ○○구청에서 가족관계증명서를 발급받아 내용을 우연히 살펴보는 중에 뜻밖에도 피고가 양자로 입적되어 있는 사실을 알게 되었습니다.
4. 원고들은 양자를 입양할 의사도 없었을 뿐만 아니라 더욱이 원고들에게 그다지 양육의 고마움을 느끼지 못하고 있는 터에 피고를 양자로 입양한다는 것은 전혀 생각해 보지도 않았으며 입양신고에 대하여도 원고들은 전혀 모르는 사실입니다.
5. 그 후로 위 입양사실을 알아보았더니 원고들이 연로한데다가 친자녀가 없는 관계로 피고가 차후 상속에 있어서 상속받기 위하여 몰래 입양신고를 하였다는 사실을 알게 되었으므로 청구취지와 같은 판결을 받고자 본 소에 이른 것입니다.

입 증 방 법

1. 갑 제1호증   가족관계증명서
1. 갑 제1호증   입양관계증명서
1. 갑 제2호증   피고의 자술서
1. 갑 제3호증   증인확인서

첨 부 서 류

1. 위 입증방법   각 1통
1. 소장부본   1통
1. 납부서   1통

20○○년 ○월 ○일
원 고 1. 김 ○ ○ (서명 또는 날인)
2. 이 ○ ○ (서명 또는 날인)

○ ○ 가 정 법 원 귀중

[3] 관련판례

[대법원 2018. 5. 15.선고 2014므4963 판결]

【판시사항】

입양의 의사로 친생자출생신고를 하고 입양의 실질적 요건이 구비된 경우, 입양의 효력을 인정할 수 있는지 여부(적극)

【판결요지】

입양은 기본적으로 입양 당사자 개인 간의 법률행위이다. 구 민법(2012. 2. 10. 법률 제11300호로 개정되기 전의 것)상 입양의 경우 입양의 실질적 요건이 모두 구비되어 있다면 입양신고 대신 친생자출생신고를 한 형식상 잘못이 있어도 입양의 효력은 인정할 수 있다. 입양과 같은 신분행위에서 '신고'라는 형식을 요구하는 이유는 당사자 사이에 신고에 대응하는 의사표시가 있었음을 확실히 하고 또 이를 외부에 공시하기 위함인데, 허위의 친생자출생신고도 당사자 사이에 법률상 친자관계를 설정하려는 의사표시가 명백히 나타나 있고 양친자관계는 파양에 의하여 해소될 수 있다는 점을 제외하면 법률적으로 친생자관계와 똑같은 내용을 가지므로, 허위의 친생자출생신고는 법률상 친자관계의 존재를 공시하는 신고로서 입양신고의 기능을 한다고 볼 수 있기 때문이다.

[대법원 2014.7.24.선고 2012므806 판결]

【판시사항】

[1] 당시의 민법 규정에 따라 적법하게 입양신고를 마친 사람이 동성애자로서 자신의 성과 다른 성 역할을 하는 사람이라는 이유만으로 입양이 무효라고 할 수 있는지 여부(소극) 및 이는 입양의 의사로 친생자 출생신고를 한 경우에도 마찬가지인지 여부(적극)

[2] 여성인 갑과 동성애관계에 있던 을이 입양의 의사로 병을 자신의 친생자로 출생신고하고 갑과 함께 병을 양육하였는데, 이후 병이 갑의 양자로 입양신고를 마치고도 갑, 을과 함께 생활한 사안에서, 을과 병의 친생자관계부존재확인을 구하는 소는 확인의 이익이 없어 부적법하다고 본 사례

【판결요지】

[1] 2013. 7. 1. 민법 개정으로 입양허가제도가 도입되기 전에는 성년에 달한 사람은 성별, 혼인 여부 등을 불문하고 당사자들의 입양 합의와 부모의 동의 등만 있으면 입양을 할 수 있었으므로, 당시의 민법 규정에 따라 적법하게 입양신고를 마친 사람이 단지 동성애자로서 동성과 동거하면서 자신의 성과 다른 성 역할을 하는 사람이라는 이유만으로는 입양이 선량한 풍속에 반하여 무효라고 할 수 없고, 이는 그가 입양의 의사로 친생자 출생신고를 한 경우에도 마찬가지이다.

[2] 여성인 갑과 동성애관계에 있던 을이 입양의 의사로 병을 자신의 친생자로 출생신고하고 갑과 함께 병을 양육하였는데, 이후 병이 갑의 양자로 입양신고를 마치고도 갑, 을과 함께 생활한 사안에서, 병이 갑의 양자로 입양신고를 마쳤다는 사정만으로 을과 병 사이의 양친자관계가 파양되었다고 보기 어려워 뒤에 이루어진 갑과 병 사이의 입양의 효력이 문제 될 뿐이므로, 을과 병의 친생자관계부존재확인을 구하는 소는 확인의 이익이 없어 부적법하다고 본 사례.

[대법원 2004. 4. 9.선고 2003므2411 판결]

【판시사항】

[1] 입양의 실질적 요건 및 호적상 형식적으로만 입양한 것처럼 가장하기로 하여 이루어진 입양신고의 효력(소극)

[2] 진실로 양자로 입양할 의사 없이 다른 사람의 호적부로 전적할 때까지

잠정적으로 양자로 입양하는 것처럼 가장하는 입양신고를 함으로써 이루어진 입양은 당사자 사이에 입양의 합의가 없는 때에 해당하여 무효라고 한 사례

【이유】

입양의 실질적 요건이 구비되어 있다고 하기 위하여는 입양의 합의가 있을 것, 15세 미만자는 법정대리인의 대낙이 있을 것, 양자가 양부모의 존속 또는 연장자가 아닐 것 등 민법 제883조 각 호 소정의 입양의 무효사유가 없어야 하며, 민법 제883조 제1호의 입양무효사유인 '당사자 간에 입양의 합의가 없는 때'라 함은 당사자 간에 실제로 양친자로서의 신분적 생활관계를 형성할 의사를 가지고 있지 아니한 경우를 말하므로, 입양신고가 호적상 형식적으로만 입양한 것처럼 가장하기로 하여 이루어진 것일 뿐 당사자 사이에 실제로 양친자로서의 신분적 생활관계를 형성한다는 의사의 합치가 없었던 것이라면 이는 당사자 간에 입양의 합의가 없는 때에 해당하여 무효라고 보아야 한다(대법원 1995. 9. 29. 선고 94므1553, 1560 판결 , 2000. 6. 9. 선고 99므1633, 1640 판결 등 참조).

[대법원 2002. 6. 28.선고 2000므1363 판결]

【판시사항】

[1] 구 민법 시행 당시 호주가 아닌 자를 위한 사후양자 선정의 효력(무효)

[2] 구 민법 시행 당시 입양신고가 이루어졌으나, 입양자가 그 후 실종선고 심판의 확정으로 위 입양일자 이전에 사망한 것으로 간주됨으로써 입양신고가 무효가 된 경우, 입양 당시 입양자가 호주의 장남에 불과하여 사후양자 선정의 실질적 요건을 갖추지 못하였으므로 무효행위전환에 의한 사후양자 신고로서의 효력을 인정할 수 없다고 한 사례

【판결요지】

[1] 구 민법(1964. 12. 31. 법률 제1668호로 개정되기 전의 것) 제867조 제1항은 호주가 사망한 경우 그 직계비속이 없는 때에 한하여 사후양자를 선정할 수 있다고 규정하고 있는바, 사망한 자가 호주가 아님에도 그를 위하여 사후양자를 선정하였다면 이러한 사후양자 선정은 무효라고 할 것이고, 나아가 그러한 무효인 사후양자의 신고가 추인될 수 있는 것이라고도 할 수 없다.

[2] 구 민법 시행 당시 입양신고가 이루어졌으나, 입양자가 그 후 실종선고

심판의 확정으로 위 입양일자 이전에 사망한 것으로 간주됨으로써 입양
신고가 무효가 된 경우, 입양 당시 입양자가 호주의 장남에 불과하여 사
후양자 선정의 실질적 요건을 갖추지 못하였으므로 무효행위전환에 의한
사후양자 신고로서의 효력을 인정할 수 없다고 한 사례.

[대법원 1995. 9. 29.선고 94므1553, 1560(반소) 판결]

【판시사항】

가. 고소사건으로 인한 처벌을 모면하기 위한 방편으로 한 입양신고의 효력

나. 협의파양으로 양친자관계가 해소된 이후에도 입양의 무효확인을 구할 소
    의 이익이 있다고 본 사례

【판결요지】

가. 입양신고가 고소사건으로 인한 처벌 등을 모면하게 할 목적으로 호적상
    형식적으로만 입양한 것처럼 가장하기로 하여 이루어진 것일 뿐 당사자
    사이에 실제로 양친자로서의 신분적 생활관계를 형성한다는 의사의 합치
    는 없었던 것이라면, 이는 당사자간에 입양의 합의가 없는 때에 해당하
    여 무효라고 보아야 할 것이다.

나. 입양이 무효임의 확인을 구하는 반소청구가 협의파양신고로 인하여 양친
    자관계가 해소된 이후에 제기된 것이므로 그 협의파양의 무효를 구하는
    본소청구가 인용되어 양친자관계가 회복되지 아니하는 한 이는 과거의
    법률관계에 대한 확인을 구하는 것이라 하겠지만, 그 입양은 모든 분쟁
    의 근원이 되는 것이어서 이의 효력 유무에 대한 판단결과는 당사자간의
    분쟁을 발본적으로 해결하거나 예방하여 주는 효과가 있다 할 것이므로
    이를 즉시 확정할 법률상의 이익이 있다.

[대법원 1994. 5. 24.선고 93므119 전원합의체 판결]

【판시사항】

가. 조선민사령 제11조의2 가 시행된 1940.2.11. 이후의 이성양자의 허용 여부

나. 구 관습상 남자자손이 있는 자가 한 입양의 효력 및 양자가 부모와 호주
    의 동의를 얻지 못한 입양의 효력

다. 입양의 요건이나 입양의 무효와 취소에 관한 민법규정에 소급효가 인정
    되는지 여부

라. 입양이 유효한 경우 친생자관계부존재확인의 소의 적부

【판결요지】

가. 조선민사령 제11조의2 (1939.11.10. 신설되어 1940.2.11.부터 시행)는 제1항 에서 "조선인의 양자연조에 있어서 양자는 양친과 성을 같이할 것을 요하지 않는다. 그러나 사후양자의 경우에는 그러하지 아니하다"라고 규정함으로써 사후양자가 아니면 양친과 성을 달리하는 이성의 자도 양자로 하는 것이 허용됨을 명백히 하였으므로, 1940.2.11.부터는 사후양자가 아닌 한 이성의 자도 양자로 할 수 있다.

나. 민법이 시행되기 전의 관습에 의하면, 남자 자손이 없는 자만이 양자를 할 수 있고, 또 양자가 될 자는 부모와 호주의 동의를 얻어야 하며, 이와 같은 요건을 갖추지 못한 입양은 무효로 하였다.

다. 민법 부칙(1958.2.22.) 제2조 , 제18조의 각 규정내용에 의하면 입양의 요건이나 입양의 무효와 취소의 사유에 관한 민법의 규정에는 소급효가 인정되어 민법 시행일 전에 신고된 입양에 무효나 취소의 원인이 되는 사유가 있는지의 여부는 원칙적으로 민법의 규정에 의하여 판단하되, 다만 이미 구법에 의하여 입양의 효력이 생긴 경우에는 부칙 제2조 단서에 따라 그 효력에 영향을 미치지 아니하는 것으로 해석되므로, 민법 시행일 전에 신고된 입양에 관하여 그 당시의 구법에 의하면 무효의 원인이 되는 사유가 있었더라도 민법의 규정에 의하면 그것이 무효의 원인이 되지 아니할 경우에는, 적어도 민법 시행일까지 입양에 따르는 친자적 공동생활관계가 유지되고 있었다면 무효인 그 입양이 소급하여 효력을 가진 것으로 전환되고, 다만 민법에 의하여 취소의 원인이 되는 사유가 있는 때에는 민법의 규정에 의하여 이를 취소할 수 있을 뿐이나 그 취소기간은 민법 시행일로부터 기산한다.

라. 친생자로 출생신고를 한 것이 입양신고로서의 기능을 발휘하여 입양의 효력이 발생하였다면 파양에 의하여 양친자관계를 해소할 필요가 있는 등의 특별한 사정이 없는 한, 호적의 기재를 말소하여 법률상 친자관계의 존재를 부정하게 되는 친생자관계부존재확인의 소는 확인의 이익이 없는 것으로서 부적법하다.

[대법원 1991.12.27.선고 91므30 판결]

【판시사항】

가. 혼인, 입양 등의 신분행위의 당사자 간에 무효인 신고행위에 상응하는 신분관계가 실질적으로 형성되어 있지도 아니하고 또 앞으로도 그럴 가망이 없는 경우 무효인 신분행위에 대한 추인의 의사표시만으로 무효행위의 효력을 인정할 수 있는지 여부(소극)

나. 양모와 15세 미만인 양자의 생부 사이에 양자가 양모와 동거하지 않고 장차 장성하면 조상의 봉제사를 하기로 하는 입양합의 후 양모가 그 입양의사를 철회하였음에도 위 생부가 일방적으로 입양신고를 하자 다시 양모와 생부가 이를 추인하기로 하였어도, 무효인 입양신고가 소급하여 유효하게 된다고 할 수 없다고 본 사례

【판결요지】

가. 혼인, 입양 등의 신분행위에 관하여 민법 제139조 본문을 적용하지 않고 추인에 의하여 소급적 효력을 인정하는 것은 무효인 신분행위 후 그 내용에 맞는 신분관계가 실질적으로 형성되어 쌍방 당사자가 이의 없이 그 신분관계를 계속하여 왔다면, 그 신고가 부적법하다는 이유로 이미 형성되어 있는 신분관계의 효력을 부인하는 것은 당사자의 의사에 반하고 그 이익을 해칠 뿐 아니라 그 실질적 신분관계의 외형과 호적의 기재를 믿은 제3자의 이익도 침해할 우려가 있기 때문에 추인에 의하여 소급적으로 신분행위의 효력을 인정함으로써 신분관계의 형성이라는 신분관계의 본질적 요소를 보호하는 것이 타당하다는 데에 그 근거가 있다고 할 것이므로, 당사자 간에 무효인 신고행위에 상응하는 신분관계가 실질적으로 형성되어 있지도 아니하고 또 앞으로도 그럴 가망이 없는 경우에는 무효의 신분행위에 대한 추인의 의사표시만으로 그 무효행위의 효력을 인정할 수 없다.

나. 양모와 15세 미만인 양자의 대낙권자인 생부 사이에 양자가 양모와 동거하지도 않고 그 보호, 감독 및 교양을 받지도 않으며 입양의 본래 목적인 종손의 역할도 장차 장성하면 조상의 봉제사를 하기로 하는 입양의 합의 후 불과 1개월여 만에 양모가 그 입양의사를 철회하였음에도 위 생부가 일방적으로 입양신고를 하여 호적부에 입양이 등재되자 다시 양모와 생부가 이를 추인하기로 합의하였으나 입양의 실체가 전혀 이루어지지 않아, 당사자 간에 추인의 합의가 있었다는 사정만으로는 무효인 입양신고가 소급하여 유효하게 된다고 할 수 없다고 본 사례.

[대법원 1991. 12. 13.선고 91므153 판결]

【판시사항】

가. 입양 합의 후 입양신고 대신 한 친생자 출생신고의 입양으로서의 효력유무(적극) 및 이 경우 친생자관계의 부존재확인을 구할 이익유무

나. 구 민법(1990.1.13. 법률 제4199호로 개정되기 전의 것) 제875조에 위반한 입양의 당연무효 여부(소극)

【판결요지】

가. 계부가 재혼한 처의 자를 입양하기로 그 대낙권자인 생모(처)와 합의하여 그 입양신고의 방편으로 친생자로서의 출생신고를 한 경우에는 출생신고에 의하여 입양의 효력이 있게 되고, 그 양친자관계를 해소하여야 하는 등의 특단의 사정이 없는 한 친생자관계의 부존재확인을 구할 이익이 없다.

나. 구 민법(1990.1.13. 법률 제4199호로 개정되기 전의 것) 제875조에 의하면 호주의 직계비속 장남자는 본가의 가통을 계승하기 위한 경우가 아니면 양자가 될 수 없다는 금지규정을 위반한 입양은 당연무효가 아니고 단지 취소할 수 있음에 그치는 것이다.

[대법원 1988. 3. 22.선고 87므105 판결]

【판시사항】

민법상 아무런 근거가 없는 양손입양은 강행법규인 신분법규정에 위반되어 무효다.

【이유】

상고이유를 본다.

제1점에 관하여,

민법상 아무런 근거가 없는 양손입양은 강행법규인 신분법규정에 위반되어 무효라고 할 것이다.

그리고 민법에 입양의 무효 및 취소에 관한 규정을 두고 있다 하더라도 이를 우리법제하에서 인정하고 있지 아니하는 양손입양에까지 적용할 수도 없다 할 것이다.

일단 양손입양의 신고가 되어 있음을 들어 이를 무효로 하는 것이 신분관계의 불안정을 가져온다는 것이지만 법률상 근거가 없는 양손입양을 그대로 허용한다면 신분법이 강하게 보호하려는 신분제도는 깨어질 수 밖에 없게 될 것이다.

제2점에 관하여,

원심의 판단은 민법 제867조가 호주가 사망한 경우에는 그 직계비속이 없는 때에 한하여 사후양자를 선정할 수 있다고 규정하고 있음을 들어 망 청구외 1이 사망하기 전에 이미 그의 아들인 망 청구외 2 가 사망하여 망 청구외 2 는 호주가된 일이 없었기 때문에 그에 대한 사후양자도 선정할 수 없는 것이라고 하면서 무효인 양손입양이 입양요건이 구비되지 아니한 망 청구외 2의 사후양자로 유효하게 전환될 수 없다고 하고 있는 것이다.

원심이 청구인 및 망 청구외 1과 피청구인 사이의 양손입양이 무효임을 알았더라면 피청구인을 망 청구외 2의 사후양자로 하는 것을 의욕하였으리라는 사실을 인정할 증거가 없다고 판단한 것은 피청구인이 망 청구외 2의 사후양자가 될 수 있는 요건이 갖추어지지 않았음을 전제로 한 가정판단에 불과하고 설사 망 청구외 1이 양손입양이 무효인줄 알았다면 피청구인을 망 청구외 2 의 사후양자로 입양하였을 것이라는 사정이 있었다 하여 그 결과를 달리하는 것이 아니다.

결국 같은 취지의 원심판결은 정당하고, 거기에 주장하는 바와 같은 양손입양과 사후양자제도에 관한 법리의 오해나 심리미진 또는 입증책임을 전도한 위법이 없다. 주장은 모두 이유없다.

[대법원 1982. 9. 14.선고 82므6 판결]

【판시사항】

직계 장남자의 입양금지 규정에 위반한 입양은 취소사유에 불과하므로 재심대상 판결이 채용한 입양합의 인정의 증언이 위증으로 밝혀 졌다면 판결결과에 영향이 있는 경우라고 한 사례

【판결요지】

직계장남자의 입양규정에 위반한 입양은 민법 제884조 제1호 , 제875조 의 규정에 의하여 취소할 수 있음에 불과한데 위 입양이 무효임을 전제로 하여 「그 입양에 관하여 당사자간에 합의가 없었다는 사실」을 인정하는 자료가 된 증언에 대하여 위증의 유죄판결이 확정되었음에도 불구하고 위 허위진술이 판결결과에 아무런 영향이 없다고 한 원심의 판단은 위법하다.

[대법원 1969. 11. 25.선고 69므25 판결]

【판시사항】

미성년자가 그 법정대리인을 상대로 입양무효의 소를 제기하는 경우에는 친족회의 동의를 얻어 소송행위를 할 수 있고 그 소송서류를 미성년자인 청구인에게 송달하여 소송절차가 진행되어도 위법이 아니다.

【이유】

피청구인 소송대리인의 상고이유를 판단한다.

제1점. 미성년자가 그 법정대리인을 상대로 하여 입양무효의 소를 제기하는 경우에는 친족회의 동의를 얻어 소송행위를 할수 있다고 하여야 할 것이니, 미성년자인 청구인이 친족회의 동의를 얻어 소송행위를 하고 있는 본건에 있어서 소송서류를 청구인에게 송달하고 소송절차가 진행되었다고 하여 위법이라고 할 수 없으므로, 원심은 무능력자의 소송행위에 대한 법리를 오해한 위법이 있다는 논지 이유없다.

제2점. 원판결이유에 의하면, 원심은 본건 입양신고가 그 당사자의 일방인 망 청구외 1이 사망한 후에 생존하고 있는 것같이 가장하여 신고된 사실을 확정하고, 망 청구외 1의 유언이 요건을 갖춘 유효한 유언이며, 유언집행자가 입양신고를 하였다는 점에 관하여 이를 인정할 증거가 없다고 판시하고 있는바, 이와같은 원심판시는 망 청구외 1이 피청구인을 양자로 하여 입양신고하라는 유언을 한 사실을 인정할 수 없다는 것이고, 또 본건 입양신고가 위와 같은 유언집행으로서 신고된 것이라고 인정할 자료가 없다는 취지이며, 논지와 같이 망 청구외 1이 생전에 피청구인을 양자로 할 의사가 있었고, 그가 사망한 후에 피청구인이 그 유지를 받들어 그 상제노릇을 하고 망 청구외 1의 유처인 망 청구외 2와 동거하면서 그 제사까지 모시어 왔으며 본건 입양신고에는 위 망 청구외 2가 증인으로 날인까지 하였다고 하더라도 이러한 사정만으로서는 위와 같이 피청구인을 양자로 한다는 망 청구외 1의 유언이 있었고 본건 입양신고가 위 유언을 집행하는 방법이 었었다고 인정할 수 없다할 것이니, 위 설시한바와 같은 원판결판시는 정당하고, 유언양자에 대한 법리오해가 있다는 논지 받아들일 수 없다.

제3점. 기록에 의하여 논지가 지적하는 증인 청구외 3 동 청구외 4 동 청구외 5의 증언을 검토하여 보아도 이것만으로 서는 망 청구외 1이 사망시에 피청구인을 양자로 선정한 유언이 있었고 본건 입양 신고가 위 유언의 집행이었다고 인정할 수 없다고 하여 이를 배척한 원심조처에 채증법칙위배의 위

법이 있음을 찾아볼 수 없으며, 소론과 같이 양자선정자가 양자선정후에 사망하였을 때에는 그 사망신고를 하지 아니하고 직접 생전 양자로서 입양신고를 한 다음 그 사망신고처리를 하는 관습이 있다고 할 수 없고, 설사 논지와 같이 망 청구외 1과 망 청구외 2간에 직계비속이 없으니, 본건 입양이 무효되는 경우에는 양자선정을 할 수 가 없는 사정이 있다 하더라도 본건 입약신고를 유효한 것으로 보아야 만한다고는 할 수 없는 것이므로 원판결에 채증법칙위배의 위법이 있다는 논지 받아들일 것이 되지 못한다.

Section 6. 파양의 무효

[1] 파양무효의 의의

① 파양의 무효는 파양이 그 성립요건의 흠으로 인하여 효력을 발생하지 못하는 것을 말합니다.

② 민법에는 파양의 무효에 관하여 규정이 없으므로 일반 법리에 따릅니다.

③ 파양에는 협의상 파양과 재판상 파양이 있는데, 재판상 파양은 판결이므로 성질상 재심에 의하지 아니하고는 그 효력을 다툴 수 없고, 반면 협의상 파양은 양친자가 파양. 즉 양친자관계를 해소한다는 합의를 하여 양친자 양쪽과 성년자인 증인 두 사람의 연서한 서면으로 가족법에 정한 바에 의하여 신고하고, 가족관계등록 공무원이 그 신고를 심사하여 수리함으로써 효력이 생기고(민법 제904조, 제878조, 제903조), 그 합의에 2013. 7. 1. 진에는 양자가 미성년자이거나 금치산자인 때에는 적법한 권한 있는 자가 대락하거나 동의하여야 하며[구 민법 제899조 내지 제902조, 2013. 7. 1. 시행 민법에 의하면 양자가 미성년자 또는 피성년후견인인 경우 협의상 파양이 허용되지 않는다(민법 제898조)]. 양부모가 금치산자/피성년후견인인 때에는 후견인/성년후견인의 동의를 받아야 하고(구 민법 제902조/민법 제902조), 파양의사는 파양신고서를 작성하는 때와 그 신고가 수리되는 때에 존재하여야 하는데(이는 이혼의 경우와 마찬가지이다). 이와 같은 요건을 구비하지 못하여 협의상 파양이 무효인 경우 파양무효 확인의 소를 제기할 수 있습니다.

④ 파양무효 사유

  1) 당사자 사이에 파양의 합의가 없는 때

  2) 파양신고가 수리되기 전에 파양의사를 철회한 때

  3) 파양자가 미성년자 또는 피성년후견인인 경우(민법 제898조 단서)

[2] 파양무효의 소

1. 관할

① 파양무효, 취소 모두 양부모 중 1명의 보통재판적이 있는 곳의 가
정법원입니다.

② 양부모가 모두 사망한 경우에는 그 중 1명의 마지막 주소지의 가정
법원의 전속관할에 속합니다(가사소송법 제30조 제5호).

2. 당사자적격

① 원고적격

당사자, 법정대리인 또는 4촌 이내 친족, 이해관계인

② 피고적격

양친자 중 어느 한쪽이 소를 제기할 때에는 다른 쪽은 상대방으로
하고, 제3자가 소를 제기할 때에는 양친자 양쪽을 상대방으로 하되,
그 중 어느 한쪽이 사망한 때에는 생존자를 상대방으로 합니다(가사
소송법 제31조, 제24조 제1항, 제2항). 상대방으로 될 사람이 모두
사망한 때에는 검사를 상대방으로 합니다(가사소송법 제24조 제3항).

3. 판결확정 후의 절차

확정판결의 효력, 가족관계등록사무를 처리하는 사람에의 통지 등은
혼인무효의 소에서와 같습니다.

[3] 파양무효의 소장 작성례

[법원양식] 파양무효확인청구

파양무효확인청구

원 고　　　　　　　(양자) (연락 가능한 전화번호:　　　　　　　　　)
　　　　　주민등록번호　　　　　-
　　　　　주소
　　　　　등록기준지

피 고　　　　　　　　　　(양부)
　　　　　주민등록번호　　　　　-
　　　　　주소
　　　　　등록기준지

피 고　　　　　　　　　　(양모)
　　　　　주민등록번호　　　　　-
　　　　　주소
　　　　　등록기준지

청 구 취 지

"원고와 피고들 사이의 파양(20　.　.　.　시　구청장 접수)은 무효임을 확인한다."라는 판결을 구합니다.

청 구 원 인

1. 원고는 원래　시　구　동　번지　(부)와　(모) 사이에서 출생한 자입니다.
2. 생가의 형편으로 20　.　월경 양부모에게 인계되어 양육되다가 20　.　.　. 입양신고를 마치고 현재까지도 같이 살고 있습니다.

3. 그런데 원고 자신도 모르는 사이에 20   .   .   . 협의파양된 것
   으로 가족관계등록부에 기재된 것을 알게 되었습니다.

4. 알고 보니 피고 등이 이민을 가려면 양자가 있으면 장남을 데려갈 수
   없다는 말을 듣고 편의상 그렇게 한 것이라고 합니다.

5. 따라서 원고는 피고 등과 하등의 협의 파양한 사실이 없으므로 이건 청
   구에 이른 것입니다

첨 부 서 류

1. 입양관계증명서   1통
2. 주민등록등본   1통
3. 진술서(피고 등)   1통

20   .   .   .

원고   (서명 또는 날인)

법원 귀중

휴대전화를 통한 정보수신 신청

  위 사건에 관한 **재판기일의 지정·변경·취소 및 문건접수 사실**을 예납의무
자가 납부한 송달료 잔액 범위 내에서 아래 휴대전화를 통하여 알려주실 것
을 신청합니다.

◼ **휴대전화번호:**

20   .   .   .

신청인   원고   (서명 또는 날인)

※ 문자메시지는 재판기일의 지정·변경·취소 및 문건접수 사실이 법원재판사무시스템에
   입력되는 당일 이용 신청한 휴대전화로 발송됩니다.

※ 문자메시지 서비스 이용 금액은 메시지 1건당 17원씩 납부된 송달료에서 지급됩니다
   (송달료가 부족하면 문자메시지가 발송되지 않습니다.).

※ 추후 서비스 대상 정보, 이용 금액 등이 변동될 수 있습니다.

※ 휴대전화를 통한 문자메시지는 <u>원칙적으로 법적인 효력이 없으니</u> 참고 자료로만 활용
   하시기 바랍니다.

◇ 유의 사항 ◇

1. 소장에는 수입인지 20,000원을 붙여야 합니다.
2. 송달료는 당사자 수 ×우편료 × 15회분을 송달료 취급 은행에 납부하고 영수증을 첨부하여야 합니다.
3. 관할법원은 양부모 중 1인의 주소지, 양부모가 모두 사망하였을 때에는 그중 1인의 마지막 주소지의 가정법원입니다.

[작성례] 파양무효확인 청구의 소

파 양 무 효 확 인 청 구

원　　고　　○ ○ ○(양자)
　　　　　　　1900년 ○월 ○일생
　　　　　　　등록기준지　○○시 ○○구 ○○길 ○○
　　　　　　　주소　○○시 ○○구 ○○길 ○○(우편번호)
　　　　　　　전화　○○○ - ○○○○

피　　고　　1. 김 △ △(양부)
　　　　　　　1900년 ○월 ○일생
　　　　　　　등록기준지　○○시 ○○구 ○○길 ○○
　　　　　　　주소　○○시 ○○구 ○○길 ○○(우편번호)
　　　　　　　전화　○○○ - ○○○○

　　　　　　2. 이 △ △(양모)
　　　　　　　1900년 ○월 ○일생
　　　　　　　등록기준지　○○시 ○○구 ○○길 ○○
　　　　　　　주소　○○시 ○○구 ○○길 ○○(우편번호)
　　　　　　　전화　○○○ - ○○○○

파양무효확인청구의 소

청 구 취 지

1. 원고와 피고들 사이의 파양(20○○년 ○월 ○일 ○○구청장 접수)은 무효임을 확인한다.
2. 소송비용은 피고들의 부담으로 한다.

라는 판결을 구합니다.

청 구 원 인

1. 원고는 원래 ○○구 ○○동 ○○번지 최□□(부)와 조□□(모) 사이에서 출생한 자입니다.
2. 원고는 생가의 형편으로 19○○년 ○월경 양부모에게 인계되어 부양을 받아오다가 19○○년 ○월 ○일 입양신고를 마치고 현재까지도 같이 살고 있습니다.
3. 그런데 원고 자신도 모르는 사이에 20○○년 ○월 ○일 협의 파양된 것으로 호적부에 기재된 것을 알게 되었습니다.
4. 그러므로 이를 알아본 즉 피고들이 이민을 가려면 양자가 있으면 장남을 데려갈 수 없다는 말을 듣고 원고와의 협의 없이 편의상 그렇게 한 것이라고 합니다.
5. 따라서 원고는 피고들과 하등의 협의 파양한 사실이 없으므로 이건 청구에 이른 것입니다.

입 증 방 법

1. 갑 제1호증　　　　　　　　입양관계증명서
1. 갑 제2호증　　　　　　　　가족관계증명서
1. 갑 제3호증　　　　　　　　협의파양서(위조)
1. 갑 제4호증　　　　　　　　주민등록등본
1. 갑 제5호증　　　　　　　　진술서(피고)

첨 부 서 류

1. 위 입증방법　　　　　　　　각　1통

  1. 소장부본   1통
  1. 납 부 서   1통

2000년   ○월   ○일

원 고   ○ ○ ○ (서명 또는 날인)

○ ○ 가 정 법 원 귀 중

[4] 관련판례

[대법원 1995. 9. 29.선고 94므1553, 1560(반소) 판결]

【판시사항】

협의파양으로 양친자관계가 해소된 이후에도 입양의 무효확인을 구할 소의 이익이 있다고 본 사례

【판결요지】

입양이 무효임의 확인을 구하는 반소청구가 협의파양신고로 인하여 양친자관계가 해소된 이후에 제기된 것이므로 그 협의파양의 무효를 구하는 본소청구가 인용되어 양친자관계가 회복되지 아니하는 한 이는 과거의 법률관계에 대한 확인을 구하는 것이라 하겠지만, 그 입양은 모든 분쟁의 근원이 되는 것이어서 이의 효력 유무에 대한 판단결과는 당사자간의 분쟁을 발본적으로 해결하거나 예방하여 주는 효과가 있다 할 것이므로 이를 즉시 확정할 법률상의 이익이 있다.

[대법원 1983. 9. 13.선고 83므16 판결]

【판시사항】

양조부의 재판상 파양청구권 유무(소극)

【판결요지】

인사소송법 제37조에 의하여 준용되는 같은 법 제26조는 혼인무효의 소의 당사자에 관한 규정으로서 입양무효에 관한 소에는 준용될 수 있으나 이와 성질을 달리하는 파양의 소에는 준용할 수 없으므로 양조부는 재판상 파양청구권이 없다.

[대법원 1970. 5. 26.선고 68므31 판결]

【판시사항】

재판상 파양청구권자의 범위와 입양의 무효 취소에 관한 소에 준용되는 민사소송법 제26조, 제27조가 파양의 소에도 준용되는 여부.

【이유】

심판청구인들 소송대리인의 상고이유를 살피건대,

재판상 파양청구권자는 민법 제905조 및 제906조에 의하여 준용되는 같은 법 제899조에 의하여 양친과 양자에 한정되고 다만 양자가 15세 미만인 경우에 한하여 입양을 승락한 자가 이에 가름하여 파양을 청구할 수 있도록 되어 있을 뿐이며 인사소송법 제37조에 의하여 준용되는 같은 법 제26조, 제27조는 혼인의 무효 및 취소의 소의 당사자에 관한 규정으로서 입양의 무효 취소에 관한 소에는 준용할 수 있으나 이와 성질을 달리하는 파양의 소에는 준용할 수 없다할 것이므로 이와 같은 취지로 판단한 원판결은 정당하고, 논지는 채용할 수 없다.

Part 3.
가사소송사건(나류) 알아보기

Section 1. 사실상혼인관계존부확인

[1] 사실혼의 의의와 효과

① 혼인하겠다는 의사의 합치, 혼인적령, 근친혼금지, 중혼금지 등 혼인의 실질적 요건은 갖추었지만, 혼인신고라는 형식적 요건을 갖추지 않은 상태로 혼인생활을 지속하는 것을 사실혼이라고 합니다.

② 사실혼 상태에서도 동거·부양·협조·정조의무, 일상가사채무의 연대책임 등 부부공동생활을 전제로 하는 일반적인 혼인의 효과가 인정되지만, 인척관계의 발생 등 혼인신고를 전제로 하는 혼인의 효과는 인정되지 않습니다.

[2] 사실혼의 해소

1. 합의 또는 일방적 통보에 의한 해소

① 법률혼 부부인 경우에는 살아 있는 동안 부부관계를 해소하려면 이혼절차를 거쳐야 합니다.

② 그러나 사실혼 부부인 경우에는 혼인신고라는 법적 절차를 밟지 않았기 때문에 이혼신고 없이도 부부 사이에 헤어지자는 합의가 있거나 부부 중 일방이 상대방에게 헤어질 것을 통보하면 사실혼 관계를 해소시킬 수 있습니다.

2. 사실혼 해소와 관련된 문제

사실혼 부부가 헤어질 때 법률혼 부부와 마찬가지로 부부가 협력해서 모은 재산에 대해 재산분할을 청구할 수 있는지, 사실혼 관계의 일방적 파기에 대해 손해배상을 청구할 수 있는지, 사실혼 관계가 해소된 경우 그 자녀의 양육비를 상대방에게 청구할 수 있는지 등이 문제될 수 있습니다.

[3] 사실상혼인관계존부확인의 소

1. 의의

사실혼의 성립요건으로 ① 혼인의사의 합치, ② 객관적으로 사회관념상 사회 질서적인 면에서 부부공동생활을 인정할 만한 혼인생활의 실체가 있을 것, ③ 사회적 정당성의 요건을 갖출 것 등 요건이 충족해야 합니다.

2. 관할

상대방의 사실상 부부의 주소지 가정법원, 상대방이 사망 시 사망을 안 날로부터 2년내에 망인의 주민등록상 최후주소지 가정법원이 관할입니다.

3. 정당한 당사자

① 확인소송의 일반원칙에 따라 사실상 혼인관계 존부에 관하여 확인의 이익을 가지는 사람에게 원고적격이 있고, 반대의 이익을 가지는 사람에게 피고적격이 있습니다.

② 사실상 혼인관계에 있는 부부의 어느 한쪽이 다른 한쪽을 상대로 하여 소를 제기하는 것이 일반적이지만 사실상 혼인관계 존부 확인의 소를 확인소송으로 보는 이상, 제3자가 사실혼관계에 있는 부부 양쪽을 상대방으로 하거나, 부부 양쪽이 제3자를 상대방으로 하여 소를 제기하는 것도 확인의 이익이 있는 한 제한할 근거는 없습니다.

③ 사실상 혼인관계에 있던 부부 중 어느 한쪽이 사망한 경우에 생존한 다른 쪽이 검사를 상대방으로 하여 소를 제기할 수 있습니다. 당사자는 그 사망을 안 날부터 2년 내에 검사를 상대로 소를 제기할 수 있습니다.

④ 4촌 이내의 친족(가사소송법 제28조, 제24조)

⑤ 후견인, 유언집행자, 기타의 이해관계인

4. 효과

① 연금이나 보험금 수령을 목적으로 제기하는 경우가 대부분이다. 연금이나 보험 관계법령에서는 사실혼 배우자를 법률상 배우자와 같이 취급하고 있는데 구체적으로 근로기준법상 유족보상의 순위를 정하면서 근로자의 배우자에 사실혼관계에 있던 자를 포함시키고 있고, 공무원연금법, 군인연금법, 사립학교교직원법, 연금법, 선원법, 산업재해보상보험법 등도 유족인 배우자에 사실상 혼인관계에 있던 자를 포함시키고 있습니다.

② 또한 주택임대차보호법에도 임차권의 승계권자에 사실상 혼인관계 있는 자를 포함시키고 있습니다.

5. 확정 후의 절차

① 사실혼관계 존부 확인의 청구를 인용한 확정판결은 세3자에게도 효력이 있고, 그 청구를 기각한 확정판결은 그 소송의 사실심의 변론종결 전에 참가하지 못한 데 대하여 정당한 사유가 있지 아니한 다른 제소권자에게도 효력이 미칩니다.

② 사실혼관계 존재 확인판결이 확정된 때에는 소를 제기한 사람은 상대방의 협력 없이도 단독으로 확정 후 1개월 이내에 재판서 정(등)본 및 확정증명서를 첨부하여 시(구)·읍·면의 장에게 그 내용을 신고할 수 있습니다.

③ 다만, 사망자와의 혼인은 인정되지 않으므로 사망자에 갈음하여 검사를 상대방으로 하여 사실혼관계 존재 확인의 확정판결을 받았더라도 그에 기한 혼인신고는 수리될 수 없습니다(대법원 1991. 8. 13.자 91스6 결정 등).

[4] 사실상혼인관계존부확인의 소장 작성례

[법원양식] 사실혼관계 존재·부존재 확인의 소

소　장

　원 고:　　　　　　　　(☎　　　　　　)
　주민등록번호:
　주소:
　송달장소:
　등록기준지:
　피 고:
　주민등록번호:
　주소:
　등록기준지:

청 구 취 지

1. 원고와 피고 사이에는 사실혼(또는 사실상혼인)관계가 존재함을 확인한다.
2. 원고와 피고 사이에는 사실혼(또는 사실상혼인)관계가 존재하지 아니함을 확인한다.

라는 판결을 구합니다.

청 구 원 인

　(청구사유를 구체적으로 기재, 별지 기재 가능)

첨 부 서 류

1. 기본증명서(상세)(원고. 피고)　　　각 1통
1. 가족관계증명서(상세)(원고, 피고)　　각 1통
1. 주민등록표등(초)본(원고, 피고)　　　각 1통
1. 소장 부본　　　　　　　　　　　　　　1부

20 ． ． ．

원고　　　　　　　날인 또는 서명)

서울가정법원 귀중

※ 유의사항

1. 소장에는 인지액 20,000원 상당의 금액을 현금이나 신용카드·직불카드 등으로 납부한 내역을 기재한 영수필확인서들 첨부하여야 합니다.

2. 송달료는 144,000원(15회분x 당사자 수)를 송달료취급은행에 납부하고 납부서를 첨부하여야 합니다.

3. ☎란에는 연락 가능한(휴대) 전화번호를 기재하시기 바랍니다.

[작성례 ①] 사실혼관계해소로 인한 위자료 등 청구의 소

소　　　　　장

원　　고　　　　　○○○ (주민등록번호)
　　　　등록기준지 ○○시 ○○구 ○○길 ○○
　　　　주소 ○○시 ○○구 ○○길 ○○(우편번호)
　　　　전화·휴대폰번호:
　　　　팩스번호, 전자우편(e-mail)주소:

피　　고
　　1. □□□ (주민등록번호)
　　　　등록기준지 ○○시 ○○구 ○○길 ○○
　　　　주소 ○○시 ○○구 ○○길 ○○(우편번호)
　　　　전화·휴대폰번호:
　　　　팩스번호, 전자우편(e-mail)주소:

　　2. ◇◇◇ (주민등록번호)

주소 ○○시 ○○구 ○○길 ○○(우편번호)

전화·휴대폰번호:

팩스번호, 전자우편(e-mail)주소:

사건본인 △△△ (주민등록번호)

등록기준지 ○○시 ○○구 ○○길 ○○

주소 ○○시 ○○구 ○○길 ○○(우편번호)

사실혼관계해소로 인한 위자료 등 청구의 소

청 구 취 지

1. 사건본인에 대한 친권행사자 및 양육권자로 원고를 지정한다.

2. 피고 □□□는 원고에게 사건본인에 대한 양육비로서 이 사건 판결선고일 다음날부터 사건본인이 성년에 이르기 전날까지 월 금500,000원을 매월 말일 지급하라.

3. 피고들은 원고에게 위자료로서 각 금20,000,000원 및 이에 대하여 이 사건 소장부본 송달일 다음날부터 완제일까지 연 12%의 비율로 계산한 돈을 지급하라.

4. 피고 □□□는 원고에게 재산분할로 금40,000,000원 및 이에 대하여 이 사건 판결확정일 다음날부터 완제일까지 연 5%의 비율로 계산한 돈을 지급하라.

5. 소송비용은 피고들이 부담한다.

6. 제3항은 가집행할 수 있다.

라는 판결을 구합니다.

청 구 원 인

1. 기초사실

가. 원고와 피고는 20○○년경 지인의 소개로 만나서 교제하던 중 20○○년경부터 사실혼관계를 시작하며 슬하에 사건본인인 자녀1명(여,○세)을 두고 있습니다.

나. 원고와 피고는 20○○. ○. ○.경   ○○○소재 ○○○결혼식장에서 가족친지들을 모시고 결혼식을 올렸으나, 피고는 혼인신고를 거부하였습니다.

다. 피고는 20○○. ○월경부터 음식점을 운영하면서 알게 된 거래처 직원인 여자와 ○년 정도 만나면서 부정한 관계를 하였고, 원고가 이를 알고 헤어지려 하였으나, 피고가 다시는 부정행위를 하지 않겠다고 하면서 간절히 용서를 구하고 사건본인들이 아직 어려서 부득이 피고와 사실혼 생활을 계속하게 되었습니다.

라. 피고는 20○○. ○월 중순경 원고에게 술을 마시고 밤늦게 들어와 집안의 물건들을 마구 때려 부수고 이를 말리는 원고에게 주먹을 휘둘러서 얼굴에 전치 3주의 상해를 입었으며 옆에 있던 아이도 폭행하였으며 원고를 집에서 나가라고 하면서 폭언과 협박을 하였습니다.

마. 원고는 20○○. ○. ○.경 피고의 내연녀를 만나게 되어 그간 피고가 지속적으로 위 내연녀를 만나 교제한 것을 알게 되었고 또한 그 사이에 아이까지 낳았다는 사실을 알게 되어 본 소에 이르게 되었습니다.

2. 친권자 및 양육권자 지정에 관하여

　원고는 사건본인이 출생하였을 때부터 현재까지 양육하고 있고 피고는 잦은 가출로 인하여 가정을 소홀히 하고 있는 점, 폭력을 상습으로 행사하여 아버지를 무서워하며 원고와 생활하기를 원하고 있기에는 점 등을 고려할 때 원고로 하여금 사건본인을 양육하게 하는 것이 이들의 건강한 성장과 복지에 유익하다고 할 것이므로 원고를 사건 본인의 양육자 및 친권행사자로 지정함이 타당합니다.

3. 양육비에 관하여

피고는 사건본인의 친부로서 마땅히 사건본인에 대한 양육비를 분담하여야 할 의무가 있다 할 것이고, 현재 사건본인은 ○세인바, 공·사교육비 및 기본생계비등이 필수적으로 소요될 될 것이 예상되므로 상대방이 분담하여야 할 금액은 사건본인이 성년에 이르기까지 적어도 매월 금 500,000원씩은 되어야 할 것입니다.

4. 피고들의 위자료 지급의무에 관하여

위와 같이 원고와 피고 □□□의 혼인생활은 피고 □□□의 원고에 대한 상습적인 폭력의 행사와 피고 ◇◇◇의 여자와의 외도로 사실혼관계가 파탄에 이르게 되었는바, 원고가 이로 인하여 극심한 정신적 고통을 입었음이 자명하고, 피고들은 이를 금전적으로나마 위자할 의무가 있다고 할 것이며, 원고와 피고 □□□의 혼인생활의 경위 및 파탄의 경위, 원고와 피고 □□□의 재산상태 및 그 형성의 경위 등을 종합하여 볼 때 그 위자료의 수액은 최소한 각 금 20,000,000원 정도는 되어야 할 것입니다.

5. 피고 □□□의 재산분할의무에 관하여

　가. 원고와 피고 □□□의 재산

　　원고는 그 명의로 보유하고 있는 재산이 전혀 없고, 피고 □□□는 그 명의로 ○○시 ○○구 ○○길 ○○소재 시가 8천만원 상당의 주택을 보유하고 있습니다.

　나. 재산형성의 경위 및 피고 □□□의 재산분할의무에 관하여

　　원고와 피고 □□□가 소유하고 있는 위 재산은 원고와 피고 □□□의 공동의 노력으로 이룩한 부부공동의 재산으로서 원고는 현재와 같은 재산의 형성과 유지 및 감소방지에 상당한 기여를 하였습니다. 그렇다면, 피고 □□□는 재산분할로 총 자산가치인 금80,000,000원의 50%인 금40,000,000원을 지급하여야 할 것입니다.

입 증 방 법

1. 갑 제1호증	가족관계증명서
1. 갑 제2호증	사건본인(△△△)기본증명서
1. 갑 제3호증	사건본인(△△△)가족관계증명서
1. 갑 제4호증	주민등록표등본
1. 갑 제5호증	결혼식 사진
1. 갑 제6호증	진단서
1. 갑 제7호증	부동산등기사항증명서

첨 부 서 류

　1. 위 입증방법　　　　　　　　각 1통

1. 소장부본   2통
1. 송달료납부서   1통

2000. ○. ○.

원고   ○○○ (서명 또는 날인)

○○가정법원 귀중

[작성례 ②] 위자료 등 청구의 소(사실혼 파기)

소   장

원   고   ○ ○ ○(○ ○ ○) (주민등록번호)
1900. ○. ○.생
등록기준지 : ○○시 ○○군 ○○읍 ○○길 ○○
주소 : ○○시 ○○구 ○○길 ○○(우편번호)

피   고   △ △ △(△ △ △) (주민등록번호)
1900. ○. ○.생
등록기준지 : ○○시 ○○군 ○○면 ○○길 ○○
주소 : ○○시 ○○구 ○○길 ○○(우편번호)

위자료 등 청구의 소

청 구 취 지

1. 피고는 원고에게 위자료로서 금 ○○○원 및 이에 대한 이 사건 소장 부본 송달일 다음날부터 다 갚는 날까지 연 12%의 비율로 계산한 돈을 지급하라.
2. 피고는 원고에게 별지목록 기재 각 부동산 중 2분의 1지분에 관하여

　　재산분할을 원인으로 하는 소유권이전등기절차를 이행하라.

3. 소송비용은 피고가 부담한다.

4. 위 제1항은 가집행할 수 있다.

라는 판결을 구합니다.

<h2 align="center">청 구 원 인</h2>

1. 원고는 배우자와 사별한 후 홀몸으로 생활하다가 19○○. ○.경 역시 배우자와 사별하고 홀로 ○남 ○녀를 양육하며 살아가던 피고를 만나 위 시기부터 동거하며 사실상의 혼인관계를 시작하였습니다.

2. 원고는 부동산 중개일을 하였고, 피고는 식육점을 경영하며 생계를 유지해 왔습니다. 원고는 집을 한 채 갖는 것이 소원이라는 피고의 말을 들어주기 위해 두 사람이 함께 모은 재산으로 19○○. ○. ○. ○○시 ○구 ○○길 ○○ 소재 주택과 토지를 매수한 후 같은 해 ○. ○. 피고의 명의로 소유권이전등기를 마쳤습니다.

　　그 후 위 주택은 피고의 전혼의 자인 소외 □□□에게 맡겨 두고 원고와 피고는 ○○시 ○구 ○○길 ○○에서 함께 거주하며 식육점을 경영하였고, 원고는 아파트 경비일까지 하며 생계를 이어갔습니다. 19○○. ○.경 원고와 피고는 식육점을 정리하고 위 ○○시 ○구 ○○길 ○○로 주거를 옮겼습니다.

　　그런데 언제부터인가 피고는 원고의 월급을 모두 챙기면서 원고에게는 용돈도 전혀 주지 않아 갈등이 생기기 시작하였습니다. 19○○. ○.경 원고가 피고에게 용돈을 전혀 주지 않는다고 항의를 하자 피고는 바로 그날부터 동인의 딸 방으로 옮겨 각방을 쓰게 되었습니다.

　　그 때부터 피고와 위 □□□는 추운 겨울에 원고의 방으로 들어오는 전기를 절단해 버려 원고로 하여금 추위에 떨게 하고 심지어 원고의 방문을 잠가 밖으로 나오지 못하게 하는 등 심히 부당한 대우를 계속하다가, 위 □□□는 19○○. ○.경 원고에게 '마귀와는 한 집에서 같이 살 수 없다'고 폭언을 하며 원고를 집에서 내쫓았고 피고도 위 □□□에게 동조하면서 원고와의 사실혼을 부당하게 파기하였습니다.

　　원고는 집에서 부당하게 축출당한 후 노숙자로 생활하다가 최근에야 ○○시 ○○구 ○○동 ○○ 소재 방 한 칸에 월세로 입주하여 살게 되었습니다.

3. 원고는 피고와 소외 □□□로부터 사실혼관계를 부당하게 파기 당하여 17년 동안이나 함께 살아온 세월이 안타깝고 억울하여 심한 정신적 고통을 받았는바, 이에 따른 위자료로 금 ○○○원 및 재산분할을 원인으로 하여 별지목록 기재 각 부동산 중 2분의 1지분에 관한 소유권이전등기를 청구하고자 이 사건 소를 제기합니다.

입 증 방 법

1. 갑 제1호증의 1,2   원고, 피고 혼인관계증명서
1. 갑 제2호증   주민등록초본(원고, 피고)
1. 갑 제3호증의 1,2   각 등기사항전부증명서
1. 갑 제4호증   증인진술서

첨 부 서 류

1. 위 입증방법   각 1통
1. 소장부본   1통
1. 납부서   1통

20○○년   ○월   ○일

원 고   ○ ○ ○ (서명 또는 날인)

○ ○ 가 정 법 원 귀 중

[작성례 ③] 소유권이전등기말소청구의 소(토지, 사실혼관계 처의 무권대리)

소   장

원 고   ○○○ (주민등록번호)
        ○○시 ○○구 ○○길 ○○(우편번호 ○○○○○)
        전화·휴대폰번호:

　　　　　　　팩스번호, 전자우편(e-mail)주소:

피　고　1. 김◇◇ (주민등록번호)

　　　　　　　○○시 ○○구 ○○길 ○○(우편번호 ○○○○○)

　　　　　　　전화·휴대폰번호:

　　　　　　　팩스번호, 전자우편(e-mail)주소:

　　　　2. 주식회사 ◇◇

　　　　　　　○○시 ○○구 ○○길 ○○(우편번호 ○○○○○)

　　　　　　　대표이사 ◆◆◆

　　　　　　　전화·휴대폰번호:

　　　　　　　팩스번호, 전자우편(e-mail)주소:

　　　　3. 이◇◇ (주민등록번호)

　　　　　　　○○시 ○○구 ○○길 ○○(우편번호 ○○○○○)

　　　　　　　전화·휴대폰번호:

　　　　　　　팩스번호, 전자우편(e-mail)주소:

소유권이전등기말소청구의 소

청 구 취 지

1. 원고에게, 별지목록 기재 부동산에 관하여,

　가. 피고 김◇◇는 ○○지방법원 ○○등기소 20○○. ○. ○. 접수 제○
　　　○○호로 마친 소유권이전등기의,

　나. 피고 주식회사 ◇◇는 위 같은 등기소 20○○. ○. ○. 접수 제○○
　　　○○호로 마친 근저당권설정등기의,

　다. 피고 이◇◇는 위 같은 등기소 20○○. ○. ○. 접수 제○○○○호
　　　로 마친 근저당권설정등기 및 같은 날 접수 제○○○○호로 마친
　　　전세권설정등기의 각 말소등기절차를 이행하라.

2. 소송비용은 피고들의 부담으로 한다.

라는 재판을 구합니다.

청 구 원 인

1. 별지목록 기재 부동산(다음부터 이 사건 부동산이라고 함)은 원고가 19
   ○○. ○. ○.자로 그 명의로 소유권이전등기를 마친 원고 소유의 부동
   산입니다.

2. 그런데 원고의 사실상 배우자인 피고 김◇◇는 원고로부터 이 사건 부
   동산을 매매계약대리권을 수여 받은 사실이 없음에도 20○○. ○. ○.
   집안에 보관되어 있던 원고의 인감도장을 가져가 ○○시 ○○구 ○○동
   사무소에서 원고가 피고에게 인감증명서의 발급을 위임하는 내용의 위
   임장을 위조하여 원고의 부동산매도용 인감증명서를 발급 받은 뒤 ○○
   시 ○○구 ○○길에 있는 ◎●◎법무사 사무실에 위와 같이 발급 받은
   원고의 인감증명서와 인감도장 및 이 사건 부동산의 등기필증 등을 제
   시하고 피고 김◇◇가 원고로부터 이 사건 부동산을 증여 받았음을 원
   인으로 한 소유권이전등기신청을 하여 줄 것을 위임하여 위 사무실 직
   원인 소외 ◎◎◎로 하여금 원고가 20○○. ○. ○. 피고 김◇◇에게 이
   사건 부동산을 증여하였다는 내용의 증여계약서와 그에 따른 소유권이
   전등기신청을 위임하는 내용의 위임장을 작성하게 하여 각 위조한 증여
   계약서 및 위임장을 위 인감증명서, 등기필증 등과 함께 제출하여 소유
   권이전등기신청을 함으로써 이 사건 부동산에 관하여 ○○지방법원 ○
   ○등기소 20○○. ○. ○. 접수 제○○○호로 20○○. ○. ○. 증여를 원
   인으로 한 피고 김◇◇ 명의의 소유권이전등기가 마쳐졌습니다.

3. 그 뒤 위와 같이 피고 김◇◇ 명의의 위 소유권이전등기가 마쳐진 이 사
   건 부동산에 관하여 피고 주식회사◇◇(다음부터 피고 주식회사라고 함)
   가 위 같은 등기소 20○○. ○. ○. 접수 제○○○○호로 같은 날 설정계
   약을 원인으로 한 채권최고액 금 49,500,000원, 채무자 피고 김◇◇, 근
   저당권자 피고 주식회사의 근저당권설정등기를 마쳤고, 피고 이◇◇가 다
   시 위 같은 등기소 20○○. ○. ○. 접수 제○○○○호로 같은 날 설정계
   약을 원인으로 한 채권최고액 금15,000,000원, 채무자 김◇◇, 근저당권
   자 피고 이◇◇의 근저당권설정등기 및 같은 날 접수 제○○○○호로 같
   은 날 설정계약을 원인으로 한 전세금 7,000,000원, 존속기간 20○○.
   ○. ○. 전세권자 피고 이◇◇의 전세권설정등기를 각 마쳤습니다.

4. 그렇다면 이 사건 부동산에 관하여 마쳐진 피고 김◇◇ 명의의 위 소유
   권이전등기는 피고 김◇◇가 위조한 증여계약서와 위임장 등에 의하여

마쳐진 것으로서 원인 없는 무효의 등기라고 할 것이고, 피고 주식회사
◇◇ 명의의 위 근저당권설정등기와 피고 이◇◇ 명의의 위 근저당권설
정등기 및 전세권설정등기 또한 위와 같이 무효인 피고 김◇◇ 명의의
소유권이전등기에 터 잡아 마쳐진 것으로서 모두 원인 없는 무효의 등
기라고 할 것이므로, 피고들은 원고에게 이 사건 부동산에 관한 위 각
등기의 말소등기절차를 각 이행할 의무가 있다 할 것입니다.

입 증 방 법

1. 갑 제1호증　　　　　　위임장
1. 갑 제2호증　　　　　　증여계약서
1. 갑 제3호증의 1, 2　　　 각 부동산등기사항증명서

첨 부 서 류

1. 위 입증방법　　　　　　각 1통
1. 법인등기사항증명서　　　 1통
1. 토지대장등본　　　　　　1통
1. 건축물대장　　　　　　　1통
1. 소장부본　　　　　　　　3통
1. 송달료납부서　　　　　　1통

2000.　　○.　　○.

위 원고　　○○○　　　(서명 또는 날인)

○○지방법원　귀중

[별　지]

부동산의 표시

1. ○○시 ○○구 ○○동 ○○-○○ 대 157.4㎡
2. 위 지상 벽돌조 평슬래브 지붕 2층 주택

　　1층 74.82㎡

　　2층 74.82㎡

　　지층 97.89㎡. 끝.

[작성례 ④] 근저당권설정등기말소청구의 소(사실혼관계 남편의 무권대리)

소 장

원　　고　　○○○ (주민등록번호)

　　　　　　○○시 ○○구 ○○로 ○○(우편번호 ○○○○○)

　　　　　　전화·휴대폰번호:

　　　　　　팩스번호, 전자우편(e-mail)주소:

피　　고　　◇◇새마을금고

　　　　　　○○시 ○○구 ○○로 ○○(우편번호 ○○○○○)

　　　　　　대표이사 ◈◈◈

　　　　　　전화·휴대폰번호:

　　　　　　팩스번호, 전자우편(e-mail)주소:

근저당권설정등기말소청구의 소

청 구 취 지

1. 피고는 원고에게 별지목록 기재 부동산에 관하여 ○○지방법원 ○○등기소 20○○. ○. ○. 접수 제○○○○호로 마친 근저당권설정등기의 말소등기절차를 이행하라.
2. 소송비용은 피고가 부담한다.

라는 재판을 구합니다.

청 구 원 인

1. 원고 소유인 별지목록 기재의 부동산에는 ○○지방법원 ○○등기소 200○. ○. ○○. 접수 제○○○○○호로 근저당권자 피고, 채무자 소외 ◉◉◉, 채권최고금액 ○○○원으로 된 근저당권설정등기가 되어 있습니다.
2. 그러나 원고는 위와 같은 근저당권을 설정해 준 사실이 없습니다. 채무자인 소외 ◉◉◉는 원고와 19○○. ○.부터 사실혼관계를 유지해 왔습니다. 그러다가 소외 ◉◉◉의 부정행위와 불성실한 가정생활, 과다한

채무를 지고 다니는 등 문제가 있어서 원고의 별지목록 기재 부동산에 근저당권설정이 될 당시 헤어지기로 마음먹고 정리를 하던 중이었습니다. 그런데 위 근저당권설정계약은 소외 ◉◉◉가 이때 당시 원고의 인감도장 등을 절취하여 근저당설정계약서를 작성할 대리권한이 없으면서도 마치 그러한 권한이 있는 것처럼 피고를 속여 계약을 한 것뿐이지 원고와는 관계없는 계약이었습니다. 원고는 소외 ◉◉◉에게 근저당설정계약에 대한 대리권한을 수여한 사실도 없으며, 그와 같은 외관을 준 적도 없습니다. 그러므로 위 근저당권설정등기는 법률상 정당한 권한이 없는 사람이 신청하여 설정된 무효의 등기라고 하여야 할 것입니다.

3. 따라서 원고는 피고에게 별지목록 기재의 부동산에 관하여 ○○지방법원 ○○등기소 20○○. ○. ○. 접수 제○○○○○호로 마쳐진 원인무효인 위 근저당권설정등기의 말소등기절차이행을 구하기 위하여 이 사건 청구에 이른 것입니다.

입 증 방 법

1. 갑 제1호증   부동산등기사항증명서
1. 갑 제2호증   고소사실처분결과통지서

첨 부 서 류

1. 위 입증서류   각 1통
1. 소장부본   1통
1. 송달료납부서   1통

20○○.　　○.　　○.

위 원고　　○○○　(서명 또는 날인)

○○지방법원　귀중

[별 지]

부동산의 표시

1. ○○시 ○○구 ○○동 ○○-○○
　 대 157.4㎡

1. 위 지상

   벽돌조 평슬래브지붕 2층주택

   1층 74.82㎡

   2층 74.82㎡

   지층 97.89㎡. 끝.

[5] 관련판례

[대법원 2024. 1. 4.선고 2022므11027 판결]

【판시사항】

[1] 사실혼 해소를 원인으로 한 재산분할에서 분할의 대상이 되는 재산과 액수를 정하는 기준시점(=사실혼이 해소된 날) / 사실혼 해소 이후 재산분할 청구사건의 사실심 변론종결 시까지 사이에 혼인 중 공동의 노력으로 형성·유지한 부동산 등에 발생한 외부적, 후발적 사정이 있는 경우, 이를 분할대상 재산의 가액 산정에 참작할 수 있는지 여부(한정 적극)

[2] 갑과 을이 사실혼 관계에 있던 중 을이 건물에 관한 소유권이전등기를 마친 후 이를 소유하였는데, 갑과 을의 사실혼 관계가 해소되어 갑이 을을 상대로 사실혼 해소에 따른 재산분할청구 소송을 제기하였고, 위 건물의 가액 산정 기준시점이 문제 된 사안에서, 위 건물의 가액 산정을 위한 감정촉탁을 할 때 사실혼 관계가 해소된 날을 기준으로 시가의 산정을 명하거나, 적어도 사실혼 관계가 해소된 시점과 가장 가까운 제1심 법원의 감정촉탁 결과에 따라 재산분할을 명하였어야 하는데도, 이와 달리 본 원심판단에 법리오해의 잘못이 있다고 한 사례

【판결요지】

[1] 사실혼 해소를 원인으로 한 재산분할에서 분할의 대상이 되는 재산과 액수는 사실혼이 해소된 날을 기준으로 하여 정하여야 한다. 한편 재산분할제도가 혼인관계 해소 시 부부가 혼인 중 공동으로 형성한 재산을 청산·분배하는 것을 주된 목적으로 하는 것으로서, 부부 쌍방의 협력으로 이룩한 적극재산 및 그 형성에 수반하여 부담한 채무 등을 분할하여 각자에게 귀속될 몫을 정하기 위한 것이므로, 사실혼 해소 이후 재산분할 청구사건의 사실심 변론종결 시까지 사이에 혼인 중 공동의 노력으로 형

성·유지한 부동산 등에 발생한 외부적, 후발적 사정으로서, 그로 인한 이익이나 손해를 일방에게 귀속시키는 것이 부부 공동재산의 공평한 청산·분배라고 하는 재산분할제도의 목적에 현저히 부합하지 않는 결과를 가져오는 등의 특별한 사정이 있는 경우에는 이를 분할대상 재산의 가액 산정에 참작할 수 있다.

[2] 갑과 을이 사실혼 관계에 있던 중 을이 건물에 관한 소유권이전등기를 마친 후 이를 소유하였는데, 갑과 을의 사실혼 관계가 해소되어 갑이 을을 상대로 사실혼 해소에 따른 재산분할청구 소송을 제기하였고, 위 건물의 가액 산정 기준시점이 문제 된 사안에서, 갑과 을의 사실혼 관계가 해소된 날을 기준으로 재산분할의 대상이 되는 재산과 액수를 산정하여야 하는바, 위 건물의 가액 산정을 위한 감정촉탁을 할 때 사실혼 관계가 해소된 날을 기준으로 시가의 산정을 명하였어야 함에도 '감정일 현재 시가'의 산정만 명하였고, 원심 변론종결일까지 제출된 객관적 자료 중 사실혼 관계가 해소된 날을 기준으로 위 건물의 가액을 추단할 수 있는 자료가 보이지 않는 상황에서, 사실혼 해소 이후 재산분할 청구사건의 사실심 변론종결 시까지 사이에 혼인 중 공동의 노력으로 형성·유지한 부동산 등에 발생한 외부적·후발적 사정으로서, 그로 인한 이익이나 손해를 일방에게 귀속시키는 것이 부부 공동재산의 공평한 청산·분배라고 하는 재산분할제도의 목적에 현저히 부합하지 않는 결과를 가져오는 등의 특별한 사정이 있는지조차 불분명한 이상, 제출된 자료 중 사실혼 관계가 해소된 시점과 가장 가까운 시점을 기준으로 위 건물의 가액을 산정하였어야 하므로, 적어도 제1심법원의 감정촉탁 결과에 따라 재산분할을 명하였어야 하는데도, 원심 변론종결일에 근접한 시기를 기준으로 한 감정촉탁 결과를 근거로 위 건물의 가액을 산정한 원심판단에 법리오해의 잘못이 있다고 한 사례.

[대법원 2023. 9. 14.선고 2023므10519 판결]
【판시사항】
사실혼 해소를 원인으로 한 재산분할에서 분할의 대상이 되는 재산과 액수를 정하는 기준 시기(=사실혼이 해소된 날) / 사실혼 해소 이후 재산분할 청구사건의 사실심 변론종결 시까지 사이에 혼인 중 공동의 노력으로 형성·유지한 부동산 등에 발생한 외부적, 후발적 사정이 있는 경우, 이를 분할대상 재산의 가액 산정에 참작할 수 있는지 여부(한정 적극)
【이유】

사실혼 해소를 원인으로 한 재산분할에서 분할의 대상이 되는 재산과 액수는 사실혼이 해소된 날을 기준으로 하여 정하여야 한다. 한편 재산분할 제도가 혼인관계 해소 시 부부가 혼인 중 공동으로 형성한 재산을 청산·분배하는 것을 주된 목적으로 하는 것으로서, 부부 쌍방의 협력으로 이룩한 적극재산 및 그 형성에 수반하여 부담한 채무 등을 분할하여 각자에게 귀속될 몫을 정하기 위한 것이므로, 사실혼 해소 이후 재산분할 청구사건의 사실심 변론종결 시까지 사이에 혼인 중 공동의 노력으로 형성·유지한 부동산 등에 발생한 외부적·후발적 사정으로서, 그로 인한 이익이나 손해를 일방에게 귀속시키는 것이 부부 공동재산의 공평한 청산·분배라고 하는 재산분할제도의 목적에 현저히 부합하지 않는 결과를 가져오는 등의 특별한 사정이 있는 경우에는 이를 분할대상 재산의 가액 산정에 참작할 수 있다(대법원 2023. 7. 13. 선고 2017므11856 판결 참조).

[대법원 2023. 8. 18.선고 2020므13562, 13579 판결]

【판시사항】

사실혼 해소를 원인으로 한 재산분할에서 분할의 대상이 되는 재산과 액수를 정하는 기준 시기(=사실혼이 해소된 날) / 사실혼 해소 이후 재산분할 청구사건의 사실심 변론종결 시까지 사이에 혼인 중 공동의 노력으로 형성·유지한 부동산 등에 발생한 외부적, 후발적 사정이 있는 경우, 이를 분할대상 재산의 가액 산정에 참작할 수 있는지 여부(한정 적극)

【이유】

사실혼 해소를 원인으로 한 재산분할에서 분할의 대상이 되는 재산과 액수는 사실혼이 해소된 날을 기준으로 하여 정하여야 한다. 한편 재산분할 제도가 혼인관계 해소 시 부부가 혼인 중 공동으로 형성한 재산을 청산·분배하는 것을 주된 목적으로 하는 것으로서, 부부 쌍방의 협력으로 이룩한 적극재산 및 그 형성에 수반하여 부담한 채무 등을 분할하여 각자에게 귀속될 몫을 정하기 위한 것이므로, 사실혼 해소 이후 재산분할 청구사건의 사실심 변론종결 시까지 사이에 혼인 중 공동의 노력으로 형성·유지한 부동산 등에 발생한 외부적, 후발적 사정으로서, 그로 인한 이익이나 손해를 일방에게 귀속시키는 것이 부부 공동재산의 공평한 청산·분배라고 하는 재산분할제도의 목적에 현저히 부합하지 않는 결과를 가져오는 등의 특별한 사정이 있는 경우에는 이를 분할대상 재산의 가액 산정에 참작할 수 있다(대법원 2023. 7. 13. 선고 2017므11856 판결 참조).

[대법원 2023. 7. 13.선고 2017므11856, 11863 판결]

【판시사항】

사실혼 해소를 원인으로 한 재산분할에서 분할의 대상이 되는 재산과 액수를 정하는 기준 시기(=사실혼이 해소된 날) / 사실혼 해소 이후 재산분할 청구사건의 사실심 변론종결 시까지 사이에 혼인 중 공동의 노력으로 형성·유지한 부동산 등에 발생한 외부적, 후발적 사정이 있는 경우, 이를 분할대상 재산의 가액 산정에 참작할 수 있는지 여부(한정 적극)

【판결요지】

사실혼 해소를 원인으로 한 재산분할에서 분할의 대상이 되는 재산과 액수는 사실혼이 해소된 날을 기준으로 하여 정하여야 한다. 한편 재산분할 제도가 혼인관계 해소 시 부부가 혼인 중 공동으로 형성한 재산을 청산·분배하는 것을 주된 목적으로 하는 것으로서, 부부 쌍방의 협력으로 이룩한 적극재산 및 그 형성에 수반하여 부담한 채무 등을 분할하여 각자에게 귀속될 몫을 정하기 위한 것이므로, 사실혼 해소 이후 재산분할 청구사건의 사실심 변론종결 시까지 사이에 혼인 중 공동의 노력으로 형성·유지한 부동산 등에 발생한 외부적, 후발적 사정으로서, 그로 인한 이익이나 손해를 일방에게 귀속시키는 것이 부부 공동재산의 공평한 청산·분배라고 하는 재산분할제도의 목적에 현저히 부합하지 않는 결과를 가져오는 등의 특별한 사정이 있는 경우에는 이를 분할대상 재산의 가액 산정에 참작할 수 있다.

[대법원 2021. 5. 27.선고 2020므15841 판결]

【판시사항】

재산분할에 관한 민법 규정을 사실혼 관계에 유추적용할 수 있는지 여부(적극) 및 사실혼 관계에 있는 부부 일방이 혼인 중 공동재산의 형성에 수반하여 채무를 부담하였다가 사실혼이 종료된 후 채무를 변제한 경우, 변제된 채무가 청산 대상이 되는지 여부(원칙적 적극)

【판결요지】

사실혼은 당사자 사이에 혼인 의사가 있고 객관적으로 사회관념상 부부공동생활을 인정할 만한 혼인생활의 실체가 있는 경우이므로 법률혼에 관한 민법 규정 중 혼인신고를 전제로 하는 규정은 유추적용할 수 없다. 그러나 부부재산 청산의 의미를 갖는 재산분할 규정은 부부의 생활공동체라는 실질에 비추어 인정되는 것이므로 사실혼 관계에 유추적용할 수 있다. 부부 일방이 혼인 중 제3자에게 부담한 채무는 일상가사에 관한 것 이외에는 원칙적으로 개인의 채무로서 청산 대상이 되지 않으나 그것이 공동재산의 형성에 수반하여 부담한 채무인 경우에는 청산 대상이 된다. 따라서 사실혼 관계에 있는 부부 일방이 혼인 중 공동재산의 형성에 수반하여 채무를 부담하였다가 사실혼이 종료된 후 채무를 변제한 경우 변제된 채무는 특별한 사정이 없는 한 청산 대상이 된다.

[대법원 1995. 3. 28.선고 94므1584 판결]

【판시사항】

가. 재산분할에 관한 민법 규정을 사실혼관계에 준용 또는 유추적용 할 수 있는지 여부

나. 법원이 재산분할의 대상을 직권조사하여 포함시킬 수 있는지 여부

【판결요지】

가. 사실혼이란 당사자 사이에 혼인의 의사가 있고, 객관적으로 사회관념상으로 가족질서적인 면에서 부부공동생활을 인정할 만한 혼인생활의 실체가 있는 경우이므로, 법률혼에 대한 민법의 규정 중 혼인신고를 전제로 하는 규정은 유추적용 할 수 없으나, 부부재산의 청산의 의미를 갖는 재산분할에 관한 규정은 부부의 생활공동체라는 실질에 비추어 인정되는 것이므로, 사실혼관계에도 준용 또는 유추적용 할 수 있다.

나. 가사비송절차에 관하여는 가사소송법에 특별한 규정이 없는 한 비송사건절차법 제1편의 규정을 준용하고 있으며, 비송사건절차에 있어서는 민사소송의 경우와 달리 당사자의 변론에만 의존하는 것이 아니고, 법원이 자기의 권능과 책임으로 재판의 기초가 되는 자료를 수집하는 이른바 직권탐지주의에 의하고 있으므로, 원고가 어떤 부동산을 재산분할대상의 하나로 포함시킨 종전 주장을 철회하였더라도, 법원은 원고의 주장에 구애되지 아니하고 재산분할의 대상이 무엇인지 직권으로 사실조사를 하여 포함시킬 수 있다.

[대법원 1991. 8. 13.자 91스6 결정]

【판시사항】

가. 사망자와의 사실혼관계존재확인의 심판이 있는 경우의 혼인신고의 수리가부

나. 호적공무원의 형식적 심사권의 대상에 그 혼인 당사자의 생존 여부에 대한 조사도 포함되는지 여부(적극)

【판결요지】

가. 우리 법상 사망자 간이나 생존한 자와 사망한 자 사이의 혼인은 인정되지 아니하므로 사망자와의 사실혼관계존재확인의 심판이 있다 하더라도, 이미 당사자의 일방이 사망한 경우에는 혼인신고특례법이 정하는 예외적인 경우와 같이 그 혼인신고의 효력을 소급하는 특별한 규정이 없는 한 이미 그 당사자 간에는 법률상의 혼인이 불가능하므로 이러한 혼인신고는 받아들여질 수 없다.

나. 혼인이 생존한 사람들 간에서만 이루어질 수 있는 것인 이상 호적공무원의 형식적심사권의 대상에는 그 혼인의 당사자가 생존하였는지 여부를 조사하는 것도 당연히 포함된다.

[대법원 1986. 3. 11.선고 85므89 판결]

【판시사항】

간헐적 정교관계에서 자식이 생긴 경우, 혼인예약 또는 사실혼관계의 성부(소극)

【판결요지】

청구인과 피청구인 사이에 있었던 간헐적 정교관계만으로는 그들 사이에 자식이 태어났다 하더라도 서로 혼인의사의 합치가 있었거나 혼인생활의 실체가 존재한다고 보여지지 아니하여 사실상 혼인관계가 성립되었다고 볼 수 없고 또 혼인예약이 있었다고도 볼 수 없다.

[대법원 1965. 5. 31.선고 65므14 판결]

【판시사항】

사실혼 관계에 있는 남편이 다른 여자와 연애를 한 경우에 사실혼 관계에 있는 처의 사실혼 부당파기로 인한 위자료 청구의 적부

【판결요지】

사실혼관계에 있는 남자가 다른 여자와 연애를 한 행위는 사실혼부당파기에 해당하고 시어머니가 혼인때 며느리에게 준 패물들을 빼앗고 그 의류들을 친정으로 보낸 것은 시어머니로서 아들 내외간의 사실혼관계를 부당파기시키는데 가담한 것이다.

Section 2. 혼인의 취소

[1] 혼인 취소 사유

다음의 어느 하나에 해당하는 경우에는 법원에 혼인의 취소를 청구할 수 있습니다(「민법」 제816조).

- 당사자가 18세가 되지 않은 경우(「민법」 제807조)

- 미성년자가 부모나 미성년후견인의 동의 없이 혼인한 경우 또는 피성년후견인이 부모나 성년후견인의 동의 없이 혼인한 경우(「민법」 제808조)

  ※ 당사자가 19세가 된 후 또는 성년후견종료의 심판이 있은 후 3개월이 지나거나 혼인 중 임신하면 취소를 청구할 수 없습니다(「민법」 제819조).

- 6촌 이내의 혈족의 배우자, 배우자의 6촌 이내의 혈족, 배우자의 4촌 이내의 혈족의 배우자인 인척이거나 이러한 인척이었던 사람과 혼인한 경우(「민법」 제809조제2항)

  ※ 당사자가 혼인 중 임신하면 취소를 청구할 수 없습니다(「민법」 제820조).

- 6촌 이내의 양부모계의 혈족이었던 사람과 4촌 이내의 양부모계의 인척이었던 사람과 혼인한 경우(「민법」 제809조제3항)

  ※ 당사자가 혼인 중 임신하면 취소를 청구할 수 없습니다(「민법」 제820조).

- 배우자가 있는 사람이 결혼한 경우(「민법」 제810조)

- 혼인 당시 당사자 일방에게 부부생활을 계속할 수 없는 악질이나 그 밖의 중대 사유가 있음을 알지 못한 경우

  ※ 상대방이 사유가 있음을 안 날부터 6개월이 지나면 취소를 청

구할 수 없습니다(「민법」 제822조).

- 사기 또는 강박으로 인해 결혼의 의사표시를 한 경우

  ※ 사기를 안 날 또는 강박을 면한 날부터 3개월이 지나면 취소를
  청구할 수 없습니다(「민법」 제823조).

[2] 혼인 취소 방법(혼인취소소송)

1. 혼인취소소송

중혼금지규정에 위반한 혼인, 혼인의 연령 위반, 동의 없는 혼인, 근친
혼의 금지 위반, 혼인 당시 당사자 한쪽에 부부생활을 계속할 수 없는 악
질, 그 밖의 중대한 사유가 있음을 알지 못한 때, 사기 또는 강박으로 인
하여 혼인의 의사 표시를 한 때 등의 사유를 들어 제기하는 재판입니다.

① 혼인취소소송을 제기할 수 있는 사람은 다음과 같습니다(「민법」 제
817조 및 제818조).

구분	취소청구권자
- 당사자가 18세가 되지 않은 경우	당사자, 법정대리인
- 미성년자 또는 피성년후견인이 동의 없이 결혼한 경우	
- 6촌 이내의 혈족의 배우자, 배우자의 6촌 이내의 혈족, - 배우자의 4촌 이내의 혈족의 배우자인 인척이거나 이러한 인척이었던 사람과 결혼한 경우	당사자, 직계존속, 4촌 이내의 방계혈족
- 6촌 이내의 양부모계의 혈족이었던 사람과 - 4촌 이내의 양부모계의 인척이었던 사람 사이에 결혼한 경우	
배우자가 있는 사람이 결혼한 경우	당사자, 배우자, 직계혈족, 4촌 이내의 방계혈족, 검사

② 부부 중 어느 한쪽이 소송을 제기한 경우에는 배우자가 상대방이 되고, 제3자가 소송을 제기한 경우에는 부부(부부 중 어느 한쪽이 사망한 경우에는 그 생존자)가 상대방이 됩니다. 만약 소송의 상대방이 될 사람이 사망한 경우에는 검사가 상대방이 됩니다(「가사소송법」 제24조제1항, 제2항 및 제3항).

③ 혼인취소소송을 제기하려면 먼저 가정법원의 조정 절차를 거쳐야 합니다[「가사소송법」 제2조제1항제1호나목2) 및 제50조제1항 참조].

2. 관할

① 부부가 같은 가정법원의 관할구역 내에 주소지가 있을 때에는 그 가정법원

② 부부가 최후의 공동의 주소지를 가졌던 가정법원의 관할구역 내에 부부 중 일방의 주소가 있을 때에는 그 가정법원

③ 위의 각 경우에 해당하지 아니하는 경우로서 부부중 어느 한쪽이 다른 한쪽을 상대로 할 경우에는 상대방의 보통재판적이 있는 곳의 가정법원, 부부 모두를 상대로 하는 경우에는 부부 중 어느 한쪽의 보통재판적이 있는 곳의 가정법원

④ 부부 일방이 사망한 경우는 생존한 타방의 주소지 가정법원

⑤ 부부 쌍방이 사망한 경우는 부부 중 일방의 최후 주소지의 가정법원

⑥ 가정법원 관할은 전속관할

3. 관련 사건의 병합 문제

① 일반적으로 혼인의 무효나 취소 청구의 소에는 예비적·선택적으로 재판상 이혼청구가 병합되거나 위자료 청구가 병합되는 경우가 있다.

② 혼인의 무효를 청구하면서 예비적으로 혼인의 취소 청구를 할 수도 있다.

4. 판결확정 후의 절차

소를 제기한 자는 판결확정일로부터 1개월 이내에 시(구)·읍·면의 장에게 그 취지를 신고하여 등록부의 정정을 신청하여야 한다.

[3] 혼인 취소 효과

① 혼인취소판결이 확정되면 그 결혼은 장래를 향해서 소멸하고, 소급효는 인정되지 않습니다. 따라서 결혼 중에 출생한 자녀는 혼인 중의 출생자로서의 지위가 유지됩니다(「민법」 제824조 참조).

② 결혼이 취소되면 인척관계는 종료됩니다(「민법」 제775조제1항).

③ 당사자 일방의 과실로 결혼이 취소됐다면 상대방은 이로 인한 재산상·정신상의 손해배상을 청구할 수 있습니다(「민법」 제806조제1항·제2항 및 제825조).

[4] 혼인의 취소 소장 작성례

[법원양식] 혼인취소청구

혼 인 취 소 청 구

원　　　고　　　　　　　　　(연락 가능한 전화번호:　　　　　　　　)
　　　　　　　주민등록번호　　　　　-
　　　　　　　주소
　　　　　　　등록기준지

피　　　고
　　　　　　　주민등록번호　　　　　-
　　　　　　　주소

등록기준지

청 구 취 지

1. 원고와 피고 사이의 20 . . .자 구청장에게 한 혼인신고는 이를 취소한다.
2. 소송비용은 피고의 부담으로 한다.

라는 판결을 구합니다.

청 구 원 인

(혼인신고의 취소를 주장하는 사유를 구체적으로 기재하십시오.)

첨 부 서 류

1. 가족관계증명서(상세) 1통
2. 혼인관계증명서 1통
3. 주민등록등본 1통

20 . . .

원고 (서명 또는 날인)

법원 귀중

◇ **유의사항** ◇

1. 소장에는 수입인지 20,000원을 붙여야 합니다.
2. 송달료는 당사자 수 ×우편료 × 15회분을 송달료 취급 은행에 납부하고 영수증을 첨부하여야 합니다.

<table>
<tr><td colspan="3" rowspan="2">혼 인 취 소 신 고 서
(　　　년　　월　　일)</td><td colspan="4">※ 아래의 작성방법을 읽고 기재하시되, 선택 항목은 해당번호에 "○"으로 표시하여 주시기 바랍니다.</td></tr>
<tr></tr>
<tr><td colspan="3">구 분</td><td colspan="2">남　편(부)</td><td colspan="2">아　내(처)</td></tr>
<tr><td rowspan="11">① 당사자</td><td rowspan="2">성명</td><td>한글</td><td>(성)　/(명)</td><td rowspan="2">본
(한자
)</td><td>(성)　/(명)</td><td rowspan="2">본
(한자)</td></tr>
<tr><td>한자</td><td>(성)　/(명)</td><td>(성)　/(명)</td></tr>
<tr><td colspan="2">주민등록번호</td><td colspan="2">-</td><td colspan="2">-</td></tr>
<tr><td colspan="2">출생연월일</td><td colspan="2"></td><td colspan="2"></td></tr>
<tr><td colspan="2">등록기준지</td><td colspan="2"></td><td colspan="2"></td></tr>
<tr><td colspan="2">주　소</td><td colspan="2"></td><td colspan="2"></td></tr>
<tr><td rowspan="4">② 부모
（양부모）</td><td colspan="2">부(양부)성명</td><td colspan="2"></td><td colspan="2"></td></tr>
<tr><td colspan="2">주민등록번호</td><td colspan="2">-</td><td colspan="2"></td></tr>
<tr><td colspan="2">모(양모)성명</td><td colspan="2"></td><td colspan="2">-</td></tr>
<tr><td colspan="2">주민등록번호</td><td colspan="2">-</td><td colspan="2">-</td></tr>
<tr><td colspan="3">③기 타 사 항</td><td colspan="4"></td></tr>
<tr><td colspan="3">④재판확정일자
(　　　　　)</td><td colspan="2">년　　월　　일</td><td>법원명</td><td>법원</td></tr>
<tr><td rowspan="4">⑤ 친권자 지정</td><td colspan="2">미성년자 성명</td><td colspan="2"></td><td colspan="2"></td></tr>
<tr><td colspan="2">주민등록 번호</td><td colspan="2">-</td><td colspan="2">-</td></tr>
<tr><td rowspan="2">친권자</td><td>① 부 ② 모 ③ 부모</td><td>지정일자</td><td>년 월 일</td><td>① 부 ② 모 ③ 부모</td><td>지정일자</td></tr>
<tr><td>원인</td><td>(　　)법원 의 결정</td><td></td><td>원인</td><td>(　　)법원 의 결정</td></tr>
</table>

<table>
<tr><td rowspan="4">신고인</td><td>성 명</td><td>㉑ 또는 서명</td><td colspan="2">주민등록
번호</td><td>–</td></tr>
<tr><td rowspan="2">자 격</td><td>① 소 제기자
② 소의상대방
③ 기타(자격:　　　　　　　　　　)</td><td colspan="3"></td></tr>
<tr><td rowspan="2">주
소</td><td rowspan="2"></td><td>전
화</td><td></td><td>이
메
일</td></tr>
<tr><td></td><td></td><td></td></tr>
<tr><td colspan="2">⑦제출인</td><td>성
명</td><td></td><td>주민등록번호</td><td>–</td></tr>
</table>

※ 등록기준지: 각 란의 해당자가 외국인인 경우에는 그 국적을 기재합니다.

※ 주민등록번호: 각 란의 해당자가 외국인인 경우에는 외국인등록번호(국내거소
신고번호 또는 출생연월일)를 기재합니다.

①란 : 법 제25조제2항에 따라 주민등록번호란에 주민등록번호를 기재한 때에
는 출생연월일의 기재를 생략할 수 있습니다.

②란 : 당사자의 부모가 주민등록번호가 없는 경우에는 등록기준지(본적)를 기재
합니다.

당사자가 양자인 경우 양부모의 성명·주민등록번호를 기재하며, 당사자의 부모
가 외국인인 경우에는 주민등록번호란에 외국인등록번호(또는 출생년월일) 및
국적을 기재합니다.

③란 : 아래의 사항 및 가족관계등록부에 기록을 분명하게 하는데 특히 필요한
사항을 기재합니다.

－ 신고사건으로 신분의 변경이 있게 되는 자가 있을 경우에는 그 자의 성명,
생년월일, 등록기준지 및 신분변경의 사유

⑤란 : 혼인취소재판에서 지정된 친권자를 기재합니다.

⑦란 : 제출자(신고인 여부 불문)의 성명 및 주민등록번호 기재[접수담당공무원
은 신분증과 대조]

1. 혼인취소재판의 등본 및 확정증명서 각 1부.

※ 아래 2항은 가족관계등록관서에서 전산으로 그 내용을 확인할 수 있는 경우 첨부
를 생략합니다.

2. 혼인취소 당사자의 가족관계등록부의 기본증명서, 혼인관계증명서 각 1통.

3. 신분확인[가족관계등록예규 제23호에 의함]

- 신고인이 출석한 경우 : 신분증명서
- 제출인이 출석한 경우 : 제출인의 신분증명서
- 우편제출의 경우 : 신고인의 신분증명서 사본
※ 신고인이 성년후견인인 경우에는 3항의 서류 외에 성년후견인의 자격을 증명하는 서면도 함께 첨부해야 합니다.
4. 사건본인이 외국인인 경우 : 국적을 증명하는 서면(여권 또는 외국인등록증) 사본

※ 타인의 서명 또는 인장을 도용하여 허위의 신고서를 제출하거나, 허위신고를 하여 가족관계등록부에 부실의 사실을 기록하게 하는 경우에는 형법에 의하여 5년 이하의 징역 또는 1천만원 이하의 벌금에 처해집니다.

[5] 관련판례

[대법원 2016. 2. 18.선고 2015므654,661 판결]

【판시사항】

[1] 출산 경력을 고지하지 아니한 것이 민법 제816조 제3호에서 정한 혼인취소사유에 해당하는지 판단하는 방법

[2] 아동성폭력범죄 등의 피해를 당해 임신을 하고 출산을 하였으나 자녀와의 관계가 단절되고 상당한 기간 양육이나 교류 등이 이루어지지 않은 경우, 출산 경력을 고지하지 않은 것이 민법 제816조 제3호에서 정한 혼인취소사유에 해당하는지 여부(소극) 및 이는 국제결혼의 경우에도 마찬가지인지 여부(적극)

【판결요지】

[1] 혼인의 당사자 일방 또는 제3자가 출산의 경력을 고지하지 아니한 경우에 그것이 상대방의 혼인의 의사결정에 영향을 미칠 수 있었을 것이라는 사정만을 들어 일률적으로 고지의무를 인정하고 제3호 혼인취소사유에 해당한다고 하여서는 아니 되고, 출산의 경위와 출산한 자녀의 생존 여부 및 그에 대한 양육책임이나 부양책임의 존부, 실제 양육이나 교류가 이루어졌는지 여부와 시기 및 정도, 법률상 또는 사실상으로 양육자가 변경될 가능성이 있는지, 출산 경력을 고지하지 않은 것이 적극적으로 이루어졌는지 아니면 소극적인 것에 불과하였는지 등을 면밀하게 살펴봄으로써 출산의 경력이나 경위가 알려질 경우 당사자의 명예 또는 사생활 비밀의 본질적 부분이 침해될 우려가 있는지, 사회통념상 당사자나 제3

자에게 그에 대한 고지를 기대할 수 있는지와 이를 고지하지 아니한 것
이 신의성실 의무에 비추어 비난받을 정도라고 할 수 있는지까지 심리한
다음, 그러한 사정들을 종합적으로 고려하여 신중하게 고지의무의 인정
여부와 위반 여부를 판단함으로써 당사자 일방의 명예 또는 사생활 비밀
의 보장과 상대방 당사자의 혼인 의사결정의 자유 사이에 균형과 조화를
도모하여야 한다.

[2] 당사자가 성장과정에서 본인의 의사와 무관하게 아동성폭력범죄 등의 피
해를 당해 임신을 하고 출산까지 하였으나 이후 자녀와의 관계가 단절되
고 상당한 기간 동안 양육이나 교류 등이 전혀 이루어지지 않은 경우라
면, 출산의 경력이나 경위는 개인의 내밀한 영역에 속하는 것으로서 당
사자의 명예 또는 사생활 비밀의 본질적 부분에 해당하고, 나아가 사회
통념상 당사자나 제3자에게 그에 대한 고지를 기대할 수 있다거나 이를
고지하지 아니한 것이 신의성실 의무에 비추어 비난받을 정도라고 단정
할 수도 없으므로, 단순히 출산의 경력을 고지하지 않았다고 하여 그것
이 곧바로 민법 제816조 제3호 에서 정한 혼인취소사유에 해당한다고
보아서는 아니 된다. 그리고 이는 국제결혼의 경우에도 마찬가지이다.

[대법원 2015.2.26.선고 2014므4734,4741 판결]

【판시사항】

[1] 임신가능 여부가 민법 제816조 제2호의 혼인취소 사유인 '부부생활을 계
속할 수 없는 악질 기타 중대한 사유'에 해당하는지 여부(원칙적 소극)
및 위 '부부생활을 계속할 수 없는 중대한 사유'의 해석 방법

[2] 갑이 배우자인 을을 상대로 을의 성기능 장애 등을 이유로 민법 제816
조 제2호에 따른 혼인취소를 구한 사안에서, 을의 성염색체 이상과 불임
등의 문제가 민법 제816조 제2호에서 정한 '부부생활을 계속할 수 없는
악질 기타 중대한 사유'에 해당한다고 보기 어렵다고 한 사례

【판결요지】

[1] 혼인은 남녀가 일생의 공동생활을 목적으로 하여 도덕 및 풍속상 정당시
되는 결합을 이루는 법률상, 사회생활상 중요한 의미를 가지는 신분상의
계약으로서 본질은 양성 간의 애정과 신뢰에 바탕을 둔 인격적 결합에
있다고 할 것이고, 특별한 사정이 없는 한 임신가능 여부는 민법 제816
조 제2호의 부부생활을 계속할 수 없는 악질 기타 중대한 사유에 해당한

다고 볼 수 없다. 그리고 '혼인을 계속하기 어려운 중대한 사유'에 관한 민법 제840조 제6호 의 이혼사유와는 다른 문언내용 등에 비추어 민법 제816조 제2호 의 '부부생활을 계속할 수 없는 중대한 사유'는 엄격히 제한하여 해석함으로써 그 인정에 신중을 기하여야 한다.

[2] 갑이 배우자인 을을 상대로 을의 성기능 장애 등을 이유로 민법 제816조 제2호에 따른 혼인취소를 구한 사안에서, 제반 사정에 비추어 갑의 부부생활에 을의 성기능 장애는 크게 문제 되지 않았다고 볼 여지가 많고, 설령 을에게 성염색체 이상과 불임 등의 문제가 있다고 하더라도 이를 들어 민법 제816조 제2호에서 정한 '부부생활을 계속할 수 없는 악질 기타 중대한 사유'에 해당한다고 보기 어려운데도, 이와 달리 본 원심판결에 법리오해 등의 잘못이 있다고 한 사례.

[대법원 1997. 5. 16.선고 97므155 판결]
【판시사항】
간통죄의 고소사실만으로 이혼의사가 객관적으로 명백하다고 볼 수 있는지 여부(소극)
【판결요지】
간통죄의 고소를 제기하기 위하여는 먼저 혼인이 해소되거나 이혼소송을 제기하여야 한다는 규정이 있지만 배우자의 간통에 대처하여 상간자를 처벌하고 배우자의 회심을 유도하기 위하여 일응 고소를 하는 경우도 흔히 있으므로, 간통죄의 고소사실만을 가지고 이혼의사가 객관적으로 명백하다고 보기 어렵다.

[대법원 1994. 10. 11.선고 94므932 판결]
【판시사항】
갑·을 간의 이혼 확정심판이 재심에 의해 취소되기 전에 새로이 이루어진갑·병 간의 혼인의 효력
【판결요지】
갑남이 법률상 부부였던 을녀를 상대로 이혼심판을 청구하여 승소심판을 선고받고 그 심판이 확정되자 곧 병녀와 혼인하여 혼인신고를 마쳤으나 그 후 을녀의 재심청구에 의하여 그 이혼심판의 취소 및 이혼청구기각의 심판이 확정되었다면 갑남과 병여 사이의 혼인은 중혼에 해당하므로 취소되어야 한다.

[대법원 1993.8.24.선고 92므907 판결]

【판시사항】

중혼 성립 후 10여 년 동안 혼인취소청구권을 행사하지 아니하였다 하여 권리가 소멸되었다고 할 수 없으나 그 행사가 권리남용에 해당한다고 본 사례

【이유】

권리의 행사가 사회생활상 도저히 용인할 수 없는 부당한 결과를 야기하거나 타인에게 손해를 줄 목적만으로 하여지는 것과 같이 공서양속에 위반하고 도의상 허용될 수 없는 때에는 권리의 남용으로서 허용될 수 없는 것이다. 이 사건에서 원심인정의 위 사실에다가 기록에 의하여 알 수 있는 다음과 같은 사정, 즉 피고와 그 소생의 2남2녀는 C의 사망 후 정리된 호적을 바탕으로 일가를 이루어 원만하게 사회생활을 하고 있는데 만일 이 사건 혼인이 취소된다면 피고는 C와의 혼인관계가 해소됨과 동시에 C의 호적에서 이탈하여야 하고 위 2남2녀는 혼인외 출생자로 되고 마는 등 신분상 및 사회생활상 큰 불편과 불이익을 입어야 하는 점, 이에 비하여 원고는 이 사건 혼인이 존속하든지 취소되든지 간에 경제적으로나 사회생활상으로 아무런 이해관계를 가지지 아니하며 신분상으로도 별다른 불이익을 입을 것으로 보이지는 아니하는 점, E는 생존하는 동안 피고와 C사이의 혼인에 대하여 아무런 이의를 제기한 일이 없으며 현재 생존하고 있는 E소생의 딸도 다른 친척들과 마찬가지로 피고와 C사이의 혼인을 인정하고 있는 점, 그리고 C 와 E가 이미 사망한 지금에 와서 구태여 피고와 C 사이의 혼인을 취소하여야 할 공익상의 필요도 없는 점등을 종합적으로 잠작한다면, 원고의 이 사건 혼인취소청구는 권리 본래의 사회적 목적을 벗어난 것으로서 권리의 남용에 해당한다고 아니할 수 없다.

[대법원 1991.12.10.선고 91므535 판결]

【판시사항】

가. 우리 나라 사람들이 혼인 거행지인 일본국의 호적법에 따른 혼인신고를 마친 경우의 혼인의 효력 유무(적극)

나. 중혼자의 사망 후 전혼의 배우자가 생존한 중혼의 일방 당사자를 상대로 중혼의 취소를 구할 이익 유무(적극)

다. 위 "나"항과 같은 혼인취소청구가 권리남용에 해당하거나 신의칙에 반하여 위법한 것이 된다고 할 수 없다고 본 사례

【판결요지】

가. 섭외사법 제15조 제1항 은 우리 나라 사람들 사이의 외국에서의 혼인에 있어서 민법 제812조 와 호적법에 의한 본적지에서의 신고나 제814조 의 공관장에의 신고에 의한 방법 외에 거행지법에 의한 혼인도 유효하게 성립하는 것으로 규정하고 있고, 거행지법인 일본국 민법에 의하면 혼인은 동 국의 호적법에 의하여 신고함으로써 성립하도록 규정되어 있으므로 일본국법에 따른 혼인신고를 마쳤다면 혼인이 유효하게 성립하였다고 할 것이다.

나. 중혼자가 사망한 후에라도 그 사망에 의하여 중혼으로 인하여 형성된 신분관계가 소멸하는 것은 아니므로 전혼의 배우자는 생존한 중혼의 일방 당사자를 상대로 중혼의 취소를 구할 이익이 있다.

다. 중혼관계에 있어 전혼의 배우자가 사망한 상대방과 이미 사실상 이혼상태에 있었다든가 그 혼인사실을 뒤늦게 공관장에게 신고하였다는 사정만 가지고 전혼의 배우자가 생존한 중혼의 일방 당사자를 상대로 제기한 혼인취소청구가 오로지 피청구인을 괴롭히기 위한 소송으로 권리남용에 해당하거나 신의칙에 반하여 위법한 것이 된다고 할 수 없다고 본 사례.

[대법원 1991. 12. 10.선고 91므344 판결]

【판시사항】

혼인취소소송의 대상이 되는 중혼에 있어서의 재판상 이혼의 청구의 가부(적극)

【판결요지】

혼인이 일단 성립되면 그것이 위법한 중혼이라 하더라도 당연히 무효가 되는 것은 아니고 법원의 판결에 의하여 취소될 때에 비로소 그 효력이 소멸될 뿐이므로 아직 그 혼인취소의 확정판결이 없는 한 법률상의 부부라 할 것이어서 재판상 이혼의 청구도 가능하다.

[대법원 1991. 12. 10.선고 91므535 판결]

【판시사항】

가. 중혼자의 사망 후 전혼의 배우자가 생존한 중혼의 일방 당사자를 상대로 중혼의 취소를 구할 이익 유무(적극)

나. 위 "가"항과 같은 혼인취소청구가 권리남용에 해당하거나 신의칙에 반하여 위법한 것이 된다고 할 수 없다고 본 사례

【판결요지】

가. 중혼자가 사망한 후에라도 그 사망에 의하여 중혼으로 인하여 형성된 신분관계가 소멸하는 것은 아니므로 전혼의 배우자는 생존한 중혼의 일방 당사자를 상대로 중혼의 취소를 구할 이익이 있다.

나. 중혼관계에 있어 전혼의 배우자가 사망한 상대방과 이미 사실상 이혼상태에 있었다든가 그 혼인사실을 뒤늦게 공관장에게 신고하였다는 사정만 가지고 전혼의 배우자가 생존한 중혼의 일방 당사자를 상대로 제기한 혼인취소청구가 오로지 피청구인을 괴롭히기 위한 소송으로 권리남용에 해당하거나 신의칙에 반하여 위법한 것이 된다고 할 수 없다고 본 사례

[대법원 1991. 5. 28.선고 89므211 판결]

【판시사항】

을녀가 실제로는 혼인생활을 계속할 의사가 없다든가, 위 이혼심판을 믿고 혼인한선의의 제3자인 병녀나 그 자녀들의 이익이 크게 침해된다는 등의 사유만으로 중혼취소심판청구가 권리남용이 되는지 여부(소극)

【판결요지】

갑남이 처 을녀를 상대로 한 이혼심판을 청구하여 승소 확정되자 다시 병녀와 결혼하여 혼인신고를 하였으나 그후 위 이혼심판은 을녀의 허위주소신고에 기한 부적법 공시송달을 이유로 한 재심청구에 의하여 그 취소심판이 확정되었다면 갑남과 병녀 사이의 혼인은 민법 제810조가 금하는 중혼에 해당하고, 을녀가 실제로는 혼인생활을 계속할 의사가 없다든가, 위 이혼심판을 믿고 혼인한 선의의 제3자인 병녀나 그 자녀들의 이익이 크게 침해된다는 등의 사유만으로는 중혼의 취소를 구하는 심판청구가 권리남용이라고 할 수 없다.

Section 3. 이혼의 취소

[1] 이혼취소 사유

이혼합의는 부부의 자유로운 의사에 근거해서 이루어져야 하므로, 사기 또는 강박(强迫)으로 인해 이혼의 의사표시를 한 경우는 가정법원에 그 취소를 청구할 수 있습니다(「민법」 제838조).

[2] 이혼취소 방법: 이혼취소소송

1. 관할법원

이혼취소소송의 관할법원은 다음에 해당하는 가정법원이 됩니다(「가사소송법」 제22조).

1. 부부가 같은 가정법원의 관할구역 내에 보통재판적이 있는 경우에는 그 가정법원

2. 부부가 마지막으로 같은 주소지를 가졌던 가정법원의 관할구역 내에 부부 중 어느 한쪽의 보통재판적이 있는 경우에는 그 가정법원

3. 위 1.과 2.에 해당되지 않는 경우로서 부부 중 어느 한쪽이 다른 한 쪽을 상대로 하는 경우에는 상대방의 보통재판적이 있는 곳의 가정법원, 부부의 모두를 상대로 하는 경우에는 부부 중 어느 한쪽의 보통재판적이 있는 곳의 가정법원

4. 부부 중 어느 한쪽이 사망한 경우에는 생존한 다른 한쪽의 보통재판적이 있는 곳의 가정법원

5. 부부가 모두 사망한 경우에는 부부 중 어느 한쪽의 마지막 주소지의 가정법원

2. 소송의 제소기간

사기 또는 강박으로 인하여 이혼의 의사표시를 한 경우 그 사기를 안 날 또는 강박을 면한 날로부터 3월 이내에 그 취소를 청구해야 하며, 3월이 경과한 때에는 그 취소를 청구할 수 없습니다(「민법」 제823조 및 제839조 참조).

3. 소송의 상대방

① 이혼취소소송의 상대방은 부부 중 어느 한쪽이 소송을 제기한 경우에는 배우자가 그 상대방이 됩니다(「가사소송법」 제24조제1항).

② 제3자가 이혼취소 소송을 제기한 경우에는 그 상대방이 부부가 되며, 부부 중 어느 한쪽이 사망한 경우에는 그 생존자가 상대방이 됩니다(「가사소송법」 제24조제2항).

③ 소송의 상대방이 될 사람이 사망한 경우에는 검사가 그 상대방이 됩니다(「가사소송법」 제24조제3항).

4. 조정의 신청

이혼취소소송을 제기하려면 우선 가정법원의 조정절차를 거쳐야 합니다[「가사소송법」 제2조제1항제1호나목 3) 및 제50조제1항].

5. 이혼취소판결의 효과

① 이혼취소청구를 인용(認容)하는 확정판결의 효력은 제3자에게도 적용됩니다(「가사소송법」 제21조제1항). 따라서 이혼취소사유를 제공한 사람이 제3자인 경우에는 그 사람에게 재산상·정신상 손해에 대한 배상을 청구할 수 있습니다.

② 이혼취소판결이 확정되면 그 이혼은 처음부터 없었던 것과 같아지므로 취소판결 전에 다른 일방이 재혼을 했다면 그 재혼은 중혼(重婚)이 됩니다(대법원 1984. 3. 27. 선고 84므9 판결).

6. 이혼취소판결에 대한 불복

① 이혼취소소송에 관한 가정법원의 판결에 대해 불복하는 경우에는 판결정본의 송달 전 또는 판결정본이 송달된 날로부터 14일 이내에 항소할 수 있습니다(「가사소송법」 제19조제1항).

② 이혼취소소송에 관한 항소법원의 판결에 대해 불복하는 경우에는 판결정본의 송달 전 또는 판결정본이 송달된 날로부터 14일 이내에 대법원에 상고할 수 있습니다(「가사소송법」 제20조).

[3] 관련판례

[대법원 1987. 1. 20.선고 86므86 판결]

【판시사항】

가. 법원의 협의이혼 확인절차의 대상적 효과

나. 협의이혼의사 확인의 법적 효력

【판결요지】

가. 협의이혼의사확인절차는 확인당시에 당사자들이 이혼을 할 의사를 가지고 있는가를 밝히는데 그치는 것이고 그들이 의사결정의 정확한 능력을 가졌는지 또는 어떠한 과정을 거쳐 협의이혼 의사를 결정하였는지 하는 점에 관하여서는 심리하지 않는다.

나. 협의이혼의사의 확인은 어디까지나 당사자들의 합의를 근간으로 하는 것이고 법원의 역할은 그들의 의사를 확인하여 증명하여 주는데 그치는 것이며 법원의 확인에 소송법상의 특별한 효력이 주어지는 것도 아니므로 이혼협의의 효력은 민법상의 원칙에 의하여 결정되어야 할 것이고 이혼의사 표시가 사기, 강박에 의하여 이루어졌다면 민법 제838조 에 의하여 취소 할 수 있다고 하지 않으면 안된다.

[대법원 1984. 3. 27.선고 84므9 판결]

【판시사항】

협의이혼이 취소된 경우 취소전에 맺어진 새로운 혼인이 중혼에 해당하는지 여부

【판결요지】

청구인과 피청구인(갑)이 협의이혼한 것이 피청구인(갑)의 기망에 인한 것이었음을 이유로 청구인이 제기한 협의이혼취소심판이 청구인 승소로 확정되었다면 청구인과 피청구인 (갑)은 당초부터 이혼하지 않은 상태로 되돌아 갔다 할 것이니 위 취소심판 계속중 피청구인 (갑), (을)사이에 이루어진 혼인은 중혼의 금지규정에 위반한 것으로 혼인의 취소사유에 해당한다.

[대법원 1981. 7. 28.선고 80므77 판결]

【판시사항】

일시적으로 법률상의 부부관계를 해제할 의사로써 한 이혼신고의 유효여부(적극)

【판결요지】

청구인은 피청구인이 외국이민을 떠났다가 3년 후에 다시 귀국하여 혼인신고를 하여 주겠다고 하여 이를 믿고 이혼신고를 하였다면 별다른 사정이 없는 한 당사자 간에 일시적이나마 법률상의 부부관계를 해소할 의사가 있었다고 할 것이니 그 이혼신고는 유효하다고 할 것이다.

Section 4. 재판상 이혼

[1] 재판상 이혼의 개념

재판상 이혼이란 「민법」에서 정하고 있는 이혼사유가 발생해서 부부 일방이 이혼하기를 원하지만 다른 일방이 이혼에 불응하는 경우 이혼소송을 제기해서 법원의 판결에 따라 이혼하는 것을 말합니다(「민법」 제840조).

[2] 재판상 이혼 유형

1. 재판상 이혼 유형

재판상 이혼은 이루어지는 방법(절차)에 따라 조정이혼과 소송이혼으로 구분할 수 있습니다.

2. 조정이혼

① 조정(調停)은 소송과 달리 자유로운 분위기에서 조정 당사자의 의견을 충분히 듣고 여러 사정을 참작해서 상호 타협과 양보에 의해 문제를 평화적으로 해결하는 제도입니다. 우리나라는 이혼소송을 제기하기 전에 먼저 조정절차를 거치는, 이른바 조정전치주의(調停前置主義)를 채택하고 있습니다.

② 따라서 재판상 이혼을 하려면 이혼소송을 제기하기 전에 먼저 조정을 신청해야 하며, 조정신청 없이 바로 이혼소송을 제기한 경우에는 가정법원이 그 사건을 조정에 회부합니다[「가사소송법」 제2조제1항제1호나목 4) 및 제50조].

③ 그러나 ㉮ 공시송달(公示送達)에 의하지 않고는 부부 일방 또는 쌍방을 소환할 수 없거나 ㉯ 이혼사건이 조정에 회부되더라도 조정이 성립될 수 없다고 인정되는 경우에는 조정절차 없이 바로 소송절차

가 진행됩니다(「가사소송법」 제50조제2항 단서).

④ 이 조정단계에서 부부 사이에 이혼합의가 이루어지면 바로 이혼이 성립되며(「가사소송법」 제59조), 조정이 성립되지 않으면 소송으로 이행됩니다(「가사소송법」 제49조 및 「민사조정법」 제36조).

3. 소송이혼

다음의 경우에는 이혼소송을 통해 이혼 여부가 정해집니다(「가사소송법」 제49조, 제50조제2항 단서 및 「민사조정법」 제36조).

1. 공시송달에 의하지 않고는 당사자 일방 또는 쌍방을 소환할 수 없는 경우

2. 조정에 회부되더라도 조정이 성립될 수 없다고 인정되는 경우

3. 「민사조정법」 제26조에 따라 조정을 하지 않기로 하는 결정이 있는 경우

4. 「민사조정법」 제27조에 따라 조정이 성립되지 않은 것으로 종결된 경우

5. 「민사조정법」 제30조 또는 제32조에 따라 조정을 갈음하는 결정에 대해 조서정본이 송달된 날로부터 2주 이내에 이의신청이 있는 경우

[3] 재판상 이혼 사유

「민법」 제840조는 재판상 이혼 사유로 다음 여섯 가지를 규정하고 있습니다.

1. 배우자에게 부정(不貞)한 행위가 있었을 때

① 부정행위의 의미

배우자의 부정행위란 혼인한 이후에 부부 일방이 자유로운 의사로 부부의 정조의무(貞操義務), 성적 순결의무를 충실히 하지 않은 일

체의 행위를 말하는 것으로 성관계를 전제로 하는 간통보다 넓은 개념입니다(대법원 1992. 11. 10. 선고 92므68 판결). 부정행위인지 여부는 개개의 구체적인 사안에 따라 그 정도와 상황을 참작해서 평가됩니다.

② 판례상 부정행위

- 부정행위로 본 사례: 대법원 1992. 11. 10. 선고 92므68 판결, 대법원 1988. 5. 24. 선고 88므7 판결, 대법원 1971. 2. 23. 선고 71므1 판결, 대법원 1967. 8. 29. 선고 67므24 판결

- 부정행위로 보지 않은 사례: 대법원 1991. 9. 13. 선고 91므85,92 판결, 대법원 1990. 7. 24. 선고 89므1115 판결, 대법원 1986. 6. 10. 선고 86므8 판결

③ 제소기간

배우자의 부정행위를 안 날로부터 6개월, 그 부정행위가 있은 날로부터 2년이 지나면 부정행위를 이유로 이혼을 청구하지 못합니다. 또한, 배우자의 부정행위를 사전에 동의했거나 사후에 용서한 경우에는 이혼을 청구하지 못합니다(「민법」 제841조).

※ 간통죄 위헌결정

헌법재판소는 2015년 2월 26일 형법 제241조에 따른 간통죄에 대해 위헌법률 결정을 내려 「형법」제241조에 대한 합헌 결정이 있었던 2008년 10월 30일의 다음 날로 소급하여 그 효력을 상실하였습니다.

---

2. 배우자가 악의(惡意)로 다른 일방을 유기(遺棄)한 때

① 악의의 유기의 의미

배우자의 악의의 유기란 배우자가 정당한 이유 없이 부부의 의무인 동거·부양·협조의무를 이행하지 않는 것을 말합니다.

② 판례상 악의의 유기

- 악의의 유기로 본 사례: 대법원 1998. 4. 10. 선고 96므1434

판결, 대법원 1990. 11. 9. 선고 90므583,590 판결, 대법원 1986. 10. 28. 선고 86므83,84 판결, 대법원 1985. 7. 9. 선고 85므5 판결, 대법원 1984.7.10. 선고 84므27,28 판결

- 악의의 유기로 보지 않은 사례: 대법원 1990. 3. 23. 선고 89므1085 판결, 대법원 1986. 6. 24. 선고 85므6 판결, 대법원 1986. 8. 19. 선고 86므75 판결, 대법원 1986. 6. 24. 선고 85므6 판결, 대법원 1986. 5. 27. 선고 85므87 판결, 대법원 1986. 5. 27. 선고 86므26 판결, 대법원 1959.5.28. 선고 4291민상190 판결

3. 배우자 또는 그 직계존속(시부모, 장인, 장모 등)으로부터 심히 부당한 대우를 받았을 때

① 심히 부당한 대우의 의미

배우자 또는 그 직계존속의 심히 부당한 대우란 혼인관계의 지속을 강요하는 것이 가혹하다고 여겨질 정도로 배우자 또는 직계존속으로부터 폭행, 학대 또는 모욕을 당하는 것을 말합니다(대법원 2004. 2. 27. 선고 2003므1890 판결).

② 판례상 심히 부당한 대우

- 심히 부당한 대우로 본 사례: 대법원 2004. 2. 27. 선고 2003므1890 판결, 대법원 1990. 11. 27. 선고 90므484 판결, 대법원 1990. 2. 13. 선고 88므504,511 판결, 대법원 1986. 5. 27. 선고 86므14 판결, 대법원 1985. 11. 26. 선고 85므51 판결, 대법원 1983. 10. 25. 선고 82므28 판결, 대법원 1969. 3. 25. 선고 68므29 판결

- 심히 부당한 대우로 보지 않은 사례: 대법원 1999. 11. 26. 선고 99므180 판결, 대법원 1989. 10. 13. 선고 89므785 판결, 대법원 1986. 9. 9. 선고 86므68 판결, 대법원 1986. 9. 9. 선고 86므56 판결, 대법원 1986. 6. 24. 선고 85므6 판결, 대

법원 1982. 11. 23. 선고 82므36 판결, 대법원 1981. 10. 13. 선고 80므9 판결

4. 자기의 직계존속이 배우자로부터 심히 부당한 대우를 받았을 때

① 심히 부당한 대우의 의미

자기의 직계존속에 대한 심히 부당한 대우란 혼인관계를 지속하는 것이 고통스러울 정도로 자기의 직계존속이 배우자에게 폭행, 학대 또는 모욕을 당하는 것을 말합니다(대법원 1986. 5. 27. 선고 86므14 판결).

② 판례상 심히 부당한 대우

- 심히 부당한 대우로 본 사례: 대법원 1986. 5. 27. 선고 86므14 판결, 대법원 1969. 3. 25. 선고 68므29 판결

- 심히 부당한 대우로 보지 않은 사례: 대법원 1986. 2. 11. 선고 85므37 판결, 대법원 1984. 8. 21. 선고 84므49 판결

5. 배우자의 생사가 3년 이상 분명하지 않을 때

① 생사불명의 의미

배우자의 생사불명이란 배우자가 살아있는지 여부를 전혀 증명할 수 없는 상태가 이혼 청구 당시까지 3년 이상 계속되는 것을 말합니다.

② 실종선고와 구별

배우자의 생사불명으로 인한 이혼은 실종선고(「민법」 제27조)에 의한 혼인해소와는 관계가 없습니다. 즉, 실종선고에 의해 혼인이 해소되면 배우자가 살아 돌아온 경우에 실종선고 취소를 통해 종전의 혼인이 부활하지만(「민법」 제29조제1항), 생사불명을 이유로 이혼판결이 확정된 경우에는 배우자가 살아 돌아오더라도 종전의 혼인이 당연히 부활하는 것은 아닙니다.

6. 그 밖에 혼인을 계속하기 어려운 중대한 사유가 있을 때

① 혼인을 계속하기 어려운 중대한 사유의 의미

혼인을 계속하기 어려운 중대한 사유란 혼인의 본질인 원만한 부부 공동생활 관계가 회복할 수 없을 정도로 파탄되어 그 혼인생활의 계속을 강제하는 것이 일방 배우자에게 참을 수 없는 고통이 되는 것을 말합니다(대법원 2005. 12. 23. 선고 2005므1689 판결).

② 혼인을 계속하기 어려운 중대한 사유가 있는지는 혼인파탄의 정도, 혼인계속의사의 유무, 혼인생활의 기간, 당사자의 책임유무, 당사자의 연령, 이혼 후의 생활보장이나 그 밖에 혼인관계의 여러 가지 사정을 고려해서 판단됩니다(대법원 2000. 9. 5. 선고 99므1886 판결).

③ 판례상 혼인을 계속하기 어려운 중대한 사유

- 혼인을 계속하기 어려운 사유로 본 사례: 대법원 2005. 12. 23. 선고 2005므1689 판결, 대법원 2004. 9. 13. 선고 2004므740 판결, 대법원 2002. 3. 29. 선고 2002므74 판결, 대법원 2000. 9. 5. 선고 99므1886 판결, 대법원 1997. 3. 28. 선고 96므608,615 판결, 대법원 1991. 12. 24. 선고 91므627 판결, 대법원 1991. 11. 26. 선고 91므559 판결, 대법원 1991. 1. 15. 선고 90므446 판결, 대법원 1991. 1. 11. 선고 90므552 판결, 대법원 1987. 8. 18. 선고 87므33,34 판결, 대법원 1987. 7. 21. 선고 87므24 판결, 대법원 1986. 3. 25. 선고 85므72 판결, 대법원 1986. 3. 25. 선고 85므85 판결, 대법원 1974. 10. 22. 선고 74므1 판결, 대법원 1970. 2. 24. 선고 69므13 판결, 대법원 1966. 1. 31. 선고 65므50 판결

- 혼인을 계속하기 어려운 사유로 보지 않은 사례: 대법원 1995. 12. 22. 선고 95므861 판결, 대법원 1996. 4. 26. 선고 96므226 판결, 대법원 1993. 9. 14. 선고 93므621,638 판결, 대법

원 1991. 9. 13. 선고 91므85,92 판결, 대법원 1991. 2. 26. 선고 89므365,367 판결, 대법원 1990. 9. 25. 선고 89므112 판결, 대법원 1984. 6. 26. 선고 83므46 판결, 대법원 1982. 11. 23. 선고 82므36 판결, 대법원 1981. 10. 13. 선고 80므9 판결, 대법원 1981. 7. 14. 선고 81므26 판결, 대법원 1967. 2. 7. 선고 66므34 판결, 대법원 1965. 9. 25. 선고 65므16 판결, 대법원 1965. 9. 21. 선고 65므37 판결

④ 제소기간

그 밖에 혼인을 계속하기 어려운 중대한 사유로 이혼하는 경우 그 사유를 안 날로부터 6개월, 그 사유가 있은 날로부터 2년이 지나면 이혼을 청구하지 못합니다(「민법」 제842조). 다만, 그 밖에 혼인을 계속하기 어려운 중대한 사유가 이혼청구 당시까지 계속되고 있는 경우에는 이 기간이 적용되지 않으므로(대법원 2001. 2. 23. 선고 2000므1561 판결, 대법원 1996. 11. 8. 선고 96므1243 판결), 언제든지 이혼을 청구할 수 있습니다.

[4] 유책배우자의 이혼청구 문제

1. 원칙

① 판례에 따르면 혼인파탄에 대해 주된 책임이 있는 배우자(이하 "유책배우자"라 함)는 그 파탄을 이유로 스스로 이혼청구를 할 수 없는 것이 원칙입니다.

② 혼인파탄을 자초한 사람이 이혼을 청구하는 것은 도덕성에 근본적으로 배치되고 배우자 일방에 의한 이혼 또는 축출(逐出)이혼이 될 수 있기 때문입니다(대법원 1999. 2. 12. 선고 97므612 판결, 대법원 1987. 4. 14. 선고 86므28 판결 등).

2. 예외

① 그러나 다음의 예시와 같은 특수한 사정이 있는 경우 판례는 예외
적으로 유책배우자의 이혼청구를 인정하고 있습니다.

- 상대방도 혼인을 지속할 의사가 없음이 객관적으로 명백함에도
불구하고 오기나 보복적 감정에서 이혼에 불응하는 등의 특별한
사정이 있는 경우(대법원 2004. 9. 24. 선고 2004므1033 판결)

- 유책배우자의 이혼청구에 대해 상대방이 반소(反訴)로 이혼청구
를 하는 경우(대법원 1987. 12. 8. 선고 87므44,45 판결). 다
만, 유책배우자의 이혼청구에 대해 상대방이 그 주장사실을 다
투면서 오히려 다른 사실을 내세워 반소로 이혼청구를 하더라도
그 사정만으로 곧바로 상대방은 혼인을 계속할 의사가 없으면서
도 오기나 보복적 감정에서 유책배우자의 이혼청구에 응하지 않
는 것이라고 단정할 수는 없습니다(대법원 1998. 6. 23. 선고
98므15,22 판결).

- 부부 쌍방의 책임이 동등하거나 경중(輕重)을 가리기 어려운 경
우(대법원 1997. 5. 16. 선고 97므155 판결, 대법원 1994. 5.
27. 선고 94므130 판결)

[5] 조정(調停)에 의한 이혼

1. 가정법원에 조정신청

① 조정전치주의(調停前置主義)

재판상 이혼을 하려면 먼저 가정법원의 조정을 거쳐야 합니다. 즉,
이혼소송을 제기하기 전에 먼저 가정법원에 조정을 신청해야 하며,
조정신청 없이 이혼소송을 제기한 경우에는 가정법원이 그 사건을
직권으로 조정에 회부합니다. 다만, 다음의 경우에는 조정절차를 거
치지 않고 바로 소송절차가 진행됩니다「가사소송법」 제2조제1항제

1호나목 4) 및 제50조].

1. 공시송달(公示送達)에 의하지 않고는 부부 일방 또는 쌍방을 소환할 수 없는 경우

2. 이혼사건이 조정에 회부되더라도 조정이 성립될 수 없다고 인정되는 경우

   ※ 이혼조정을 신청하는 경우에는 재산분할, 위자료, 양육사항 및 친권자지정 등 부부 간 합의되지 않은 사항이 있다면 이를 함께 신청해서 조정 받을 수 있습니다(「가사소송법」 제57조).

② 관할법원

이혼조정 신청은 다음의 가정법원에 조정신청서를 제출하면 됩니다(「가사소송법」 제22조 및 제51조).

1. 부부가 같은 가정법원의 관할구역 내에 보통재판적이 있는 경우에는 그 가정법원

2. 부부가 마지막으로 같은 주소지를 가졌던 가정법원의 관할구역 내에 부부 중 어느 한쪽의 보통재판적이 있는 경우에는 그 가정법원

3. 위 1.과 2.에 해당되지 않는 경우로서 부부 중 한쪽이 다른 한쪽을 상대로 하는 경우에는 상대방의 보통재판적이 있는 곳의 가정법원

4. 부부가 합의로 정한 가정법원

③ 신청에 필요한 서류

이혼조정을 신청할 때에는 다음의 서류를 갖추어서 제출해야 합니다(대한민국 법원 전자민원센터-절차안내 가사-가사조정절차-첨부서류 참조).

1. 이혼소장 또는 이혼조정신청서 각 1통

2. 부부 각자의 혼인관계증명서 각 1통

3. 부부 각자의 주민등록등본 각 1통

4. 부부 각자의 가족관계증명서 각 1통

5. 미성년인 자녀[임신 중인 자녀를 포함하되, 이혼숙려기간(「민법」
   제836조의2제2항 및 제3항에서 정한 기간) 이내에 성년에 도
   달하는 자녀는 제외)가 있는 경우에는 그 자녀 각자의 기본증명
   서, 가족관계증명서

6. 그 외 각종 소명자료

2. 가정법원의 사실조사

① 각 가정마다 생활사정, 혼인생활, 이혼에 이르게 된 경위 등에 차이
   가 있기 때문에 조정 시에는 이러한 개별적·구체적 사정이 고려될
   필요가 있습니다. 이를 위해서 가사조사관이 가사조정 전에 사실에
   대한 조사를 실시하게 됩니다(「가사소송법」 제6조 및 제56조).

② 사실조사를 위해 필요한 경우에는 경찰 등 행정기관과 그 밖에 상
   당하다고 인정되는 단체 또는 개인(예를 들어 은행, 학교 등)을 대
   상으로 조정 당사자의 예금, 재산, 수입, 교육관계 및 그 밖의 사항
   에 관한 사실을 조사할 수 있습니다(「가사소송법」 제8조 및 「가사
   소송규칙」 제3조).

3. 부부 쌍방의 출석 및 가정법원의 조정

3-1. 부부 쌍방의 출석·진술

① 법원의 조정기일이 정해지면 조정당사자 또는 법정대리인이 출석해
   서(특별한 사정이 있는 경우에는 허가받은 대리인이 출석하거나 보
   조인을 동반할 수 있음) 진술하고 조정당사자의 합의에 기초해서
   조정합니다(「가사소송법」 제7조).

② 조정기일에 조정신청인이 출석하지 않으면 다시 기일을 정하는데
   그 새로운 기일 또는 그 후의 기일에도 조정신청인이 출석하지 않
   으면 조정신청은 취하된 것으로 보며(「가사소송법」 제49조 및 「민
   사조정법」 제31조), 조정상대방이 조정기일에 출석하지 않으면 조정

위원회 또는 조정담당판사가 직권으로 조정에 갈음하는 결정(즉, 강
제조정결정)을 하게 됩니다(「가사소송법」 제49조, 「민사조정법」 제
30조 및 제32조).

3-2 조정성립

① 조정절차에서 당사자 사이에 이혼의 합의가 이루어지면 그 합의된
사항을 조정조서에 기재함으로써 조정이 성립됩니다(「가사소송법」
제59조제1항). 이 조정은 재판상 화해와 동일한 효력이 생겨(「가사
소송법」 제59조제2항 본문) 혼인이 해소됩니다.

② 조정에 갈음하는 결정·화해권고결정

㉠ 조정상대방이 조정기일에 출석하지 않거나 ㉡ 당사자 사이에 합의
가 이루어지지 않거나 ㉢ 조정당사자 사이의 합의내용이 적절하지
않다고 인정되는 사건에 관해 조정위원회 또는 조정담당판사가 직
권으로 조정에 갈음하는 결정을 하거나 화해권고결정을 할 수 있습
니다(「가사소송법」 제12조, 제49조, 「민사조정법」 제30조, 제32조
및 「민사소송법」 제225조제1항).

③ 이 강제조정결정 등에 대해서 당사자가 그 송달 후 ① 2주 이내에
이의신청을 하지 않거나 ② 이의신청이 취하되거나 ③ 이의신청의
각하결정이 확정된 경우에는 재판상 화해, 즉 확정판결과 동일한
효력이 생깁니다(「가사소송법」 제49조, 제59조제2항, 「민사조정법」
제34조 및 「민사소송법」 제231조).

4. 행정관청에 이혼신고

조정이 성립되면 조정신청인은 조정성립일부터 1개월 이내에 이혼신
고서에 조정조서의 등본 및 확정증명서를 첨부해서 등록기준지 또는
주소지 관할 시청·구청·읍사무소 또는 면사무소에 이혼신고를 해야 합
니다(「가족관계의 등록 등에 관한 법률」 제58조 및 제78조).

[6] 재판에 의한 이혼

1. 조정절차에서 소송절차로 이행되는 경우

① 조정을 하지 않기로 하는 결정이 있거나(「민사조정법」 제26조), ② 조정이 성립되지 않은 것으로 종결되거나(「민사조정법」 제27조), ③ 조정에 갈음하는 결정 등에 대해 2주 이내에 이의신청이 제기되어 그 결정이 효력을 상실한 경우(「민사조정법」 제34조)에는 조정신청을 한 때에 소송이 제기된 것으로 보아, 조정절차가 종결되고 소송절차로 이행됩니다(「가사소송법」 제49조 및 「민사조정법」 제36조제1항).

2. 소송진행

① 부부 쌍방의 변론

소송절차가 개시되어 변론기일이 정해지면 소송당사자 또는 법정대리인이 출석해서(특별한 사정이 있는 경우에는 허가받은 대리인이 출석하거나 보조인을 동반할 수 있음) 소송제기자(원고)와 소송상대방(피고) 각자의 주장 및 증거관계를 진술하고, 법원의 사실조사·증거조사 및 신문(訊問) 후 판결을 선고받습니다(「가사소송법」 제7조, 제17조 및 「민사소송법」 제287조제1항).

② 법원의 판결

- 이혼소송의 판결은 선고로 그 효력이 발생합니다(「가사소송법」 제12조 및 「민사소송법」 제205조).
- 이혼청구를 인용(認容)한 확정판결(원고승소판결)은 제3자에게도 효력이 있습니다(「가사소송법」 제21조제1항).
- 한편, 이혼청구를 배척(排斥)하는 판결(원고패소판결)이 확정되면, 원고는 사실심의 변론종결 전에 참가할 수 없었음에 대해 정당한 사유가 있지 않는 한 동일한 사유로 다시 소를 제기할 수 없습니다(「가사소송법」 제21조제2항).

③ 판결에 불복하는 경우

판결에 대해 불복이 있으면 판결정본 송달 전 또는 판결정본이 송달된 날부터 14일 이내 항소 또는 상고할 수 있습니다(「가사소송법」 제19조제1항 및 제20조).

3. 행정관청에 이혼신고

이혼판결이 확정되면 부부 중 어느 한 쪽이 재판의 확정일부터 1개월 이내에 이혼신고서에 재판서의 등본 및 확정증명서를 첨부해서 등록기준지 또는 주소지 관할 시청·구청·읍사무소 또는 면사무소에 이혼신고를 해야 합니다(「가족관계의 등록 등에 관한 법률」 제58조 및 제78조).

[7] 공시송달에 의한 이혼

1. 송달의 의의

소송이 제기되면 소송 상대방에게 소송이 제기된 사실을 알리고 이에 대한 방어기회를 주기 위해 법원이 직권으로(「민사소송법」 제174조) 소송 상대방에게 소송 관련 서류를 보내는데, 이를 송달이라고 합니다.

2. 송달의 방법

① 송달의 방법은 송달 받을 사람에게 직접 서류를 교부하는 교부송달을 원칙으로 합니다(「민사소송법」 제178조).

② 그러나 이러한 교부송달이 불가능한 경우에는 보충(대리)송달(「민사소송법」 제186조 제1항 및 제3항), 유치(留置)송달(「민사소송법」 제186조제3항), 우편(발송)송달(「민사소송법」 제187조), 송달함(送達函)송달(「민사소송법」 제188조), 전화에 의한 송달(「민사소송규칙」 제46조제1항) 또는 공시(公示)송달(「민사소송법」 제195조)의 방법으로 송달할 수 있습니다.

3. 공시송달에 의한 이혼

① 공시송달이란 상대방의 주소 또는 근무장소를 알 수 없는 등의 이유로 상대방에게 통상의 방법으로 서류를 송달할 수 없을 경우에 당사자의 신청 또는 법원이 직권으로 행하는 것으로서 법원사무관 등이 송달할 서류를 보관하고 그 사유를 ㉮ 법원게시판에 게시하거나 ㉯ 관보·공보 또는 신문에 게재하거나 ㉰ 전자통신매체를 이용해 공시하는 방법으로 상대방이 언제라도 송달받을 수 있게 하는 송달방법입니다(「민사소송법」 제194조, 제195조 및 「민사소송규칙」 제54조제1항).

② 신청에 의한 공시송달

이혼소송 상대방의 주소를 몰라 법원에 공시송달을 신청하려면 다음의 서류를 갖추어서 이혼소송을 제기한 가정법원에 제출하면 됩니다.

1. 공시송달 신청서(「각급법원에 비치된 일부 민원서식의 통합에 따른 안내 지침」 제1조)

2. 말소된 주민등록 등본, 최후 주소지 통·반장의 불거주확인서, 상대방의 친족(부모, 형제, 자매 등)이 작성한 소재불명확인서 등 상대방의 현주소를 알 수 없음을 밝히는 자료

③ 법원의 직권에 의한 공시송달

법원은 당사자의 공시송달 신청을 기대할 수 없거나 소송지연을 방지할 필요가 있는 경우에 직권으로 공시송달하게 됩니다.

④ 공시송달 효력 발생

공시송달은 소장부본 전달, 출석통지 등 소송진행과정에 따라 여러 차례 할 수도 있습니다. 이 때 첫 번째 공시송달은 공시송달한 날부터 2주가 지나면 효력이 발생하고, 같은 당사자에게 하는 그 뒤의 공시송달은 공시송달을 실시한 다음 날부터 효력이 발생해서(「민사소송법」 제196조), 재판절차가 진행됩니다.

[8] 외국에서의 이혼소송

1. 부부가 외국에 있는 경우의 이혼소송

① 이혼의 준거법

이혼소송의 당사자(부부)가 대한민국 국민인 경우 외국에 거주하고 있더라도 이혼, 양육권 등에 관한 판단에 있어서 대한민국 법이 적용됩니다(「국제사법」 제64조제1호 및 제66조).

② 재판관할

대한민국 법원에 소송을 제기하기 위해서는 대한민국 법원이 해당 이혼사건에 대해 국제재판관할권을 가지고 있어야 합니다. 이에 대해 판례는 원칙적으로 피고주소지주의를 채택하고 있으며(대법원 2006. 5. 26. 선고 2005므884 판결), 「국제사법」 제2조에서는 당사자 또는 분쟁이 된 사안이 대한민국과 실질적 관련이 있는 경우에 우리나라 법원이 국제재판관할권을 가진다고 규정하고 있습니다.

2. 대한민국 가정법원에 이혼소송을 제기하는 경우

2-1. 소송방법

① 변론기일, 심리기일, 또는 조정기일에 소환을 받은 때에는 소송 당사자 또는 법정대리인이 출석하여야 합니다.

② 그러나 외국에 있는 자가 국내에서 이혼소송을 하는 경우와 같이 특별한 사정이 있는 경우에는 재판장, 조정장, 조정담당판사의 허가를 받아 대리인을 출석하게 할 수 있습니다(「가사소송법」 제7조).

2-2. 재외공관 또는 대한민국 행정관청에 이혼신고

이혼소송을 통해 이혼판결이 확정되면 부부 중 어느 한 쪽이 조정성립 또는 재판 확정일로부터 1개월 이내에 이혼신고서에 재판서의 등본 및 확정증명서를 첨부해서 재외공관(대한민국 대사관·총영사관·영사관·

분관 또는 출장소를 말하며, 그 지역을 관할하는 재외공관이 없는 경우
에는 인접지역을 관할하는 재외공관을 말함. 이하 같음) 또는 국내의
등록기준지 또는 주소지를 관할하는 시청·구청·읍사무소 또는 면사무소
에 이혼신고를 해야 합니다(「가족관계의 등록 등에 관한 법률」 제34조,
제58조 및 제78조).

3. 외국 법원에 이혼소송을 제기하는 경우

① 외국 재판의 승인

외국 법원에 이혼소송을 제기해서 이혼판결을 받은 경우 이 판결의
효력이 국내에서 바로 유효하게 인정되는 것은 아닙니다. 외국법원
의 확정판결 또는 이와 동일한 효력이 인정되는 재판(이하 "확정재
판 등"이라 함)은 다음의 요건을 모두 갖추어야 승인됩니다(「민사소
송법」 제217조제1항).

1. 대한민국의 법령 또는 조약에 따른 국제재판관할의 원칙상 그
   외국 법원의 국제재판관할권이 인정될 것

2. 패소한 피고가 소장 또는 이에 준하는 서면 및 기일통지서나 명
   령을 적법한 방식에 따라 방어에 필요한 시간여유를 두고 송달
   받았거나(다만, 공시송달이나 이와 비슷한 송달에 의한 경우는
   제외) 송달받지 않았더라도 소송에 응했을 것

3. 그 확정재판 등의 내용 및 소송절차에 비추어 그 확정재판 등의
   승인이 대한민국의 선량한 풍속이나 그 밖의 사회질서에 어긋
   나지 않을 것

4. 상호보증이 있거나 대한민국과 그 외국법원이 속하는 국가에 있
   어 확정재판 등의 승인요건이 현저히 균형을 상실하지 않고 중
   요한 점에서 실질적으로 차이가 없을 것

4. 재외공관 또는 대한민국 행정관청에 이혼신고

외국 법원의 이혼판결에 따라 이혼이 확정되면 부부 중 어느 한 쪽이 조정성립 또는 재판 확정일로부터 1개월 이내에 이혼신고서에 다음의 서류를 첨부해서 재외공관 또는 국내의 등록기준지 또는 주소지를 관할하는 시청·구청읍·면사무소 또는 재외국민 가족관계등록사무소 가족관계등록관에 이혼신고를 해야 합니다[「가족관계의 등록 등에 관한 법률」 제58조, 제78조, 「외국에 거주하고 있는 한국인의 가족관계등록 신고절차 등에 관한 사무처리지침」 제2호 및 「외국법원의 이혼판결에 의한 가족관계등록사무 처리지침」 제2조].

1. 판결의 정본 또는 등본 및 확정증명서[다만, 외국 법원의 정본 또는 등본과 그 확정증명서를 갈음하는 이혼증명서를 발급한 경우에는 그 증명서]

2. 패소한 피고가 소장 또는 이에 준하는 서면 및 기일통지서나 명령을 적법한 방식에 따라 방어에 필요한 시간 여유를 두고 송달받았거나(공시송달이나 이와 비슷한 송달에 의한 경우는 제외) 송달받지 않았더라도 소송에 응한 서면(판결의 정본 또는 등본에 의해 이 점이 명백하지 않은 경우에만 첨부)

3. 위 각 서류의 번역문

[9] 이혼 상대방의 재산처분 방지 조치

1. 사전처분

1-1. 사전처분이란?

가사사건의 소 제기, 심판청구 또는 조정의 신청이 있는 경우에 가정법원, 조정위원회 또는 조정담당판사가 사건의 해결을 위해 특히 필요하다고 인정한 경우에는 직권 또는 당사자의 신청에 의해 상대방이나 그 밖의 관계인에 대해 다음과 같은 처분을 할 수 있는데, 이것을 사전처분이라고 합니다(「가사소송법」 제62조제1항).

1. 현상을 변경하거나 물건을 처분하는 행위를 금지하는 처분
   (예시) 부부의 부양·협조·생활비용의 부담에 관한 처분, 재산관리자의 변경에 관한 처분 등

2. 사건에 관련된 재산의 보존을 위한 처분
   (예시) 재산분할 대상·위자료 지급 재원이 되는 재산처분 금지에 관한 처분 등

3. 관계인의 감호와 양육을 위한 처분
   (예시) 자녀의 면섭교섭 및 양육비지납에 관한 처분 등

4. 그 밖의 적당하다고 인정되는 처분

1-2. 사전처분 신청

사전처분은 이혼소송을 제기하거나, 심판청구를 하거나, 조정신청을 한 이후에 그 사건을 관할하는 법원에 신청할 수 있습니다(「가사소송법」 제62조제1항).

1-3. 위반 시 제재

당사자 또는 관계인이 정당한 이유 없이 사전처분을 위반하면 가정법원, 조정위원회 또는 조정담당판사의 직권 또는 권리자의 신청에 의

해 결정으로 1천만원 이하의 과태료가 부과될 수 있습니다(「가사소송법」 제67조제1항).

2. 보전처분: 가압류·가처분

2-1. 보전처분의 종류

보전처분에는 가압류와 가처분의 두 가지가 있습니다. 사전처분과 달리 보전처분은 이혼소송을 제기하기 전에도 신청할 수 있으나, 소송과 별도로 신청하기 때문에 비용이 지출됩니다.

2-2. 가압류

① 가압류란?

가압류(假押留)란 금전채권이나 금전으로 환산할 수 있는 채권에 관해 장래 그 집행을 보전하려는 목적으로 미리 채무자(즉, 배우자)의 재산을 압류해서 채무자가 처분하지 못하도록 하는 것을 말합니다(「민사집행법」 제276조제1항). 가압류의 유형에는 ㉮ 건물, 토지 등 부동산가압류, ㉯ 가구, 가전용품 등 유체동산가압류, ㉰ 임대차보증금, 예금, 급여 등 채권가압류 등이 있습니다.

② 가압류 신청

가압류 신청을 하려면 가압류신청서(가압류 대상에 따라 부동산가압류 신청서, 유체동산가압류 신청서, 채권가압류 신청서)와 소명자료를 다음의 법원 중 한 곳에 제출하면 됩니다(「민사집행법」 제278조 및 제279조).

1. 가압류할 물건이 있는 곳을 관할하는 법원
2. 본안(즉, 이혼소송)이 제기되었을 경우 이를 관할하는 법원

③ 가압류의 효력

법원의 가압류 결정에 따라 가압류 집행이 완료되면 채무자는 자기 재산에 대해 일체의 처분을 할 수 없습니다. 즉, 가압류된 부동산을 매매하거나 증여하는 등의 처분을 할 수 없으며, 처분을 한 경우에

도 채무자와 제3취득자 사이의 거래가 유효함을 권리자(즉, 가압류
를 집행한 상대 배우자)에게 주장할 수 없습니다.

※ 관련 판례

"부동산에 대한 가압류집행 후 가압류목적물의 소유권이 제3자에게 이전
된 경우 가압류의 처분금지적 효력이 미치는 것은 가압류결정 당시의 청구
금액의 한도 안에서 가압류목적물의 교환가치이고, 위와 같은 처분금지적
효력은 가압류채권자와 제3취득자 사이에서만 있는 것이므로 제3취득자의
채권자가 신청한 경매절차에서 매각 및 경락인이 취득하게 되는 대상은 가
압류목적물 전체라고 할 것이지만, 가압류의 처분금지적 효력이 미치는 매
각대금 부분은 가압류채권자가 우선적인 권리를 행사할 수 있고 제3취득자
의 채권자들은 이를 수인하여야 하므로, 가압류채권자는 그 매각절차에서
당해 가압류목적물의 매각대금에서 가압류결정 당시의 청구금액을 한도로
하여 배당을 받을 수 있고, 제3취득자의 채권자는 위 매각대금 중 가압류
의 처분금지적 효력이 미치는 범위의 금액에 대하여는 배당을 받을 수 없
다."(대법원 2006. 7. 28. 선고 2006다19986 판결)

④ 가압류 취소

채무자는 다음 어느 하나에 해당하는 사유가 있으면 가압류가 인가
된 뒤에도 가압류의 취소를 신청할 수 있습니다(「민사집행법」 제
288조제1항).

1. 가압류 이유가 소멸되거나 그 밖에 사정이 바뀐 경우

2. 법원이 정한 담보를 제공한 경우

3. 가압류가 집행된 뒤에 3년간 본안의 소를 제기하지 않은 경우
   (이 경우에는 이해관계인도 신청 가능)

2-3. 가처분

① 가처분이란?

가처분(假處分)이란 ㉮ 금전채권이 아닌 특정계쟁물(다툼의 대상이 되고 있는 것)에 관해 장래 그 집행을 보전할 목적으로 그 계쟁물을 현상변경하지 못하도록 하거나 ㉯ 당사자 사이에 다툼이 있는 권리관계가 존재하고 그에 대한 확정판결이 있기까지 현상의 진행을 그대로 방치한다면 권리자가 현저한 손해를 입거나 목적을 달성하기 어려운 경우에 잠정적으로 임시의 지위를 정하는 것을 말합니다(「민사집행법」 제300조). 가처분의 대상과 유형은 다양하지만 처분금지가처분과 점유이전금지가처분이 그 대표적 유형입니다.

② 가처분 신청

가처분 신청을 하려면 가처분신청서와 소명자료를 다음의 법원 중 한 곳에 제출하면 됩니다(「민사집행법」 제279조, 제301조 및 제303조).

1. 다툼의 대상이 있는 곳을 관할하는 지방법원

2. 본안(즉, 이혼소송)이 제기되었을 경우 이를 관할하는 법원

③ 가처분의 효력

법원의 가처분 결정에 따라 가처분 집행이 완료되면 채무자는 특정계쟁물의 현상 또는 임시의 지위에 대해 일체의 변경을 할 수 없습니다. 즉, 처분금지가처분의 경우 그 목적이 된 특정계쟁물을 처분할 수 없으며, 처분을 한 경우에도 채무자와 제3취득자 사이의 거래가 유효함 권리자에게 주장할 수 없습니다.

※ 관련 판례

"부동산에 관하여 처분금지가처분의 등기가 마쳐진 후에 가처분권자가 본안소송에서 승소판결을 받아 확정되면 그 피보전권리의 범위 내에서 그 가처분에 저촉되는 처분행위의 효력을 부정할 수 있고, 이 때 그 처분행위가 가처분에 저촉되는 것인지의 여부는 그 처분행위에 따른 등기와 가처분등

기의 선후에 의하여 정해진다."(대법원 2003. 2. 28. 선고 2000다 65802,65819 판결)

④ 가처분 취소

채무자는 다음 어느 하나에 해당하는 사유가 있으면 가처분이 인가된 뒤에도 가처분의 취소를 신청할 수 있습니다(「민사집행법」 제288조제1항 및 제301조).

1. 가처분 이유가 소멸되거나 그 밖에 사정이 바뀐 경우

2. 법원이 정한 담보를 제공한 경우

3. 가처분이 집행된 뒤에 3년간 본안의 소를 제기하지 않은 경우 (이 경우에는 이해관계인도 신청 가능)

[10] 이혼소장 작성례

[법원양식] 이혼소송 청구

<h3 style="text-align:center;">이 혼 소 송 청 구</h3>

원   고   (연락 가능한 전화번호:)
　　　　　　　주민등록번호   -
　　　　　　　주민등록지
　　　　　　　실제 사는 곳
　　　　　　　등록기준지

피   고
　　　　　　　주민등록번호   -
　　　　　　　주민등록지
　　　　　　　실제 사는 곳
　　　　　　　등록기준지

사 건 본 인(미성년 자녀)

　　　　주민등록번호　　　　　　　-

　　　　주소

　　　　등록기준지

청 구 취 지

1. 원고와 피고는 이혼한다.
2. 사건본인의 친권자 및 양육자로(원고, 피고)를 지정한다.
3. 피고는 원고에게 위자료로 금 만　　　원 및 이에 대한 이 사건 소장 부본 송달 다음 날부터 다 갚는 날까지 연 12%의 비율로 계산한 돈을 지급하라.
4. 피고는 원고에게 재산분할로 금 만　　　원 및 이에 대하 이 판결 확정일 다음 날부터 다 갚는 날까지 연 5%의 비율로 계산한 돈을 지급하라.
5. 피고는 원고에게 양육비로 이 사건 소장 부본 송달 다음날부터 사건본인이 성년이 되기 전날까지 금 만　　　원을 매월　　　일 지급하라.
6. 기 타 (　　　　)

라는 판결을 구합니다.

청 구 원 인

(청구사유를 구체적으로 기재, 별지 기재 가능)

피고의 부정행위, 생사불명. 무단가출. 부당한 대우 등 이혼에 이르게 된 사유, 친권자 및 양육자지정에 관하여 구체적인 쌍방의 가정환경 등

첨 부 서 류

1. 기본증명서(상세)(원고, 피고, 사건본인)　　　각 1통
1. 혼인관계증명서(원고, 피고)　　　각 1통
1. 가족관계증명서(상세)(원고, 피고, 사건본인)　　　각 1통
1. 주민등록표등《초》본(원고, 피고, 사건본인)　　　각 1통
1. 소장 부본　　　1부

20   .   .   .

　　　원고　　　　　　　　　　(서명 또는 날인)

서울가정법원 귀중

휴대전화를 통한 정보수신 신청

위 사건에 관한 재판기일의 지정·변경·취소 및 문건접수 사실을 예납의무
자가 납부한 송달료 잔액 범위 내에서 아래 휴대전화를 통하여 알려주실
것을 신청합니다.

▣ **휴대전화번호:**

20   .   .   .

　　　신청인　원고　　　　　　　　　(서명 또는 날인)

※ 문자메시지는 재판기일의 지정·변경·취소 및 문건접수 사실이 법원재판사무시스템에
입력되는 당일 이용 신청한 휴대전화로 발송됩니다.

※ 문자메시지 서비스 이용 금액은 메시지 1건당 17원씩 납부된 송달료에서 차감됩니
다(송달료가 부족하면 문자메시지가 발송되지 않습니다.).

※ 추후 서비스 대상 정보, 이용 금액 등이 변동될 수 있습니다.

※ 휴대전화를 통한 문자메시지는 <u>원칙적으로 법적인 효력이 없으니 참고자료로만</u> 활
<u>용</u>하시기 바랍니다.

◇ **유의사항** ◇

 1. 소장에는 수입인지 20,000원을 붙여야 합니다.

 2. 송달료는 당사자 수 ×우편료 × 15회분을 송달료 취급 은행에 납부하
고 영수증을 첨부하여야 합니다.

※ 재판상이혼을 하려면 민법 제840조에 규정된 다음과 같은 이혼사유가 있을 때에
소를 제기할 수 있습니다.

 - 배우자에게 부정한 행위가 있었을 때

 - 배우자가 악의로 다른 일방을 유기한 때

 - 배우자 또는 그 직계존속으로부터 심히 부당한 대우를 받았을 때

 - 자기의 직계존속이 배우자로부터 심히 부당한 대우를 받았을 때

 - 배우자의 생사가 3년 이상 분명하지 아니한 때

 - 기타 혼인을 계속하기 어려운 중대한 사유가 있을 때

[작성례 ①] 이혼청구의 소(유기)

소 　 장

원　고　　○　○　○ (주민등록번호)
　　　　등록기준지 : ○○시 ○○구 ○○길 ○○
　　　　주소 : ○○시 ○○구 ○○길 ○○(우편번호)

피　고　　△　△　△ (주민등록번호)
　　　　등록기준지 : 원고와 같음
　　　　주소 : ○○시 ○○구 ○○길 ○○(우편번호)

이혼청구의 소

청 구 취 지

1. 원고와 피고는 이혼한다.
2. 소송비용은 피고의 부담으로 한다.
라는 판결을 구합니다.

청 구 원 인

1. 법률상 부부

　원고와 피고는 19○○. ○. ○. 혼인신고를 마친 법률상 부부로서 그 사이에 ○녀를 두고 있습니다. {증거 : 갑 제1호증(혼인관계증명서),갑 제2호증(가족관계증명서}

2. 재판상 이혼 사유 (악의의 유기)

　가. 피고는 원고와 혼인한 후 취업을 할 수 없는 특별한 문제가 있는 것도 아닌데 처음부터 일정한 직업없이 지내면서 가족을 부양하지 않는 바람에 원고가 혼자 힘으로 자녀를 양육하고 가족의 생계를 해결해 왔습니다.

　나. 원고는 세월이 흐르면 피고의 태도가 달라질 것으로 기대하였으나

나아지기는커녕 무질서한 생활로 다른 사람들로부터 사기, 횡령죄 등으로 고소당하여 피해 다니기 일쑤였고, 19○○. ○월경 또 다시 사기죄로 고소당하여 수사기관으로부터 출석요구서가 집으로 송달되자 갑자기 집을 나가서는 연락도 없이 지금까지 돌아오지 않고 있으며 최근에 그 주소지를 확인하여 주민등록등본을 발급 받아 보니 무단전출 직권말소가 되어 있었습니다.

{증거 : 갑 제3호증(주민등록 등본 -말소자 등본)}

다. 피고는 위와 같이 원고와는 소식을 끊고 있지만 광주에 있는 자신의 부모님과는 연락을 하고 있는바, 원고는 광주 시부모님으로부터 피고가 원고와의 이혼을 원하고 있지만 기소중지 상태라 협의이혼 수속을 꺼리고 있을 뿐이라는 말을 들은 사실이 있어 피고와의 무의미한 별거 생활을 청산하고 이혼하기로 마음을 굳혔습니다.

라. 위와 같은 사유에 비추어 볼 때 원고와 피고의 혼인생활은 배우자와 자녀에 대한 부양의무를 저버린 피고의 귀책사유로 인하여 회복할 수 없을 정도로 파탄되었다 할 것이고, 이는 민법 제840조 제2호 소정의 재판상 이혼 사유인 "배우자가 악의로 다른 일방을 유기한 때"에 해당한다고 할 것입니다.

3. 자녀에 대한 친권행사자 문제

원고는 현재 국민기초생활보장수급자로 지정 받아 고○, 중○인 딸 ○명을 양육하고 있으나, 더 이상 딸들의 양육을 감당하기에는 역부족입니다. 반면 시부모님이 원고보다는 경제적 형편이 나은 편이라 이혼시 위 손녀들을 맡아 양육하기로 원고와 합의하였으며, 원고의 딸들도 엄마의 입장을 이해하고 있습니다. 피고도 자신의 본가에는 왕래가 있으므로 피고가 친권을 행사하는데 문제가 없을 것이므로 원고는 딸들에 대한 친권행사자 및 양육권 주장을 하지 않겠습니다.

4. 결론

이상의 이유로 원고는 이 건 이혼 청구에 이르렀습니다.

입 증 방 법

1. 갑 제1호증	혼인관계증명서
1. 갑 제2호증	가족관계증명서

1. 갑 제3호증   주민등록등본(말소자 등본)

첨 부 서 류

1. 소장 부본   1통
1. 위 입증 방법   각 1통
1. 납부서   1통

20○○년   ○월   ○일

위 원고   ○ ○ ○ (서명 또는 날인)

○ ○ 가 정 법 원 귀 중

[작성례 ②] 이혼청구의 소(배우자 등의 부당한 대우)

소   장

원   고   ○ ○ ○(○○○)
         (19○○년 ○월 ○일생)
         등록기준지 : ○○시 ○○구 ○○길 ○○번지
         주소 : ○○시 ○○구 ○○길 ○○번지(우편번호)
         송달장소 : ○○시 ○○구 ○○길 ○○번지

피   고   △ △ △(△△△)
         (19○○년 ○월 ○일생)
         등록기준지 : ○○시 ○○구 ○○길 ○○번지
         주소 : ○○시 ○○구 ○○길 ○○번지(우편번호)

이혼청구의 소

청 구 취 지

1. 원고와 피고는 이혼한다.
2. 소송비용은 피고의 부담으로 한다.
라는 판결을 구합니다.

청 구 원 인

1. 원고와 피고는 20○○년 ○○월 ○○일에 혼인신고를 필한 법률상 부부로서 슬하에 ○남 ○녀를 두고 지내왔습니다.
2. 원고는 혼인 후 피고 등과 함께 지내던 중 피고가 혼수를 적게 해왔다는 이유로 원고 및 원고의 친정부친에 대해 모욕적인 언행을 서슴치 않더니 급기야는 사소한 문제를 들어 원고를 마구 구타하기 시작하였습니다. 이로 인해 원고는 심한 모욕감에 시달렸으나 자녀들을 생각하여 참고 지내왔습니다.
3. 그러나 피고의 구타 및 모욕적인 언행은 그칠 줄을 모르고 더욱 심해져 20○○년 ○월 ○일 술을 먹고 들어와서는 아무런 이유 없이 원고를 마구 구타하여 원고에게 전치 ○주의 상해를 입히고 또한 이를 말리던 원고의 친정 부친을 폭행하였습니다.
4. 이후에도 피고는 사소한 문제를 가지고 원고를 폭행하여 마침내 피고의 모욕적인 언행 및 심한 폭행을 견디지 못한 원고는 친정으로 피신을 하게 되었습니다.
5. 위에서 본 바와 같이 피고의 이러한 일련의 행위들은 민법 제840조 제3호의 '배우자로부터 심히 부당한 대우를 받았을 때' 및 같은 조 제6호의 '기타 혼인을 지속할 수 없는 중대한 사유가 있는 때'에 해당하여 재판상 이혼사유가 된다 할 것이며, 아울러 원·피고간의 혼인의 파탄책임은 전적으로 원고 및 원고의 가족들에게 부당한 대우를 한 피고에게 있다 할 것입니다.
6. 따라서 원고는 더 이상 피고와의 혼인생활을 지속할 수가 없어 부득이 원고의 이혼청구에 불응하고 있는 피고에게 이혼을 구하고자 이건 청구에 이르게 되었습니다.

입 증 방 법

1. 갑 제1호증   혼인관계증명서
1. 갑 제2호증   상해진단서
1. 갑 제3호증   인우보증서

첨 부 서 류

1. 위 입증방법   각 1통
1. 소장부본   1통
1. 납부서   1통

20○○년 ○월 ○일

위 원 고 ○ ○ ○ (서명 또는 날인)

○○가 정 법 원 귀 중

[작성례 ③] 이혼청구의 소(생사 3년 이상 불분명)

소   장

원   고   ○ ○ ○(○ ○ ○)
1900년 ○월 ○일생
등록기준지 : ○○도 ○○군 ○○면 ○○길 ○○
주소 : ○○시 ○○구 ○○길 ○○(우편번호)

피   고   △ △ △(△ △ △)
1900년 ○월 ○일생
등록기준지 : ○○시 ○구 ○○길 ○○
주소 : 원고와 같음

사건본인   박   ○   ○(주민등록번호)
　　　　　　등록기준지 및 주소 : 원고와 같음

이혼청구의 소

청　구　취　지

1. 원고와 피고는 이혼한다.
2. 사건본인에 대한 친권자 및 양육자로 원고를 지정한다.
3. 소송비용은 피고의 부담으로 한다.
라는 판결을 구합니다.

청　구　원　인

1. 원고와 피고는 19○○. ○. ○. 혼인신고를 마친 법률상 부부로서 슬하에 사건본인을 두었습니다.

2. 피고는 원고와 결혼전 무직으로 생활하다 원고를 만나 가정을 이루어 생활하면서도 변변한 직업 없이 인근 다방을 전전하면서 그곳에서 만나 알게된 '미스 ○'이라는 여자와 빈번히 외유를 하며 생활하다가 이를 걱정하며 안타까운 마음에"이제 제발 그만하고 가정을 돌보라"는 원고의 애원에도 불구하고 도리어 화를 내며 "니가 내게 뭘 해주었냐"면서 원고에게 윽박지르며 "돈을 내 놓으라"면서 노점을 하며 근근히 벌어온 생활비마저 강취해가 이를 유흥비에 탕진하며 지내 오던 중 19○○. ○. ○. 급기야는 전재산이라고 할 수 있는 피고명의로 되어있던 주택청약부금을 해약하고 이에 따른 금액 ○○○여만원의 금원을 가지고 위 '미스 ○'이라는 여자와 함께 행방을 감추고야 말았습니다.

3. 이에 원고는 선천적인 착함 탓에 돌아오리라는 기대만을 가지고 집나간 피고를 기다렸지만 피고는 근 4년이 지난 지금까지도 연락을 해오지 않고 그동안 백방으로 피고의 소재를 수소문 해 온 원고로서도 어린 자녀를 위해서라도 끝 까지 기다려 보기로 하였지만 자녀의 장래 및 자신의 처지를 그냥 보고만 있을 수 없기에 부득이 청구취지와 같은 판결을 구하기 위해 본 소에 이르렀습니다.

입 증 방 법

1. 갑 제1호증　　　　　　　　가족관계증명서
1. 갑 제2호증　　　　　　　　혼인관계증명서
1. 갑 제3호증　　　　　　　　주민등록(말소자)등본
1. 갑 제4호증　　　　　　　　불거주확인서
1. 갑 제5호증　　　　　　　　사실확인서

첨 부 서 류

1. 위 입증방법　　　　　　　　각1통
1. 소장부본　　　　　　　　　　1통
1. 납부서　　　　　　　　　　　1통

2000.　　○.　　○.

원　고　　○　○　○ (서명 또는 날인)

○ ○ 가 정 법 원　귀중

[작성례 ④] 이혼청구의 소(기타 중대한 사유)

소　　　　　장

원　고　　○　○　○(○　○　○)
　　　　　　1900년 ○월 ○일생
　　　　　　주소 : ○○남도 ○○군 ○○읍 ○○길 ○○(우편번호)
　　　　　　　등록기준지 : ○○군 ○○면 ○○길 ○○
피　고　　△　△　△(△　△　△)
　　　　　　1900년 ○월 ○일생
　　　　　　주소 : 원고와 같음
　　　　　　　등록기준지 : ○○시 ○○길 ○○

이혼청구의 소

청 구 취 지

1. 원고와 피고는 이혼한다.
2. 소송비용은 피고의 부담으로 한다.

라는 판결을 구합니다.

청 구 원 인

1. 원고와 피고는 19○○년 ○월 ○일 혼인신고를 마친 법률상 부부로서 슬하에 자녀는 없습니다.

2. 원고는 피고와 혼인전 당시 농촌에서 비닐하우스에 방울토마토 및 각종 채소류를 경작하여 어느 정도 경제력을 가지고 있는 38세의 미혼남이었으며 결혼소개소에서 만난 피고는 뚜렷한 직업이 없는 27세의 여성이었습니다.

3. 원고는 신혼초부터 피고와의 나이차이(11세)와 피고의 농사경험이 없는 점 등 때문에 듣기 싫은 소리도 다 참아가며 피고를 위해 살아갔으나 피고는 혼인 후 얼마 있지 않아 농사일이 싫다며 직장을 얻는다하여 외출이 잦았고 생필품이 아닌 본인 개인적 물품을 시내 백화점에서만 구입하는 등 사치가 심했습니다.

4. 신혼초부터 원고의 요구에도 부부관계를 자주 거절해오던 피고에게 손자를 기내하시는 원고의 홀어머니께 미안하고 또한 본인도 자식을 두고 싶어 "혹시 당신 피임하느냐?"라고 조심스레 물으니 피고는 "당연하지 않느냐. 당신처지에 무슨 아이를 낳느냐, 나는 내 자식을 세상에서 가장 호화스럽게 키우려하는데 그럴 능력이나 되느냐?"며 오히려 당연한 듯 말해 원고를 황당하게 만들기도 하였습니다.

5. 이러한 생활을 근 5년 동안 하면서 원고와 피고사이에는 자녀를 두지 못했으며, 피고는 원고에 대한 애정이라고는 전혀 찾아볼 수 없었고 아내로서의 도리, 며느리로서의 도리를 전혀 행하지 않고 근래에 피고는 읍내 사진관에서 사진현상 보조업무를 하며 읍내 자신의 친정집에서 잠을 자고 다음날 곧바로 사진관으로 출근하는 일이 잦았으며, 믿고 싶지 않지만 사진관 주인인 소외 □□□와 업무외적인 만남을 목격한 주변인도 상당하여, 홀어머니를 실망시켜드리고 싶지 않은 마음에 끝까지 참

고 생활하려 하였으나 도저히 혼인을 계속하기 어려운 상황에 이르러 본 소를 제기하기 이르렀습니다.

입 증 방 법

1. 갑 제1호증	혼인관계증명서
1. 갑 제2호증	주민등록등본

첨 부 서 류

1. 위 입증방법	각 1통
1. 소장부본	1통
1. 납부서	1통

2000. 0. 0.

위 원고 ○ ○ ○ (서명 또는 날인)

○ ○ 가 정 법 원 귀 중

[작성례 ⑤] 이혼청구의 소(직계존속에 대한 부당한 대우)

소   장

원   고   ○ ○ ○ (李 ○ ○)
   (19○○년 ○월 ○일생)
   등록기준지 : ○○시 ○○구 ○○길 ○○번지
   주소 : ○○시 ○○구 ○○길 ○○번지(우편번호)

피   고   △ △ △ (金 △ △)
   (19○○년 ○월 ○일생)
   등록기준지 : ○○시 ○○구 ○○길 ○○번지
   주소 : ○○시 ○○구 ○○길 ○○번지(우편번호)

이혼등 청구의 소

청 구 취 지

1. 원고와 피고는 이혼한다.
2. 원고에게 피고는 위자료 금 ○○○원 및 이에 대한 이 사건 판결선고일부터 완제일까지 연 12%의 비율에 의한 금원을 지급하라.
3. 소송비용은 피고의 부담으로 한다.

라는 판결을 구합니다.

청 구 원 인

1. 원고와 피고는 19○○. ○. ○. 혼인하여 19○○. ○. ○. 혼인신고를 한 법률상 부부입니다.
2. 피고는 결혼 초부터 전문 직업을 가진 피고와 결혼을 하면서 원고가 결혼 지참금을 충분히 가지고 오지 아니하였다는 이유로 불만을 품고 원고를 구타 폭행하여 상처를 입힌 사실이 있을 뿐만 아니라 원고의 친가 아버지를 모욕하고 행패를 부리는 등 부부관계가 돌이킬 수 없을 정도에 이르게 하였습니다.
3. 따라서 피고의 원고 및 원고의 직계존속에 대한 심히 부당한 대우로 인해 부부로서의 동거생활을 계속하는 것이 고통스러울 정도가 되어 부부관계기 돌이킬 수 없는 파탄상태에 이른 실정이며, 이는 민법 제840조 제3호의 '배우자로부터의 부당한 대우를 받았을 때' 및 같은 조 제4호의 '직계존속이 배우자로부터 심히 부당한 대우를 받았을 때'에 해당하므로, 원고는 피고와 이혼 및 원고의 정신적 고통에 대한 손해배상으로서 금 ○○○원을 구하기 위하여 이 사건 청구에 이르게 되었습니다.

입 증 방 법

1. 갑 제1호증   혼인관계증명서
1. 갑 제2호증   주민등록등본
1. 갑 제3호증   상해진단서

첨 부 서 류

1. 위 입증방법   각 1통
1. 소장부본   1통
1. 납부서   1통

20○○년 ○월 ○일
위 원고 ○ ○ ○ (서명 또는 날인)

○ ○ 가 정 법 원 귀 중

[작성례 ⑥] 이혼무효확인 청구의 소

소   장

원 고   ○ ○ ○(○○○)
       1900년 ○월 ○일생
       등록기준지   ○○시 ○○구 ○○길 ○○
       주소   ○○시 ○○구 ○○길 ○○ (우편번호)
       전화   ○○○ - ○○○○

피 고   △ △ △(△△△)
       1900년 ○월 ○일생
       등록기준지   ○○시 ○○구 ○○길 ○○
       주소   ○○시 ○○구 ○○길 ○○ (우편번호)
       전화   ○○○ - ○○○○

이혼무효확인청구의 소

청 구 취 지

1. 원고와 피고 사이에 20○○. ○. ○○. ○○시 ○○구청장에게 신고하여
   한 이혼은 무효임을 확인한다.
2. 소송비용은 피고가 부담한다.
라는 판결을 구합니다.

청 구 원 인

1. 원고와 피고는 20○○. ○. ○○. 혼인 신고한 법률상 부부로서 이후 혼
   인생활을 유지해 오던 중 20○○. ○월부터 피고가 잦은 외박을 하더니
   아예 20○○. ○월에는 연락도 없이 집을 나가버렸습니다.

2. 원고는 이미 임신 3개월째라 피고가 돌아오기만을 기다리며 지내던 중
   20○○. ○.경 피고로부터 전화가 걸려왔고 다른 여자와 동거하고 있으
   니 이혼해 달라고 요구하였는 바, 원고는 임신사실을 이야기하며 이혼
   은 할 수 없다고 하였고, 이후에도 피고로부터 몇차례 이혼을 종용하
   는 전화가 걸려왔으나 같은 이유로 거절하였으며 이후 피고가 임의로
   협의이혼신청서를 가정법원에 접수시켜 원고는 법원에서 통보한 날짜인
   20○○. ○. ○. 출두하여 이혼의사가 없음을 밝히기도 하였습니다.

3. 20○○. ○. 원고는 피고의 아이를 출산하였고 아이의 출생신고를 위해
   20○○. ○.구청에 갔다가 원고와 피고간에 협의이혼 신고(20○○. ○.
   ○. ○○시 ○○구청장 접수)가 되어있음을 알게 되었습니다.

4. 원고는 전혀 모르는 사실이었으므로 협의이혼신고시 제출된 서류들을
   열람한 결과, 협의이혼의사확인서 등본이 교묘히 위조되었음을 확인
   하였고, 이에 피고를 공정증서원본부실기재죄로 고소해 둔 상태입니다.

5. 이와 같이 원고와 피고의 협의이혼은 원고가 전혀 모르는 사실이고 원
   고는 피고와 이혼할 의사가 없기 때문에 ○○구청장에게 신고한 원고
   와 피고의 협의이혼은 무효이므로 청구취지와 같이 본 건 청구에 이른
   것입니다.

입 증 방 법

1. 갑 제1호증   혼인관계증명서(원고)
1. 갑 제2호증   혼인관계증명서(피고)
1. 갑 제3호증   협의이혼의사확인서 사본

1. 갑 제4호증   고소장

첨 부 서 류

1. 위 입증방법   각 1통
1. 소장부본   1통
1. 납 부 서   1통

20○○년 ○월 ○○일

원   고   ○   ○   ○ (서명 또는 날인)

○ ○ 가 정 법 원   귀 중

[작성례 ⑦] 이혼, 위자료 및 재산분할청구의 소

소   장

원   고   ○   ○   ○(○ ○ ○)
　　　　　　　1900. ○. ○.생
　　　　　　　등록기준지: ○○남도 ○○군 ○○면 ○○길 ○○
　　　　　　　주소 : ○○시 ○○구 ○○길 ○○ (우편번호)

피   고   △   △   △(△ △ △)
　　　　　　　1900. ○. ○○생
　　　　　　　등록기준지 : ○○남도 ○○군 ○○면 ○○길 ○○
　　　　　　　주민등록상 주소 : ○○시 ○○구 ○○길 ○○
　　　　　　　현거소 : ○○시 ○○구 ○○길 ○○ (우편번호)

이혼 등 청구의 소

청 구 취 지

1. 원고와 피고는 이혼한다.

2. 피고는 원고에게 재산분할로서 금 ○○○원을 지급하라.

3. 피고는 원고에게 위자료로 금 ○○○원 및 이에 대한 소장부본 송달 다음날부터 다 갚는 날까지 연 12%의 비율에 의한 금원을 지급하라.

4. 소송비용은 피고의 부담으로 한다.

5. 제 2, 3항은 가집행할 수 있다.

라는 판결을 구합니다.

청 구 원 인

1. 원고와 피고는 19○○. ○.에 결혼식을 올리고 살다가 19○○. ○. ○. 혼인신고를 한 법률상 부부로서 아들 □□□를 두고 있습니다.

2. 재판상 이혼청구사유에 관하여

　　가. 원고와 피고는 결혼 후 서로 믿고, 서로 도우며 행복하게 살며 어떠한 고난도 이겨 나갈 수 있는 신뢰하는 부부로 신혼의 꿈을 안고 살기 시작하였습니다. 그러나 피고는 결혼 후 얼마동안 지나면서부터 19○○년 여름부터 아무 이유없이 원고에게 시비를 걸어 사이다 상자로 원고의 얼굴을 때려 현재까지도 그 상처가 남아있습니다. 피고는 그 후로부터는 아무 이유없이 원고를 폭행하여 왔으며 때로는 식칼을 들고 원고를 죽여버리겠다고 하며 한달이 넘어라 하고 상습직으로 원고를 구타하여 왔습니다. 그 뿐만 아니라 피고는 뭇 여성들을 사귀고 그 여자들에게 돈을 쓰며 바람이 나서 다녔고, 원고가 가정에 충실할 것을 만날 적마다 애원하였으나 피고는 원고의 위와 같은 애원도 아랑곳하지 않고, 시간만 있으면 집을 나가서 여자를 만나고, 노름을 하고, 집에 들어와서는 원고를 구타하였습니다.

　　그리고 애를 못 낳는다고 구박을 하여 같이 병원에 갔으나 남자에게 이상이 있다고 하여 시부모와 의논 끝에 19○○. ○.에 □□□를 데려다가 길러 출생신고를 하였습니다.

　　나. 그 후 원고는 □□□를 위해 모든 노력을 하였으나 피고는 아랑곳하지 않고 계속하여 노름을 하고, 여자들과 어울려 다니고, 원고를 폭행할 뿐만 아니라 아들 □□□가 5살이 되자 아들에게도 상습적

으로 폭행을 하고 잘못하면 어린애를 연탄방에 몇시간씩 가두어 놓고 있습니다. 그리고 19○○년에는 원고에게 돈놀이하게 돈 ○○○원만 대출해 달라고 하여 원고가 농협에서 원고의 명의로 ○○○원을 대출 받아 주었으나 돈놀이를 하다가 다 떼었다고 하면서 한 푼도 갚지 않아 농협으로부터 원고 앞으로 원금과 연체료를 갚으라는 통고가 왔습니다. 그리고 원고가 가진 고생을 하여 19○○년에 집을 사고 ○월달에 입주하여 살고 있었으나 피고는 19○○년에 이 집이 재수 없다고 하며 집을 팔아야 된다고 우겨 집을 팔아 탕진해 버렸습니다.

다. 그 후 19○○년 여름에 이번에는 틀림없으니 돈 ○○○원만 얻어 달라고 하여 없다고 하자 피고는 아들의 교육보험에 가입한 사실을 알고 교육보험에서 대출해 달라고 하여 아들 교육보험에서 금 ○○○원을 대출하여 주었으나 이를 바람 피우는데 다 써버리고 갚지 않고 있습니다.

원고 명의인 교보생명 연금보험에서 ○○○만원을 대출받아 주었는데 이것도 갚지 않고 있습니다. 이와 같이 위 돈을 피고가 꼭 갚아야 할 원고 명의의 채무입니다.

라. 원고는 피고가 날이 가면 가정에 충실하겠지 하고 오로지 □□□와 가정을 위해 참았으나 피고는 포악한 성격, 헤아릴 수 없는 구타, 도벽, 욕설 등을 계속하여 하였으며 모든 것을 용서하는 심정으로 참고 견디며 가정생활과 부부관계를 유지하려는 원고의 노력을 외면한 채 피고는 계속하여 방탕생활을 하고 조금도 뉘우치거나 가정에 충실치 않고 상습적으로 19○○. ○.까지 원고의 아들 □□□를 계속하여 구타하여 원고는 매를 이길 수가 없어서, 20○○. ○.○. 아들을 집에 둔 채 집을 나왔습니다. 원고가 집을 나온 후 생계를 위하여 남에 집의 식모도 하고 모든 궂은 일을 다하여 생계를 이어오고 있습니다.

그래서 원고가 피고에게 이혼을 해 달라고 하자 피고는 가만히 있어도 자동이혼이 될텐데 열심히 돈이나 벌어라 하며 거절하였고, 피고는 원고의 배우자로서 한 가정의 가장으로서 한 가정을 이끌어 나가는데 주어진 의무를 다할 책임이 있다 하거늘 이를 무시하고 오히려 인간의 도리를 저버린 채 원고를 상습적으로 폭행하고 멸시하고 욕설하여 가정을 버렸습니다.

　마. 더욱이 피고는 원고의 남편으로서 한 가정을 거느릴 의무를 저버린 채 이러한 비인간적 행동과 심히 도의에 어긋나는 상식밖의 행위를 계속함으로 부부 생활을 더 이상 계속할 수 없이 파탄에 이르게 하는 점에 대하여 인간사회에 모든 사람으로부터 비난을 면할 수 없을 것이라 생각되며 이러한 부도덕한 피고와의 부부관계를 유지하려는 노력을 계속하는 원고의 성의와는 달리 심히 부당한 대우를 하는 이상과 같은 피고의 행위는 원고로서는 인내에 한계점에 이르렀다 생각되어 차라리 이혼하고 홀로 일평생을 열심히 살아가는 것이 인간답게 사는 길이라 사료되어 이러한 결심을 하게 되었으나 피고는 현재도 어린 □□□를 상습적으로 계속하여 폭행하고 있습니다.

　　따라서 피고의 위에 본바와 같은 각 소위는 민법 제840조 제2,3,6호 소정의 배우자가 악의로 다른 일방을 유기 한때, 배우자로부터 심히 부당한 대우를 받았을 때, 기타 혼인을 계속하기 어려운 중대한 사유가 있을 때에 각 해당한다 할 것입니다.

3. 재산분할청구에 대하여

　가. 민법 제839조의2에 의하여 이혼당사자인 원고는 피고에게 다음과 같이 재산분할청구권을 가집니다. 재산분할청구권의 성질에 대하여는 우리나라 다수설인 청산 및 부양설에서는 혼인생활 중 취득한 재산은 부부의 공유이고 이것을 혼인해소 시 청산하는 것이 재산분할청구권이며 이때 이혼 후 부양청구권의 의미도 함께 내포된다고 하고 있습니다. 그러므로 공동재산의 분할기준은 부부의 기여도 및 이혼 후의 이혼당사자의 재산취득유무, 재혼의 가능성, 혼인중의 생활정도, 자녀의 양육권 등이 고려되어야 할 것입니다.

　나. 기여도의 측면에서 볼 때, 원고는 1900년 결혼할 당시 성동구 자양동에 있는 부엌도 없는 단칸방 월세에서 출발하여 현재의 자산수준에 도달하는데 있어서 부동산 투자를 통한 재산증식으로 부부공동재산을 형성하는데 기여하였습니다. 한편 피고는 별지목록 기재의 부동산을 소유하고 있으며(갑제 3호증) 위 부동산의 현재

시가는 금 ○○○원 상당입니다. 피고는 그밖에도 ○○○○ 콘도회원권과 승용차가 1대를 가지고 있으나 원고는 이 사건 재산분할의 대상을 피고 소유의 위 부동산으로 한정하겠습니다.

다. 그런데 위 부동산의 분할방법에 관하여 당사자 사이에 협의가 되지 아니하고 또한 협의가 불가능한 것이 현실이므로 원고는 현물분할이 아닌 금액분할을 구하는 것입니다. 나아가 분할금액은 앞서 밝힌 제반사정에 비추어 볼 때 부동산 가액의 50%인 금 ○○○원 상당이 적절한 것이나 위 부동산에 관한 시가감정을 기다려 그 금액을 확정하기로 하고 우선 일부로서 금 ○○○원의 지급을 구합니다.

4. 위자료에 대하여

피고는 결혼생활 ○○년 동안 원고에게 폭행을 가하고, 바람이 나서 돈을 헤프게 쓰는 등 피고의 귀책사유로 인하여 원, 피고가 이혼하게 되었으므로 이혼으로 인한 원고의 정신적, 육체적, 고통에 대하여도 위자하여야 할 것인바, 금액은 최소한 ○○○원 이상은 되어야 할 것입니다.

5. 위와 같은 사유로 청구취지 기재와 같은 판결을 받고자 본 청구에 이른 것입니다.

입 증 방 법

1. 갑 제1호증	혼인관계증명서
1. 갑 제2호증	가족관계증명서
1. 갑 제3호증의 1내지 2	각 주민등록등본
1. 갑 제4호증	등기사항전부증명서

첨 부 서 류

1. 위 입증방법	각 1통
1. 소장부본	1통
1. 소송위임장	1통
1. 납부서	1통

2000.   O.   O.

위 원고   ○ ○ ○(서명 또는 날인)

○ ○ 가 정 법 원 귀 중

[작성례 ⑧] 이혼 및 친권자지정청구의 소

소   장

원 고   ○ ○ ○(주민등록번호)
        등록기준지 : ○○시 ○○구 ○○길 ○○
        주소 : ○○시 ○○구 ○○길 ○○(우편번호)

피 고   △ △ △(주민등록번호)
        등록기준지 : 원고와 같음
        최후주소 : ○○시 ○○구 ○○길 ○○(우편번호)

사건본인   □ □ □(주민등록번호)
        등록기준지 및 주소 : 원고와 같음

이혼 등 청구의 소

청 구 취 지

1. 원고와 피고는 이혼한다.
2. 사건본인의 친권행사자로 원고를 지정한다.
3. 소송비용은 피고의 부담으로 한다.
라는 판결을 구합니다.

청 구 원 인

1. 혼인 및 자녀관계
    원고와 피고는 1900. ○월경 결혼식을 올리고 1900. ○. ○. 혼인신고를 마친 법률상 부부로서 그 사이에 사건본인을 포함하여 ○남 ○녀를 두었습니다.

{증거: 갑 제1호증(가족관계증명서), 갑 제2호증(혼인관계증명서), 갑 제3호증(기본증명서)}

2. 재판상 이혼 청구

   가. 피고는 원고와 혼인할 당시 ○○시에서 초등학교 교사로 근무하고 있었으나, 여기 저기서 돈을 빌려 일을 벌리는 통에 급여를 제대로 가져오지 않는 일이 허다하였습니다. 그러다가 피고가 1900. ○월경 갑자기 재직하던 학교에 사표를 내고 사라져 수소문 끝에 찾아내니 ○○시 ○○○시장에서 중학교 동창과 한복 원단장사를 하고 있어 원고도 서울로 이사를 하여 피고와 합쳤습니다.

   나. 서울로 이사온 후에도 피고는 가족에 대한 책임감이 없어 제대로 부양을 하지 않고 수시로 가출을 일삼았고, 1900. ○.월경 위 ○○○시장에서 하던 원단 가게가 부도로 망하자 집을 나가 소식이 없었습니다.

   다. 이에 원고는 돈 한 푼 없이 세 자녀를 데리고 월세방을 얻어 혼자 힘으로 힘들게 살고 있었는데, 피고는 1900. ○월경 한번 집에 찾아 온 것을 마지막으로 연락이 두절되었으며 1900. ○월경 피고와 함께 살고 있다는 어떤 여자로부터 전화가 걸려온 적이 있은 뒤로는 지금까지 원고는 피고의 소식조차 듣지 못하고 있습니다.

   {증거: 갑 제6호증(원·피고 큰딸의 진술서), 갑 제7호증(사건본인의 진술서), 갑 제8호증(원고 여동생 진술서)}

   라. 최근 원고가 피고의 주민등록초본을 발급 받아 본 결과, 피고는 ○○시 ○○구 ○○길 ○○을 마지막 주소로 하여 1900. ○. ○.자로 무단전출 직권말소가 되어 있었습니다.

   {증거: 갑 제5호증(피고의 주민등록 말소자 초본)}

   마. 원고는 그동안 세 자녀를 생각해서라도 피고가 다시 돌아와 열심히 사는 모습을 보여만 준다면 모든 것을 이해하고 피고를 받아들이겠다는 생각도 하였으나, 세 자녀를 원고에게 맡겨두고 오랫동안 아무런 연락도 없는 피고의 무책임한 행동을 더 이상 참을 수가 없어 이혼을 결심하게 되었습니다.

따라서 원·피고 간 혼인관계는 원고와 자녀들에 대한 부양의무를
저버린 피고의 귀책사유로 회복될 수 없을 만큼 파탄되었다 할 것
이므로 원고는 민법 제840조 제2호 소정의 악의의 유기를 사유로
재판상 이혼 청구를 하고자 합니다.

3. 친권행사자지정 청구

사건본인은 현재 원고가 양육하고 있고, 피고는 소재불명이므로 원고를
친권행사자로 지정함이 타당합니다.

4. 결론

이에 원고는 재판상 이혼 및 친권행사자지정청구를 위하여 이 건 소제
기에 이르렀습니다.

입 증 방 법

1. 갑 제1호증	가족관계증명서
1. 갑 제2호증	혼인관계증명서
1. 갑 제3호증	기본증명서
1. 갑 제4호증	원고 주민등록등본
1. 갑 제5호증	피고 주민등록 말소자 초본
1. 갑 제6 내지 8호증	각 진술서

첨 부 서 류

1. 소장부본	1통
1. 위 입증방법	각 1통
1. 납부서	1통

20○○년 ○월 ○일

위 원고 ○ ○ ○ (서명 또는 날인)

○ ○ 가 정 법 원 귀 중

답 변 서

사　　　　　건　　　20○○드단○○○　이혼 등
원　　　　　고　　　김○○
피　　　　　고　　　이◇◇

위 사건에 관하여 피고는 다음과 같이 답변합니다.

청구취지에 대한 답변

1. 원고의 청구를 모두 기각한다.
2. 소송비용은 원고가 부담한다.
라는 판결을 구합니다.

청구원인에 대한 답변

1. 원고의 주장을 요약하면, 원고는 피고가 소외 박○○과 부정행위를 하였음과 원고의 부모에 대한 부당한 대우를 이유로 이혼 및 위자료의 지급을 청구하고 있습니다.

2. 그러나 피고는 박○○과 부정행위를 한 바 없습니다. 피고가 박○○을 알고 지내는 사이이기는 하지만 위 박○○과 원고는 직장 동료로서 가끔 업무적인 연락을 하는 사이일 뿐이지 원고가 주장하는 것과 같이 이성으로서 감정을 가지고 만나는 것은 아니며, 업무상 필요로 하는 경우 이외에 사적으로 만난 적도 없습니다.

3. 또한 피고는 원고의 부모에 대하여 매달 20만원씩 용돈도 드리고 매 명절마다 빠지지 않고 찾아가 인사드렸으며, 원고의 어머니가 교통사고로 입원하였을 때 옆을 지키면서 병수발을 들기도 하였으므로, 원고가 주장하는 것처럼 원고의 부모에 대한 부당한 대우를 하였다고 볼 수도 없습니다.

4. 그러므로 원고의 이혼 청구는 민법이 정한 이혼의 요건을 갖추지 못하였으므로, 원고의 청구를 기각하여 주시기를 바랍니다.

2000.　〇.　〇.

위 피고　이◇◇　　(서명 또는 날인)

〇〇가정법원 가사 제〇단독　귀중

[11] 관련판례

[대법원 2024. 5. 30.선고 2024므10370 판결]

【판시사항】

재판상 이혼을 전제로 한 재산분할에서 분할의 대상이 되는 재산과 그 액수를 정하는 기준 시기(=이혼소송의 사실심 변론종결일) / 재산분할액 산정의 기초가 되는 재산의 가액을 평가하는 방법

【판결요지】

재판상 이혼을 전제로 한 재산분할에서 분할의 대상이 되는 재산과 그 액수는 이혼소송의 사실심 변론종결일을 기준으로 정하는 것이 원칙이다. 재산분할액 산정의 기초가 되는 재산의 가액은 반드시 시가감정에 의하여 인정하여야 하는 것은 아니지만 객관성과 합리성이 있는 자료에 의하여 평가하여야 할 것인바, 법원으로서는 위 변론종결일까지 기록에 나타난 객관적인 자료에 의하여 개개의 공동재산의 가액을 정하여야 한다.

[대법원 2024. 5. 17.선고 2024므10721, 10738 판결]

【판시사항】

재판상 이혼에 따른 재산분할에서 분할 대상이 되는 재산과 그 액수 산정의 기준시기(=이혼소송의 사실심 변론종결일) / 혼인관계가 파탄된 이후 변론종결일 사이에 생긴 재산관계의 변동이 혼인 중 공동으로 형성한 재산관계와 무관하다는 등의 사정이 있는 경우, 변동된 재산이 재산분할의 대상이 되는지 여부(소극) / 재산분할 대상 채무가 혼인관계 파탄 이후 변론종결일에 이르기까지 감소하였고, 그 감소가 혼인 중 공동으로 형성한 재산관계와 무관하게 부부 중 일방의 노력이나 비용으로 이루어진 경우, 그 감소 부분이 재산분할의 대상이 되는지 여부(소극)

【아유】

재판상 이혼에 따른 재산분할에서 분할 대상이 되는 재산과 그 액수는 이혼소송의 사실심 변론종결일을 기준으로 하여 정하는 것이 원칙이다. 그러나 앞서 살펴본 법리에 비추어 보면, 혼인관계가 파탄된 이후 변론종결일 사이에 생긴 재산관계의 변동이 부부 중 일방에 의한 후발적 사정에 의한 것으로서 혼인 중 공동으로 형성한 재산관계와 무관하다는 등의 사정이 있는 경우 그 변동된 재산은 재산분할 대상으로 삼지 않아야 한다(대법원 2013. 11. 28. 선고 2013므1455, 1462 판결 참조). 따라서 재산분할 대상 채무가 혼인관계 파탄 이후 변론종결일에 이르기까지 감소하였고, 그 감소가 혼인 중 공동으로 형성한 재산관계와 무관하게 부부 중 일방의 노력이나 비용으로 이루어졌다면, 그 감소 부분은 재산분할의 대상으로 삼을 수 없으므로 결국 혼인관계 파탄 시점의 채무가 재산분할의 대상이 된다.

[대법원 2021. 2. 4.선고 2017므12552 판결]
【판시사항】
재판상 이혼과 같은 혼인관계를 다투는 사건에서 대한민국에 당사자들의 국적이나 주소가 없더라도 이혼청구의 주요 원인이 된 사실관계가 대한민국에서 형성되었고 이혼과 함께 청구된 재산분할사건에서 대한민국에 있는 재산이 재산분할대상인지 여부가 첨예하게 다투어지고 있는 경우, 대한민국과 해당 사안 간의 실질적 관련성을 인정할 수 있는지 여부(적극) 및 이때 피고가 소장 부본을 적법하게 송달받고 적극적으로 응소한 사정을 대한민국 법원에 관할권을 인정하는 데 긍정적으로 고려할 수 있는지 여부(적극)
【판결요지】
재판상 이혼과 같은 혼인관계를 다투는 사건에서 대한민국에 당사자들의 국적이나 주소가 없어 대한민국 법원에 국내법의 관할 규정에 따른 관할이 인정되기 어려운 경우라도 이혼청구의 주요 원인이 된 사실관계가 대한민국에서 형성되었고(부부의 국적이나 주소가 해외에 있더라도 부부의 한쪽이 대한민국에 상당 기간 체류함으로써 부부의 별거상태가 형성되는 경우 등) 이혼과 함께 청구된 재산분할사건에서 대한민국에 있는 재산이 재산분할대상인지 여부가 첨예하게 다투어지고 있다면, 피고의 예측가능성, 당사자의 권리구제, 해당 쟁점의 심리 편의와 판결의 실효성 차원에서 대한민국과 해당 사안 간의 실질적 관련성을 인정할 여지가 크다.

[대법원 2020. 5. 14.선고 2018므15534 판결]

【판시사항】

[1] 재판상 이혼하는 부모 모두를 자녀의 공동양육자로 지정하는 것이 가능한 경우

[2] 재판상 이혼을 하는 갑과 을 중 누구를 그들의 자녀인 병의 양육자로 지정할 것인지 문제 된 사안에서, 갑과 을을 병의 공동양육자로 지정하고 공동양육의 방법을 정한 원심의 판단에는 양육자 지정에 관한 법리오해 등 잘못이 있다고 한 사례

【판결요지】

[1] 재판상 이혼의 경우 부모 모두를 자녀의 공동양육자로 지정하는 것은 부모가 공동양육을 받아들일 준비가 되어 있고 양육에 대한 가치관에서 현저한 차이가 없는지, 부모가 서로 가까운 곳에 살고 있고 양육환경이 비슷하여 자녀에게 경제적·시간적 손실이 적고 환경 적응에 문제가 없는지, 자녀가 공동양육의 상황을 받아들일 이성적·정서적 대응능력을 갖추었는지 등을 종합적으로 고려하여 공동양육을 위한 여건이 갖추어졌다고 볼 수 있는 경우에만 가능하다고 보아야 한다.

[2] 재판상 이혼을 하는 갑과 을 중 누구를 그들의 자녀인 병의 양육자로 지정할 것인지 문제 된 사안에서, 갑과 을은 계속하여 공동양육이 아니라 자신을 단독 친권자 및 양육자로 지정하여 줄 것을 청구하였고, 현재로서는 갑과 을이 가까운 장래에 서로 의견을 조율하여 공동양육과 그 방법에 대하여 서로 원만하게 협력할 것을 기대하기는 어려워 보이며, 설령 갑과 을이 향후 병을 공동양육하는 과정에서 필요한 사항을 충분히 협의할 수 있게 되더라도 이것이 공동양육을 통하여 갑과 을의 거주지를 오가면서 부모 각각의 양육에 대한 결정에 따르게 되고 서로 다른 물리적 환경에 처하게 될 병의 경제적·시간적 손실과 정서적 불안정을 감소시키는 데 크게 기여할 것으로 보이지도 않을 뿐만 아니라, 오히려 일방에 대한 양육자 지정과 상대방에 대한 면접교섭을 통해서도 공동양육자 지정을 통해 달성하고자 한 목적을 대부분 달성할 수 있을 것으로 보이는데도, 갑과 을을 병의 공동양육자로 지정하고 공동양육의 방법을 정한 원심의 판단에는 양육자 지정에 관한 법리오해 등 잘못이 있다고 한 사례.

[대법원 2020. 5. 14.선고 2019므15302 판결]

【판시사항】

재판상 이혼 시 친권자와 양육자로 지정된 부모의 일방이 상대방에게 양육비를 청구하는 경우, 가정법원은 자녀의 양육비 중 양육자가 부담해야 할 양육비를 제외하고 상대방이 분담해야 할 적정 금액의 양육비만을 결정하여야 하는지 여부(적극)

【판결요지】

부모는 자녀를 공동으로 양육할 책임이 있고, 양육에 드는 비용도 원칙적으로 부모가 공동으로 부담하여야 한다. 그런데 어떠한 사정으로 인하여 부모 중 어느 한쪽만이 자녀를 양육하게 된 경우에는 양육하는 사람이 상대방에게 현재와 장래의 양육비 중 적정 금액의 분담을 청구할 수 있다. 재판상 이혼에 따른 자녀의 양육책임에 대하여 이혼 당사자 간에 양육자의 결정과 양육비용의 부담에 관한 사항에 대하여 협의가 이루어지지 않거나 협의할 수 없을 때에는 가정법원은 직권으로 또는 당사자의 청구에 따라 해당 사항을 정한다(민법 제837조 , 제843조). 자녀의 양육에 관한 처분에 관한 심판은 부모 중 일방이 다른 일방을 상대방으로 하여 청구하여야 한다(가사소송규칙 제99조 제1항). 이러한 사항들을 종합하면, 재판상 이혼 시 친권자와 양육자로 지정된 부모의 일방은 상대방에게 양육비를 청구할 수 있고, 이 경우 가정법원으로서는 자녀의 양육비 중 양육자가 부담해야 할 양육비를 제외하고 상대방이 분담해야 할 적정 금액의 양육비만을 결정하는 것이 타당하다.

[대법원 2019. 10. 31.선고 2019므12549, 12556 판결]

【판시사항】

재판상 이혼에 따른 재산분할에 있어 분할의 대상이 되는 재산과 그 액수 산정의 기준시기(=이혼소송의 사실심 변론종결일) 및 혼인관계가 파탄된 이후 사실심 변론종결일 사이에 재산관계의 변동이 있는 경우, 변동된 재산이 재산분할의 대상이 되는지 판단하는 방법

【판결요지】

재판상 이혼에 따른 재산분할을 할 때 분할의 대상이 되는 재산과 그 액수는 이혼소송의 사실심 변론종결일을 기준으로 하여 정하는 것이 원칙이다. 다만 혼인관계가 파탄된 이후 사실심 변론종결일 사이에 생긴 재산관계의 변동이

부부 중 일방에 의한 후발적 사정에 의한 것으로서 혼인 중 공동으로 형성한 재산관계와 무관하다는 등 특별한 사정이 있는 경우 그 변동된 재산은 재산 분할 대상에서 제외하여야 하나, 부부의 일방이 혼인관계 파탄 이후에 취득한 재산이라도 그것이 혼인관계 파탄 이전에 쌍방의 협력에 의하여 형성된 유형·무형의 자원에 기한 것이라면 재산분할의 대상이 된다.

Section 5. 부(父)의 결정

[1] 아버지를 정하는 소의 제기

① 「민법」 제845조에 따른 아버지를 정하는 소는 자녀, 어머니, 어머니의 배우자 또는 어머니의 전(前) 배우자가 제기할 수 있습니다.

② 자녀가 제기하는 경우에는 어머니, 어머니의 배우자 및 어머니의 전 배우자를 상대방으로 하고, 어머니가 제기하는 경우에는 그 배우자 및 전 배우자를 상대방으로 합니다.

③ 어머니의 배우자가 제기하는 경우에는 어머니 및 어머니의 전 배우자를 상대방으로 하고, 어머니의 전 배우자가 제기하는 경우에는 어머니 및 어머니의 배우자를 상대방으로 합니다.

④ ②과 ③의 경우에 상대방이 될 사람 중에 사망한 사람이 있을 때에는 생존자를 상대방으로 하고, 생존자가 없을 때에는 검사를 상대방으로 하여 소를 제기할 수 있습니다.

[2] 부를 정하는 소장 작성례

[작성례] 부를 정하는 소

소　　　장

원　　고　　○　○　○(주민등록번호)
　　　　　　등록기준지 : ○○도 ○○시 ○○구 ○○길 ○○번지
　　　　　　주소 : ○○시 ○○구 ○○길 ○○

피　　고　　1. △　△　△(주민등록번호)
　　　　　　등록기준지 : ○○도 ○○시 ○○구 ○○길 ○○

주소 : ○○시 ○○구 ○○길 ○○
2. ◇　◇　◇ (주민등록번호)
등록기준지 : ○○도 ○○시 ○○구 ○○길 ○○
주소 : ○○시 ○○구 ○○길 ○○

사건본인　　□　□　□ (주민등록번호)
등록기준지 : 미등록
주소 : ○○시 ○○구 ○○길 ○○

부의 결정의 소

청 구 취 지

1. 피고 ◇◇◇을 사건본인의 부로 정한다.
2. 소송비용은 각자 부담한다.
라는 판결을 구합니다.

청 구 원 인

1. 원고와 피고 △△△는 20○○. ○. ○. 혼인하였고, 20○○. ○. ○. 협의이혼하였습니다.
2. 원고는 이후 20○○. ○. ○. 피고 ◇◇◇과 혼인하였고, 그 사이에 20○○. ○. ○. 사건본인을 낳았습니다.
3. 그런데 사건본인의 출생일은 원고와 피고 △△△ 간 혼인관계종료의 날로부터 300일 내이며, 원고와 피고 ◇◇◇ 간 혼인성립의 날로부터는 200일 후이므로, 친생추정이 경합하게 되어 본건 판결 확정시까지 사건본인은 가족관계등록부에 등재될 수가 없습니다.
4. 유전자검사결과 사건본인의 부는 피고 ◇◇◇임이 명백하므로, 민법 제845조에 따라 부를 정하여 주시기 바랍니다.

입 증 방 법

1. 갑 제1호증　　　　　　　　　　혼인관계증명서

1. 갑 제2호증   가족관계증명서

1. 갑 제3호증   주민등록등본

1. 갑 제4호증   출생증명서

1. 갑 제5호증   유전자검사결과(사건본인-피고 ◇◇◇)

첨 부 서 류

1. 위 입증방법   각 1통

1. 소장부본   1통

1. 납부서   1통

20○○.   ○.   ○.

위 원 고   ○ ○ ○ (서명 또는 날인)

○ ○ 가 정 법 원 귀 중

제출법원	. 자의 보통재판적소재지의 가정법원 . 자가 사망한 때에는 그 최후 주소지 가정법원		
원고적격	모, 자녀, 모의 배우자 또는 모의 전 배우자	상 대 방	·모가 제기하는 경우 전/현 배우자 ·자녀가 제기하는 경우 모, 모의 전/현 배우자 ·모의 배우자가 제기하는 경우 모, 모의 전 배우자 ·모의 전 배우자가 제기하는 경우 모, 모의 현 배우자
제출부수	소장원본 1부 및 부본 피고별 1부	관련법규	가사소송법 제27조, 민법 제845조
불복절차 및 기간	·항소(가사소송법 제19조제1항) ·판결정본이 송달된 날로부터 14일이내(가사소송법 제19조제1항)		
의 의	혼인성립의 날로부터 2백일후 또는 혼인관계종료의 날로부터 3백일 내에 출생한 자는 혼인중에 임신한 것으로 추정하는데, 전/현 배우자의 친생자 추정시기가 중복되는 기간 내에 자가 출생한 경우 부를 정하게 되는 소.		

[3] 관련판례

[대법원 2020. 6. 18.선고 2015므8351 전원합의체 판결]

【판시사항】

친생자관계존부확인의 소를 제기할 수 있는 자는 민법 제865조 제1항에서 정한 제소권자로 한정되는지 여부(적극) 및 민법 제777조에서 정한 친족이라는 사실만으로 당연히 친생자관계존부확인의 소를 제기할 수 있는지 여부(소극)

【판결요지】

[1] [다수의견] (가) 친생자관계에 관하여 민법은 임신과 출산이라는 자연적인 사실에 의하여 그 관계가 명확히 결정되는 모자관계와 달리 부자관계의 성립과 해소에 대하여는 그 관계 확정을 위한 여러 규정을 두고 있다. 아내가 혼인 중에 임신한 자녀를 남편의 자녀로 추정하는 친생추정 규정(제844조 제1항)과 이에 대한 번복방법인 친생부인의 소에 관한 규정(제846조 내지 제851조), 재혼한 여자가 해산한 경우 법원에 의한 부의 결정에 관한 규정(제845조), 혼인 외 출생자의 인지에 관한 규정(제855조 제1항, 제863조), 인지의 취소 및 인지에 대한 이의의 소에 관한 규정(제861조 및 제862조)이 이에 해당한다. 따라서 법적 친생자관계의 성립과 해소를 구하는 소송절차에서는 위 각 규정에 명시된 제소권자가 해당 규정이 정한 요건을 갖춰 소를 제기하는 것이 원칙이다.

민법 제865조 제1항은 "제845조, 제846조, 제848조, 제850조, 제851조, 제862조, 제863조의 규정에 의하여 소를 제기할 수 있는 자는 다른 사유를 원인으로 하여 친생자관계존부확인의 소를 제기할 수 있다."라고 정한다. 이는 법적 친자관계와 가족관계등록부에 표시된 친자관계가 일치하지 않을 때 이를 바로잡기 위하여 친생자관계존부확인의 소를 제기할 수 있도록 한 것이다.

민법 제865조 제1항이 친생자관계존부확인의 소를 제기할 수 있는 자를 구체적으로 특정하여 직접 규정하는 대신 소송목적이 유사한 다른 소송절차에 관한 규정들을 인용하면서 각 소의 제기권자에게 원고적격을 부여하고 그 사유만을 달리하게 한 점에 비추어 보면, 민법 제865조 제1항이 정한 친생자관계존부확인의 소는 법적 친생자관계의 성립과 해소에 관한 다른 소송절차에 대하여 보충성을 가진다.

이처럼 민법 제865조 제1항의 규정 형식과 문언 및 체계, 위 각 규정들이 정한 소송절차의 특성, 친생자관계존부확인의 소의 보충성 등을 고려

하면, 친생자관계존부확인의 소를 제기할 수 있는 자는 민법 제865조 제
1항에서 정한 제소권자로 한정된다고 봄이 타당하다.

① 친생자관계의 당사자인 부, 모, 자녀는 민법 제845조, 제846조, 제
862조, 제863조에 의하여 소를 제기할 수 있는 자로서 다른 사유를
원인으로 하는 경우에는 친생자관계존부확인의 소를 제기할 수 있다.

② 친생자관계의 당사자인 자녀의 직계비속과 그 법정대리인은 민법 제
863조에 의하여 소를 제기할 수 있는 자로서 다른 사유를 원인으로
하는 경우에는 친생자관계존부확인의 소를 제기할 수 있다.

③ 민법 제848조, 제850조, 제851조의 제소권자인 성년후견인, 유언집행
자, 부 또는 처의 직계존속이나 직계비속은 위 규정들에 의하여 소를
제기할 수 있는 요건을 갖춘 경우에 한하여 원고적격이 있다. 즉, 성
년후견인은 남편이나 아내가 성년후견을 받게 되었을 때(제848조), 유
언집행자는 부 또는 처가 유언으로 친생자관계를 부정하는 의사를 표
시한 때(제850조), 부 또는 처의 직계존속이나 직계비속은 부(父)가
자녀의 출생 전에 사망하거나 부 또는 처가 친생부인의 소의 제기기간
내에 사망한 때(제851조) 비로소 다른 사유를 원인으로 하여 친생자관
계존부확인의 소를 제기할 수 있다.

④ 이해관계인은 민법 제862조에 따라 다른 사유를 원인으로 하여 친생자
관계존부확인의 소를 제기할 수 있다. 여기서 이해관계인은 다른 사람
들 사이의 친생자관계가 존재하거나 존재하지 않는다는 내용의 판결이
확정됨으로써 일정한 권리를 얻거나 의무를 면하는 등 법률상 이해관
계가 있는 제3자를 뜻한다. 이러한 이해관계인에 해당하는지 여부는
원고의 주장 내용과 변론에 나타난 제반 사정을 토대로 상속이나 부양
등에 관한 원고의 권리나 의무, 법적 지위에 미치는 구체적인 영향이
무엇인지를 개별적으로 심리하여 판단해야 한다.

(나) 구 인사소송법(1990. 12. 31. 법률 제4300호 가사소송법 부칙 제2조
로 폐지. 이하 같다) 등의 폐지와 가사소송법의 제정·시행, 호주제 폐지
등 가족제도의 변화, 신분관계 소송의 특수성, 가족관계 구성의 다양화
와 그에 대한 당사자 의사의 존중, 법적 친생자관계의 성립이나 해소를
목적으로 하는 다른 소송절차와의 균형 등을 고려할 때, 민법 제777조
에서 정한 친족이라는 사실만으로 당연히 친생자관계존부확인의 소를
제기할 수 있다고 한 종전 대법원 판례는 더 이상 유지될 수 없게 되었
다고 보아야 한다. 상세한 이유는 다음과 같다.

① 가사소송법은 혼인무효의 소 등의 상대방에 관한 규정(제24조)만을 친생자관계존부확인의 소에 준용하고 있을 뿐 제기권자에 관한 규정(제23조)은 준용하지 않고 있다. 따라서 구 인사소송법이 폐지되고 가사소송법이 시행됨으로써 종전 대법원 판례의 법률적 근거가 사라지게 되었다.

② 가족관계를 둘러싼 법질서나 사회적 상황의 변화 등에 따라 부부관계와 더불어 가족관계의 근간을 이루는 친생자관계를 바라보는 사회일반의 인식도 함께 변화하였다. 가족제도 등에 관한 법률적, 사회적 상황의 변화에 비추어 보면, 호주제가 유지되던 때와 달리 오늘날에는 민법 제777조에서 정한 친족이라는 이유만으로 밀접한 신분적 이해관계를 가진다고 볼 법률적, 사회적 근거가 약해졌다.

③ 오늘날에는 가족관계가 혈연관계뿐만 아니라 당사자의 의사를 기초로 하여 다양하게 형성되고 있다. 따라서 혼인과 가족관계의 기초가 되는 법적 친자관계의 형성에 관한 당사자의 자유로운 의사를 존중하는 한편, 이에 관하여 제3자가 부당하게 개입하지 않도록 일정한 제한을 둘 필요가 있다.

④ 유전자검사 등으로 혈연관계의 증명이 어렵지 않게 된 현실을 고려할 때, 혈연의 진실을 위한다는 이유로 친생자관계의 존부를 다툴 수 있는 제3자의 범위를 넓게 보아 본안심리에 나아가도록 하는 것은 필연적으로 신분질서의 안정을 해치고 혼인과 가족생활에 관한 당사자의 자율적인 의사결정을 침해하는 결과를 가져올 가능성이 크다. 따라서 친생자관계의 존부를 다투는 소를 제기할 수 있는 제3자의 범위를 명문의 법률 규정 없이 해석을 통하여 함부로 확대하는 것은 바람직하지 않다.

⑤ 친생자관계존부확인의 소는 이미 여러 측면에서 제소요건이 완화되어 있는데, 여기에 더하여 원고적격 범위를 민법 제777조에서 정한 친족으로 넓히는 것은 앞서 본 다른 소송절차와 비교해서도 균형이 맞지 않는다. 이는 다른 소송절차에 관한 법률 규정이 정하고 있는 요건이나 제한 등을 회피하기 위한 수단으로 친생자관계존부확인의 소가 변질될 우려가 있다는 점에서 더욱 그러하다.

⑥ 민법은 민법 제865조 제1항에서 친생자관계의 당사자 아닌 제3자가 이해관계인에 해당하는 경우에는 그 존부를 다툴 수 있게 하고 있으므로, 친족관계에 있는 제3자도 이해관계인에 해당하는 경우에는 원고적격을 가진다. 따라서 민법 제777조의 모든 친족에게 일률적으로 원고적격을

부여하지 않더라도 친생자관계의 존부에 대해 법률상 이해관계를 가지는 제3자의 권리나 재판청구권을 부당하게 제약한다고 볼 수 없다.

[대법관 안철상, 대법관 민유숙의 별개의견] 대법원 판례의 변경에 관하여는 다수의견과 견해를 같이한다. 그러나 친생자관계존부확인의 소의 제기권자 범위에 관하여는 다수의견과 견해를 달리한다.

(가) 다수의견은 '부 또는 처의 직계존속이나 직계비속'은 부(父)가 자녀의 출생 전에 사망하거나 부 또는 처가 친생부인의 소의 제기기간 내에 사망한 때에 비로소 친생자관계존부확인의 소를 제기할 수 있다고 한다. 그러나 친생자관계존부확인의 소는 친생부인의 소와는 소송의 구조나 법적 성질 등이 전혀 다른 소송절차이므로, 부 또는 처의 직계존속이나 직계비속이 친생자관계존부확인의 소를 제기하는 경우에까지 친생부인의 소와 마찬가지로 별도의 요건을 요구하는 것은 타당하지 않다. 친생부인의 소의 제기권자인 당사자가 사망한 경우 보충적으로 그의 직계존속이나 직계비속이 제소권자가 되는 구조는 친생자관계존부확인의 소와 부합하지 않는다. 자녀의 직계비속이 다른 제한 없이 친생자관계존부확인의 소를 제기할 수 있도록 한다면, 부모의 직계비속도 기간 제한 없이 친생자관계존부확인의 소를 제기할 수 있다고 보는 것이 균형이 맞고 자연스러운 문언해석이다.

(나) 이해관계인의 범위를 정하는 1차적 기준은 현재 가족관계등록부에 진실한 혈연과 다른 친생자관계가 등록됨으로 인해 자신의 신분관계를 기초로 한 법적 지위에 불이익을 받는지 여부가 되어야 하고, 친생자관계존부확인 판결을 통해 잘못된 가족관계등록부의 기록을 바로잡아야 할 법률상 보호할 가치가 있는 이익이 있어야 한다. 다수의견이 제시한 기준인 '일정한 권리를 얻거나 의무를 면하는지 여부'는 신분관계에는 영향이 없으면서 재산적 이해관계만을 갖는 경우(가령 보험금 수익자나 상속인의 채권자 등)까지 확장될 우려가 있어 타당한 기준이라고 하기 어렵다. 이해관계인에 해당하는지 여부가 원고의 주장이나 변론에 나타난 제반 사정을 토대로 법원이 원고의 권리 등에 미치는 구체적인 영향이 무엇인지를 판단해야 확정된다고 보게 되면 가정법원의 심리와 판단의 초점이 '혈연관계의 존부'가 아니라 '권리의무나 법적 지위에 미치는 영향'으로 옮겨가는 부작용이 발생할 우려가 있다.

Section 6. 친생부인

[1] 친생부인의 소

1. 의의

① 부(夫)의 친생자로 추정받는 자가 실제로는 친생자가 아닌 경우에 부 또는 처가 소송에 의하여 그 친생추정을 번복하여 법률상의 부자관계를 부정하는 재판입니다.

② 혼인 중 출생한 자녀는 부의 친생자로 추정되므로, 그 사이에 법률상의 부자관계가 당연히 인정되기 때문에 친생부인의 소에 의하여 그 추정을 번복시키지 않고는 제3자가 그 자녀를 인지할 수 없습니다.

2. 친생자관계 부존재 확인소송과의 관계

① 친생자관계 부존재 확인소송은 가족관계등록부상 자녀가 부 또는 모의 친생자로 등재되어 있으나 친생추정이 미치지 않는 경우에 그 기록을 바로잡기 위한 수단입니다.

② 친생자관계 부존재 확인소송의 소가 친생추정을 받은 자녀에 대한 것이어서 부적법하더라도 일단 그 청구를 인용하는 판결이 확정된 경우는 그 확정판결의 대세효로 인하여 친생추정이 깨어집니다(대법원 1992. 7. 24. 선고 91므566 판결 참조).

③ 출생신고를 하지 않은 자녀에 대하여 친생부인의 소를 제기하는 경우에는 소장에 사건본인의 이름, 생년월일을 적고 출생신고서를 제출(이름이 없는 경우에는 '사건 본인 OOO' 으로 기재) - 출생증명서를 판결문의 별지로 붙입니다,

3. 친생추정의 범위

① "동서의 결여 등으로 처가 부의 자녀를 포태할 수 없음이 외관상 분명한 경우"에는 친생추정의 효력이 미치지 아니하여 친생부인의 소에 의하지 아니하고 친생자관계 부존재 확인의 소에 의하여 부의 친생자 아님을 주장할 수 있습니다.

② 또한 "해외주재나 장기복역과 같은 장기별거, 실종선고를 받은 경우의 실종기간. 재판상 이혼원인이 되는 3년 이상의 생사불명, 사실상의 이혼 등 동거가 결여된 경우"에 한하여 친생추정이 미치지 않습니다.

4. 관할

① 자녀의 보통재판적이 있는 주소지 가정법원

② 자녀가 사망한 때에는 그 마지막 주소지의 가정법원의 전속관할

5. 원고적격

부부의 한쪽

6. 피고적격

① 부부의 다른 한쪽 또는 자녀이고, 위 상대방이 모두 사망시 검사를 상대방으로 합니다.

② 자녀가 사망한 후에도 그 자녀에게 직계비속이 있는 때에는 그 모를 상대로, 모가 없으면 검사를 상대로 제기할 수 있습니다.

7. 조정전치주의(친생자관계 존부 확인의 소와 차이점)

친생부인의 소를 제기하려는 사람은 먼저 조정을 신청하여야 합니다 (가사소송법 제50조 제1항).

8. 제척기간

　부부의 한쪽이 소를 제기하는 경우는 그 사유가 있음을 안 날로부터 2년이고, 상대방이 모두 사망하여 검사를 상대로 하는 경우는 그 사망을 안 날로부터 2년입니다.

9. 친생부인권의 소멸

　자녀의 출생 후에 친생자임을 승인한 자는 다시 친생부인의 소를 제기하지 못합니다. 다만, 사기 또는 강박으로 인한 때에는 이를 취소할 수 있습니다.

10. 확정 후의 절차

① 소를 제기한 자는 재판확정일로부터 1개월 이내에 재판서 정(등)본 및 확정증명서를 첨부하여 시(구)·읍·면의 장에게 그 내용을 신고하여야 합니다.

② 민법 제844조 제2항 중 혼인관계종료의 날부터 300일 이내에 출생한 자는 혼인 중에 포태한 것으로 추정하는 부분에 대한 헌법재판소의 헌법불합치 결정(2013헌마623)의 취지를 반영하여 민법 및 가사소송법(각 2017. 10. 31. 공포, 각 2018. 2. 1. 시행)이 일부 개정되었고, 개정된 민법 등에 따라 혼인 중에 임신한 것으로 추정되는 자녀(혼인관계가 종료된 날부터 300일 이내에 출생한 자녀)중 이미 혼인 중의 자녀로 출생신고가 되지 않은 자녀에 대해서는 그 자녀의 이머니 또는 어머니의 전(前) 남편이 가정법원에 비송사건으로 친생부인의 허가를 청구할 수 있도록 하여 친생부인의 소보다 간이한 방법으로 친생추정을 배제할 수 있도록 하였습니다.

[2] 친생부인의 소장 작성례

[법원양식] 친생자관계 존재 확인의 소

친생자관계 존재 확인의 소

원　고 :　　　　　　　　(☎ :　　　　　　　　　　)
주민등록번호 :
주　　　소 :
송 달 장 소 :
등 록 기준지 :
피　고 :
주민등록번호 :
주　　　소 :
등 록 기준지 :

청 구 취 지

1. 원고와 피고 사이에는 친생자관계가 존재함을 확인한다.
2. 소송비용은 피고가 부담한다.
라는 판결을 구합니다.

청 구 원 인
(소송을 제기하는 사유를 구체적으로 기재)

첨 부 서 류

1. 기본증명서(상세)(원고,피고)	각 1통
1. 가족관계증명서(상세)(원고,피고)	각 1통
1. 주민등록표등(초)본(원고, 피고)	각 1통
1. 혼인관계증명서(원고,피고)	각 1통

1. 소장부본   1부
1. 기타 입증자료(유전자시험성적서 등)   1부

20   .   .   .
원고 :   (서명 또는 날인)

서울○○법원   귀중

휴대전화를 통한 정보수신 신청

　위 사건에 관한 재판기일의 지정·변경·취소 및 문건접수 사실을 예납의무자가 납부한 송달료 잔액 범위 내에서 아래 휴대전화를 통하여 알려주실 것을 신청합니다.

▣ 휴대전화번호:

20   .   .   .
신청인 원고   (서명 또는 날인)

※ 문자메시지는 재판기일의 지정·변경·취소 및 문건접수 사실이 법원재판사무시스템에 입력되는 당일 이용 신청한 휴대전화로 발송됩니다.

※ 문자메시지 서비스 이용 금액은 메시지 1건당 17원씩 납부된 송달료에서 차감됩니다(송달료가 부족하면 문자메시지가 발송되지 않습니다.).

※ 추후 서비스 대상 정보, 이용 금액 등이 변동될 수 있습니다.

※ 휴대전화를 통한 문자메시지는 <u>원칙적으로 법적인 효력이 없으니 참고자료로만 활용</u>하시기 바랍니다.

◇ 유의 사항 ◇

1. 소장에는 인지액 20,000원 상당의 금액을 현금이나 신용카드·직불카드 등으로 납부한 내역을 기재한 영수필확인서를 첨부하여야 합니다.
2. 송달료는 당사자 수 ×우편료 × 15회분을 송달료 취급 은행에 납부하고 납부서를 첨부하여야 합니다.
3. 전화번호란에는 연락 가능한 휴대전화번호(전화번호)를 기재하시기 바랍니다.

[작성례 ①] 친생부인의 소

소　　　장

원　　고　　○　○　○(○　○　○) (주민등록번호)
　　　　　　　19○○년 ○월 ○일생
　　　　　　　등록기준지 : ○○남도 ○○시 ○○길 ○번지
　　　　　　　주소 : ○○시 ○○구 ○○길 ○번지(우편번호)

피　　고　　△　△　△(△　△　△) (주민등록번호)
　　　　　　　19○○년 ○월 ○일생
　　　　　　　등록기준지 : ○○시 ○○구 ○○길 ○번지
　　　　　　　주소 : 원고와 같음
　　　　　　　위 법정대리인 친권자 모 김□□
　　　　　　　주소 : 원고와 같음

친생부인의 소

청 구 취 지

　피고는 원고의 친생자가 아님을 확인하다.
　라는 판결을 구합니다.

청 구 원 인

1. 원고와 소외 김□□는 19○○. ○.○. 혼인신고를 한 부부로서 19○○. ○. ○. 피고를 출산하고 가족관계등록부 상 친생자로 출생신고를 하여 피고가 친생자로 등재되었습니다.

2. 원고는 소외 김□□를 만나 동거생활을 한 날짜가 19○○. ○. ○.이며 이 기간중 해외지사 파견근무를 명 받고 원고 혼자 10개월을 캐나다 몬트리올에서 생활했는데 귀국 후 원고와 대학 동기인 친구로부터 위 소외 김□□가 새벽녘에 처음보는 사람과 ○○시 ○○구 ○○길 소재

○○여관에서 나오는 것을 보았다는 말을 듣게 되었습니다.

3. 그런데 그 후 위 소외 김□□의 외출이 잦아지고 음주까지 하고 귀가하여 원고가 이를 의심하여 추궁하였더니 소외 김□□는 원고와 혼인 전부터 알고 지내던 소외 이□□와 피고의 출생일 이전부터 정을 통한 사실을 자백하였고 소외 이□□에게서도 이와 같은 사실을 확인하였습니다.

4. 이에 원고는 소외 김□□를 상대로 이혼청구를 해놓은 상태이며 청구취지와 같은 판결을 받고자 본 소송을 제기하기에 이르렀습니다.

입 증 방 법

1. 갑 제1호증	가족관계증명서(원고)
1. 갑 제2호증	혼인관계증명서(원고)
1. 갑 제3호증	기본증명서(피고)
1. 갑 제4호증	주민등록등본(피고)
1. 갑 제5호증 1내지2	각 자인서(김□□, 이□□)
1. 갑 제6호증	소제기증명서

첨 부 서 류

1. 위 입증방법	각 1통
1. 소장부본	1통
1. 납부서	1통

20○○.　○.　○.

위 원고　○　○　○ (서명 또는 날인)

○ ○ 가 정 법 원 귀 중

소   장

원 고   김 ○ ○ (주민등록번호)
         등록기준지 : ○○시 ○○구 ○○길 ○○
         주소 : ○○시 ○○구 ○○길 ○○(우편번호)

피 고   1. 김 △ △ (주민등록번호)
         2. 박 △ △ (주민등록번호)
           피고들 등록기준지 : 원고와 같음
           피고들 주소 : ○○시 ○○구 ○○길 ○○

친생자관계부존재확인청구의 소

청 구 취 지

1. 원고와 피고들 사이에는 각기 친생자관계가 존재하지 아니함을 확인한다.
2. 소송비용은 피고들의 부담으로 한다.
라는 판결을 구합니다.

청 구 원 인

1. 호적상 등재 사실
   원고는 피고 김△△을 아버지로, 피고 박△△를 어머니로 하여 그들 사이에 출생한 것으로 호적상 등재되어 있습니다. {증거 : 갑 제1호증 (가족관계증명서)}
2. 원, 피고들간 친생자관계 부존재 및 호적 등재 경위
   가. 원고는 피고 김△△의 친형인 소외 김□□이 한 동네에 거주하던 성명불상의 여인과의 관계에서 낳은 혼인외의 자입니다. 당시 위 김□□은 소외 이□□와 혼인한 사이로서 그 사이에 아들을 출산한 지 4일만에 원고가 태어났으므로 원고를 차마 자신의 호적에 입적

시킬 수 없어 동생 부부인 피고들의 친생자인 것처럼 출생신고를 하게 되었던 것입니다.

나. 그러나, 원고는 피고들과는 단 하루도 함께 산 적이 없으며 원고의 친부인 위 김□□과 그의 처인 위 이□□가 원고가 성장할 때까지 양육했습니다. 또한 위 이□□도 원고에 대해 기른 정이 깊어 늦었지만 이제라도 원고가 친아버지의 호적에 입적되기를 원하는 입장이며 피고들도 원고의 호적을 바로 잡는데 전혀 이의가 없습니다.

다. 증거 : 갑 제 2호증 (기본증명서). 갑 제 3호증(가족관계증명서), 갑 제 5호증 (동생에게 입적한 이유서), 갑 제 6호증 (확인서)

3. 결 론

위와 같이 원고는 호적상 피고들 사이의 친생자인 것처럼 등재되어 있으나, 피고들과는 친생자관계가 존재하지 아니하므로 그 확인을 구하기 위하여 이 건 소송에 이르렀습니다.

입 증 방 법

1. 갑 제1호증	가족관계증명서(원고)
1. 갑 제2호증	기본증명서(원고)
1. 갑 제3호증	가족관계증명서(소외 김□□)
1. 갑 제4호증	주민등록등본(피고들)
1. 갑 세5호증	동생에게 입석한 이유서
1. 갑 제6호증	확인서

첨 부 서 류

1. 위 입증방법	각 2통
1. 소장부본	2통
1. 납부서	1통

20○○년   ○월   ○일

위 원고 김 ○ ○   (서명 또는 날인)

○ ○ 가 정 법 원   귀중

[작성례 ③] 친생자관계부존재확인 청구의 소(허위의 출생신고)

소　　　　장

원　고　○　○　○(주민등록번호)

　　　　　　1900년 ○월 ○일생

　　　　　　등록기준지　　○○시 ○○구 ○○길 ○○

　　　　　　주소　　○○시 ○○구 ○○길 ○○ (우편번호)

　　　　　　전화　　○○○ - ○○○○

피　고　△　△　△(주민등록번호)

　　　　　　1900년 ○월 ○일생

　　　　　　등록기준지　　○○시 ○○구 ○○길 ○○

　　　　　　주소　　○○시 ○○구 ○○길 ○○ (우편번호)

　　　　　　전화　　○○○ - ○○○○

친생자관계부존재확인청구의 소

청　구　취　지

1. 원고와 피고사이에는 친생자관계가 존재하지 아니함을 확인한다.
2. 소송비용은 피고의 부담으로 한다.
라는 판결을 구합니다.

청　구　원　인

1. 원고는 1900. ○. ○.에 소외 망 김□□를 아버지로, 소외 이□□를 어머니로 하여 그들 사이에 출생하였는데, 위 김□□가 마치 원고가 김□□와 피고사이에서 출생한 것처럼 허위의 출생신고를 하여 버렸습니다.
2. 이에 원고는 피고에 대하여 원고가 피고의 친생자가 아님을 확인 받기 위하여 이 사건 소를 제기합니다.

입 증 방 법

1. 갑 제1호증의 1	기본증명서(원고)
1. 갑 제1호증의 2	가족관계증명서(원고)
1. 갑 제2호증	주민등록등본
1. 갑 제3호증의 1	확인서(박□□)
1. 갑 제3호증의 2	확인서(정□□)

첨 부 서 류

1. 위 입증방법	각 1통
1. 소장부본	1통
1. 납 부 서	1통

20○○년 ○월 ○일

원 고 ○ ○ ○ (서명 또는 날인)

○ ○ 가정법원 귀 중

[작성례 ④] 친생자관계부존재확인 청구의 소(문서위조)

소   장

원 고 김 ○ ○ (주민등록번호)

    등록기준지 : ○○시 ○○구 ○○길 ○○

    주소 : ○○시 ○○구 ○○길 ○○(우편번호)

피 고 1. 김 □ □ (주민등록번호)

    등록기준지 : 원고와 같음

    최후 주소 : ○○시 ○○구 ○○길 ○○

    2. 김 ◎ ◎(주민등록번호)

    등록기준지 : 원고와 같음

최후 주소 : ○○시 ○○구 ○○길 ○○

친생자관계부존재확인청구의 소

청 구 취 지

1. 원고와 피고들 사이에는 각기 친생자관계가 존재하지 아니함을 확인한다.
2. 소송비용은 피고들 부담으로 한다.

라는 판결을 구합니다.

청 구 원 인

1. 호적상의 친생자관계

   피고들은 호적상 원고를 부로 소외 김■■를 모로 하여 그들 사이에 출생한 친생자로 등재되어 있으나, {갑 제 1 (가족관계증명서)}

   피고들은 원고와 전혀 친생자관계가 없고 알지도 못하는 자들입니다.

2. 허위의 출생신고

   가. 피고들은 우리나라에 불법 체류중인 중국국적의 조선족들로서 피고 김□□은 본명이 강□□이고 피고 김◎◎은 본명을 알 수 없습니다.

   나. 소외 장□□, 소외 김●●은 피고들로부터 부탁을 받고 각 600만원을 교부 받은 다음 19○○. ○. ○. ○○시 ○○구 ○○동 ○○소재 사무소에서 피고들을 원고의 딸인 것처럼 허위로 출생신고를 하여 원고의 망부 김○○이 호주로 되어 있는 호적부에 원고의 딸로 등재하게 하였습니다.

   다. 위 장□□는 위와 같은 범죄를 포함한 범죄사실로 공정증서원본불실기재 및 불실기재공정증서원본행사죄등으로 유죄 확정 판결을 받았고 피고 김□□ (본명: 강□□) 도 같은 죄로 유죄확정 판결을 받은 사실이 있습니다.

   라. 증거 : 갑 제 2 호증의 1, 2(각 주민등록 말소자 등본), 갑 제 4 호증의 1, 2(각 형사 판결), 갑 제 5 호증(확정 증명)

3. 결론 및 공시송달 신청

   위와 같이 피고들은 모두 원고의 친생자가 아님에도 호적상으로는 원고 친생자로 잘못 등재되어 있으므로 원고는 이를 바로잡고자 이 건 소제기에 이르렀는바, 피고들은 출입국에 관한 사실증명에 의하면 아직도 국내에 있는 것으로 되어 있으나 모두 주민등록이 말소되고 그 소재를 파악할 수 없어 통상의 방법으로는 이 건 소장 부본을 송달할 수 없으니 공시송달을 신청하고자 합니다.

입 증 방 법

1. 갑 제1호증	가족관계증명서
1. 갑 제2호증의 1, 2	각 주민등록 말소자 등본
1. 갑 제3호증의 1, 2	각 출입국에관한 사실증명
1. 갑 제4호증의 1, 2	각 형사 판결
1. 갑 제5호증	확정 증명
1. 갑 제6호증	민사판결
1. 갑 제7호증	사실확인

첨 부 서 류

1. 소장 부본	2통
1. 위 각 입증방법	각 1통
1. 위임장	1통
1. 납부서	1통

20○○년　○월　○일

위 원고 ○ ○ ○　(서명 또는 날인)

○ ○ 가 정 법 원　　　귀 중

[작성례 ⑤] 친생자관계부존재확인 청구의 소(이중등록부 정정 목적)

소　　　　　　장

원　고　　○　○　○

　　　　　　1900년 ○월 ○일생

　　　　　　등록기준지　　○○시 ○○구 ○○길 ○○

　　　　　　주소　　○○시 ○○구 ○○길 ○○ (우편번호)

　　　　　　전화　　○○○ - ○○○○

피　고　　1. 김 △ △

　　　　　　1900년 ○월 ○일생

　　　　　　등록기준지　○○시 ○○구 ○○길 ○○

　　　　　　주소　○○시 ○○구 ○○길 ○○ (우편번호)

　　　　　　전화　　○○○ - ○○○○

　　　　2. 이 △ △

　　　　　　1900년 ○월 ○일생

　　　　　　등록기준지　○○시 ○○구 ○○길 ○○

　　　　　　주소　○○시 ○○구 ○○길 ○○ (우편번호)

　　　　　　전화　○○○ - ○○○○

친생자관계부존재확인청구의 소

청　구　취　지

1. 피고 김△△와 피고 이△△ 사이에는 친생자관계가 존재하지 아니함을
   확인한다.
2. 소송비용은 피고들의 부담으로 한다.

청　구　원　인

1. 피고 이△△의 출생 등

가. 피고 이△△은 1900. ○. ○. ○○도 ○○군 ○○면 ○○리 ○○에서 父 박□□와 母 정□□ 사이의 4남 2녀 중 막내로 출생하였고, 본적 ○○도 ○○군 ○○면 ○○리 ○○, 호주 박□□의 호적에 박□□라는 이름으로 등재되었습니다.

나. 그런데 한국전쟁 때 피고 이△△은 부모와 네명의 오빠를 모두 잃어 현재 피고 이△△의 혈육으로는 원고만 남게 되었습니다.

다. 이 호적은 가족관계 등록 등에 관한 법률 시행에 따라 등록기준지 ○○도 ○○군 ○○면 ○○리 ○○, 가족관계등록부로 작성되었습니다.

2. 이중등록부의 기재경위

가. 피고 이△△은 한국전쟁 때인 12세 무렵 졸지에 고아가 되어 서울에 올라가 식모생활을 하면서 본건 등록부 상 부모로 기재되어 있는 소외 망 이□□, 피고 김△△ 부부를 알게 되었습니다.

나. 위 이□□, 김△△ 부부는 1900. ○. ○. 위 박□□의 이름을 피고 이△△으로 정하여 자신의 딸로 호적에 입적시키게 되었고 피고 이△△의 출생일은 1900. ○. ○.로 신고하였던 것입니다. 그 후 위 이□□은 1900. ○. ○. 사망하였습니다.

다. 이 호적 또한 가족관계 등록 등에 관한 법률 시행으로 등록기준지 ○○시 ○○구 ○○동 ○○번지, 가족관계등록부로 작성되었습니다.

라. 결국 피고 이△△은 박□□이라는 이름으로 소외 망 박□□과 망 정□□의 지로 가족관계등록부에 등재되어 있는 한편 이△△이라는 이름으로 소외 망 이□□, 피고 김△△의 자로도 가족관계등록부에 등재되어 있는 상황입니다.

3. 결론

이에 피고 이△△의 언니로서 이해관계인인 원고는(대법원 80므60 전원합의체판결, 90므347 판결), 피고 이△△의 이중등록부를 정리하기 위하여 피고 김△△ 및 피고 이△△을 상대로 친생자관계부존재확인을 받기 위하여 이 사건 청구에 이른 것입니다.

입 증 방 법

1. 갑 제1호증의 1, 2, 3   제적등본, 가족관계증명서, 기본증명서(친생부의 신고)

1. 갑 제2호증의 1, 2, 3   제적등본, 가족관계증명서, 기본증
   명서(피고의 신고)

1. 갑 제3호증   인우보증서 및 보증인의 주민등록초본

1. 갑 제4호증   원고, 피고들 각 주민등록초본

첨 부 서 류

1. 위 입증방법   각 1통
1. 소장부본   2통
1. 납부서   1통

20○○년   ○월   ○일
원   고   ○ ○ ○ (서명 또는 날인)

○ ○ 가정법원 귀 중

[3] 관련판례

[대법원 2021. 9. 9.선고 2021므13293 판결]

【판시사항】

생물학적 혈연관계가 없다는 점이 친생부인의 소로써 친생추정을 번복할 수 있게 하는 사유인지 여부(적극) 및 이를 넘어서 처음부터 친생추정이 미치지 않도록 하는 사유인지 여부(소극) / 처가 혼인 중에 포태하였으나 동거의 결여로 처가 부(父)의 자를 포태할 수 없는 것이 외관상 명백한 사정이 있는 경우, 민법 제844조 제1항 의 친생추정이 미치는지 여부(소극)

【판결요지】

민법은 친생추정 규정을 두면서도 남편에게 친생부인의 사유가 있음을 안 날부터 2년 내에 친생부인의 소를 제기할 수 있도록 하고 있다. 이는 진실한 혈연관계에 대한 인식을 바탕으로 법률적인 친자관계를 진실에 부합시키고자 하는 남편에게 친생추정을 부인할 수 있는 실질적인 기회를 부여한 것이다. 친생부인의 소가 적법하게 제기되면 부모와 출생한 자녀 사이에 생물학적 혈

연관계가 존재하는지가 증명의 대상이 되는 주요사실을 구성한다. 결국 혈연관계가 없음을 알게 되면 친생부인의 소를 제기할 수 있는 제소기간이 진행하고, 실제로 생물학적 혈연관계가 없다는 점은 친생부인의 소로써 친생추정을 번복할 수 있게 하는 사유이다.

이처럼 혈연관계 유무나 그에 대한 인식은 친생부인의 소를 이유 있게 하는 근거 또는 제소기간의 기산점 기준으로서 친생부인의 소를 통해 친생추정을 번복할 수 있도록 하는 사유이다. 이를 넘어서 처음부터 친생추정이 미치지 않도록 하는 사유로서 친생부인의 소를 제기할 필요조차 없도록 하는 요소가 될 수는 없다. 혈연관계가 없다는 점을 친생추정이 미치지 않는 전제사실로 보는 것은 원고적격과 제소기간의 제한을 두고 있는 친생부인의 소의 존재를 무의미하게 만드는 것으로 현행 민법의 해석상 받아들이기 어렵다. 친생부인권을 실질적으로 행사할 수 있는 기회를 부여받았는데도 제소기간이 지나도록 이를 행사하지 않아 더 이상 이를 다툴 수 없게 된 경우 그러한 상태가 남편이 가정생활과 신분관계에서 누려야 할 인격권, 행복추구권, 개인의 존엄과 양성의 평등에 기초한 혼인과 가족생활에 대한 기본권을 침해한다고 볼 수 없다.

다만 친생추정 규정은 부부가 정상적인 혼인생활을 영위하고 있는 경우를 전제로 가정의 평화를 위하여 마련된 것이어서 그 전제사실을 갖추지 않은 경우까지 적용하여 요건이 엄격한 친생부인의 소로써 부인할 수 있도록 하는 것은 제도의 취지에 반하여 진실한 혈연관계에 어긋나는 부자관계를 성립하게 하는 등 부당한 결과를 가져올 수 있다. 대법원 2019. 10. 23. 선고 2016므2510 전원합의체 판결에서도 이러한 입장이 변경되지 아니하였다.

따라서 민법 제844조 제1항의 친생추정은 반증을 허용하지 않는 강한 추정이므로, 처가 혼인 중에 포태한 이상 그 부부의 한쪽이 장기간에 걸쳐 해외에 나가 있거나, 사실상의 이혼으로 부부가 별거하고 있는 경우 등 동거의 결여로 처가 부(父)의 자를 포태할 수 없는 것이 외관상 명백한 사정이 있는 경우에만 그 추정이 미치지 않을 뿐이고, 이러한 예외적인 사유가 없는 한 누구라도 그 자가 부의 친생자가 아님을 주장할 수 없다.

[대법원 2014.12.11.선고 2013므4591 판결]

【판시사항】

민법 제846조, 제847조 제1항에서 정한 친생부인의 소의 원고적격이 있는

‘부(父), 처(妻)’는 자의 생모에 한정되는지 여부(적극) 및 여기에 ‘재혼한 처(처)’가 포함되는지 여부(소극)

【판결요지】

민법 제846조에서의 ‘부부의 일방’은 제844조의 경우에 해당하는 ‘부부의 일방’, 즉 제844조 제1항에서의 ‘부’와 ‘자를 혼인 중에 포태한 처’를 가리키고, 그렇다면 이 경우의 처는 ‘자의 생모’를 의미하며, 제847조 제1항에서의 ‘처’도 제846조에 규정된 ‘부부의 일방으로서의 처’를 의미한다고 해석되므로, 결국 친생부인의 소를 제기할 수 있는 처는 자의 생모를 의미한다.

우리 민법은 부자(父子)관계를 결정함에 있어 ‘가정의 평화’ 또는 ‘자의 복리’를 위하여 혼인 중 출생자를 부의 친생자로 강하게 추정하면서도, ‘혈연진실주의’를 채택하여 일정한 경우에 친생자임을 부인하는 소를 제기할 수 있도록 하고 있다. 구 민법(2005. 3. 31. 법률 제7427호로 개정되기 전의 것) 당시에는 부(父)만 친생부인의 소를 제기할 수 있도록 규정하였으나, 위 민법 개정으로 부 외에 처도 친생부인의 소를 제기할 수 있게 되었는데, 개정 이유는 부만 친생부인의 소를 제기할 수 있도록 하는 것은 혈연진실주의 및 부부평등의 이념에 부합되지 아니한다는 취지에서였다. 즉 부부가 이혼하여 처가 자의 생부와 혼인한 경우, 부부가 화해의 전망 없이 상당한 기간 별거하고 있는 경우, 부가 친생부인은 하지 않은 채 단지 보복적 감정에서 자를 학대하는 경우 등에는 생모도 친생부인을 할 수 있도록 하는 것이 주된 개정 이유였다. 이러한 개정 이유에 비추어 보아도 친생부인의 소를 제기할 수 있는 ‘처’는 ‘자의 생모’만을 의미한다.

위와 같은 민법 규정의 입법 취지, 개정 연혁과 체계 등에 비추어 보면, 민법 제846조, 제847조 제1항에서 정한 친생부인의 소의 원고적격이 있는 ‘부(父), 처(妻)’는 자의 생모에 한정되고, 여기에 친생부인이 주장되는 대상자의 법률상 부(父)와 ‘재혼한 처(妻)’는 포함되지 않는다.

[대법원 2001. 8. 21.선고 99므2230 판결]

【판시사항】

친생자 출생신고가 입양의 효력을 갖는 경우, 양친 부부 중 일방이 사망한 후 생존하는 다른 일방이 사망한 일방과 양자 사이의 양친자관계의 해소를 위한 재판상 파양에 갈음하는 친생자관계부존재확인의 소를 제기할 이익이 있는지 여부(소극)

【판결요지】

민법 제874조 제1항은 "배우자 있는 자가 양자를 할 때에는 배우자와 공동으로 하여야 한다."고 규정함으로써 부부의 공동입양원칙을 선언하고 있는바, 파양에 관하여는 별도의 규정을 두고 있지는 않고 있으나 부부의 공동입양원칙의 규정 취지에 비추어 보면 양친이 부부인 경우 파양을 할 때에도 부부가 공동으로 하여야 한다고 해석할 여지가 없지 아니하나(양자가 미성년자인 경우에는 양자제도를 둔 취지에 비추어 그와 같이 해석하여야 할 필요성이 크다), 그렇게 해석한다고 하더라도 양친 부부 중 일방이 사망하거나 또는 양친이 이혼한 때에는 부부의 공동파양의 원칙이 적용될 여지가 없다고 할 것이고, 따라서 양부가 사망한 때에는 양모는 단독으로 양자와 협의상 또는 재판상 파양을 할 수 있으되 이는 양부와 양자 사이의 양친자관계에 영향을 미칠 수 없는 것이고, 또 양모가 사망한 양부에 갈음하거나 또는 양부를 위하여 파양을 할 수는 없다고 할 것이며, 이는 친생자부존재확인을 구하는 청구에 있어서 입양의 효력은 있으나 재판상 파양 사유가 있어 양친자관계를 해소할 필요성이 있는 이른바 재판상 파양에 갈음하는 친생자관계부존재확인청구에 관하여도 마찬가지라고 할 것이다. 왜냐하면 양친자관계는 파양에 의하여 해소될 수 있는 점을 제외하고는 친생자관계와 똑같은 내용을 갖게 되는데, 진실에 부합하지 않는 친생자로서의 호적기재가 법률상의 친자관계인 양친자관계를 공시하는 효력을 갖게 되었고 사망한 양부와 양자 사이의 이러한 양친자관계는 해소할 방법이 없으므로 그 호적기재 자체를 말소하여 법률상 친자관계를 부인하게 하는 친생자관계존부확인청구는 허용될 수 없는 것이기 때문이다.

Section 7. 인지의 취소

[1] 인지

1. 인지할 수 있는 자

① 혼인외의 출생자는 그 생부나 생모가 이를 인지할 수 있습니다.

② 부모의 혼인이 무효인 때에는 출생자는 혼인외의 출생자로 봅니다.

③ 혼인외의 출생자는 그 부모가 혼인한 때에는 그때로부터 혼인 중의 출생자로 봅니다.

2. 인지의 허가 청구

① 생부(生父)는 민법 제844조제3항의 경우에 가정법원에 인지의 허가를 청구할 수 있습니다. 다만, 혼인 중의 자녀로 출생신고가 된 경우에는 그러하지 아니합니다.

② ①의 청구가 있는 경우에 가정법원은 혈액채취에 의한 혈액형 검사, 유전인자의 검사 등 과학적 방법에 따른 검사결과 또는 장기간의 별거 등 그 밖의 사정을 고려하여 허가 여부를 정합니다.

③ ① 및 ②에 따라 허가를 받은 생부가 「가족관계의 등록 등에 관한 법률」 제57조제1항에 따른 신고를 하는 경우에는 민법 제844조제1항 및 제3항의 추정이 미치지 아니합니다.

3. 피성년후견인의 인지

아버지가 피성년후견인인 경우에는 성년후견인의 동의를 받아 인지할 수 있습니다.

4. 사망자의 인지

자가 사망한 후에도 그 직계비속이 있는 때에는 이를 인지할 수 있습니다.

5. 포태중인 자의 인지

부는 포태 중에 있는 자에 대하여도 이를 인지할 수 있습니다.

6. 인지의 효력발생

① 인지는 「가족관계의 등록 등에 관한 법률」의 정하는 바에 의하여 신고함으로써 그 효력이 생깁니다.

② 인지는 유언으로도 이를 할 수 있다. 이 경우에는 유언집행자가 이를 신고하여야 합니다.

7. 인지의 소급효

인지는 그 자의 출생시에 소급하여 효력이 생긴다. 그러나 제삼자의 취득한 권리를 해하지 못합니다.

8. 인지의 취소

사기, 강박 또는 중대한 착오로 인하여 인지를 한 때에는 사기나 착오를 안 날 또는 강박을 면한 날로부터 6월내에 가정법원에 그 취소를 청구할 수 있습니다.

9. 인지에 대한 이의의 소

자 기타 이해관계인은 인지의 신고있음을 안 날로부터 1년내에 인지에 대한 이의의 소를 제기할 수 있습니다.

10. 인지청구의 소

자와 그 직계비속 또는 그 법정대리인은 부 또는 모를 상대로 하여 인지청구의 소를 제기할 수 있습니다.

11. 부모의 사망과 인지청구의 소

민법 제862조 및 제863조의 경우에 부 또는 모가 사망한 때에는 그 사망을 안 날로부터 2년내에 검사를 상대로 하여 인지에 대한 이의 또는 인지청구의 소를 제기할 수 있습니다.

12. 인지와 자의 양육책임 등

민법 제837조 및 제837조의2의 규정은 자가 인지된 경우에 자의 양육책임과 면접교섭권에 관하여 이를 준용합니다.

[2] 인지에 대한 소장 작성례
[작성례 ①] 인지청구의 소

소　　　　　　　장

원　　고　　○　○　○(주민등록번호)
　　　　　　　등록기준지 : ○○시 ○○구 ○○길 ○○
　　　　　　　주소 : ○○시 ○○구 ○○길 ○○(우편번호)
　　　　　　　미성년자이므로 법정대리인
　　　　　　　친권자 모　　□　□　□(주민등록번호)
　　　　　　　등록기준지 : ○○시 ○○구 ○○길 ○○
　　　　　　　주소 : ○○시 ○○구 ○○길 ○○(우편번호)
피　　고　　△　△　△(주민등록번호)
　　　　　　　등록기준지 : ○○시 ○○구 ○○길 ○○
　　　　　　　주소 : ○○시 ○○구 ○○길 ○○(우편번호)

인지청구의 소

청　구　취　지

1. 피고는 원고를 친생자로 인지한다.
2. 소송비용은 피고의 부담으로 한다.
라는 판결을 구합니다.

청 구 원 인

1. 원고의 생모 □□□는 우연한 기회에 피고를 알게 되어 피고와 내연관계를 맺고 원고를 혼인외자로 출생하였습니다.
2. 피고는 원고가 출생 후 원고를 보살피며 생모 □□□와 아예 동거까지 하였으나 원고가 ○살 때부터 원고 및 생모에 대한 태도가 변하여 아무런 도움을 주지 않고 있습니다.
3. 원고는 아직 미성년자이고 원고의 생모도 또한 지병으로 거동이 불편하여 생활능력이 없으므로 피고에게 원고를 인지하여 줄 것을 요청하였으나 피고는 이에응하지 않으므로 신분관계를 명확히 하기 위하여 이 청구에 이른 것입니다.

입 증 방 법

1. 갑 제1호증   가족관계증명서(원고)
1. 갑 제2호증   기본증명서(원고)
1. 갑 제3호증   주민등록등본

첨 부 서 류

1. 위 입증서류   각 1부
1. 소장부본   1부
1. 송달료납부서   1부

20○○년 　○월 　○일

원 고 ○ ○ ○

원고는 미성년자이므로

법정대리인 친권자 모 : □ □ □(서명 또는 날인)

○ ○ 가 정 법 원 귀 중

소   장

원　고　정 ○ ○ (원 성명 김 ○ ○)

　　　　　　1900년 ○월 ○일생

　　　　　　등록기준지　○○시 ○○구 ○○길 ○○

　　　　　　주소　○○시 ○○구 ○○길 ○○ (우편번호)

　　　　　　전화　○○○ - ○○○○

　　　　　　원고는 미성년자이므로 법정대리인

　　　　　　친권자 모 김 □ □

　　　　　　등록기준지 및 주소 : 원고와 같음

피　고　정 △ △

　　　　　　1900년 ○월 ○일생

　　　　　　등록기준지　○○시 ○○구 ○○길 ○○

　　　　　　주소　○○시 ○○구 ○○길 ○○ (우편번호)

　　　　　　전화　○○○ - ○○○○

인지무효확인청구의 소

청 　구 　취 　지

1. 피고가 20○○. ○. ○. ○○시 ○○구청장에게 신고하여 한 원고에 대한 인지는 무효임을 확인한다.
2. 소송비용은 피고가 부담한다.

라는 판결을 구합니다.

청 　구 　원 　인

1. 원고는 원고의 생모인 김□□과 소외 박□□ 사이에 출생한 모의 혼인 외 출생자인데 생부인 소외 박□□가 인지를 하지 않아 생모인 친권자 위 김□□의　출생신고에 의하여 모의 성과 본을 따라 성명은 김○○로

하여 모의 호적에 자로 입적된 것입니다.

2. 피고는 원고가 출생하고 나서 원고의 생모와 관계를 맺은 사실도 있었으
   나, 두 사람 사이에는 태어난 자녀가 없었으며 결혼을 할만한 정신적,
   경제적 여유도 없었기에 원고의 생모와 피고는 헤어지기로 하였습니다.

3. 그러나 피고는 계속하여 결혼을 요구하였고, 이에 원고의 생모는 결혼
   할 수 없음을 설득하던 중, 피고가 원고와 원고의 생부 부지중에 20
   ○○. ○. ○. 원고의 본래 이름인 김○○의 성을 정○○로 정정하여 원
   고를 자신의 호적에 자로 입적하였습니다.

4. 따라서 위 입적은 원고와 피고 사이에 친생자관계가 존재하지 않음에도
   불구하고 원고의 의사에 반한 피고의 일방적인 허위의 사실에 기한 인
   지이므로 원고는 민법 제862조에 의하여 청구취지와 같은 판결을 구하
   고자 이 건 청구에 이른 것입니다.

입 증 방 법

1. 갑 제1호증	기본증명서(원고)
1. 갑 제2호증	가족관계증명서(원고)
1. 갑 제3호증	진술서(생모 김□□)

첨 부 서 류

1. 위 입증방법	각 1통
1. 소장부본	1통
1. 납 부 서	1통

20○○년　○월　○일

원 고　정　○　○의

친권자 모　김　□　□ (서명 또는 날인)

○ ○ 가 정 법 원　귀중

[3] 관련판례

[대법원 2024. 2. 8.선고 2021므13279 판결]

【판시사항】

미성년자인 자녀의 법정대리인이 인지청구의 소를 제기한 경우, 민법 제864조에서 정한 제척기간의 기산점(=법정대리인이 부 또는 모의 사망사실을 안 날) / 자녀가 미성년자인 동안 법정대리인이 인지청구의 소를 제기하지 않은 경우, 인지청구의 소를 제기할 수 있는 기간(=자녀가 성년이 된 뒤로 부 또는 모의 사망을 안 날로부터 2년 이내)

【판결요지】

자녀와 그 직계비속 또는 그 법정대리인은 부 또는 모를 상대로 하여 인지청구의 소를 제기할 수 있고, 이 경우에 부 또는 모가 사망한 때에는 그 사망을 안 날로부터 2년 내에 검사를 상대로 인지청구의 소를 제기하여야 한다(민법 제863조, 제864조).

이때 미성년자인 자녀의 법정대리인이 인지청구의 소를 제기한 경우에는 그 법정대리인이 부 또는 모의 사망사실을 안 날이 민법 제864조에서 정한 제척기간의 기산일이 된다. 그러나 자녀가 미성년자인 동안 법정대리인이 인지청구의 소를 제기하지 않은 때에는 자녀가 성년이 된 뒤로 부 또는 모의 사망을 안 날로부터 2년 내에 인지청구의 소를 제기할 수 있다고 보아야 한다. 인지청구권은 자녀 본인의 일신전속적인 신분관계상의 권리로서 그 의사가 최대한 존중되어야 하고, 법정대리인에게 인지청구의 소를 제기할 수 있도록 한 것은 소송능력이 제한되는 미성년자인 자녀의 이익을 두텁게 보호하기 위한 것일 뿐 그 권리행사를 제한하기 위한 것이 아니기 때문이다.

[대법원 2022. 7. 28.선고 2022므11621 판결]

【판시사항】

[1] 친생자가 아닌 자에 대하여 한 인지신고의 효력(=당연무효) 및 그 무효를 주장하는 방법

[2] 친생자가 아닌 자에 대한 인지에 입양의 효력이 있는 경우, 그 자녀가 생부모를 상대로 인지청구를 할 수 있는지 여부(적극) 및 이 경우 인지청구 전에 허위의 인지신고로 기록된 가족관계등록부상 친생자관계를 양친자관계로 정정하여야 하는지 여부(소극)

【이유】

1. 제1 상고이유에 관하여

친생자가 아닌 자에 대하여 한 인지신고는 당연 무효이고, 이러한 인지는 무효를 확정하기 위한 판결 기타의 절차에 의하지 아니하고도, 또 누구라도 그 무효를 주장할 수 있다(대법원 1992. 10. 23. 선고 92다29399 판결 참조). 한편 친양자가 아닌 한 양자의 입양 전 친족관계는 존속하므로(민법 제882조의2 제2항, 제908조의3 제2항), 친생자가 아닌 자에 대한 인지에 입양의 효력이 있는 경우에도 그 자녀는 곧바로 생부모를 상대로 인지청구를 할 수 있고, 인지청구를 하기 전에 먼저 허위의 인지신고로 기록된 가족관계등록부상 친생자관계를 양친자관계로 정정하여야 하는 것은 아니다. 원심은 그 판시와 같은 이유로 이 사건 인지청구의 소가 부적법하다는 피고의 본안전 항변을 받아들이지 않았다. 원심판결 이유를 위 법리와 기록에 비추어 살펴보면, 원심의 판단에 상고이유 주장과 같이 인지청구의 소의 적법 여부에 관한 법리를 오해한 잘못이 없고, 피고가 상고이유에서 들고 있는 대법원판결은 사안을 달리하므로 이 사건에 원용하기에 적절하지 않다.

2. 제2 상고이유에 관하여

원심은 그 판시와 같은 이유로 원고들은 피고의 친생자임이 분명하다고 보아 원고들의 인지청구를 인용한 제1심판결을 그대로 유지하였다. 원심판결 이유를 관련 법리와 기록에 따라 살펴보면, 원심의 판단에 상고이유 주장과 같이 논리와 경험의 법칙을 위반하여 자유심증주의의 한계를 벗어난 잘못이 없다.

[대법원 2015.2.12.선고 2014므4871 판결]

【판시사항】

인지청구의 소와 친생자관계부존재확인의 소에서 제소기간의 기산점이 되는 '사망을 안 날'의 의미(=사망이라는 객관적 사실을 안 날)

【판결요지】

인지청구의 소와 친생자관계부존재확인의 소(이하 '인지청구 등의 소'라고 한다)에서 제소기간을 둔 것은 친생자관계를 진실에 부합시키고자 하는 사람의 이익과 친생자관계의 신속한 확정을 통하여 법적 안정을 찾고자 하는 사람의 이익을 조화시킨다는 의미가 있는데, 당사자가 사망함과 동시에 상속이 개시

되어 신분과 재산에 대한 새로운 법률관계가 형성되는데, 오랜 시간이 지난 후에 인지청구 등의 소를 허용하게 되면 상속에 따라 형성된 법률관계를 불안정하게 할 우려가 있는 점, 친생자관계의 존부에 관하여 알게 된 때를 제소기간의 시점으로 삼을 경우에는 사실상 이해관계인이 주장하는 시기가 제소기간의 기산점이 되어 제소기간을 두는 취지를 살리기 어렵게 되는 점 등을 고려할 때, 인지청구 등의 소에서 제소기간의 기산점이 되는 '사망을 안 날'은 사망이라는 객관적 사실을 아는 것을 의미하고, 사망자와 친생자관계에 있다는 사실까지 알아야 하는 것은 아니라고 해석함이 타당하다.

[대법원 2013.12.26.선고 2012므5269 판결]
【판시사항】
인지소송에서 당사자의 증명이 충분하지 못할 경우, 법원이 직권으로 사실조사 및 증거조사를 하여야 하는지 여부(적극) 및 혈연상의 친자관계를 증명하는 방법

【이유】
인지소송은 부와 자 사이에 사실상 친생자관계의 존재를 확정하고 법률상 친생자관계를 창설함을 목적으로 하는 소송으로서 친족·상속법상 중대한 영향을 미치는 인륜의 근본에 관한 것이고 공익에도 관련되는 중요한 것이기 때문에 이와 같은 소송에서는 직권주의를 채용하고 있는 것이므로, 당사자의 증명이 충분하지 못할 때에는 가능한 한 직권으로도 사실조사 및 필요한 증거조사를 하여야 한다. 한편 혈연상 친생자관계라는 주요사실의 존재를 증명함에 있어서는, 부와 친모 사이의 정교관계가 존재하는지, 다른 남자와의 정교의 가능성이 존재하는지, 부가 자를 자기의 자로 믿은 것을 추측하게 하는 언동이 존재하는지, 부와 자 사이에 인류학적 검사나 혈액형검사 또는 유전자검사를 한 결과 친생자관계를 배제하거나 긍정하는 요소가 있는지 등 주요사실의 존재나 부존재를 추인시키는 간접사실을 통하여 경험칙에 의한 사실상의 추정에 의하여 주요사실을 추인하는 간접증명의 방법에 의할 수밖에 없는데, 여기에서 혈액형검사나 유전자검사 등 과학적 증명방법이 그 전제로 하는 사실이 모두 진실임이 증명되고 그 추론의 방법이 과학적으로 정당하여 오류의 가능성이 전무하거나 무시할 정도로 극소한 것으로 인정되는 경우라면 그와 같은 증명방법은 가장 유력한 간접증명의 방법이 된다(대법원 2002. 6. 14. 선고 2001므1537 판결 , 대법원 2005. 6. 10. 선고 2005므365 판결 등 참조).

[대법원 2005. 6. 10.선고 2005므365 판결]

【판시사항】

인지소송에서 혈연상의 친자관계를 증명하는 방법

【이유】

인지소송은 부와 자 사이에 사실상의 친자관계의 존재를 확정하고 법률상의 친자관계를 창설함을 목적으로 하는 소송으로서 친족·상속법상 중대한 영향을 미치는 인륜의 근본에 관한 것이고 공익에도 관련되는 중요한 것이기 때문에 이 소송에서는 직권주의를 채용하고 있는 것이므로, 당사자의 입증이 충분하지 못할 때에는 가능한 한 직권으로도 사실조사 및 필요한 증거조사를 하여야 하고, 한편 혈연상의 친자관계라는 주요사실의 존재를 증명함에 있어서는, 부와 친모 사이의 정교관계의 존재 여부, 다른 남자와의 정교의 가능성이 존재하는지 여부, 부가 자를 자기의 자로 믿은 것을 추측하게 하는 언동이 존재하는지 여부, 부와 자 사이에 인류학적 검사나 혈액형검사 또는 유전자검사를 한 결과 친자관계를 배제하거나 긍정하는 요소가 있는지 여부 등 주요사실의 존재나 부존재를 추인시키는 간접사실을 통하여 경험칙에 의한 사실상의 추정에 의하여 주요사실을 추인하는 간접증명의 방법에 의할 수밖에 없는데, 여기에서 혈액형검사나 유전자검사 등 과학적 증명방법이 그 전제로 하는 사실이 모두 진실임이 증명되고 그 추론의 방법이 과학적으로 정당하여 오류의 가능성이 전무하거나 무시할 정도로 극소한 것으로 인정되는 경우라면 그와 같은 증명방법은 가장 유력한 간접증명의 방법이 된다(대법원 2002. 6. 14. 선고 2001므1537 판결 참조).

[대법원 2002. 6. 14.선고 2001므1537 판결]

【판시사항】

[1] 인지소송에서 혈연상의 친자관계를 증명하는 방법

[2] 인지소송에서 배치되는 내용의 두 개의 유전자감정촉탁결과 중 일정한 전제조건이 충족될 경우에만 의미가 있는 감정촉탁결과를 취신하여 나머지 감정촉탁결과 및 증거들을 배척한 원심판결을 파기한 사례

[3] 친생자관계 증명을 위한 유전자감정에서 감정의 전제사실에 대하여 호적부 기재의 추정력이 미치는지 여부(소극)

[4] 인지소송과 직권증거조사

【판결요지】

[1] 혈연상의 친자관계라는 주요사실의 존재를 증명함에 있어서는, 부와 친모 사이의 정교관계의 존재 여부, 다른 남자와의 정교의 가능성이 존재하는지 여부, 부가 자를 자기의 자로 믿은 것을 추측하게 하는 언동이 존재하는지 여부, 부와 자 사이에 인류학적 검사나 혈액형검사 또는 유전자검사를 한 결과 친자관계를 배제하거나 긍정하는 요소가 있는지 여부 등 주요사실의 존재나 부존재를 추인시키는 간접사실을 통하여 경험칙에 의한 사실상의 추정에 의하여 주요사실을 추인하는 간접증명의 방법에 의할 수밖에 없는데, 여기에서 혈액형검사나 유전자검사 등 과학적 증명방법이 그 전제로 하는 사실이 모두 진실임이 증명되고 그 추론의 방법이 과학적으로 정당하여 오류의 가능성이 전무하거나 무시할 정도로 극소한 것으로 인정되는 경우라면 그와 같은 증명방법은 가장 유력한 간접증명의 방법이 된다.

[2] 인지소송에서 배치되는 내용의 두 개의 유전자감정촉탁결과 중 일정한 전제조건이 충족될 경우에만 의미가 있는 감정촉탁결과를 취신하여 나머지 감정촉탁결과 및 증거들을 배척한 원심판결을 파기한 사례.

[3] 호적부의 기재사항은 이를 번복할 만한 명백한 반증이 없는 한 진실에 부합되는 것으로 추정이 된다고 할 것이지만, 이는 일반적인 법률관계에 있어서의 친족관계나 사망사실 등의 추정에 관한 것이고, 상염색체유전자좌 감정방법에 의하여 과학적으로 어떤 사실을 증명함에 있어서 감정의 전제되는 사실에 관하여 호적부의 추정력을 적용할 수는 없으며, 따라서 이와 같은 경우 그 전제되는 사실이 진실하다는 점에 대하여는 그 감정방법을 원용하는 당사자가 이를 증명하여야 한다.

[4] 인지소송은 부와 자 사이에 사실상의 친자관계의 존재를 확정하고 법률상의 친자관계를 창설함을 목적으로 하는 소송으로서 친족·상속법상 중대한 영향을 미치는 인륜의 근본에 관한 것이고 공익에도 관련되는 중요한 것이기 때문에 이 소송에서는 직권주의를 채용하고 있는 것이므로 당사자의 입증이 충분하지 못할 때에는 가능한 한 직권으로도 사실조사 및 필요한 증거조사를 하여야 한다.

[대법원 1981. 6. 23.선고 80므109 판결]

【판시사항】

재판상 인지에 대한 인지이의의 소의 가부(소극)

【판결요지】

재판상 인지의 경우에는 그 심판에 대한 재심의 소로서 이를 다투어야 하고, 인지에 대한 이의의 소로서 위 인지심판의 효력을 다툴 수는 없다.

【주문】

상고를 기각한다.

상고비용은 청구인들의 부담으로 한다.

【이유】

청구인들의 상고이유를 본다.

기록에 의하면, 피청구인은 대구지방법원에 망 청구외 1을 망 청구외 2의 자로 인지하라는 인지청구의 소를 제기하여 1978.11.29 승소심판을 받아 그 심판이 확정된 사실이 인정되는 바, 청구인들은 위 인지심판이 진실에 반함을 이유로 민법 제862조에 의한 인지에 대한 이의의 소로서 위 인지심판의 취소를 구하고 있는 것이나, 재판상 인지의 경우에는 인사소송법 제35조, 제32조에 의하여 그 확정심판의 효력이 제3자에 대하여도 미치는 것이므로 그 심판에 대한 재심의 소로서 이를 다투는 것은 모르되 인지에 대한 이의 소로서 위 인지심판의 효력을 다툴 수는 없다고 할 것이다.

결국 같은 취지로 판단한 1심 심판을 유지하고 있는 원심조치는 정당하고, 소론과 같이 인지에 대한 이의의 소의 성질에 관하여 법리를 오해한 위법이 없으므로 논지는 이유없어 상고를 기각하기로 하고, 상고비용은 패소자의 부담으로 하여 관여 법관의 일치된 의견으로 주문과 같이 판결한다.

Section 8. 인지에 대한 이의

[1] 인지에 대한 이의의 소

자 기타 이해관계인은 인지의 신고있음을 안 날로부터 1년내에 인지에 대한 이의의 소를 제기할 수 있습니다.

[2] 인지에 대한 소장 작성례

[작성례 ①] 인지청구의 소

소　　　　　장

원　　고　　○　○　○(주민등록번호)
　　　　　　등록기준지 : ○○시 ○○구 ○○길 ○○
　　　　　　주소 : ○○시 ○○구 ○○길 ○○(우편번호)
　　　　　　미성년자이므로 법정대리인
　　　　　　친권자 모　　□　□　□(주민등록번호)
　　　　　　등록기준지 : ○○시 ○○구 ○○길 ○○
　　　　　　주소 : ○○시 ○○구 ○○길 ○○(우편번호)
피　　고　　△　△　△(주민등록번호)
　　　　　　등록기준지 : ○○시 ○○구 ○○길 ○○
　　　　　　주소 : ○○시 ○○구 ○○길 ○○(우편번호)

인지청구의 소

청　구　취　지

1. 피고는 원고를 친생자로 인지한다.
2. 소송비용은 피고의 부담으로 한다.
라는 판결을 구합니다.

청 구 원 인

1. 원고의 생모 □□□는 우연한 기회에 피고를 알게 되어 피고와 내연관계를 맺고 원고를 혼인외자로 출생하였습니다.
2. 피고는 원고가 출생 후 원고를 보살피며 생모 □□□와 아예 동거까지 하였으나 원고가 ○살 때부터 원고 및 생모에 대한 태도가 변하여 아무런 도움을 주지 않고 있습니다.
3. 원고는 아직 미성년자이고 원고의 생모도 또한 지병으로 거동이 불편하여 생활능력이 없으므로 피고에게 원고를 인지하여 줄 것을 요청하였으나 피고는 이에 응하지 않으므로 신분관계를 명확히 하기 위하여 이 청구에 이른 것입니다.

입 증 방 법

1. 갑 제1호증	가족관계증명서(원고)
1. 갑 제2호증	기본증명서(원고)
1. 갑 제3호증	주민등록등본

첨 부 서 류

1. 위 입증서류	각 1부
1. 소장부본	1부
1. 송달료납부서	1부

20○○년 ○월 ○일

원 고 ○ ○ ○

원고는 미성년자이므로

법정대리인 친권자 모 : □ □ □(서명 또는 날인)

○ ○ 가 정 법 원 귀 중

소　　　　장

원　고　　　정　○　○ (원 성명 김 ○ ○)

　　　　　　　　1900년 ○월 ○일생

　　　　　　　　등록기준지　　○○시 ○○구 ○○길 ○○

　　　　　　　　주소　　○○시 ○○구 ○○길 ○○ (우편번호)

　　　　　　　　전화　　○○○ - ○○○○

　　　　　　　　원고는 미성년자이므로 법정대리인

　　　　　　　　친권자 모 김 □ □

　　　　　　　　등록기준지 및 주소 : 원고와 같음

피　고　　　정　△　△

　　　　　　　　1900년 ○월 ○일생

　　　　　　　　등록기준지　　○○시 ○○구 ○○길 ○○

　　　　　　　　주소　　○○시 ○○구 ○○길 ○○ (우편번호)

　　　　　　　　전화　　○○○ - ○○○○

인지무효확인청구의 소

청　구　취　지

1. 피고가 2000. ○. ○. ○○시 ○○구청장에게 신고하여 한 원고에 대
　한 인지는 무효임을 확인한다.
2. 소송비용은 피고가 부담한다.
라는 판결을 구합니다.

청　구　원　인

1. 원고는 원고의 생모인 김□□과 소외 박□□ 사이에 출생한 모의 혼인
　외 출생자인데 생부인 소외 박□□가 인지를 하지 않아 생모인 친권자
　위 김□□의 출생신고에 의하여 모의 성과 본을 따라 성명은 김○○로

하여 모의 호적에 자로 입적된 것입니다.

2. 피고는 원고가 출생하고 나서 원고의 생모와 관계를 맺은 사실도 있었으나, 두 사람 사이에는 태어난 자녀가 없었으며 결혼을 할만한 정신적, 경제적 여유도 없었기에 원고의 생모와 피고는 헤어지기로 하였습니다.

3. 그러나 피고는 계속하여 결혼을 요구하였고, 이에 원고의 생모는 결혼할 수 없음을 설득하던 중, 피고가 원고와 원고의 생부 부지중에 20○○. ○. ○. 원고의 본래 이름인 김○○의 성을 정○○로 정정하여 원고를 자신의 호적에 자로 입적하였습니다.

4. 따라서 위 입적은 원고와 피고 사이에 친생자관계가 존재하지 않음에도 불구하고 원고의 의사에 반한 피고의 일방적인 허위의 사실에 기한 인지이므로 원고는 민법 제862조에 의하여 청구취지와 같은 판결을 구하고자 이 건 청구에 이른 것입니다.

입 증 방 법

1. 갑 제1호증　　　　　　기본증명서(원고)
1. 갑 제2호증　　　　　　가족관계증명서(원고)
1. 갑 제3호증　　　　　　진술서(생모 김□□)

첨 부 서 류

1. 위 입증방법　　　　　　각 1통
1. 소장부본　　　　　　　1통
1. 납 부 서　　　　　　　1통

20○○년　　○월　　○일

원 고　정 ○　○의

친권자 모 김　□　□ (서명 또는 날인)

○ ○ **가 정 법 원　귀중**

Section 9. 인지청구

[1] 인지청구의 소

1. 의의

생부모가 스스로 자를 인지하지 아니할 때에 가정법원의 확정판결에 의하여 혼인외의 자와 법률상의 부모자 관계를 형성하거나 확인하는 소송입니다(민법 제863조).

2. 관할

상대방인 부 또는 모의 보통재판적 소재지 가정법원, 그가 사망한 때에는 그 마지막 주소지의 가정법원입니다.

3. 원고적격

자녀와 그 직계비속 또는 그 법정대리인

4. 피고적격

부 또는 모, 피고가 된 부 또는 모가 모두 사망 시 2년 내 검사를 상대로 합니다.

5. 효력

인지청구를 인용한 확정판결의 효력은 자녀의 출생 시에 소급하여 발생

6. 확정 후의 절차

① 소를 제기한 자 또는 상대방은 재판확정일로부터 1개월 이내에 재판서 정(등)본 및 확정증명서를 첨부하여 시(구)·읍·면의 장에게 그 내용을 신고하여야 합니다.

② 부는 자(이미 출생), 태아를 인지 대상으로 할 수 있으나, 태아는 부를 상대로 인지청구를 할 수 없습니다.

[2] 인지청구의 소장 작성례

[법원양식] 인지청구의 소

<h3 style="text-align:center">인지청구의 소</h3>

원 고: (연락 가능한 전화번호:)

주민등록번호:

주　　　소:

송 달 장 소:

등 록 기준지:

피 고:

주민등록번호:

주　　　소:

등 록 기준지:

<h3 style="text-align:center">청 구 취 지</h3>

1. 원고는 피고　　　　　　의 친생자임을 인지한다.

2. 소송비용은 피고가 부담한다.

라는 판결을 구합니다.

<h3 style="text-align:center">청 구 원 인</h3>

(소송을 제기하는 사유를 구체적으로 기재하십시오.)

<h3 style="text-align:center">첨 부 서 류</h3>

1.기본증명서(상세)(원고,피고)	각1통
2.가족관계증명서(상세)(원고,피고)	각1통
3.주민등록표등(초)본(원고,피고)	각1통
4.소장부본	1부

5.기타입증자료(유전자시험성적서등)   1부

20   .   .   .
　　원고   (서명 또는 날인)

법원 귀중

휴대전화를 통한 정보수신 신청

 위 사건에 관한 **재판기일의 지정·변경·취소 및 문건접수 사실**을 예납의무자가 납부한 송달료 잔액 범위 내에서 아래 휴대전화를 통하여 알려주실 것을 신청합니다.

▣ **휴대전화번호:**

20   .   .   .
　　신청인　원고   (서명 또는 날인)

※ 문자메시지는 재판기일의 지정·변경·취소 및 문건접수 사실이 법원재판사무시스템에 입력되는 당일 이용 신청한 휴대전화로 발송됩니다.

※ 문자메시지 서비스 이용 금액은 메시지 1건당 17원씩 납부된 송달료에서 차감됩니다(송달료가 부족하면 문자메시지가 발송되지 않습니다.).

※ 추후 서비스 대상 정보, 이용 금액 등이 변동될 수 있습니다.

※ 휴대전화를 통한 문자메시지는 원칙적으로 법적인 효력이 없으니 참고자료로만 활용하시기 바랍니다.

◇ **유의 사항** ◇

1. 상대방으로 될 부 또는 모가 사망한 때에는 검사를 피고로 합니다.
2. 소장에는 인지액 20,000원 상당의 금액을 현금이나 신용카드·직불카드 등으로 납부한 내역을 기재한 영수필확인서를 첨부하여야 합니다.
3. 송달료는 당사자 수 ×우편료 × 15회분을 송달료 취급 은행에 납부하고 납부서를 첨부하여야 합니다.

[작성례 ①] 인지청구의 소

소   장

원　　고　　○　○　○(주민등록번호)
　　　　　　　등록기준지 : ○○시 ○○구 ○○길 ○○
　　　　　　　주소 : ○○시 ○○구 ○○길 ○○(우편번호)
　　　　　　　미성년자이므로 법정대리인
　　　　　　　친권자 모 □ □ □(주민등록번호)
　　　　　　　등록기준지 : ○○시 ○○구 ○○길 ○○
　　　　　　　주소 : ○○시 ○○구 ○○길 ○○(우편번호)
피　　고　　△　△　△(주민등록번호)
　　　　　　　등록기준지 : ○○시 ○○구 ○○길 ○○
　　　　　　　주소 : ○○시 ○○구 ○○길 ○○(우편번호)

인지청구의 소

청 구 취 지

1. 피고는 원고를 친생자로 인지한다.
2. 소송비용은 피고의 부담으로 한다.
라는 판결을 구합니다.

청 구 원 인

1. 원고의 생모 □□□는 우연한 기회에 피고를 알게 되어 피고와 내연관
　 계를 맺고 원고를 혼인외자로 출생하였습니다.
2. 피고는 원고가 출생 후 원고를 보살피며 생모 □□□와 아예 동거까지
　 하였으나 원고가 ○살 때부터 원고 및 생모에 대한 태도가 변하여 아무
　 런 도움을 주지 않고 있습니다.
3. 원고는 아직 미성년자이고 원고의 생모도 또한 지병으로 거동이 불편하
　 여 생활능력이 없으므로 피고에게 원고를 인지하여 줄 것을 요청하였으

나 피고는 이에응하지 않으므로 신분관계를 명확히 하기 위하여 이 청구에 이른 것입니다.

입 증 방 법

1. 갑 제1호증   가족관계증명서(원고)
1. 갑 제2호증   기본증명서(원고)
1. 갑 제3호증   주민등록등본

첨 부 서 류

1. 위 입증서류   각 1부
1. 소장부본   1부
1. 송달료납부서   1부

2000년   0월   0일

원 고 ○ ○ ○

원고는 미성년자이므로

법정대리인 친권자 모 : □ □ □(서명 또는 날인)

○ ○ 가 정 법 원 귀 중

[작성례 ②] 인지무효확인 청구의 소

소   장

원 고 정 ○ ○ (원 성명 김 ○ ○)
        19○○년 ○월 ○일생
        등록기준지   ○○시 ○○구 ○○길 ○○
        주소   ○○시 ○○구 ○○길 ○○ (우편번호)
        전화   ○○○ - ○○○○

원고는 미성년자이므로 법정대리인

친권자 모 김 □ □

등록기준지 및 주소 : 원고와 같음

피　고　정　△ △

19〇〇년 〇월 〇일생

등록기준지　〇〇시 〇〇구 〇〇길 〇〇

주소　〇〇시 〇〇구 〇〇길 〇〇 (우편번호)

전화　〇〇〇 - 〇〇〇〇

인지무효확인청구의 소

청 구 취 지

1. 피고가 20〇〇. 〇. 〇. 〇〇시 〇〇구청장에게 신고하여 한 원고에 대한 인지는 무효임을 확인한다.
2. 소송비용은 피고가 부담한다.

라는 판결을 구합니다.

청 구 원 인

1. 원고는 원고의 생모인 김□□과 소외 박□□ 사이에 출생한 모의 혼인 외 출생자인데 생부인 소외 박□□가 인지를 하지 않아 생모인 친권자 위 김□

□의 출생신고에 의하여 모의 성과 본을 따라 성명은 김〇〇로 하여 모의 호적에 자로 입적된 것입니다.
2. 피고는 원고가 출생하고 나서 원고의 생모와 관계를 맺은 사실도 있었으나, 두 사람 사이에는 태어난 자녀가 없었으며 결혼을 할만한 정신적, 경제적 여유도 없었기에 원고의 생모와 피고는 헤어지기로 하였습니다.
3. 그러나 피고는 계속하여 결혼을 요구하였고, 이에 원고의 생모는 결혼할 수 없음을 설득하던 중, 피고가 원고와 원고의 생부 부지중에 20〇〇. 〇. 〇. 원고의 본래 이름인 김〇〇의 성을 정〇〇로 정정하여 원고를 자신의 호적에 자로 입적하였습니다.

4. 따라서 위 입적은 원고와 피고 사이에 친생자관계가 존재하지 않음에도 불구하고 원고의 의사에 반한 피고의 일방적인 허위의 사실에 기한 인지이므로 원고는 민법 제862조에 의하여 청구취지와 같은 판결을 구하고자 이 건 청구에 이른 것입니다.

입 증 방 법

1. 갑 제1호증	기본증명서(원고)
1. 갑 제2호증	가족관계증명서(원고)
1. 갑 제3호증	진술서(생모 김□□)

첨 부 서 류

1. 위 입증방법	각 1통
1. 소장부본	1통
1. 납 부 서	1통

20○○년　○월　○일

원 고　정 ○ ○의

친권자 모　김 □ □ (서명 또는 날인)

○ ○ 가 정 법 원　귀중

[3] 관련판례

[대법원 2024. 2. 8.선고 2021므13279 판결]

【판시사항】

미성년자인 자녀의 법정대리인이 인지청구의 소를 제기한 경우, 민법 제864조에서 정한 제척기간의 기산점(=법정대리인이 부 또는 모의 사망사실을 안 날) / 자녀가 미성년자인 동안 법정대리인이 인지청구의 소를 제기하지 않은 경우, 인지청구의 소를 제기할 수 있는 기간(=자녀가 성년이 된 뒤로 부 또는 모의 사망을 안 날로부터 2년 이내)

【판결요지】

자녀와 그 직계비속 또는 그 법정대리인은 부 또는 모를 상대로 하여 인지청구의 소를 제기할 수 있고, 이 경우에 부 또는 모가 사망한 때에는 그 사망을 안 날로부터 2년 내에 검사를 상대로 인지청구의 소를 제기하여야 한다(민법 제863조, 제864조).

이때 미성년자인 자녀의 법정대리인이 인지청구의 소를 제기한 경우에는 그 법정대리인이 부 또는 모의 사망사실을 안 날이 민법 제864조에서 정한 제척기간의 기산일이 된다. 그러나 자녀가 미성년자인 동안 법정대리인이 인지청구의 소를 제기하지 않은 때에는 자녀가 성년이 된 뒤로 부 또는 모의 사망을 안 날로부터 2년 내에 인지청구의 소를 제기할 수 있다고 보아야 한다. 인지청구권은 자녀 본인의 일신전속적인 신분관계상의 권리로서 그 의사가 최대한 존중되어야 하고, 법정대리인에게 인지청구의 소를 제기할 수 있도록 한 것은 소송능력이 제한되는 미성년자인 자녀의 이익을 두텁게 보호하기 위한 것일 뿐 그 권리행사를 제한하기 위한 것이 아니기 때문이다.

[대법원 2022. 7. 28.선고 2022므11621 판결]

【판시사항】

[1] 친생자가 아닌 자에 대하여 한 인지신고의 효력(=당연무효) 및 그 무효를 주장하는 방법

[2] 친생자가 아닌 자에 대한 인지에 입양의 효력이 있는 경우, 그 자녀가 생부모를 상대로 인지청구를 할 수 있는지 여부(적극) 및 이 경우 인지청구 전에 허위의 인지신고로 기록된 가족관계등록부상 친생자관계를 양친자관계로 정정하여야 하는지 여부(소극)

【이유】

1. 제1 상고이유에 관하여

친생자가 아닌 자에 대하여 한 인지신고는 당연 무효이고, 이러한 인지는 무효를 확정하기 위한 판결 기타의 절차에 의하지 아니하고도, 또 누구라도 그 무효를 주장할 수 있다(대법원 1992. 10. 23. 선고 92다29399 판결 참조). 한편 친양자가 아닌 한 양자의 입양 전 친족관계는 존속하므로(민법 제882조의2 제2항, 제908조의3 제2항), 친생자가 아닌 자에 대한 인지에 입양의 효력이 있는 경우에도 그 자녀는 곧바로 생부모를 상대로 인지청구를 할 수 있고, 인지청구를 하기 전에 먼저 허위의 인지신고

로 기록된 가족관계등록부상 친생자관계를 양친자관계로 정정하여야 하는
것은 아니다.

원심은 그 판시와 같은 이유로 이 사건 인지청구의 소가 부적법하다는 피
고의 본안전 항변을 받아들이지 않았다. 원심판결 이유를 위 법리와 기록
에 비추어 살펴보면, 원심의 판단에 상고이유 주장과 같이 인지청구의 소
의 적법 여부에 관한 법리를 오해한 잘못이 없고, 피고가 상고이유에서
들고 있는 대법원판결은 사안을 달리하므로 이 사건에 원용하기에 적절하
지 않다.

2. 제2 상고이유에 관하여

원심은 그 판시와 같은 이유로 원고들은 피고의 친생자임이 분명하다고
보아 원고들의 인지청구를 인용한 제1심판결을 그대로 유지하였다. 원심
판결 이유를 관련 법리와 기록에 따라 살펴보면, 원심의 판단에 상고이유
주장과 같이 논리와 경험의 법칙을 위반하여 자유심증주의의 한계를 벗어
난 잘못이 없다.

[대법원 2001. 11. 27.선고 2001므1353 판결]

【판시사항】

[1] 인지청구권의 행사에 실효의 법리가 적용되는지 여부(소극)

[2] 인지청구권의 행사가 상속재산에 대한 이해관계에서 비롯되었다 하더라도
정당한 신분관계를 확정하기 위해서라면 신의칙에 반하는 것이라 하여
막을 수 없다고 한 사례

【판결요지】

[1] 인지청구권은 본인의 일신전속적인 신분관계상의 권리로서 포기할 수도
없으며 포기하였더라도 그 효력이 발생할 수 없는 것이고, 이와 같이 인
지청구권의 포기가 허용되지 않는 이상 거기에 실효의 법리가 적용될 여
지도 없다.

[2] 인지청구권의 행사가 상속재산에 대한 이해관계에서 비롯되었다 하더라도
정당한 신분관계를 확정하기 위해서라면 신의칙에 반하는 것이라 하여
막을 수 없다고 한 사례.

Section 10. 입양의 취소

[1] 입양취소의 소

1. 입양취소

① 입양의 취소는 이미 이루어진 입양에 인정한 흠이 있음을 이유로 이를취소하여 양친자 관계를 장래에 향하여 소멸시키는 것이며, 입양취소는 반드시 법원에 청구하여서만, 즉 소로써만 주장할 수 있고, 입양취소의 소는 형성의 소입니다.

② 입양취소의 효력은 기왕에 소급하지 아니하고 장래에 향하여서만 효력이 있을 뿐입니다(민법 제897조, 제824조).

③ 취소사유
   - 성년에 달하지 않은 자가 입양한 때(민법 제884조 제1호, 제866조)
   - 입양이 적법한 동의 없이 이루어진 때(민법 제884조 제I호, 제869조 제1항, 제3항 제2호, 제870조 제1항, 제871조 제1항, 제873조 제1항)
   - 배우자 있는 자가 배우자와 공동으로 입양하지 아니 하거나 배우자의 동의 없이 양자가 된 때(민법 제884조 제1호. 제874조)
   - 입양 당시 양부모와 양자 중 한쪽에서 악질 그 밖에 중대한 사유가 있음을 알지 못한 때(민법 제884조 제2호)
   - 사기 또는 강박으로 인하여 입양의 의사표시를 한 때(민법 제884조 제3호)

2. 관할

① 양부모 중 1명의 보통재판적이 있는 곳의 가정법원, 양부모가 모두 사망한 경우에는 그 중 1명의 마지막 주소지의 가정법원의 전속관

할에 속합니다(가사소송법 제30조 제1호, 제2호).

② 따라서 양부모의 주소 또는 마지막 주소지가 다른 경우에는 전속관
할이 경합하게 됩니다.

3. 원고적격

① 미성년자가 입양한 때 - 양부모, 양자, 법정대리인, 직계혈족(민법
제885조)

② 부모 또는 직계존속의 동의 없이 양자가 된 때 - 동의권자(구 민법
제886조 전단, 제870조/민법 제886조, 제869조 제1항)

③ 미성년자가 적법한 동의 없이 양자가 된 때 - 양자, 동의권자(구 민
법 제886조 후단, 제871조/민법 제886조, 제869조 제1항, 제3항
제2호, 제870조 제1항)

④ [2013. 7. 1. 전] 후견인이 가정법원의 허가 없이 피후견인을 양
자로 한때 - 피후견인. 친족회원(구 민법 제887조 전단, 제872조)

⑤ [2013. 7. 1. 전] 금치산자가 후견인의 동의 없이 양자를 하거나
양자가 된 때 - 금치산자, 후견인(구 민법 제887조 후단, 제873
조) / [2013. 7. 1. 이후] 피성년후견인이 성년후견인의 동의 없이
입양을 하거나 양자가 된 때- 피성년후견인이나 성년후견인(민법
제887조, 제873조 제1항)

⑥ 배우자와 공동으로 하지 아니하고 양자를 하거나 배우자의 동의 없
이 양자가 된 때 - 배우자(민법 제888조, 제874조)

⑦ 양친자의 한쪽에게 악질 그 밖에 중대한 사유가 있음을 알지 못한
때 - 양친자의 다른 쪽(민법 제896조)

⑧ 사기 또는 강박으로 인하여 입양의 의사표시를 한 때 - 입양의 의
사표시를 한 자(민법 제897조)

4. 피고적격

① 양친자 중 어느 한쪽이 소를 제기한 때에는 다른 쪽을 상대방으로 하고, 제3자가 소를 제기한 때에는 양친자 양쪽을 상대방으로 하되, 그 중 어느 한쪽이 사망한 때에는 생존자를 상대방으로 합니다(가사소송법 제31조, 제24조 제1항, 제2항).

② 상대방으로 될 사람이 모두 사망한 때에는 검사를 상대방으로 합니다(가사소송법 제31조, 제24조 제3항). 따라서 제3자가 소를 제기한 때에는 양친(양부모)과 양자 3명이 피고로서 필수적 공동소송인으로 됩니다.

5. 판결확정 후의 절차

① 청구를 인용한 확정판결은 제3자에게도 효력이 있고, 청구를 기각한 확정판결에는 재소금지의 효력이 있습니다(가사소송법 제21조).

② 입양취소사유마다 별개의 소송물이라고 할 것이므로 입양취소사유 중의 하나를 주장하여 소를 제기하였다가 청구기각의 확징판결을 받았더라도 다른 사유를 주장하여 다시 소를 제기할 수 있습니다.

③ 입양취소의 청구를 인용한 판결이 확정되면 가정법원의 법원사무관 등은 바로 그 뜻을 등록기준지의 가족관계등록사무를 처리하는 사람에게 통지하여야 합니다(가사소송규칙 제7조 제1항 제1호).

④ 당사자는 판결확정일로부터 1개월 이내에 판결정본 및 송달/확정증명원을 발급받아 그 취지를 신고하여 등록부 기록을 바로 잡게 됩니다.

6. 친양자 입양

① 당사자적격

입양 당시 동의할 수 없었던 친생의 부 또는 모가 양친자 양쪽을 상대방으로 하되, 그 중 한쪽이 사망한 경우에는 생존자를, 모두 사망한 경우에는 검사를 상대방으로 합니다.

② 취소사유

친생의 부 또는 모가 자신에게 책임 없는 사유로 민법 제908조의2 제1항 제3호 단서(부모가 친권상실의 선고를 받거나 소재를 알 수 없거나 그 밖의 사유)에 따른 동의를 할 수 없었음에 한합니다.

③ 제척기간 및 관할

입양 사실을 안 날부터 6개월 안에 가정법원에 소로써 입양취소를 청구하여야 한다., 관할은 일반 입양과 같다.

④ 판결확정의 효력

- 친양자관계는 소멸하고 입양 전의 친생부모와 그 친족관계는 부활하고, 원래의 성과 본을 회복한다. 다만, 친양자 입양 전에 성·본 변경심판에 의하여 친양자의 성·본이 변경되었던 경우 친양자 입양의 취소로 기존의 성·본 변경심판까지 그 효력을 잃는 것으로 볼 수 없으므로 변경 후의 성·본으로 남습니다.
- 친양자 입양취소의 효력은 소급하지 않습니다. 판결확정 후의 절차는 일반 입양과 같습니다.

[2] 입양취소의 소장 작성례

[작성례 ①] 친양자 입양 취소 청구의 소

소　　　　　장

원　　고　　○　○　○ (주민등록번호)
　　　　　　　　등록기준지 : ○○시 ○○구 ○○길 ○○번지
　　　　　　　　주소 : ○○시 ○○구 ○○길 ○○번지(우편번호)

피　　고　　1. △　△　△ (주민등록번호, 양부)

등록기준지 : ○○시 ○○구 ○○길 ○○번지

주소 : ○○시 ○○구 ○○길 ○○번지(우편번호)

2. □ □ □ (주민등록번호, 양모)

등록기준지 : ○○시 ○○구 ○○길 ○○번지

주소 : ○○시 ○○구 ○○길 ○○번지(우편번호)

3.◇◇◇ (주민등록번호, 친양자)

등록기준지 : ○○시 ○○구 ○○길 ○○번지

주소 : ○○시 ○○구 ○○길 ○○번지(우편번호)

친양자입양취소청구의 소

청 구 취 지

○○법원 20 느 호 사건에 관하여 위 법원이 20 . . . 한 심판에 의하여 피고 1. △ △ △, 피고 2. □ □ □와 피고 3.◇◇◇ 사이에 성립한 친양자 입양은 이를 취소한다.

라는 판결을 구합니다.

청 구 원 인

1. 원고는 피고 3.◇◇◇의 친생의 부인데, 최근 피고 3.◇◇◇이 피고 1. △△△와 피고 2. □ □ □의 친양자로 입양되어 있다는 사실을 알게 되었습니다.

2. 원고는 20○○. . . 피고 3.◇◇◇과 함께 ○○시 인근 캠핑장에 갔다가, 위 피고 3.◇◇◇을 잃어버린 이후 경찰서에 실종선고를 접수하였던 사실이 있습니다.

3. 한편, 피고 3.◇◇◇은 아동보호시설에 보호되고 있던 중, ○○법원 20 느 호 심판에 의하여 원고에게 친양자로 입양되었고, 원고는 위 사실을 20○○. . . 알게 되었습니다.

4. 피고 3.◇◇◇의 친생의 아버지인 원고는 피고 1. △ △ △, 피고 2. □

□ □가 피고 3.◇◇◇을 친양자로 입양할 당시 책임질 수 없는 사유로 인하여 민법 제908조의 2 제1항 단서에 따른 동의를 할 수 없었다고 할 것인바, 민법 제908조의 4에 따라 친양자 입양의 취소를 구하는 바입니다.

입 증 방 법

1. 갑 제1호증   가족관계증명서(원고)
1. 갑 제2호증   친양자입양관계증명서(피고3.)
1. 갑 제3호증   주민등록등본(피고1. 또는 피고2.)

첨 부 서 류

1. 위 입증방법   각 1통
1. 소장부본   1통
1. 납부서   1통

20○○년   ○월   ○일

원 고   ○ ○ ○ (서명 또는 날인)

○ ○ 가 정 법 원 귀 중

[작성례 ②] 입양취소청구의 소(미성년자가 양친이 된 경우)

소   장

원 고   ○ ○ ○(○ ○ ○)
    19○○년 ○월 ○일생
    등록기준지 : ○○시 ○○구 ○○길 ○○번지
    주소 : ○○시 ○○구 ○○길 ○○번지(우편번호)
    원고는 미성년자이므로

법정대리인 친권자 부   □ □ □

피   고   △ △ △(△ △ △)
            19○○년   ○월   ○일생
            등록기준지 : ○○시 ○○구 ○○길 ○○번지
            주소 : ○○시 ○○구 ○○길 ○○번지(우편번호)
            피고는 미성년자이므로
            법정대리인 친권자 모   □ □ □

입양취소청구의 소

청 구 취 지

1. 원고와 피고 사이에 19○○. ○. ○. ○○ ○○구청장에게 신고하여 한 입양은 이를 취소한다.
2. 소송비용은 피고의 부담으로 한다.
라는 판결을 구합니다.

청 구 원 인

1. 피고는 원고의 형인 망 □□□의 자식으로 원고의 7살된 조카입니다. 원고의 형 □□□가 19○○. ○. ○. 불의의 교통사고로 사망하자 원고의 형수인 □□□는 생계를 위하여 직장에 다녀야 하였으므로 19○○. ○월경 원고의 부모에게 피고를 위탁하게 되었습니다.

2. 원고의 부모님은 손자인 피고를 무척이나 귀여워하셨고 피고와 피고의 모친의 장래를 생각하여 피고를 원고의 양자로 들이기를 원하게 되었습니다. 원고는 당시 나이 만 16세로 고등학생이어서 법적인 지식도 없었고 피고도 원고를 잘 따르고 하여 원고는 피고를 양자로 하는 문제에 대하여 반대하지 않았습니다. 당시 피고의 모친인 위 □□□는 피고가 성년이 될 때까지 양육비를 부담하기로 약속하였습니다. 이에 따라 19○○. ○. ○. 피고를 원고의 양자로 신고하게 되었습니다.

3. 그러나 피고의 모친인 위 □□□는 19○○. ○○. ○. 서울에서 큰 식당을 운영하는 □□□와 재혼을 하게 되었습니다. 재혼 후 경제적 능력이

훨씬 나아졌음에도 그동안 지급하던 양육비를 지급하지 않을 뿐 아니라 피고를 돌보지도 않고 있습니다. 원고는 현재 만 18세로 아직도 학생으로서 피고를 부양할 능력이 되지 않고 원고의 부모 역시 피고를 부양할 만한 경제적인 여유가 없습니다.

4. 따라서 원고는 피고와의 입양을 취소하여 피고의 친모인 위 □□□가 피고를 양육하였으면 합니다. 민법 제866조는 성년에 달해야만 양자를 할 수 있다고 규정하고 있고 이 규정에 위반하면 가정법원에 입양취소를 청구할 수 있다고 동법 제884조에 규정하고 있습니다. 입양신고 당시 원고는 만 16세였고 현재 나이도 만 18세로 성년에 달하지 않았으므로 동법 제889조에 의한 입양취소청구권도 소멸되지 않았는바 피고와의 입양을 취소하고자 이 사건 청구에 이른 것입니다.

입 증 방 법

1. 갑 제1호증	가족관계증명서(본가)
1. 갑 제2호증	기본증명서(망 □□□)
1. 갑 제3호증	가족관계증명서(양가)
1. 갑 제4호증	입양관계증명서
1. 갑 제5호증	기본증명서(원고)
1. 갑 제6호증	주민등록등본(원고, 피고)

첨 부 서 류

1. 위 입증방법	각 1통
1. 소장부본	1통
1. 납부서	1통

20○○년　○월　○일

원　고　○　○　○

미성년자이므로

법정대리인 부 □　□　□ (서명 또는 날인)

○ ○ 가 정 법 원 귀 중

[작성례 ③] 입양취소청구의 소
(피성년후견인의 입양에 대한 성년후견인의 동의 부재)

소   장

원 고　　○　○　○(주민등록번호)

　　　　등록기준지 : ○○도 ○○시 ○○구 ○○길 ○○

　　　　주소 : ○○시 ○○구 ○○길 ○○ (우편번호)

피 고　1.　△　△　△(주민등록번호)

　　　　등록기준지 : ○○도 ○○시 ○○구 ○○길 ○○

　　　　주소 : ○○도 ○○시 ○○구 ○○길 ○○(우편번호)

　　　2.　△　△　△(주민등록번호)

　　　　등록기준지 : ○○도 ○○시 ○○구 ○○길 ○○

　　　　주소 : ○○도 ○○시 ○○구 ○○길 ○○(우편번호)

입양취소청구의 소

청 구 취 지

1. 피고들이 1900. ○. ○. ○○시장에게 신고하여 한 입양은 이를 취소한다.

2. 소송비용은 피고의 부담으로 한다.

라는 판결을 구합니다.

청 구 원 인

1. 소송 외 xxx는 1900. ○. ○. 부 □□□, 모 □□□ 사이에서 출생하였으나 1900. ○. ○. 신청 외 ◇◇◇, ◇◇◇의 양자가 되었습니다.

2. 하지만 원고는 xxx의 성년 후견인으로서 xxx가 신청 외 ◇◇◇, ◇◇◇의 양자가 되려면, 원고의 동의가 있어야 합니다.

3. 그러나 xxx는 원고의 동의 없이 신청 외 신청 외 ◇◇◇, ◇◇◇의 양

자가 된 바, 이는 입양 취소사유에 해당하므로 청구취지와 같은 판결을
얻고자 이건 청구에 이른 것입니다.

입 증 방 법

1. 갑 제1호증   등기사항증명서
1. 갑 제2호증의 1, 2   각 기본증명서(원, 피고)
1. 갑 제3호증   입양관계증명서
1. 갑 제4호증   주민등록초본(원고, 피고)

첨 부 서 류

1. 위 입증방법   각 1통
1. 소장부본   2통
1. 납부서   1통

20○○.   ○.   ○.

위 원 고   ○ ○ ○ (서명 또는 날인)

○ ○ 가 정 법 원 귀 중

[작성례 ④] 입양취소청구의 소(부부동반입양에 위반)

소   장

원   고   ○ ○ ○(○ ○ ○)
          19○○. ○. ○. 생
          등록기준지 : ○○시 ○○구 ○○길 ○○번지
          주소 : ○○시 ○○구 ○○길 ○○번지(우편번호)

피   고   1. 김 △ △(△ △ △)

19〇〇. 〇. 〇.생

2. 이 △   △(△ △ △)

19〇〇. 〇. 〇. 생

위 피고 김△△는 미성년자이므로

법정대리인 친권자   □ □ □

위 피고들 및 법정대리인의 등록기준지 및 주소

: 원고와 같음

입양취소청구의 소

청 구 취 지

1. 피고 김△△와 피고 이△△사이에 19〇〇. 〇. 〇. 〇〇구청장에게 신고한 입양은 이를 취소한다.

2. 소송비용은 피고들의 부담으로 한다.

라는 판결을 원합니다.

청 구 원 인

1. 원고는 피고 김△△과 19〇〇년도에 결혼한 법률상 배우자입니다. 그리고 결혼한지 3년이 지났는데도 원고와 피고 김△△ 사이에는 자식이 없는 관계로 부부간에 갈등이 다소 있었습니다. 그런 와중에 피고 김△△이 자신의 형님인 "갑"의 자인 피고 이△△를 양자로 들이자고 원고에 제안한 적이 있었고, 이에 원고는 생각 좀 하여 보자고 한 적이 있었습니다.

2. 그런데 피고 김△△은 위 제1항의 제의에 원고가 동의한 걸로 알고서, 원고에게는 일언반구도 없이 피고 이△△를 원고와 피고 김△△의 양자로 입양하였던 것입니다. 따라서 원고와 피고 이△△와의 양모자관계가 민법상 입양무효에 해당하는 것으로 별론으로 하고, 피고 김△△과 피고 이△△와의 양부자관계는 민법 제874조의 위반으로 입양취소 사유에 해당한다 할 것이므로 피고 김△△의 법률상 배우자인 원고는 청구취지와 같은 판결을 구하고자 본 소에 이른 것입니다.

입 증 방 법

1.갑제1호증	입양관계증명서
1.갑제2호증	가족관계증명서
1.갑제3호증	주민등록등본

첨 부 서 류

1.위입증방법	각1통
1.소장부본	2통
1.납부서	1통

20○○년 ○월 ○일

원 고   ○   ○   ○ (서명 또는 날인)

○ ○ 가 정 법 원 귀 중

[작성례 ⑤] 입양취소청구의 소(양자될 자의 직계혈족 부동의)

소 　 장

원   고   ○   ○   ○(○○○)
　　　　　1900. ○. ○.생
　　　　　등록기준지 : ○○시 ○○구 ○○길 ○○
　　　　　주소 : ○○시 ○○구 ○○길 ○○(우편번호)

피   고 1. 김   △   △(△△△)
　　　　　1900. ○. ○.생
　　　　　등록기준지 : ○○시 ○○구 ○○길 ○○
　　　　　주소 : ○○시 ○○구 ○○길 ○○(우편번호)
　　　　2. 이   △   △(△△△)

1900. ○. ○.생

등록기준지 : ○○시 ○○구 ○○길 ○○

주소 : ○○시 ○○구 ○○길 ○○(우편번호)

3. 박 △ △(△△△)

1900. ○. ○.생

등록기준지 : ○○시 ○○구 ○○길 ○○

주소 : ○○시 ○○구 ○○길 ○○(우편번호)

입양취소청구의 소

청 구 취 지

1. 피고들 사이에 1900. ○. ○. ○○ ○○구청장에게 신고하여 한 입양은 이를 취소한다.

2. 소송비용은 피고들의 부담으로 한다.

라는 판결을 구합니다.

청 구 원 인

1. 당사자의 지위

피고 김△△은 소외 망 김□□, 망 이□□ 사이에 출생한 자로서 원고의 손자이며, 숙부인 피고 이△△과 숙모 피고 박△△과의 사이의 양자로 등재된 자입니다.

2. 원고는 우연히 가족관계 등록 사항에 관한 증명서를 발급 받아 보고서 피고 김△△이 피고 이△△ 등의 양자로 2000. ○. ○.에 가족관계등록부 상 등재되어 있는 것을 알게 되었습니다.

3. 피고 김△△이 피고 이△△ 등의 양자가 되기 위하여는 최근친 직계존속인 원고의 동의를 얻어야 함에도 불구하고 이를 얻지 않고 한 입양이었으므로 이 입양은 취소 사유에 해당되므로 청구취지와 같은 판결을 구하고자 본 건 청구에 이른 것입니다.

입 증 방 법

1.갑제1호증의1   가족관계증명서(본가)
1.갑제1호증의2   가족관계증명서(피고김△△)
1.갑제2호증   입양관계증명서
1.갑제3호증   주민등록초본(원고,피고)

첨 부 서 류

1.위입증방법   각1통
1.소장부본   3통
1.납부서   1통

20○○년   ○월   ○일

원   고   ○   ○   ○ (서명 또는 날인)

○ ○ 가 정 법 원 귀 중

[작성례 ⑥] 입양취소청구의 소(사기)

소   장

원   고   1. 김 ○ ○(○○○)
            1900. ○. ○.생
            등록기준지 : ○○시 ○○구 ○○길 ○○
            주소 : ○○시 ○○구 ○○길 ○○(우편번호)
         2. 이 ○ ○(○○○)
            1900. ○. ○.생
            등록기준지 : ○○시 ○○구 ○○길 ○○
            주소 : ○○시 ○○구 ○○길 ○○(우편번호)

피   고   △   △   △(△ △ △)

1900. ○. ○.생

등록기준지 : ○○시 ○○구 ○○길 ○○

주소 : ○○시 ○○구 ○○길 ○○(우편번호)

입양취소청구의 소

청 구 취 지

1. 원고들과 피고사이에 20○○. ○. ○. ○○구청장에게 신고하여 한 입양은 이를 취소한다.
2. 소송비용은 피고의 부담으로 한다.

라는 판결을 구합니다.

청 구 원 인

1. 원고들은 부부로서 슬하에 자녀를 두고 있지 않아 피고를 입양하여 20○○. ○. ○. ○○ ○○구청장에게 입양신고를 하였습니다.
2. 원고들은 피고의 사촌인 소외 □□□로부터 피고를 소개받아 입양하게 되었는데 피고는 ○○대학교를 졸업하고 미국에서 경영학 박사학위를 받아 장래가 유망하므로 원고 김○○가 경영하고 있는 무역업체에서 일을 도와 줄 수 있을 뿐만 아니라 장차 원고 김○○의 사업을 물려받을 수 있다고 생각하여 입양하게 되었습니다.

   또한, 피고는 20○○. ○. ○. 원고들과 소외 □□□이 함께 만난 자리에서 미국에서 받은 학위를 보여 준 적이 있었습니다.
3. 그런데, 입양 후 피고는 원고 김○○의 회사에서 일을 하기 위해서는 친구들과 동업한 사업에서 진 빚을 정리할 돈이 필요하다고 하여 3차례에 걸쳐 원고들이 ○○○만원을 피고에게 준 사실이 있는 바, 원고들은 피고의 행동이 의심스러워 소외 □□□를 추궁하였더니 피고는 ○○대학교와 미국에서 경영학박사학위를 받은 사실이 없으며, 원고들로부터 가져간 돈도 피고의 노름빚을 갚는데 사용한 것으로 드러났습니다.
4. 따라서 원고들은 피고와 소외 □□□의 기망행위에 의하여 입양의 의사표시를 하게 되었고, 위와 같은 기망행위를 입양 후 알게 되었으므로 입양의 취소를 구하여 본 소 청구에 이르게 된 것입니다.

첨 부 서 류

1.가족관계증명서	1통
1.입양관계증명서	1통
1.주민등록등본(원고,피고)	각1통
1.소장부본	1통
1.납부서	1통

20○○년 ○월 ○일

원 고 1. 김 ○ ○ (서명 또는 날인)

2. 이 ○ ○ (서명 또는 날인)

○ ○ 가 정 법 원 귀 중

[작성례 ⑦] 입양취소청구의 소(악질 기타 중대한 사유)

소　　　　　장

원　고　1. 김 ○ ○(○○○)

　　　　　1900. ○. ○.생

　　　　　등록기준지 : ○○시 ○○구 ○○길 ○○

　　　　　주소 : ○○시 ○○구 ○○길 ○○(우편번호)

　　　　2. 이 ○ ○(○○○)

　　　　　1900. ○. ○.생

　　　　　등록기준지 : ○○시 ○○구 ○○길 ○○

　　　　　주소 : ○○시 ○○구 ○○길 ○○(우편번호)

피　고　△ △ △(△ △ △)

　　　　　1900. ○. ○.생

　　　　　등록기준지 : ○○시 ○○구 ○○길 ○○

　　　　　주소 : ○○시 ○○구 ○○길 ○○(우편번호)

입양취소청구의 소

청 구 취 지

1. 원고들과 피고사이에 20○○. ○. ○. ○○구청장에게 신고하여 한 입양
   은 이를 취소한다.
2. 소송비용은 피고의 부담으로 한다.

라는 판결을 구합니다.

청 구 원 인

1. 원고들은 부부로서 슬하에 자녀를 두고 있지 않아 피고를 입양하여 20
   ○○. ○○. ○. ○○ ○○구청장에게 입양신고를 하였습니다.
2. 그런데, 원고들은 입양 당시 피고가 신체적, 정신적으로 건강한 청년으
   로 알고 있었으나 20○○. ○. ○. 피고의 친척을 통하여 피고가 3년전
   부터 정신분열증으로 정신과 치료를 받아 왔으며, 2차례에 걸쳐 정신병
   원에 입원한 적이 있는 사실을 알게 되었습니다.
3. 따라서 원고들은 피고와 건전한 양친자관계를 유지할 수 없다고 생각하
   며, 이러한 사유가 존재하는 것을 입양 당시에 알았더라면 도저히 입양
   하지 않았을 것이므로 입양의 취소를 구하여 본 소에 이른 것입니다.

첨 부 서 류

1.가족관계증명서	1통
1.입양관계증명서	1통
1.주민등록등본	1통
1.소장부본	1통
1.납부서	1통

20○○년　○월　○일

원　　고　1. 김　○　○ (서명 또는 날인)

2. 이　○　○ (서명 또는 날인)

○ ○ 가 정 법 원 귀 중

[3] 관련판례

[대법원 2010.3.11.선고 2009므4099 판결]

【판시사항】

[1] 당사자가 입양의 의사로 친생자 출생신고를 한 경우, 입양신고로서의 효력이 발생하기 위한 요건

[2] 부(父) 을이 병을 입양의 의사로 친생자출생신고를 한 것이 아니라는 취지로 자(子) 갑이 다툰 사안에서, 민법 제884조 제3호 가 규정하는 '사기 또는 강박으로 인하여 입양의 의사표시를 한 때'의 입양취소는 그 성질상 그 입양의 의사를 표시한 자에 한하여 원고 적격이 있고, 사기를 안 날 또는 강박을 면한 날로부터 3월을 경과한 때에는 그 취소를 청구하지 못하며, 입양의 취소의 효력은 기왕에 소급하지 않는바, 그 원인 사유 및 효력 등에 있어서 친생자관계존부확인의 소와는 구별되는 것이므로, 갑이 입양의 취소를 구하는 의미에서 친생자관계부존재확인을 구할 수는 없다고 한 사례

【판결요지】

[1] 당사자가 양친자관계를 창설할 의사로 친생자 출생신고를 하고 거기에 입양의 실질적 요건이 모두 구비되어 있다면 그 형식에 다소 잘못이 있더라도 입양의 효력이 발생하고, 양친자관계는 파양에 의하여 해소될 수 있는 점을 제외하고는 법률적으로 친생자관계와 똑같은 내용을 갖게 되므로 이 경우의 허위의 친생자 출생신고는 법률상의 친자관계인 양친자관계를 공시하는 입양신고의 기능을 발휘하게 되는 것이지만, 여기서 입양의 실질적 요건이 구비되어 있다고 하기 위하여는 입양의 합의가 있을 것, 15세 미만자는 법정대리인의 대낙이 있을 것, 양자는 양부모의 존속 또는 연장자가 아닐 것 등 민법 제883조 각 호 소정의 입양의 무효사유가 없어야 함은 물론 감호·양육 등 양친자로서의 신분적 생활사실이 반드시 수반되어야 하는 것으로서, 입양의 의사로 친생자 출생신고를 하였다 하더라도 위와 같은 요건을 갖추지 못한 경우에는 입양신고로서의 효력이 생기지 아니한다.

[2] 부(父) 을이 병을 입양의 의사로 친생자출생신고를 한 것이 아니라는 취지로 자(子) 갑이 다툰 사안에서, 민법 제884조 제3호가 규정하는 '사기 또는 강박으로 인하여 입양의 의사표시를 한 때'의 입양취소는 그 성질상

그 입양의 의사를 표시한 자에 한하여 원고 적격이 있고, 사기를 안 날 또는 강박을 면한 날로부터 3월을 경과한 때에는 그 취소를 청구하지 못하며(민법 제897조, 제823조), 입양의 취소의 효력은 기왕에 소급하지 않는바(민법 제897조, 제824조), 그 원인 사유 및 효력 등에 있어서 친생자관계존부확인의 소와는 구별되는 것이므로, 갑이 입양의 취소를 구하는 의미에서 친생자관계부존재확인을 구할 수는 없다고 한 사례.

[대법원 1994. 5. 24.선고 93므119 전원합의체 판결]

【판시사항】

가. 조선민사령 제11조의2가 시행된 1940.2.11. 이후의 이성양자의 허용 여부

나. 구 관습상 남자자손이 있는 자가 한 입양의 효력 및 양자가 부모와 호주의 동의를 얻지 못한 입양의 효력

다. 입양의 요건이나 입양의 무효와 취소에 관한 민법규정에 소급효가 인정되는지 여부

라. 입양이 유효한 경우 친생자관계부존재확인의 소의 적부

【판결요지】

가. 조선민사령 제11조의2(1939.11.10. 신설되어 1940.2.11.부터 시행)는 제1항에서 "조선인의 양자연조에 있어서 양자는 양친과 성을 같이할 것을 요하지 않는다. 그러나 사후양자의 경우에는 그러하지 아니하다"라고 규정함으로써 사후양자가 아니면 양친과 성을 달리하는 이성의 자도 양자로 하는 것이 허용됨을 명백히 하였으므로, 1940.2.11.부터는 사후양자가 아닌 한 이성의 자도 양자로 할 수 있다.

나. 민법이 시행되기 전의 관습에 의하면, 남자 자손이 없는 자만이 양자를 할 수 있고, 또 양자가 될 자는 부모와 호주의 동의를 얻어야 하며, 이와 같은 요건을 갖추지 못한 입양은 무효로 하였다.

다. 민법 부칙(1958.2.22.) 제2조, 제18조의 각 규정내용에 의하면 입양의 요건이나 입양의 무효와 취소의 사유에 관한 민법의 규정에는 소급효가 인정되어 민법 시행일 전에 신고된 입양에 무효나 취소의 원인이 되는 사유가 있는지의 여부는 원칙적으로 민법의 규정에 의하여 판단하되, 다만 이미 구법에 의하여 입양의 효력이 생긴 경우에는 부칙 제2조 단서에 따라 그 효력에 영향을 미치지 아니하는 것으로 해석되므로, 민법 시행

일 전에 신고된 입양에 관하여 그 당시의 구법에 의하면 무효의 원인이 되는 사유가 있었더라도 민법의 규정에 의하면 그것이 무효의 원인이 되지 아니할 경우에는, 적어도 민법 시행일까지 입양에 따르는 친자적 공동생활관계가 유지되고 있었다면 무효인 그 입양이 소급하여 효력을 가진 것으로 전환되고, 다만 민법에 의하여 취소의 원인이 되는 사유가 있는 때에는 민법의 규정에 의하여 이를 취소할 수 있을 뿐이나 그 취소기간은 민법 시행일로부터 기산한다.

라. 친생자로 출생신고를 한 것이 입양신고로서의 기능을 발휘하여 입양의 효력이 발생하였다면 파양에 의하여 양친자관계를 해소할 필요가 있는 등의 특별한 사정이 없는 한, 호적의 기재를 말소하여 법률상 친자관계의 존재를 부정하게 되는 친생자관계부존재확인의 소는 확인의 이익이 없는 것으로서 부적법하다.

[대법원 1973. 11. 27.선고 73므24 판결]

【판시사항】

입양의 취소에 관한 소에 대하여 민사소송법 제37조 , 제26조 의 준용여부

【판결요지】

입양의 취소에 관한 소에 대하여는 민법이 입양취소청구권자를 하나 하나 상세히 규정하고 있으므로 민사소송법 제37조 , 제26조 의 규정이 준용될 여지는 없다.

【이유】

청구인의 상고이유를 본다.

(1) 입양의 취소에 관한 소에 대하여는

민법이 입양취소 청구권자를 하나하나 상세히 규정하고 있으므로 민사소송법 제37조, 제26조의 규정이 준용될 여지는 없다고 보는 것이 상당하다. 원심이 당원과 마찬가지의 취지에서 청구인에게는 이 사건 제소권이 없다고 판시한 것은 정당하고, 논지는 이 사건 제소는 입양취소청구권이 있는 친족회의 대표자로서 청구인이 제소한 것이라고 주장하나 기록상 이 사건의 청구인은 청구인 개인이지, 청구인 이 대표자로 속하여 있는 친족회가 아닌 사실이 분명하고, 원심이 이점을 석명하여 보정시키지 아니하였다 하여 위법은 아니다.

(2) 원심이 정당하게 판단하고 있는 바와같이 입양무효사유는 민법 제883조

에 한정되어 있고, 망인에게 직계비속이 있는데 사후양자를 선정한 경우
는 다만 그 입양이 취소될 사유에 불과함은 민법 제885조의 규정에 비
추어 분명하다. 그리고 논지가 주장하는 사유들은, 어느 것이나 입양의
무효사유에는 해당하지 아니한다고 원심이 정당하게 판단하고 있다.
논지가 내세우는 대법원판결은 이 사건에 적절한 것이 못된다. 그렇다면
이 상고는 그 이유없는 것이 되므로 기각하고 상고비용은 패소자의 부담
으로 한다. 이 판결에는 관여법관들의 견해가 일치되다.

Section 11. 파양의 취소

[1] 파양취소의 소

1. 파양취소

① 파양의 취소는 협의상 파양이 사기 또는 강박으로 인한 것임을 이유로 이를 취소하는 것을 말합니다.

② 파양취소의 사유는 사기 또는 강박으로 인하여 파양의 의사표시를 한 때에 한정된다. 파양의 취소는 법원에 청구하여서만. 즉 소로써만 주장할 수 있는 것으로서 형성의 소입니다.

③ 파양의 취소의 소급효를 제한하는 규정은 없으므로 파양취소의 판결이 확정되면 파양은 당초부터 성립되지 않았던 것으로 됩니다.

2. 관할

① 파양무효, 취소 모두 양부모 중 1명의 보통재판적이 있는 곳의 가정법원입니다.

② 양부모가 모두 사망한 경우에는 그 중 1명의 마지막 주소지의 가정법원의 전속관할에 속합니다(가사소송법 제30조 제5호).

3. 당사자적격

① 성질상 사기 또는 강박으로 인하여 파양의 의사표시를 한 협의상 파양의 한쪽 당사자만이 원고적격을 가지고, 협의상 파양의 다른쪽 당사자가 피고적격자입니다(가사소송법 제31조, 제24조 제1항).

② 따라서 양친과 양자가 당사자적격자이며, 양친은 필수적 공동소송인이 됩니다.

③ 상대방으로 될 사람이 모두 사망한 때에는 검사를 상대방으로 합니다(가사소송법 제31조, 제24조 제3항).

4. 판결확정 후의 절차

① 청구를 인용한 확정판결은 제3자에게도 효력이 있습니다(가사소송법 제21조 제1항).

② 파양취소에는 다른 제소권자가 없으므로 그 청구를 기각한 판결이 확정되면 대세적 효력이 있는 것과 마찬가지의 효력이 생깁니다(가사소송법 제21조 제2항).

③ 파양취소의 청구를 인용한 확정판결은 가족관계등록사무를 처리하는 사람에의 통지 대상입니다(가사소송규칙 제7조 제1항 제1호).

④ 파양취소의 소를제기한 자는 등록부 정정의 절차에 의하여 등록부 기록을 바로잡게 됩니다(가족관계등록 등에 관한 법률 제107조).

[2] 파양취소의 소장 작성례

[법원양식] 파양취소청구

파양취소청구

원 고   (연락 가능한 전화번호:)

        주민등록번호   -

        주소

        등록기준지

피 고   (양부)

        주민등록번호   -

        주소

        등록기준지

피 고   (양모)

주민등록번호   -
주소
등록기준지

청 구 취 지

"원고와 피고들 사이의 파양은 이를 취소한다."라는 판결을 구합니다.

청 구 원 인

1. 원고는 20   .   .   . 피고들에게 입양되어 빈곤한 양부모를 모시고 가사를 돌보아 오늘날 피고 등의 재산을 확보하는 데 많은 기여를 해 왔습니다.

2. 원고는 어린 시절부터 몸을 돌보지 않고 노동에 종사한 나머지 지난 20   .   .   월경부터   병으로 눕게 되어 노동능력을 상실하게 되자 피고 등은 원고를 학대하고 유기하였으며 파양을 제의하여 왔습니다.

3. 피고들은 원고에게 피고 등의 소유부동산 중   시   동   번지 대   평을 이전하여 주겠다고 하면서 파양을 제의하기에 그 말을 믿고 20   .   .   . 협의로 파양신고를 필하였습니다.

4. 그 전에 피고들은 위 부동산을 이전해 주기로 한 약속을 이행하지 않을 뿐 아니라 이행할 의사가 전혀 없으면서도 원고를 속여 파양에 동의하게 한 것이므로 청구취지와 같은 판결을 구하고자 이건 청구에 이른 것입니다.

첨 부 서 류

1. 입양관계증명서   1통
2. 주민등록등본   1통
3. 상해진단서   1통

20   .   .   .

원고   (서명 또는 날인)

법원 귀중

휴대전화를 통한 정보수신 신청

위 사건에 관한 **재판기일의 지정·변경·취소 및 문건접수 사실**을 예납의무자가 납부한 송달료 잔액 범위 내에서 아래 휴대전화를 통하여 알려주실 것을 신청합니다.

■ **휴대전화번호:**

20 . . .

신청인 원고   (서명 또는 날인)

※ 문자메시지는 재판기일의 지정·변경·취소 및 문건접수 사실이 법원재판사무시스템에 입력되는 당일 이용 신청한 휴대전화로 발송됩니다.

※ 문자메시지 서비스 이용 금액은 메시지 1건당 17원씩 납부된 송달료에서 지급됩니다(송달료가 부족하면 문자메시지가 발송되지 않습니다.).

※ 추후 서비스 대상 정보, 이용 금액 등이 변동될 수 있습니다.

※ 휴대전화를 통한 문자메시지는 <u>원칙적으로 법적인 효력이 없으니 참고 자료로만 활용</u>하시기 바랍니다.

◇ **유의 사항** ◇

1. 소장에는 수입인지 20,000원을 붙여야 합니다.

2. 송달료는 당사자 수 ×우편료 × 15회분을 송달료 취급 은행에 납부하고 영수증을 첨부하여야 합니다.

3. 관할법원은 양부모 중 1인의 주소지, 양부모가 모두 사망하였을 때에는 그중 1인의 마지막 주소지의 가정법원입니다.

[작성례] 파양취소청구의 소

소   장

원   고   ○ ○ ○(○○○)

　　　　　1900년 ○월 ○일생 (주민등록번호:)

　　　　　등록기준지 : ○○시 ○구 ○길 ○○번지

　　　　　주소 : ○○시 ○○구 ○○길 ○○번지(우편번호)

피 고 △ △ △(△△△)

　　　　　　19○○년 ○월 ○일생 (주민등록번호:)

　　　　　　등록기준지 : ○○도 ○○군 ○○면 ○○길 ○○번지

　　　　　　주소: ○○시 ○○구 ○○길 ○번지(○동, 아파트)(우편번호)

파양취소청구의 소

청 구 취 지

1. 원고와 피고 사이에 20○○. ○. ○. ○○ ○○구청장에게 신고하여 한 파양은 이를 취소한다.
2. 소송비용은 피고의 부담으로 한다.

라는 판결을 구합니다.

청 구 원 인

1. 원고는 소외 망 □□□의 자로서 초등학교 1년인 19○○. ○. ○.경 친척인 피고로부터 양자로 되어 달라는 부탁을 받은 부모의 동의하에 19○○. ○. ○. 입양신고를 필하고 피고의 양자가 되어 살아온 사실이 있습니다.

2. 피고는 20○○. ○. ○. 원고에게 현재 피고가 운영하고 있는 사업장이 자금 문제로 많은 어려움을 겪고 있으며, 수명의 채권자들이 함께 살고 있는 가옥과 대지 및 집안 내 가재도구에 대한 강제집행 절차를 진행중에 있으므로 이렇게 되면 원고를 포함한 가족 모두가 오갈 데 없는 신세가 될 것이니 원고가 일정금원을 보태 취득한 위 부동산과 가재도구에 대한 강제집행을 면하기 위해서라도 우선 형식상 파양을 하고 이것은 어디까지나 형식에 불과한 것이어서 양친자관계는 사실상 종전과 다름이 없고 위 채무변제 책임을 피할 수 있을 것이라는 감언이설로 원고를 기만하였습니다.

3. 이에 속은 원고로 하여금 20○○. ○. ○. 파양신고서를 작성케 하는 방법으로협의상 파양의사를 표시하기 이르렀고, 피고가 동 신고서류를 20○○. ○. ○. ○○ ○○구청장에게 신고한 바 있습니다.

4. 원고는 피고가 위 신고를 한 이후 잠시 다른 곳에 있던 원고를 다시 찾겠다고약속했던 피고로부터 별다른 연락이 없자 그 동안의 사정을 조사해 본 결과 피고가 외국에 나가있던 친자인 소외 □□□를 불러들여 함께 살고 있으며, 위 부동산도 파양신고를 한 당일 그에게 증여를 한 사실을 알게 되었으며, 채무가 많이 있다는 것도 모두 허위인 사실임을 알게 되었습니다.

5. 결국 피고는 그 동안 원고와 함께 이룩한 위 재산을 빼돌리기 위해 원고를 기망하여 협의파양의 의사표시를 하게 한 것이므로 청구취지와 같은 판결을 구하고자 이 건 청구에 이른 것입니다.

입 증 방 법

1. 갑 제1호증	파양신고서
1. 갑 제2호증	부동산등기사항전부증명서
1. 갑 제3호증	입양관계증명서
1. 갑 제4호증	가족관계증명서
1. 갑 제5호증	주민등록등본(양부모)

첨 부 서 류

1. 위 입증방법	각 1통
1. 소장부본	1통
1. 납부서	1통

2000년   ○월   ○일

원 고   ○ ○ ○ (서명 또는 날인)

○ ○ 가 정 법 원 귀 중

[3] 관련판례

[대법원 1970. 5. 26.선고 68므31 판결]

【판시사항】

재판상 파양청구권자의 범위와 입양의 무효 취소에 관한 소에 준용되는 민사소송법 제26조 , 제27조 가 파양의 소에도 준용되는 여부.

【이유】

심판청구인들 소송대리인의 상고이유를 살피건대,

재판상 파양청구권자는 민법 제905조 및 제906조에 의하여 준용되는 같은 법 제899조 에 의하여 양친과 양자에 한정되고 다만 양자가 15세 미만인 경우에 한하여 입양을 승락한 자가 이에 가름하여 파양을 청구할 수 있도록 되어 있을 뿐이며 인사소송법 제37조 에 의하여 준용되는 같은 법 제26조 , 제27조는 혼인의 무효 및 취소의 소의 당사자에 관한 규정으로서 입양의 무효 취소에 관한 소에는 준용할 수 있으나 이와 성질을 달리하는 파양의 소에는 준용할 수 없다할 것이므로 이와 같은 취지로 판단한 원판결은 정당하고, 논지는 채용할수 없다.

Section 12. 재판상파양

[1] 재판상파양의 소

1. 의의

① 재판상 파양은 양친자 관계를 유지하는 것이 부당하다고 인정되는 사유가 있는 경우에 그 양친자관계를 재판에 의하여 소멸시키는 것을 말합니다.

② 민법이 규정하는 재판상 파양의 원인은 ㉠ 양부모가 양자를 학대 또는 유기하거나 그 밖에 양자의 복리를 현저히 해친 경우, ㉡ 양부모가 양자로부터 심히 부당한 대우를 받았을 때, ㉢ 양부모나 양자의 생사가 3년 이상 분명하지 아니한 때, ㉣ 그 밖에 양친자관계를 계속하기 어려운 중대한 사유가 있을 때 등입니다(민법 제905조).

③ 이들 각 사유의 상호관련성과 소송상의 취급에 관하여는 재판상 이혼에서와 같이 견해가 나뉠 수 있습니다.

④ 재판상 파양은 가정법원에 청구하여서만 할 수 있고, 그 판결의 확정에 의하여 양친자관계가 소멸하는 효과가 발생하는 것으로서 형성의 소입니다.

2. 관할

① 재판상 파양은 양부모 중 1명의 보통재판적이 있는 곳의 가정법원의 토지관할에 전속합니다(가사소송법 제30조 제3호).

② 양부모가 모두 사망하였거나 양자가 사망한 경우에는 재판상 파양의 소를 제기할 여지가 없으므로 양부모 중 1명의 마지막 주소지가 관할의 표준으로 될 수 없습니다.

3. 당사자적격

① 재판상 파양은 양친자만이 당사자적격을 가짐이 원칙이고 제3자에

게는 당사자적격이 없습니다(대법원 1970. 5. 26. 선고 68므31 판결 참조).

② 양친자의 한쪽이 다른 쪽을 상대로 하여 재판상 파양을 청구하여야 합니다. 다만, 앙자가 13세 미만인 경우에 민법 제869조 제2항에 따른 대락자가(민법 제906조 제1항), 양자가 미성년자나 피성년후견인인 경우 검사가(민법 제906조 제4항) 각 양자등 위하여 파양을 청구할 수 있습니다.

③ 양조부는 재판상 파양청구권이 없습니다(대법원 1983. 9. 13. 선고 83므16 판결).

4. 제척기간

재판상 파양의 사유 중 양부모나 양자의 생사가 3년 이상 분명하지 아니한 때(민법 제905조 제3호)를 제외한 나머지 사유는 그 사유 있음을 안 날로부터 6월, 그 사유 있은 날로부터 3년을 경과하면 파양을 청구하지 못합니다(민법 제907조).

5. 판결확정 후의 절차

① 재판상 파양의 청구를 인용한 확정판결은 제3자에게도 효력이 있습니다(가사소송법 제21조 제1항). 따라서 그 확정판결에 의하여 양친자관계는 내세적으로 소멸합니다. 다만. 민법 제905조 소정의 재판상 파양의 원인이 각별로 별개 독립의 소송물을 이룬다는 견해에서는 그 중 어느 하나의 사유를 주장하여 소를 제기하였다가 패소확정판결을 받았더라도 다른 사유를 주장하여 다시 소를 제기하는 것은 금지되지 아니합니다.

② 재판상 파양의 청구를 인용한 판결이 확정된 때에는 가정법원의 법원사무관 등은 바로 등록기준지의 가족관계등록사무 등 처리하는 사람에게 그 뜻을 통지하여야 합니다(가사소송규칙 제7조 제1항 제1호).

③ 당사자는 판결확정일로부터 1개월 이내에 그 취지를 신고하여 등록부 기록을 바로 잡게 됩니다(가족관계등록 등에 관한 법률 제66조, 제58조).

6. 친양자 입양

① 친양자 입양의 경우 일반양자의 협의상 파양, 재판상 파양에 관한 규정이 적용되지 않습니다(민법 제908조의5 제2항).

② 친양자 파양의 소
  1) 당사자적격
     양친(양부모), 친양자, 친생의 부 또는 모나 검사가 청구할 수 있습니다. 양친과 친양자 한쪽이 제소한 때에는 다른 쪽을 상대방으로 하되 상대방이 될 사람이 사망한 경우에는 검사를 상대방으로 하고, 친생의 부 또는 모나 검사가 제소한 때에는 생존한 양친자 모두를 상대방으로 하되 상대방이 될 사람이 모두 사망한 경우에는 검사를 상대방으로 합니다.

  2) 파양사유
     ㉠ 양친이 친양자를 학대 또는 유기하거나 그 밖에 친양자의 복리를 현저히 해하는 때, ㉡ 친양자의 양친에 대한 패륜행위로 인하여 친양자관계를 유지시킬 수 없게 된 때에 한합니다.

  3) 관할 : 일반 입양과 같습니다.

  4) 판결확정의 효력
     친양자관계는 소멸하고 입양 전의 친생부모와 그 친족관계는 부활하고. 원래의 성과 본을 회복합니다. 다만, 친양자 입양 전에 성·본 변경심판에 의하여 친양자의 성·본이 변경되었던 경우 친양자 입양의 취소로 기존의 성· 본 변경심판까지 그 효력을 잃는 것으로 할 수 없으므로 변경 후의 성·본으로 남는다. 판결확정 후의 절차는 일반 입양과 같습니다.

[2] 재판상파양의 소장 작성례

[법원양식] 파양청구의 소

파 양 청 구 의 소

원 고   (연락 가능한 전화번호:)

       주민등록번호   -

       주소

       등록기준지

피 고

       주민등록번호   -

       주소

       등록기준지

청 구 취 지

"원고와 피고는 파양한다."라는 판결을 구합니다.

청 구 원 인

1. 피고는 20　．　．　．입양신고에 의하여 원고의 양자가 된 자입니다.

2. 피고는 입양 후 원고의 만류를 뿌리치고 여러 차례　투기사업에 손을 대어 수차례에 걸쳐 가산을 탕진한 바 있습니다.

3. 사업에 실패하자 매일같이 폭음을 한 후 집에 들어와 행패를 일삼고 원고와 가족을 구타하여 가족의 명예를 모독하고 재산을 탕진한 중대한 과실이 있는 피고와는 더 이상 같이 살 수 없어 부득이 이건 청구에 이르렀습니다.

첨 부 서 류

1. 입양관계증명서   1통

2. 주민등록등본   1통
3. 진단서   1통

                              20 .   .   .
            원고   (서명 또는 날인)

                         법원 귀중

휴대전화를 통한 정보수신 신청

위 사건에 관한 **재판기일의 지정·변경·취소 및 문건접수 사실**을 예납의무
자가 납부한 송달료 잔액 범위 내에서 아래 휴대전화를 통하여 알려주실 것
을 신청합니다.

▣ **휴대전화 번호:**

                              20 .   .   .
            신청인 원고   (서명 또는 날인)

※ 문자메시지는 재판기일의 지정·변경·취소 및 문건접수 사실이 법원재판사무시스템에
  입력되는 당일 이용 신청한 휴대전화로 발송됩니다.

※ 문자메시지 서비스 이용 금액은 메시지 1건당 17원씩 납부된 송달료에서 차감됩니다
  (송달료가 부족하면 문자메시지가 발송되지 않습니다.).

※ 추후 서비스 대상 정보, 이용 금액 등이 변동될 수 있습니다.

※ 휴대전화를 통한 문자메시지는 <u>원칙적으로 법적인 효력이 없으니 참고 자료로만 활용</u>
  하시기 바랍니다.

◇ **유의 사항** ◇

1. 소장에는 수입인지 20,000원을 붙여야 합니다.

2. 송달료는 당사자 수 ×우편료 × 15회분을 송달료 취급 은행에 납부하고
   영수증을 첨부하여야 합니다.

3. 관할법원은 양부모 중 1인의 주소지, 양부모가 모두 사망하였을 때에는
   그 중 1인의 마지막 주소지의 가정법원입니다.

[작성례 ①] 파양청구의 소

소　　　　장

원　고　　○　○　○(○○○)
　　　　　　　19○○년 ○월 ○일생
　　　　　　　등록기준지 : ○○도 ○○군 ○○면 ○○길 ○○번지
　　　　　　　주소 : ○○시 ○○구 ○○길○번지(○동, ○아파트)(우편번
　　호)
피　고　　△　△　△(△△△)
　　　　　　　19○○년 ○월 ○일생
　　　　　　　등록기준지 : ○○시 ○구 ○길 ○○번지
　　　　　　　주소 : ○○시 ○○구 ○○길 ○○번지(우편번호)

파양청구의 소

청 구 취 지

1. 원고와 피고 사이에 19○○. ○. ○. ○○군수에게 신고하여 한 입양은
　이를 파양한다.
2. 소송비용은 피고의 부담으로 한다.
라는 판결을 구합니다.

청 구 원 인

1. 원고는 소외 ○○○○주식회사 해외 파견 근로자로서 19○○. ○. ○.경
　부터 사우디아라비아에 파견되어 근로를 하던 사이 처가 사망을 하였고
　망 처와의 사이에 자녀가 없는 상태에서 직무상 형편으로 후처를 맞이
　하지 못하던 중 국내에 돌아와 현재의 처와 재혼을 하였으나 처의 불임
　으로 자식을 갖지 못하였는바, 원고는 과거 부모를 일찍이 여의고 형제
　없이 살아온 이유로 남달리 가족에 대한 애착이 강하였는데, 따라서 자
　식에 대한 욕심 또한 많을 수밖에 없었고 이러한 외로움을 견디지 못하

여 당시 초등학교 1년인 사촌동생의 자인 피고를 양자로 맞게 되었으며 19○○. ○. ○. 입양신고를 필하고 어려운 가정형편 속에서도 피고의 양육에 정성을 다하여 그것으로 삶의 보람을 느끼며 최선을 다해 대학까지 교육시키며 오늘날 피고와 같은 장성한 한 청년으로 길러냈습니다.

2. 피고가 한때 미성년일 때 원고와 원고의 처인 소외 망 □□□가 친부모가 아니란 사실을 알게 되면서 가출을 하는 등 원고를 잘 따르지 않을 때도 있었으나, 피고를 양자로 맞이하게 된 원고의 뜻을 알게 되면서부터 원고의 기대에 크게 어긋나지 않게 올바른 청년으로 장성하는 듯 보였습니다. 그런데 피고는 2년전 대학을 졸업하면서 별다른 직장을 얻지 못하고 놀던 중 유학을 빙자하여 원고로부터 금 ○○○만원을 가져간 후 친구들과 어울려 경마장에서 동 금원을 탕진하고, 작년부터는 상습적으로 도박을 하면서 수차에 걸쳐 원고로부터 금 ○ ○○만원을 가져가 탕진하여 이를 타이르고 만류하던 원고에게 입에 담지 못할 욕설을 하고 폭행을 가하여 전치 12주에 이르는 상해를 입힌 사실이 있으며, 현재는 유부녀와 동거를 하면서 20○○. ○. ○. 원고를 찾아와 결혼자금으로 돈을 요구하여 잘못을 타이르는 원고에게 심한 폭언과 함께 폭행을 가하여 전치 6주의 상해를 입히는 등 전혀 원고를 어버이로 섬기지 않고 제멋대로 하고 있습니다.

피고는 위와 같은 실정이므로, 원고는 이미 피고와 양친자관계를 유지한 것을 단념하였으며 혼자서 평온하게 노후를 보내겠다는 생각에서 피고에게 양친자 관계를 종료할 것을 수차 요구하였으나 이에 응하지 않고 있어 청구취지와 같은 판결을 구하고자 이 건 청구에 이른 것입니다.

<h2 align="center">입 증 방 법</h2>

1. 갑 제1호증	상해진단서
1. 갑 제2호증	가족관계증명서(피고)
1. 갑 제3호증	입양관계증명서
1. 갑 제4호증	주민등록등본(원고, 피고)

첨 부 서 류

1. 위입증방법각   1통
1. 소장부본   1통
1. 납부서   1통

20○○년   ○월   ○일

원   고   ○   ○   ○ (서명 또는 날인)

○ ○ 가 정 법 원 귀 중

[작성례 ②] 파양무효확인 청구의 소

파 양 무 효 확 인 청 구

원   고   ○   ○   ○(양자)
　　　　　　1900년 ○월 ○일생
　　　　　　등록기준지　 ○○시 ○○구 ○○길 ○○
　　　　　　주소　 ○○시 ○○구 ○○길 ○○(우편번호)
　　　　　　전화　 ○○○ - ○○○○

피   고   1. 김　△　△(양부)
　　　　　　1900년 ○월 ○일생
　　　　　　등록기준지　 ○○시 ○○구 ○○길 ○○
　　　　　　주소　 ○○시 ○○구 ○○길 ○○(우편번호)
　　　　　　전화　 ○○○ - ○○○○

　　　　　2. 이　△　△(양모)
　　　　　　1900년 ○월 ○일생
　　　　　　등록기준지　 ○○시 ○○구 ○○길 ○○

주소   ○○시 ○○구 ○○길 ○○(우편번호)

전화   ○○○ - ○○○○

파양무효확인청구의 소

청 구 취 지

1. 원고와 피고들 사이의 파양(20○○년 ○월 ○일 ○○구청장 접수)은 무효임을 확인한다.
2. 소송비용은 피고들의 부담으로 한다.

라는 판결을 구합니다.

청 구 원 인

1. 원고는 원래 ○○구 ○○동 ○○번지 최□□(부)와 조□□(모) 사이에서 출생한 자입니다.
2. 원고는 생가의 형편으로 19○○년 ○월경 양부모에게 인계되어 부양을 받아오다가 19○○년 ○월 ○일 입양신고를 마치고 현재까지도 같이 살고 있습니다.
3. 그런데 원고 자신도 모르는 사이에 20○○년 ○월 ○일 협의 파양된 것으로 호적부에 기재된 것을 알게 되었습니다.
4. 그러므로 이를 알아본 즉 피고들이 이민을 가려면 양자가 있으면 장남을 데려갈 수 없다는 말을 듣고 원고와의 협의 없이 편의상 그렇게 한 것이라고 합니다.
5. 따라서 원고는 피고들과 하등의 협의 파양한 사실이 없으므로 이건 청구에 이른 것입니다.

입 증 방 법

1. 갑 제1호증	입양관계증명서
1. 갑 제2호증	가족관계증명서
1. 갑 제3호증	협의파양서(위조)
1. 갑 제4호증	주민등록등본

1. 갑 제5호증   진술서(피고)

첨 부 서 류

1. 위 입증방법   각 1통
1. 소장부본   1통
1. 납 부 서   1통

20○○년 ○월 ○일

원 고   ○ ○ ○ (인)

○ ○ 가 정 법 원 귀 중

[3] 관련판례

[대법원 2002. 12. 26.선고 2002므852 판결]

【판시사항】

주위적 청구를 기각하고 예비적 청구만을 인용한 제1심판결에 대하여 피고만이 항소한 경우 상소심의 심판 범위

【판결요지】

제1심법원이 주위적 청구인 입양무효확인청구와 예비적 청구인 파양 및 위자료청구를 병합심리한 끝에 주위적 청구는 기각하고 예비적 청구만을 인용하는 판결을 선고한 데 대하여 피고만이 항소한 경우, 항소제기에 의한 이심의 효력은 당연히 사건 전체에 미쳐 주위적 청구에 관한 부분도 항소심에 이심되지만, 항소심의 심판범위는 피고가 불복신청한 범위, 즉 예비적 청구를 인용한 제1심판결의 당부에 한정되는 것이므로, 원고의 부대항소가 없는 한 주위적 청구는 심판대상이 될 수 없고, 그 판결에 대한 상고심의 심판대상도 예비적 청구 부분에 한정된다.

[대법원 2001. 8. 21.선고 99므2230 판결]

【판시사항】

친생자 출생신고가 입양의 효력을 갖는 경우, 양친 부부 중 일방이 사망한 후 생존하는 다른 일방이 사망한 일방과 양자 사이의 양친자관계의 해소를 위한 재판상 파양에 갈음하는 친생자관계부존재확인의 소를 제기할 이익이 있는지 여부(소극)

【판결요지】

민법 제874조 제1항은 "배우자 있는 자가 양자를 할 때에는 배우자와 공동으로 하여야 한다."고 규정함으로써 부부의 공동입양원칙을 선언하고 있는바, 파양에 관하여는 별도의 규정을 두고 있지는 않고 있으나 부부의 공동입양원칙의 규정 취지에 비추어 보면 양친이 부부인 경우 파양을 할 때에도 부부가 공동으로 하여야 한다고 해석할 여지가 없지 아니하나(양자가 미성년자인 경우에는 양자제도를 둔 취지에 비추어 그와 같이 해석하여야 할 필요성이 크다), 그렇게 해석한다고 하더라도 양친 부부 중 일방이 사망하거나 또는 양친이 이혼한 때에는 부부의 공동파양의 원칙이 적용될 여지가 없다고 할 것이고, 따라서 양부가 사망한 때에는 양모는 단독으로 양자와 협의상 또는 재판상 파양을 할 수 있으되 이는 양부와 양자 사이의 양친자관계에 영향을 미칠 수 없는 것이고, 또 양모가 사망한 양부에 갈음하거나 또는 양부를 위하여 파양을 할 수는 없다고 할 것이며, 이는 친생자부존재확인을 구하는 청구에 있어서 입양의 효력은 있으나 재판상 파양 사유가 있어 양친자관계를 해소할 필요성이 있는 이른바 재판상 파양에 갈음하는 친생자관계부존재확인청구에 관하여도 마찬가지라고 할 것이다. 왜냐하면 양친자관계는 파양에 의하여 해소될 수 있는 점을 제외하고는 친생자관계와 똑같은 내용을 갖게 되는데, 진실에 부합하지 않는 친생자로서의 호적기재가 법률상의 친자관계인 양친자관계를 공시하는 효력을 갖게 되었고 사망한 양부와 양자 사이의 이러한 양친자관계는 해소할 방법이 없으므로 그 호적기재 자체를 말소하여 법률상 친자관계를 부인하게 하는 친생자관계존부확인청구는 허용될 수 없는 것이기 때문이다.

[대법원 1983. 9. 13.선고 83므16 판결]

【판시사항】

양조부의 재판상 파양청구권 유무(소극)

【판결요지】

인사소송법 제37조에 의하여 준용되는 같은 법 제26조는 혼인무효의 소의 당사자에 관한 규정으로서 입양무효에 관한 소에는 준용될 수 있으나 이와 성질을 달리하는 파양의 소에는 준용할 수 없으므로 양조부는 재판상 파양청구권이 없다.

[대법원 1970. 5. 26.선고 68므31 판결]

【판시사항】

재판상 파양청구권자의 범위와 입양의 무효 취소에 관한 소에 준용되는 민사소송법 제26조, 제27조가 파양의 소에도 준용되는 여부.

【이유】

재판상 파양청구권자는 민법 제905조 및 제906조에 의하여 준용되는 같은 법 제899조에 의하여 양친과 양자에 한정되고 다만 양자가 15세 미만인 경우에 한하여 입양을 승락한 자가 이에 가름하여 파양을 청구할 수 있도록 되어 있을 뿐이며 인사소송법 제37조 에 의하여 준용되는 같은 법 제26조, 제27조는 혼인의 무효 및 취소의 소의 당사자에 관한 규정으로서 입양의 무효 취소에 관한 소에는 준용할 수 있으나 이와 성질을 달리하는 파양의 소에는 준용할 수 없다할 것이므로 이와 같은 취지로 판단한 원판결은 정당하고, 논지는 채용할수 없다.

Section 13. 친양자 입양의 취소

[1] 친양자 입양의 취소

① 친양자로 될 사람의 친생의 아버지 또는 어머니는 자신에게 책임 없는 사유로 친양자 입양에 동의를 할 수 없었던 경우에는 친양자 입양의 사실을 안 날부터 6개월 안에 가정법원에 친양자 입양의 취소를 청구할 수 있습니다(「민법」 제908조의4제1항).

② 예를 들면 자녀가 미아가 되거나 유괴되어 아동보호시설에 있다가 친양자로 입양된 경우에는 친양자 입양취소를 청구할 수 있습니다.

③ 친양자 입양은 가정법원의 허락 결정을 받아 성립하므로 입양무효에 관한 규정(「민법」 제883조)과 입양취소에 관한 규정(「민법」 제884조)은 친양자 입양에 관해서 적용되지 않습니다(「민법」 제908조의4제2항).

④ 따라서 친양자 입양에 대해서는 친양자입양무효확인의 청구는 할 수 없습니다.

[2] 친양자 입양의 취소의 소

1. 소의 당사자(「가사소송법」 제31조 및 제24조)

① 원고

친양자 입양 당시에 동의를 할 수 없었던 친생의 부 또는 모입니다.

② 피고

양부모와 양자가 상대방이 되고, 그중 어느 한쪽이 사망을 한 경우에는 그 생존자를 상대방으로 하며, 상대방이 될 사람이 모두 사망한 경우에는 검사를 상대방으로 합니다.

2. 관할법원

양부모 중 1명의 보통재판적이 있는 곳의 가정법원의 전속관할로 하고, 양부모가 모두 사망한 경우에는 그중 1명의 마지막 주소지의 가정법원의 전속관할로 합니다(「가사소송법」 제30조).

3. 소송 절차의 승계

① 원고가 사망이나 그 밖의 사유(소송 능력을 상실한 경우는 제외)로 소송절차를 계속하여 진행할 수 없게 된 때에는 다른 제소권자가 소송 절차를 승계할 수 있습니다.

② 승계신청은 승계 사유가 생긴 때부터 6개월 이내에 해야 하고, 그 기간 내에 승계신청이 없을 때에는 소가 취하된 것으로 봅니다(「가사소송법」 제16조).

4. 심리

4-1. 조정 전치주의

① 친양자 입양취소에 관한 사건은 나류 가사소송사건이므로, 가정법원에 친양자 입양취소의 소를 제기하려는 사람은 먼저 조정을 신청해야 합니다[「가사소송법」 제2조제1항제1호나목13) 및 제50조제1항].

② 만일 조정을 신청하지 않고 소를 제기하거나 심판을 청구한 경우에는 가정법원은 그 사건을 조정에 회부해야 합니다(「가사소송법」 제50조제2항 본문).

③ 다만, 공시송달의 방법이 아니면 당사자의 어느 한쪽 또는 양쪽을 소환할 수 없거나 그 사건을 조정에 회부하더라도 조정이 성립될 수 없다고 인정하는 경우에는 조정에 회부하지 않습니다(「가사소송법」 제50조제2항 단서).

④ 조정이 성립되지 않은 경우 등에는 재판을 받을 수 있습니다(「가사소송법」 제49조 및 「민사조정법」 제36조).

4-2. 제척기간

친양자 입양취소의 청구기간은 친생의 부 또는 모가 친양자 입양사실을 안 날부터 6개월 이내입니다(「민법」 제908조의4제1항).

4-3. 친양자 복리를 위한 기각

① 가정법원은 친양자의 복리를 위하여 그 양육 상황, 친양자 입양의 동기, 양부모의 양육능력 등을 심사하여 친양자 입양취소가 친양자의 복리에 적당하다고 인정되는 때에는 친양자 입양취소를 판결하고, 친양자 입양취소가 적당하지 않을 때에는 친양자 입양취소 청구를 기각할 수 있습니다(「민법」 제908조의6 및 제908조의2제3항).

② 예를 들면, 현재의 양육 상황과 취소 후의 양육 상황이 현저히 악화될 우려가 있는 등 친양자의 복리에 반하는 경우에는 기각될 수 있습니다.

5. 확정판결의 기판력

① 친양자 입양취소의 청구를 인용한 확정판결은 제3자에게도 효력이 있습니다(「가사소송법」 제21조제1항). 따라서 입양취소를 재판당사자 이외의 사람에게도 주장할 수 있습니다.

② 청구를 배척한 판결이 확정된 경우에는 다른 제소권자는 사실심의 변론종결 전에 참가하지 못한 데 대해 정당한 사유가 있지 않으면 다시 소를 제기할 수 없습니다(「가사소송법」 제21조제2항).

6. 친양자 입양취소의 효과

① 친양자 입양취소 판결이 확정되면, 친양자관계는 소멸하고 입양 전의 친족관계는 부활됩니다. 이 경우 친양자 입양취소의 효력은 친양자 입양성립일로 소급되지 않습니다(「민법」 제908조의7).

② 이에 따라 친양자는 친생부모의 성을 따르게 되고, 친양자가 미성년자인 경우에는 친생부모의 친권에 따르게 됩니다.

③ 그런데, 여기서 말하는 "입양 전의 친족관계"는 친양자로서 입양되기 전의 친생부모와 그 친족 간의 관계를 말하므로, 친양자로 입양되기 전 일반양자로 입양되었던 사람과 그 양부모와의 친족관계는 부활되지 않습니다. 왜냐하면 친양자 입양에 따라 양부모와 양자관계는 이미 소멸하였기 때문입니다.

7. 친양자 입양취소의 신고

① 친양자 입양취소의 재판이 확정된 경우 소를 제기한 사람은 재판확정일부터 1개월 이내에 재판서의 등본 및 확정증명서를 첨부하여 입양취소의 신고를 해야 합니다. 이 경우 소의 상대방도 입양취소의 재판이 확정된 취지를 신고할 수 있습니다(「가족관계의 등록 등에 관한 법률」 제70조 및 제69조제1항).

② 친양자 입양취소 신고서에는 다음의 사항을 기재합니다[「가족관계의 등록 등에 관한 법률」 제70조 및 제69조제2항, 「가족관계등록사무의 문서 양식에 관한 예규」 제3조 및 양식 제9호].
- 재판확정일
- 당사자의 성명·본·출생연월일·주민등록번호 및 등록기준지(당사자가 외국인인 때에는 그 성명·출생연월일·국적)
- 친양자의 친생부모의 성명·등록기준지 및 주민등록번호

[3] 친양자 입양취소의 소장 작성례

[법원양식] 친양자 입양 취소 청구의 소

<table>
<tr><td colspan="2" align="center">친양자 입양 취소 청구의 소</td></tr>
<tr><td>원 고</td><td>(연락 가능한 전화번호:　　　　　　　　)</td></tr>
<tr><td>　　주민등록번호</td><td>　　　-</td></tr>
</table>

주소

등록기준지

피 고   1.   (양부)

주민등록번호   -

주소

등록기준지

피 고   2.   (양모)

주민등록번호   -

주소 및 등록기준지 위와 같음

피 고   3.   (친양자)

주민등록번호   -

주소 및 등록기준지 위와 같음

청 구 취 지

" 법원 20 느 호 사건에 관하여 위 법원이 20 . . . 한 심판에 의하여 피고 1.   , 피고 2.   와(과) 피고 3.   사이에 성립한 친양자 입양은 이를 취소한다." 라는 판결을 구합니다.

청 구 원 인

1. 원고는 피고 3.   의 친생의 부로서 최근 피고 3.   이(가) 피고 1.   와(과) 피고 2.   의 친양자로 입양되어 있는 것을 알게 되었습니다.

2. 원고는 20   . . . 피고 3.   을(를)   에 있는   해수욕장 인근에서 잃어 버렸는데, 그 후 피고 3.   이(가) 아동보호시설에 보호되고 있다가 친양자로 입양되었다고 합니다.

3. 원고는 자신에게 책임이 없는 사유로 인하여 민법 제908조의2제1항제3호 단서의 규정에 의한 동의를 할 수 없었으므로, 민법 제908조의4에 따라 친양자 입양의 취소를 구하기 위하여 이 사건 소에 이른 것입니다.

첨 부 서 류

1. 가족관계증명서(상세)(원고)   1통
2. 친양자입양관계증명서(피고 3.)   1통
3. 주민등록등본(피고 1. 또는 2.)   1통

20   .   .   .

원고   (서명 또는 날인)

법원 귀중

휴대전화를 통한 정보수신 신청

  위 사건에 관한 **재판기일의 지정·변경·취소 및 문건접수 사실**을 예납의 무자가 납부한 송달료 잔액 범위 내에서 아래 휴대전화를 통하여 알려주실 것을 신청합니다.

■ **휴대전화번호:**

20   .   .   .

신청인   원고   (서명 또는 날인)

※ 문자메시지는 재판기일의 지정·변경·취소 및 문건접수 사실이 법원재판사무시스템에 입력되는 당일 이용 신청한 휴대전화로 발송됩니다.

※ 문자메시지 서비스 이용 금액은 메시지 1건당 17원씩 납부된 송달료에서 차감됩니다(송달료가 부족하면 문자메시지가 발송되지 않습니다.).

※ 추후 서비스 대상 정보, 이용 금액 등이 변동될 수 있습니다.

※ 휴대전화를 통한 문자메시지는 <u>원칙적으로 법적인 효력이 없으니 참고 자료로만 활용</u>하시기 바랍니다.

◇ **유의 사항** ◇

1. 소장에는 수입인지 20,000원을 붙여야 합니다.
2. 송달료는 당사자 수 × 우편료 × 15회분을 송달료 취급 은행에 납부하고 영수증을 첨부하여야 합니다.
3. 관할법원은 양부모 중 1인의 주소지, 양부모가 모두 사망하였을 때에는 그 중 1인의 최후 주소지의 가정법원(가정법원 및 가정지원이 설치되지 않은 지역은 해당 지방법원 및 지방법원 지원)입니다.

[작성례] 친양자 입양 취소 청구의 소

소　　　　　장

원　　고　　○　○　○ (주민등록번호)

　　　　　　　등록기준지 : ○○시 ○○구 ○○길 ○○번지

　　　　　　　주소 : ○○시 ○○구 ○○길 ○○번지(우편번호)

피　　고　　1. △　△　△ (주민등록번호, 양부)

　　　　　　　등록기준지 : ○○시 ○○구 ○○길 ○○번지

　　　　　　　주소 : ○○시 ○○구 ○○길 ○○번지(우편번호)

　　　　　　2. □　□　□ (주민등록번호, 양모)

　　　　　　　등록기준지 : ○○시 ○○구 ○○길 ○○번지

　　　　　　　주소 : ○○시 ○○구 ○○길 ○○번지(우편번호)

　　　　　　3.◇◇◇ (주민등록번호, 친양자)

　　　　　　　등록기준지 : ○○시 ○○구 ○○길 ○○번지

　　　　　　　주소 : ○○시 ○○구 ○○길 ○○번지(우편번호)

친양자입양취소청구의 소

청 구 취 지

　○○법원 20　　느　　호 사건에 관하여 위 법원이 20　．　．　． 한 심판에 의하여 피고 1. △ △ △, 피고 2. □ □ □와 피고 3.◇◇◇ 사이에 성립한 친양자 입양은 이를 취소한다.

라는 판결을 구합니다.

청 구 원 인

1. 원고는 피고 3.◇◇◇의 친생의 부인데, 최근 피고 3.◇◇◇이 피고 1. △△△와 피고 2. □ □ □의 친양자로 입양되어 있다는 사실을 알게 되었습니다.

2. 원고는 20○○.　.　. 피고 3.◈◈◈과 함께 ○○시 인근 캠핑장에 갔다가, 위 피고 3.◈◈◈을 잃어버린 이후 경찰서에 실종선고를 접수하였던 사실이 있습니다.

3. 한편, 피고 3.◈◈◈은 아동보호시설에 보호되고 있던 중, ○○법원 20 느 호 심판에 의하여 원고에게 친양자로 입양되었고, 원고는 위 사실을 20○○.　.　. 알게 되었습니다.

4. 피고 3.◈◈◈의 친생의 아버지인 원고는 피고 1. △△△, 피고 2. □□□가 피고 3.◈◈◈을 친양자로 입양할 당시 책임질 수 없는 사유로 인하여 민법 제908조의 2 제1항 단서에 따른 동의를 할 수 없었다고 할 것인바, 민법 제908조의 4에 따라 친양자 입양의 취소를 구하는 바입니다.

입 증 방 법

1. 갑 제1호증　　　　　　　　가족관계증명서(원고)
1. 갑 제2호증　　　　　　　　친양자입양관계증명서(피고3.)
1. 갑 제3호증　　　　　　　　주민등록등본(피고1. 또는 피고2.)

첨 부 서 류

1. 위 입증방법　　　　　　　각 1통
1. 소장부본　　　　　　　　　1통
1. 납부서　　　　　　　　　　1통

20○○년　○월　○일

원　　고　○　○　○　(서명 또는 날인)

○ ○ 가 정 법 원　귀 중

제출법원	– 양부모 중 1인의 보통재판적소재지 가정법원 – ·양부모가 모두 사망한 때에는 그 중 1명의 최후주소지 가정법원	제척기간	1. 친양자 입양의 사실을 안 날로부터 6월 내에 제기 (민법 제908조의4 제1항) 2. 친양자 입양의 사실을 알면 족하고, 친양자 입양의 법률효과까지 알아야 하는 것은 아님
제기권자	·친양자 입양 당시 동의를 할 수 없었던 친생의 부 또는 모 (민법 제908조의4 제1항)		
상 대 방	– 양친자 양쪽을 상대방으로 하되 그 중 어느 한 쪽이 사망항한 경우에는 생존자를 상대방으로 함(가사소송법 제31조제24조제1항, 제2항) – ·양친과 친양자가 모두 생존해 있을 경우, 이들 3명이 피고로서 필수적 공동소송인이 됨 ·– 상대방이 될 사람이 모두 사망한 경우에는 검사를 상대방으로 함 (가사소송법 제31조 제24조 제3항)		
제출부수	소장원본 1부 및 피고 수만큼의 부본 제출	관련법규	가사소송법 제31, 24조 민법 제908조의 4
불복절차 및 기간	·항소(가사소송법 제19조제1항) ·판결정본이 송달된 날로부터 14일이내(가사소송법 제19조제1항)		
비 용	·인지액 : 20,000원(☞가사소송 및 비송사건수수료표) ·송달료 : 당사자수×3,700원(우편료)×12회분		
친양자 입양 취소 사유	1. 친양자로 될 자의 친생의 부 또는 모가 자신에게 책임없는 사유로 인하여 민법 제908조의2 제1항 제3호 단서의 규정에 따른 동의를 할 수 없었던 경우 2. 양친이 친양자를 학대 또는 유기하거나 그 밖에 친양자의 복리를 현저히 해하는 때 3. 친양자의 양친에 대한 패륜행위로 인하여 친양자관계를 유지시킬 수 없게 된 때		

[4] 관련판례

[대법원 2021. 12. 23.자 2018스5 전원합의체 결정]

【판시사항】

조부모가 손자녀를 입양할 수 있는지 여부(적극) / 조부모에 의한 미성년 손자녀 입양의 허가 여부를 판단하는 기준 및 이때 법원이 고려하여야 할 요소

【판결요지】

[다수의견] (가) 입양은 출생이 아니라 법에 정한 절차에 따라 원래는 부모·자녀가 아닌 사람 사이에 부모·자녀 관계를 형성하는 제도이다. 조부모와 손자녀 사이에는 이미 혈족관계가 존재하지만 부모·자녀 관계에 있는 것은 아니다. 민법은 입양의 요건으로 동의와 허가 등에 관하여 규정하고 있을 뿐이고 존속을 제외하고는 혈족의 입양을 금지하고 있지 않다(민법 제877조 참조). 따라서 조부모가 손자녀를 입양하여 부모·자녀 관계를 맺는 것이 입양의 의미와 본질에 부합하지 않거나 불가능하다고 볼 이유가 없다.

조부모가 자녀의 입양허가를 청구하는 경우에 입양의 요건을 갖추고 입양이 자녀의 복리에 부합한다면 이를 허가할 수 있다. 다만 조부모가 자녀를 입양하는 경우에는, 양부모가 될 사람과 자녀 사이에 이미 조손(조손)관계가 존재하고 있고 입양 후에도 양부모가 여전히 자녀의 친생부 또는 친생모에 대하여 부모의 지위에 있다는 특수성이 있으므로, 이러한 사정이 자녀의 복리에 미칠 영향에 관하여 세심하게 살필 필요가 있다.

(나) 법원은 조부모가 단순한 양육을 넘어 양친자로서 신분적 생활관계를 형성하려는 실질적인 의사를 가지고 있는지, 입양의 주된 목적이 부모로서 자녀를 안정적·영속적으로 양육·보호하기 위한 것인지, 친생부모의 재혼이나 국적 취득, 그 밖의 다른 혜택 등을 목적으로 한 것은 아닌지를 살펴보아야 한다. 또한 친생부모의 입양동의가 자녀 양육과 입양에 관한 충분한 정보를 제공받은 상태에서 자발적이고 확정적으로 이루어진 것인지를 확인하고 필요한 경우 가사조사, 상담 등을 통해 관련 정보를 제공할 필요가 있다. 그 밖에 조부모가 양육능력이나 양부모로서의 적합성과 같은 일반적인 요건을 갖추는 것 외에도, 자녀와 조부모의 나이, 현재까지의 양육 상황, 입양에 이르게 된 경위, 친생부모의 생존 여부나 교류 관계 등에 비추어 조부모와 자녀 사이에 양친자관계가 자연스럽게 형성될 것을 기대할 수 있는지를 살피고 조부모의 입양이 자녀에게 도움이 되는 사항과 우려되는 사항을 비교·형량하여, 개별

적·구체적인 사안에서 입양이 자녀의 복리에 적합한지를 판단하여야 한다. 심리 과정에서는 입양되는 자녀가 13세 미만인 경우에도 자신의 의견을 형성할 능력이 있다면 자녀의 나이와 상황에 비추어 적절한 방법으로 자녀의 의견을 청취하는 것이 바람직하다.

[대법관 조재연, 대법관 민유숙, 대법관 이동원의 반대의견] 2촌 직계혈족인 조부모가 미성년 손자녀를 입양하는 것은 법정 친자관계의 기본적인 의미에 자연스럽게 부합하지 않는 데다가, 조부모가 입양 사실을 감추고 친생부모인 것처럼 양육하기 위하여 하는 비밀 입양은 향후 자녀의 정체성 혼란을 야기할 우려가 크다. 국제 규범과 국내 법령은 원가정 양육의 원칙을 천명하고 이를 위한 후견 제도나 각종 사회보장제도가 정비되어 있는데, 친생부모의 가장 가까운 직계존속으로서 친생부모에 의한 원가정 양육을 지지하고 원조하여야 할 조부모가 오히려 사회적·경제적 지위가 열악한 친생부모의 양육능력이 부족하다는 이유로 부모의 지위를 대체하는 것은 바람직하지 않다. 미성년 손자녀의 친생부모가 생존하고 있는데도 조부모가 손자녀의 입양허가를 청구하는 경우 입양허가는 엄격하게 이루어져야 한다. 조부모에게 실질적인 입양 의사가 있다는 사정은 입양허가의 한 요건에 불과하고 앞서 본 여러 가지 우려를 극복하기 어려운 점을 고려하면, 조부모의 입양은 위의 우려가 모두 해소될 수 있음이 밝혀진 경우에 허가할 수 있다. 가정법원은 직권탐지주의에 따라 후견적 입장에서 제반 사정들을 심리한 다음 자녀의 복리를 위하여 입양허가 여부를 결정할 넓은 재량권을 갖는다.

Section 14. 친양자의 파양

[1] 친양자의 파양사유

① 다음 어느 하나의 사유가 있는 경우에는 가정법원에 친양자 파양을
청구할 수 있습니다(「민법」 제908조의5제1항).

- 양부모가 친양자를 학대 또는 유기(遺棄)하거나 그 밖에 친양자
의 복리를 현저히 해하는 때

- 친양자의 양부모에 대한 패륜(悖倫)행위로 친양자 관계를 유지시
킬 수 없게 된 때

② 일반양자의 협의 파양 및 재판상 파양 사유는 친양자 파양에 적용
되지 않습니다(「민법」 제908조의5제2항).

[2] 친양자 파양의 소

1. 당사자

① 원고

양부모, 친양자, 친생의 부 또는 모, 검사입니다(「민법」 제908조의5
제1항).

② 피고

원고에 따라 피고가 달라집니다(「가사소송법」 제31조 및 제24조).

2. 관할법원

일반적으로 양부모 중 1명의 보통재판적이 있는 곳의 가정법원의 전
속관할로 하고, 양부모가 모두 사망한 경우에는 그중 1명의 마지막 주
소지의 가정법원의 전속관할로 합니다(「가사소송법」 제30조).

3. 심리

3-1. 조정전치주의

① 친양자의 파양에 관한 사건은 나류 가사소송사건에 해당하므로, 친양자 파양의 소를 제기하려는 사람은 가정법원에 먼저 조정을 신청해야 합니다[「가사소송법」 제2조제1항제1호나목14) 및 제50조제1항].

② 만일 조정을 신청하지 않고 소를 제기하거나 심판을 청구한 경우에는 가정법원은 그 사건을 조정에 회부해야 합니다. 다만, 공시송달의 방법이 아니면 당사자 어느 한쪽 또는 양쪽을 소환할 수 없거나 그 사건을 조정에 회부하더라고 조정이 성립될 수 없다고 인정하는 경우에는 조정에 회부하지 않습니다(「가사소송법」 제50조제2항).

③ 조정이 성립되지 않은 경우 등에는 재판을 받을 수 있습니다(「가사소송법」 제49조 및 「민사조정법」제36조).

3-2. 친양자 복리를 위한 기각

가정법원은 "친양자의 양부모에 대한 패륜행위로 인한 파양청구"에 대해서는 친양자의 복리를 위하여 그 양육 상황, 친양자 입양의 동기, 양부모의 양육능력 등을 심사하여, 친양자 파양이 친양자의 복리에 적당하다고 인정되는 때에는 친양자 파양을 확정판결하고, 친양자 파양이 적당하지 않을 때에는 친양자 파양청구를 기각할 수 있습니다(「민법」 제908조의6 및 제908조의2제3항).

4. 소송 절차의 승계

① 원고가 사망이나 그 밖의 사유(소송 능력을 상실한 경우는 제외)로 소송 절차를 계속하여 진행할 수 없게 된 때에는 다른 제소권자가 소송 절차를 승계할 수 있습니다.

② 승계신청은 승계 사유가 생긴 때부터 6개월 이내에 해야 하고, 그 기간 내에 승계신청이 없을 때에는 소가 취하된 것으로 봅니다(「가사소송법」 제16조).

5. 확정판결의 기판력

친양자 파양의 청구를 인용한 확정판결은 제3자에게도 효력이 있습니다. 청구를 배척한 판결이 확정된 경우에는 다른 제소권자는 사실심의 변론종결 전에 참가하지 못한 데 대해 정당한 사유가 없으면 다시 소를 제기할 수 없습니다(「가사소송법」 제21조).

6. 친양자 파양의 효과

① 친양자 파양판결이 확정되면, 친양자와 양부모 및 그 친족과의 관계는 소멸하고, 입양 전의 친족관계는 파양이 확정된 때부터 부활됩니다(「민법」 제908조의7제1항).

② 여기서 말하는 "입양 전의 친족관계"는, 친양자로 입양되기 전의 친생부모와 그 친족과의 관계를 말합니다. 따라서 친양자로 입양되기 전 일반양자로 입양되었던 자와 그 양부모와의 친족관계는 부활하지 않습니다. 친양자 입양으로 양부모와 양자관계는 소멸하였기 때문입니다.

③ 따라서 친양자는 친생부모의 성을 따르게 되고, 친양자가 미성년자인 경우에는 친생부모의 친권에 따르게 됩니다(「친양자 입양재판에 따른 사무처리지침」 제10조).

7. 친양자 파양의 신고

① 친양자 파양 재판이 확정된 경우 소를 제기한 사람은 재판 확정일부터 1개월 이내에 재판서의 등본 및 확정증명서를 첨부하여 파양을 신고해야 합니다(「가족관계의 등록 등에 관한 법률」 제69조제1항).

② 친양자 파양 신고서에는 다음의 사항을 기재해야 합니다[「가족관계의 등록 등에 관한 법률」 제69조제2항, 「가족관계등록사무의 문서양식에 관한 예규」 제3조 및 양식 제7호].

- 재판확정일
- 당사자의 성명·본·출생연월일·주민등록번호 및 등록기준지(당사자
  가 외국인인 때에는 그 성명·출생연월일·국적)
- 친양자의 친생부모의 성명·등록기준지 및 주민등록번호

[3] 친양자 파양의 소장 작성례

[법원양식] 친양자 파양 청구의 소

친양자 파양 청구의 소

원 고 　　　　　　　　　　(연락 가능한 전화번호:　　　　　　)
　　　　주민등록번호　　　　　-
　　　　주소
　　　　등록기준지

피 고　　1.　　　　　　　　(양부)
　　　　　주민등록번호　　　　-
　　　　　주소
　　　　　등록기준지

피 고　　2.　　　　　　　　(양모)
　　　　　주민등록번호　　　　-
　　　　　주소 및 등록기준지 위와 같음

피 고　　3.　　　　　　　　(친양자)
　　　　　주민등록번호　　　　-
　　　　　주소 및 등록기준지 위와 같음

청 구 취 지

피고 1.　　　, 피고 2.　　　와 피고 3.　　　은 친양자를 파양한다.
라는 판결을 구합니다.

청 구 원 인

1. 피고 3.   은 20   .   .   . 친양자 입양 허가 심판에 따라 피고 1.   와(과) 피고 2.   의 친양자로 되었습니다.

2. 그런데 피고 1.   (양부)은(는) 매일같이 폭음을 한 후 집에 들어와 행패를 일삼고 피고 3.   을(를) 때리는 등 친양자를 학대하므로 친양자의 파양을 구하기 위하여 이 사건 소에 이르렀습니다.

첨 부 서 류

1. 친양자입양관계증명서   1통
2. 주민등록등본(피고 1. 또는 2)   1통
3. 진단서   1통

20   .   .   .

원고   (서명 또는 날인)

법원 귀중

휴대전화를 통한 정보수신 신청

위 사건에 관한 **재판기일의 지정·변경·취소 및 문건접수 사실**을 예납의무자가 납부한 송달료 잔액 범위 내에서 아래 휴대전화를 통하여 알려주실 것을 신청합니다.

◼ **휴대전화번호:**

20   .   .   .

신청인 원고   (서명 또는 날인)

※ 문자메시지는 재판기일의 지정·변경·취소 및 문건접수 사실이 법원재판사무시스템에 입력되는 당일 이용 신청한 휴대전화로 발송됩니다.

※ 문자메시지 서비스 이용 금액은 메시지 1건당 17원씩 납부된 송달료에서 차감됩니다(송달료가 부족하면 문자메시지가 발송되지 않습니다.).

※ 추후 서비스 대상 정보, 이용 금액 등이 변동될 수 있습니다.

※ 휴대전화를 통한 문자메시지는 원칙적으로 법적인 효력이 없으니 참고 자료로만 활용하시기 바랍니다.

◇ **유의 사항** ◇

1. 소장에는 수입인지 20,000원을 붙여야 합니다.

2. 송달료는 당사자 수 × 우편료 × 15회분을 송달료 취급 은행에 납부하고 영수증을 첨부하여야 합니다.

3. 관할법원은 양부모 중 1인의 주소지, 양부모가 모두 사망하였을 때에는 그 중 1인의 최후 주소지의 가정법원(가정법원 및 가정지원이 설치되지 않은 지역은 해당 지방법원 및 지방법원 지원)입니다.

Part 4.
가사소송사건(다류) 알아보기

Chapter 1. 약혼해제 또는 사실혼관계 부당파기로 인한 손해배상청구 (제3자에 대한 청구를 포함한다) 및 원상회복의 청구

Section 1. 약혼해제

[1] 약혼의 성립요건

1. 약혼 의사가 합치할 것

약혼은 장차 결혼을 성립시키려는 당사자 사이의 합의로서, 정해진 형식은 없으나 약혼이 유효하게 성립하려면 당사자 사이에 약혼 의사가 합치해야 합니다.

2. 약혼 연령에 이를 것

① 18세가 된 사람은 약혼을 할 수 있습니다(「민법」 제800조 및 제801조 참조).

② 다만, 약혼 연령에 도달했더라도 미성년자가 약혼하는 경우에는 부모 또는 미성년후견인의 동의를 받아야 합니다(「민법」 제801조 및 제808조제1항 참조).

3. 약혼 장애사유가 없을 것

① 근친혼은 결혼 무효 사유이므로 근친 간의 약혼은 인정되지 않습니다(「민법」 제815조제2호 참조).

② 중혼은 결혼 취소 사유이므로 배우자가 있는 사람과의 약혼은 인정되지 않습니다(「민법」 제816조제1호 참조).

[2] 약혼의 효과

1. 결혼 의무 부담

① 약혼 당사자는 결혼을 성립시킬 의무를 부담합니다. 그러나 이에 대해 강제이행을 청구할 수는 없습니다(「민법」 제803조).

② 다만, 당사자 일방의 과실로 약혼이 해제됐다면 상대방은 이로 인한 재산상·정신상의 손해배상을 청구할 수 있습니다(「민법」 제806조제1항 및 제2항).

2. 신분관계 미변동

① 약혼만으로는 친족관계가 발생하지 않습니다(「민법」 제767조 및 제777조 참조).

② 따라서 약혼 중에 출생한 자녀는 혼인 외의 출생자가 되지만, 이후 결혼을 하면 결혼 중에 태어난 아이와 같은 법률상의 지위를 얻게 됩니다(「민법」 제855조제2항 참조).

[3] 파혼의 사유 및 방법

1. 약혼 해제 사유

당사자 한쪽이 다음의 어느 하나에 해당하는 경우에는 상대방이 약혼을 해제할 수 있습니다(「민법」 제804조).

- 약혼 후 자격정지 이상의 형을 선고받은 경우

- 약혼 후 성년후견개시나 한정후견개시의 심판을 받은 경우

- 성병, 불치의 정신병, 그 밖의 불치의 병질(病疾)이 있는 경우

- 약혼 후 다른 사람과 약혼이나 혼인을 한 경우

- 약혼 후 다른 사람과 간음(姦淫)한 경우

- 약혼 후 1년 이상 생사(生死)가 불명한 경우

- 정당한 이유 없이 혼인을 거절하거나 그 시기를 늦추는 경우

- 그 밖에 중대한 사유가 있는 경우

2. 약혼 해제 방법

① 약혼의 해제는 상대방에 대한 의사표시로 합니다(「민법」 제805조 본문).

② 상대방에 대해 의사표시를 할 수 없는 경우에는 그 해제의 원인이 있음을 안 때에 약혼이 해제된 것으로 봅니다(「민법」 제805조 단서).

3. 파혼의 효과

3-1. 손해배상청구권 발생

① 당사자 일방의 과실로 약혼이 해제됐다면 상대방은 이로 인한 재산상·정신상의 손해배상을 청구할 수 있습니다(「민법」 제806조제1항 및 제2항).

② 약혼 해제로 인한 손해배상 청구는 가정법원의 조정절차를 거쳐야 합니다[「가사소송법」 제2조제1항제1호다목1) 및 제50조제1항 참조].

3-2. 약혼예물반환청구권

① 약혼예물의 수수는 혼인의 불성립을 해제조건으로 하는 증여와 유사한 성질을 가집니다(대법원 1996. 5. 14. 선고 96다5506 판결 참조). 따라서 약혼이 해제되면 약혼예물의 반환을 청구할 수 있습니다.

② 그러나 당사자 일방의 잘못으로 약혼이 해제됐다면 약혼의 해제에 책임이 있는 당사자는 상대방에게 그가 제공한 약혼예물을 적극적으로 반환 청구할 권리가 없습니다(대법원 1976. 12. 28. 선고 76므41 판결 참조).

[4] 약혼의 해제에 대한 소장 작성례

[작성례] 조정신청서(약혼예물 반환)

조 정 신 청 서

신 청 인 　○　○　○(주민등록번호)
　　　　　　　　○○시 ○○구 ○○길 ○○
　　　　　　　　전화 ○○○ - ○○○○

피신청인 　△　△　△(주민등록번호)
　　　　　　　　○○시 ○○구 ○○길 ○○
　　　　　　　　전화 ○○○ - ○○○○

약혼예물반환 조정신청

신 청 취 지

1. 피신청인은 신청인이 약혼예물로 지급한 별지목록 기재의 자동차를 신청인에게 인도하라.
2. 소송비용은 피신청인의 부담으로 한다.
3. 제1항은 가집행 할 수 있다
라는 조정을 구합니다.

신 청 이 유

1. 신청인은 1990. ○. 대학을 졸업하고 모회사의 공채시험에 합격하여 회사를 다니던 자로 신청인의 대학동창 소개로 피신청인을 만나게 되었습니다. 피신청인을 소개해준 대학동창은 사촌언니의 소개로 피신청인을 소개해준 것이었습니다. 피신청인은 스스로 서울의 일류대학을 졸업하고 주식회사 ○○소프트라는 소프트웨어관련 벤처 사업을 운영하고 있으며 현재는 시작단계이나 꽤 전망있는 사업체를 가진 유능한 사업가라고 하며 명함을 주었습니다. 신청인은 피신청인과 4차례 만나면서 정

이 들게 되어 결혼을 약속하였으며 신청인의 부모님을 만나 결혼 승낙을 받기로 하였습니다.

2. 신청인은 외동딸로 할아버지의 재산을 물려받아 비교적 넉넉한 생활을 하며 서울 강남에서 50평 정도의 한식집을 운영하는 아버지 밑에서 별 어려움 없이 자랐습니다. 피신청인은 자신의 형1명과 어머니를 참석시키고 신청인은 부모님과 형제들이 참석한 가운데 호텔 레스토랑에서 간단한 약혼식을 올렸습니다.

3. 약혼예물은 피신청인이 최근 경제사정이 좋지 않다는 이유로 부모님의 양해로 신청인쪽 부모님이 모든 약혼예물을 준비하기로 하였으며 예물로는 간단한 금가락지와 피신청인이 가진 차가 너무 오래 되었다고 하여 서울○○카 ○○○○호 그렌져 승용차를 마련해 주었습니다.

4. 약혼식이 끝나고 1달 정도 지나 신청인은 피신청인과 신청인 부모님이 운영하는 한식집에서 저녁식사를 하던 중 신청인의 소외 고교동창을 만나게 되어 상호 인사를 하게되었습니다. 그 다음날 고교동창이 신청인을 만나자고 해 H커피숍에서 만났는데 동창으로부터 뜻밖의 충격적인 말을 듣게 되었습니다. 동창은 몇 일전 P나이트클럽에 간 적이 있는데 그곳에서 피신청인은 그 동료들과 동창의 일행에 접근하여 추태를 부리는 등 행패를 부려서 경찰서에서 조사 받은 적이 있다는 것입니다. 동창은 경찰조사결과로 알게 된 사실이라며 피신청인은 서울의 명문대 졸업생도 아니고 현재 벤처업을 하고 있는 것도 아니며 전과자라는 것이었습니다.

5. 그래서 신청인은 피신청인에게 위 사실을 확인하고 약혼을 해제하게 된 것이며 신청인이 피신청인에게 준 약혼예물중 금가락지는 반환 받지 않아도 승용차는 반환 받아야 하겠기에 이건 신청을 하게 된 것입니다.

입 증 방 법

1. 자동차매매계약서　　　　　　1통
1. 자동차등록원부　　　　　　　1통
1. 증인의 진술서　　　　　　　　1통
1. 약혼해제내용증명우편　　　　1통

첨 부 서 류

1. 위 입증방법   1통
1. 소장부본   1통

20○○년   ○월   ○일

위 청구인 ○ ○ ○   (서명 또는 날인)

○ ○ 지 방 법 원 귀 중

[별 지]

자동차의 표시

1. 자동차등록번호: 서울○○다○○○○호
1. 형식승인번호: ○-○○○○-005-006
1. 차   명: ○ ○
1. 차   종: 승용자동차
1. 차 대 번 호: ○○
1. 원 동 기 형 식: ○○
1. 등록연월일: 1997
1. 최 종 소 유 자: △ △ △
1. 사 용 본 거 지: ○○시 ○○구 ○○길 ○○ .   끝.

제출법원	상대방의 보통재판적소재지 가정법원		
제출부수	신청서 및 부본 각1부	**관련법규**	가사소송법 제49조
불복절차 및 기간	·— 이의신청(가사소송법 제60조, 민사조정법 제36조) ·조정정본이 송달된 날로부터 2주일내(가사소송법 제60조, 민사조정법 제34조)		
비 용	·— 인지액 : ※ 아래(1)참조 ·송달료 : 당사자수 × 000원(1회송달료) ×5회분		

※ 인 지 액(조정절차의 수수료) - 가사소송수수료규칙 제6조

① 가사조정신청의 수수료는 5,000원으로 한다.

② 민사사건의 청구를 병합하여 조정신청하는 경우에는, 그 민사상의 청구에 대하여 「민사조정법」 제5조제4항에 따른 수수료와 제1항 규정액중 다액을 수수료로 한다.

③ 제1항 및 제2항에 규정된 것을 제외하고, 조정절차에 있어서의 기타 신청의 수수료에 관하여는 제4조의 규정을 준용한다.

④ 법 제49조 및 법 제60조의 규정에 의하여 준용되는 민사조정법 제36조의 규정에 의하여 조정신청을 한 때에 소의 제기 또는 심판의 청구가 있는 것으로 보는 경우에는, 조정신청인은 소를 제기하거나 심판을 청구하는 경우에 납부하여야 할 수수료액으로부터 제1항 또는 제2항의 규정에 의하여 납부한 수수료액을 공제한 액의 수수료를 추가로 납부하여야 한다.

[5] 관련판례

[대법원 1996. 5. 14.선고 96다5506 판결]

【판시사항】

약혼예물 수수의 법적 성질 및 혼인 해소의 경우 그 소유권의 귀속관계

【판결요지】

약혼예물의 수수는 약혼의 성립을 증명하고 혼인이 성립한 경우 당사자 내지 양가의 정리를 두텁게 할 목적으로 수수되는 것으로 혼인의 불성립을 해제조건으로 하는 증여와 유사한 성질을 가지므로, 예물의 수령자측이 혼인 당초부터 성실히 혼인을 계속할 의사가 없고 그로 인하여 혼인의 파국을 초래하였다고 인정되는 등 특별한 사정이 있는 경우에는 신의칙 내지 형평의 원칙에 비추어 혼인 불성립의 경우에 준하여 예물반환의무를 인정함이 상당하나, 그러한 특별한 사정이 없는 한 일단 부부관계가 성립하고 그 혼인이 상당 기간 지속된 이상 후일 혼인이 해소되어도 그 반환을 구할 수는 없으므로, 비록 혼인 파탄의 원인이 며느리에게 있더라도 혼인이 상당 기간 계속된 이상 약혼예물의 소유권은 며느리에게 있다.

[대법원 1995. 12. 8.선고 94므1676, 1683 판결]

【판시사항】

[1] 약혼시 자신의 학력, 경력 및 직업 등을 상대방에게 사실대로 고지할 신
    의성실의 원칙상의 의무가 있는지 여부
[2] 약혼시 학력과 직장에서의 직종·직급 등을 속인 것이 후에 밝혀진 경우
    상대방의 약혼해제가 적법하다고 본 사례
[3] 약혼시 학력 등을 속인 당사자의 위자료 지급 의무 유무
[4] 상대방이 학력 등을 정확히 확인하여 보지 아니한 채 경솔히 약혼을 한
    잘못은 중대한 과실이라고 할 수 없어 위자료 액수 산정의 참작사유에
    불과하다고 본 사례

【판결요지】

[1] 약혼은 혼인할 것을 목적으로 하는 혼인의 예약이므로 당사자 일방은 자
    신의 학력, 경력 및 직업과 같은 혼인의사를 결정하는 데 있어 중대한
    영향을 미치는 사항에 관하여 이를 상대방에게 사실대로 고지할 신의성
    실의 원칙상의 의무가 있다.
[2] 종전에 서로 알지 못하던 갑과 을이 중매를 통하여 불과 10일간의 교제
    를 거쳐 약혼을 하게 되는 경우에는 서로 상대방의 인품이나 능력에 대
    하여 충분히 알 수 없기 때문에 학력이나 경력, 직업 등이 상대방에 대
    한 평가의 중요한 자료가 된다고 할 것인데 갑이 학력과 직장에서의 직
    종·직급 등을 속인 것이 약혼 후에 밝혀진 경우에는 갑의 말을 신뢰하고
    이에 기초하여 혼인의 의사를 결정하였던 을의 입장에서 보면 갑의 이러
    한 신의성실의 원칙에 위반한 행위로 인하여 갑에 대한 믿음이 깨어져
    갑과의 사이에 애정과 신뢰에 바탕을 둔 인격적 결합을 기대할 수 없어
    갑과의 약혼을 유지하여 혼인을 하는 것이 사회생활관계상 합리적이라고
    할 수 없으므로 민법 제804조 제8호 소정의 '기타 중대한 사유가 있는
    때'에 해당하여 갑에 대한 약혼의 해제는 적법하다고 본 사례.
[3] '[2]'항의 경우 약혼관계가 해소됨으로 인하여 을이 상당한 정신적 고통을
    받았을 것임은 경험칙상 명백하므로 갑은 을에게 위자료를 지급할 의무
    가 있다.
[4] '[2]'항의 경우 을로서도 갑의 학력이나 직급 등을 시간을 갖고 정확히 확
    인하여 보지 아니한 채 경솔히 약혼을 한 잘못은 있다고 할 것이지만,
    이를 가리켜 을에게 중대한 과실이 있다고 할 수 없고 약혼의 해제에 대
    한 귀책사유가 갑에게 있는 이상 이러한 을의 잘못은 갑의 을에 대한 위
    자료 액수를 산정함에 있어 참작할 사정에 불과하다고 본 사례.

[대법원 1994. 12. 27.선고 94므895 판결]

【판시사항】

약혼예물수수의 법적 성질과 그 예물 소유권의 귀속

【판결요지】

약혼예물의 수수는 혼인 불성립을 해제조건으로 하는 증여와 유사한 성질의 것이므로, 시어머니가 며느리에게 교부한 약혼예물은 그 혼인이 성립되어 상당 기간 지속된 이상 며느리의 소유라고 본 조치는 정당하다.

[대법원 1993. 5. 27.선고 92므143 판결]

【판시사항】

가. 이혼소송 계속중 배우자 일방이 사망한 경우 이혼소송의 종료 여부(적극)

나. 이혼위자료청구권이 행사상 일신전속권으로서 승계가 가능한지 여부(적극)

【판결요지】

가. 재판상 이혼청구권은 부부의 일신전속적 권리이므로 이혼소송 계속중 배우자 일방이 사망한 때에는 상속인이 수계할 수 없음은 물론 검사가 수계할 수 있는 특별한 규정도 없으므로 이혼소송은 종료된다.

나. 이혼위자료청구권은 상대방 배우자의 유책불법한 행위에 의하여 혼인관계가 파탄상태에 이르러 이혼하게 된 경우 그로 인하여 입게 된 정신적 고통을 위자하기 위한 손해배상청구권으로서 이혼시점에서 확정, 평가되고 이혼에 의하여 비로소 창설되는 것이 아니며, 이혼위자료청구권의 양도 내지 승계의 가능 여부에 관하여 민법 제806조 제3항은 약혼해제로 인한 손해배상청구권에 관하여 정신상 고통에 대한 손해배상청구권은 양도 또는 승계하지 못하지만 당사자간에 배상에 관한 계약이 성립되거나 소를 제기한 후에는 그러하지 아니하다고 규정하고 같은 법 제843조가 위 규정을 재판상 이혼의 경우에 준용하고 있으므로 이혼위자료청구권은 원칙적으로 일신전속적 권리로서 양도나 상속 등 승계가 되지 아니하나 이는 행사상 일신전속권이고 귀속상 일신전속권은 아니라 할 것인바, 그 청구권자가 위자료의 지급을 구하는 소송을 제기함으로써 청구권을 행사할 의사가 외부적 객관적으로 명백하게 된 이상 양도나 상속 등 승계가 가능하다.

[대법원 1987. 11. 10.선고 84므31 판결]

【판시사항】

가. 약혼불이행과 혼인빙자간음을 각 청구원인으로 한 위자료의 선택적 청구에 대한 가정법원의 심판권유무

나. 위의 사건에 대한 가정법원의 심판이 항소심에 계속된 경우에 있어 소송절차

【판결요지】

가. 갑이 을의 약혼불이행을 원인으로 한 손해배상(위자료)과 을이 갑을 혼인을 빙자하여 간음하였음을 원인으로 한 손해배상(위자료)을 선택적으로 청구하는 경우에 있어 전자는 가사심판법 제2조 제1항 제3호 "가" 의 약혼해제로 인한 손해배상청구에 포함되므로 가정법원의 심판대상이 된다 할 것이나 후자는 정조권침해를 원인으로 한 손해배상청구사건임이 명백하고 이러한 사건은 법원조직법 중 가정법원의 심판권을 정한 제32조의 5의 규정이나 가사심판법 중 동법의 적용범위를 정한 제2조 각항 에도 가정법원의 조정 및 심판의 대상으로 한다는 취지의 규정이 없으므로 가정법원은 이에 대한 심판권이 없다.

나. 위 위자료의 청구사건은 전속관할에 속하는 것이 아니므로 서울가정법원의 심판에 대하여 을의 항소로 항소심에 계속케 되었다면, 항소심으로서는 그 성질에 좇아 일반 민사사건의 항소심 절차에 따라 심리하고 재판하였어야 함에도 불구하고 가사심판법 제32조 에 의한 항소사건으로 취급함으로써 그 변론을 비공개리에 진행하였음은 그 절차에 위법이 있다.

[대법원 1976. 12. 28.선고 76므41, 42 판결]

【판시사항】

약혼해제에 관하여 과실있는 유책자는 그가 제공한 약혼예물반환청구권이 있는지 여부

【판결요지】

약혼예물의 수수는 혼인 불성립을 해제조건으로 하는 증여와 유사한 성질의 것이나 약혼의 해제에 관하여 과실이 있는 유책자로서는 그가 제공한 약혼예물을 적극적으로 반환청구할 권리가 없다.

[대법원 1975. 1. 14.선고 74므11 판결]

【판시사항】

가사심판법 2조 3호(가) 소정의 약혼해제로 인한 손해배상청구에 있어서 청구권자와 상대방

【판결요지】

약혼해제로 인한 손해배상청구에 있어 약혼을 부당히 파기한 약혼당사자 뿐만 아니라 약혼 당사자의 부모된 자가 부당파기에 가담한 경우에는 그들도 포함하여 가사심판법 소정의 절차에 따라 손해배상을 청구할 수 있고 약혼을 부당히 파기당한 자 뿐만 아니라 당연히 정신적고통을 받게 되는 동인의 부모 또한 같은 법 소정의 절차에 따라 손해배상을 청구할 수 있다.

Section 2. 사실혼

[1] 사실혼의 법적 보호 및 해소

1. 사실혼의 법적 보호

① 법률혼주의를 채택하고 있는 우리나라에서는 혼인의 실질적 요건과 형식적 요건을 모두 갖추어야 비로소 법률상의 부부로 인정받습니다.

② 그러나 사실혼은 혼인하겠다는 의사의 합치, 혼인적령, 근친혼금지, 중혼금지 등 혼인의 실질적 요건은 충족하지만, 혼인신고라는 형식적 요건을 갖추지 않은 채 부부공동생활을 하는 것으로 법률혼과 달리 부부의 권리와 의무 중 일부만을 법률로 보호받습니다.

2. 사실혼 해소방법

① 사실혼 부부는 법률상의 부부가 아니므로 헤어질 때 법원의 이혼확인, 이혼신고 등의 법적 절차를 밟을 필요가 없습니다. 따라서 사실혼은 당사자간 합의에 의해 해소할 수도 있고, 일방의 통보에 의해 해소할 수도 있습니다.

② 합의 또는 통보를 할 때 일정한 형식이 요구되는 것은 아니며, 구두, 전화, 서신 등 자유로운 방법으로 하면 됩니다.

[2] 사실혼의 해소에 따른 재산·자녀문제

1. 재산문제

① 판례는 사실혼 배우자 일방이나 제3자(예를 들어 시부모, 장인·장모 등)에게 책임 있는 사유로 사실혼이 파기된 경우에는 그 배우자 또는 제3자에게 그에 따른 정신적 고통에 대한 배상, 즉 위자료를 청구할 수 있는 것으로 보고 있습니다(대법원 1998. 8. 21. 선고 97므544,551 판결, 대법원 1998. 12. 8. 선고 98므961 판결 등).

② 또한, 사실혼 기간 동안 부부가 협력해서 모은 재산은 두 사람의 공동소유로 추정되기 때문에 사실혼이 해소되면 부부재산을 청산한다는 의미에서 법률혼 부부가 이혼을 하는 경우와 마찬가지로 재산분할을 청구할 수 있는 것으로 보고 있습니다(대법원 1995. 3. 10. 선고 94므1379,1386 판결).

2. 자녀문제

① 사실혼 부부 사이에서 출생한 자녀는 '혼인 외의 출생자'가 됩니다. 다만, 아버지가 친자식임을 인지(認知)한 경우에는 자녀에 대한 친권과 양육권을 부부가 공동으로 행사하게 되며, 사실혼 관계가 해소된 경우에는 부부가 합의해서 자녀의 친권, 양육자 및 양육사항을 정하고, 합의가 이루어지지 않으면 법원에 그 지정을 청구할 수 있습니다(「민법」 제837조, 제837조의2, 제843조, 제864조의2 및 제909조제4항).

② 그러나 인지가 되지 않았다면 혼인 외의 출생자와 아버지는 법적인 부자관계(父子關係)가 아니므로 아버지(남편)를 상대로 또는 아버지(남편) 본인이 자녀의 친권, 양육자 지정 및 양육사항을 정하는 것에 관한 청구를 할 수 없습니다.

③ 따라서 이러한 청구를 하려면 인지청구소송을 먼저 해야 합니다[「민법」 제863조 및 「가사소송법」 제2조제1항제1호나목 9)].

> ※ **혼인 외의 출생자의 생부(生父)를 상대로 한 양육자 지정청구 등이 가능한지에 관한 판례**
>
> "현행법상은 이혼당사자의 신청이 있는 경우, 혼인의 무효 또는 취소 판결 시 그 당사자의 신청이 있는 경우 이외에는 자(子)의 양육자 지정이나 양육에 관한 사항을 정하여 달라는 신청을 할 수 있는 법률상 근거가 없으므로, 사실혼 관계나 일시적 정교관계로 출생한 자의 생모는 그 자의 생부를 상대로 그와 같은 청구를 할 수 없다."(대법원 1979. 5. 8. 선고 79므3 판결)

3. 사실혼 파기에 따른 위자료 청구 가능여부

① 사실혼은 부부간 합의 또는 부부 일방의 일방적인 파기에 의해 해소될 수 있습니다.

② 이때 정당한 사유(「민법」 제840조에 준하는 사유) 없이 일방적으로 사실혼을 파기한 배우자는 상대방에게 사실혼 파기로 인해 입은 정신적 고통을 배상할 책임을 집니다(「민법」 제750조 및 제751조).

③ 만일 위자료에 관해 부부의 합의가 이루어지지 않으면 법원에 그 배상을 청구할 수 있습니다[「가사소송법」 제2조제1항제1호다목 1)].

4. 사실혼 관계 부당파기에 따른 손해배상에 관한 판례

"사실혼 관계에 있어서도 부부는 「민법」 제826조제1항 소정의 동거하며 서로 부양하고 협조하여야 할 의무가 있으므로 … 사실혼 배우자의 일방이 정당한 이유 없이 서로 동거, 부양, 협조해야 할 부부로서의 의무를 포기한 경우에는 그 배우자는 악의의 유기에 의해 사실혼 관계를 부당하게 파기한 것이 된다고 할 것이므로 상대방 배우자에게 재판상 이혼원인에 상당하는 귀책사유 있음이 밝혀지지 않는 한 원칙적으로 사실혼 관계 부당파기로 인한 손해배상책임을 면할 수 없다."(대법원 1998. 8. 21. 선고 97므544, 551 판결)

5. 판례상 사실혼 파기의 정당한 사유

① 사실혼 배우자가 부정한 행위를 한 경우(대법원 1967. 1. 24. 선고 66므39 판결)

② 사실혼 배우자가 악의로 다른 일방을 유기한 경우(대법원 1998. 8. 21. 선고 97므544,551 판결)

③ 사실혼 배우자 또는 그 직계존속으로부터 심히 부당한 대우를 받은 경우(대법원 1983. 9. 27. 선고 83므26 판결)

④ 한편, 사실혼 파탄의 원인이 배우자가 아닌 제3자(예를 들어 배우자

의 부모 등)에게 있는 경우에는 그 제3자에 대해서도 위자료를 청구할 수 있습니다[「가사소송법」 제2조제1항제1호다목 1)].

[3] 사실혼 해소에 따른 재산분할

1. 사실혼 해소에 따른 재산분할 청구 가능 여부

① 판례는 사실혼 관계를 유지하는 동안 부부가 공동으로 재산을 형성하고, 재산의 유지·증식에 기여했다면 그 재산은 부부의 공동소유로 보아 사실혼이 해소되는 경우에 재산분할을 청구할 수 있는 것으로 보고 있습니다(대법원 1995. 3. 10. 선고 94므1379,1386 판결).

② 재산분할의 청구는 위자료와 달리 사실혼 해소에 책임이 있는 배우자도 할 수 있습니다(대법원 1993. 5. 11. 자 93스6 결정).

2. 사실혼 해소에 따른 재산분할 청구를 부정한 경우

③ 한편, 판례는 법률혼 부부가 장기간 별거하는 등의 이유로 사실상 이혼상태에 있으면서 부부 일방이 제3자와 혼인할 의사로 실질적인 혼인생활을 하고 있더라도, 특별한 사정이 없는 한 이를 사실혼으로 인정해서 법률혼에 준하는 보호를 허용할 수는 없다고 보아 중혼적(重婚的) 관계에 있는 사실혼 배우자는 사실혼 관계의 해소에 따른 재산분할 청구를 할 수 없다고 보고 있습니다(대법원 1995. 9. 26. 선고 94므1638 판결, 대법원 1996. 9. 20. 선고 96므530 판결).

[4] 사실혼 해소에 따른 소장 작성례

[작성례 ①] 사실혼관계해소로 인한 위자료 등 청구의 소

소　　　　장

원　　고　　　　○○○ (주민등록번호)
　　　　　　　　등록기준지 ○○시 ○○구 ○○길 ○○
　　　　　　　　주소 ○○시 ○○구 ○○길 ○○(우편번호)
　　　　　　　　전화·휴대폰번호:
　　　　　　　　팩스번호, 전자우편(e-mail)주소:

피　　고　　　　1. □□□ (주민등록번호)
　　　　　　　　등록기준지 ○○시 ○○구 ○○길 ○○
　　　　　　　　주소 ○○시 ○○구 ○○길 ○○(우편번호)
　　　　　　　　전화·휴대폰번호:
　　　　　　　　팩스번호, 전자우편(e-mail)주소:
　　　　　　　2. ◇◇◇ (주민등록번호)
　　　　　　　　주소 ○○시 ○○구 ○○길 ○○(우편번호)
　　　　　　　　전화·휴대폰번호:
　　　　　　　　팩스번호, 전자우편(e-mail)주소:

사건본인　　　　△△△ (주민등록번호)
　　　　　　　　등록기준지 ○○시 ○○구 ○○길 ○○
　　　　　　　　주소 ○○시 ○○구 ○○길 ○○(우편번호)

사실혼관계해소로 인한 위자료 등 청구의 소

청 구 취 지

1. 사건본인에 대한 친권행사자 및 양육권자로 원고를 지정한다.

2. 피고 □□□는 원고에게 사건본인에 대한 양육비로서 이 사건 판결선고
일 다음날부터 사건본인이 성년에 이르기 전날까지 월 금500,000원을
매월 말일 지급하라.

3. 피고들은 원고에게 위자료로서 각 금20,000,000원 및 이에 대하여 이
사건 소장부본 송달일 다음날부터 완제일까지 연 12%의 비율로 계산한
돈을 지급하라.

4. 피고 □□□는 원고에게 재산분할로 금40,000,000원 및 이에 대하여
이 사건 판결확정일 다음날부터 완제일까지 연 5%의 비율로 계산한 돈
을 지급하라.

5. 소송비용은 피고들이 부담한다.

6. 제3항은 가집행할 수 있다.

라는 판결을 구합니다.

청 구 원 인

1. 기초사실

가. 원고와 피고는 20○○년경 지인의 소개로 만나서 교제하던 중 20
○○년경부터 사실혼관계를 시작하며 슬하에 사건본인인 자녀1명
(여,○세)을 두고 있습니다.

나. 원고와 피고는 20○○. ○. ○.경 ○○○소재 ○○○결혼식장에서
가족친지들을 모시고 결혼식을 올렸으나, 피고는 혼인신고를 거부
하였습니다.

다. 피고는 20○○. ○월경부터 음식점을 운영하면서 알게 된 거래처
직원인 여자와 ○년 정도 만나면서 부정한 관계를 하였고, 원고가
이를 알고 헤어지려 하였으나, 피고가 다시는 부정행위를 하지 않
겠다고 하면서 간절히 용서를 구하고 사건본인들이 아직 어려서
부득이 피고와 사실혼 생활을 계속하게 되었습니다.

라. 피고는 20○○. ○월 중순경 원고에게 술을 마시고 밤늦게 들어와
집안의 물건들을 마구 때려 부수고 이를 말리는 원고에게 주먹을
휘둘러서 얼굴에 전치 3주의 상해를 입었으며 옆에 있던 아이도
폭행하였으며 원고를 집에서 나가라고 하면서 폭언과 협박을 하였
습니다.

마. 원고는 20○○. ○. ○.경 피고의 내연녀를 만나게 되어 그간 피고가 지속적으로 위 내연녀를 만나 교제한 것을 알게 되었고 또한 그 사이에 아이까지 낳았다는 사실을 알게 되어 본 소에 이르게 되었습니다.

2. 친권자 및 양육권자 지정에 관하여

원고는 사건본인이 출생하였을 때부터 현재까지 양육하고 있고 피고는 잦은 가출로 인하여 가정을 소홀히 하고 있는 점, 폭력을 상습으로 행사하여 아버지를 무서워하며 원고와 생활하기를 원하고 있기에는 점 등을 고려할 때 원고로 하여금 사건본인을 양육하게 하는 것이 이들의 건강한 성장과 복지에 유익하다고 할 것이므로 원고를 사건 본인의 양육자 및 친권행사자로 지정함이 타당합니다.

3. 양육비에 관하여

피고는 사건본인의 친부로서 마땅히 사건본인에 대한 양육비를 분담하여야 할 의무가 있다 할 것이고, 현재 사건본인은 ○세인바, 공·사교육비 및 기본생계비등이 필수적으로 소요될 될 것이 예상되므로 상대방이 분담하여야 할 금액은 사건본인이 성년에 이르기까지 적어도 매월 금 500,000원씩은 되어야 할 것입니다.

4. 피고들의 위자료 지급의무에 관하여

위와 같이 원고와 피고 □□□의 혼인생활은 피고 □□□의 원고에 대한 상습적인 폭력의 행사와 피고 ◇◇◇의 여자와의 외도로 사실혼관계가 파탄에 이르게 되었는바, 원고가 이로 인하여 극심한 정신적 고통을 입었음이 자명하고, 피고들은 이를 금전적으로나마 위자할 의무가 있다고 할 것이며, 원고와 피고 □□□의 혼인생활의 경위 및 파탄의 경위, 원고와 피고 □□□의 재산상태 및 그 형성의 경위 등을 종합하여 볼 때 그 위자료의 수액은 최소한 각 금 20,000,000원 정도는 되어야 할 것입니다.

5. 피고 □□□의 재산분할의무에 관하여

가. 원고와 피고 □□□의 재산

원고는 그 명의로 보유하고 있는 재산이 전혀 없고, 피고 □□□는 그 명의로 ○○시 ○○구 ○○길 ○○소재 시가 8천만원 상당의 주택을 보유하고 있습니다.

나. 재산형성의 경위 및 피고 □□□의 재산분할의무에 관하여

원고와 피고 □□□가 소유하고 있는 위 재산은 원고와 피고 □□□의 공동의 노력으로 이룩한 부부공동의 재산으로서 원고는 현재와 같은 재산의 형성과 유지 및 감소방지에 상당한 기여를 하였습니다. 그렇다면, 피고 □□□는 재산분할로 총 자산가치인 금80,000,000원의 50%인 금40,000,000원을 지급하여야 할 것입니다.

입 증 방 법

1. 갑 제1호증	가족관계증명서
1. 갑 제2호증	사건본인(△△△)기본증명서
1. 갑 제3호증	사건본인(△△△)가족관계증명서
1. 갑 제4호증	주민등록표등본
1. 갑 제5호증	결혼식 사진
1. 갑 제6호증	진단서
1. 갑 제7호증	부동산등기사항증명서

첨 부 서 류

1. 위 입증방법	각 1통
1. 소장부본	2통
1. 송달료납부서	1통

2000. O. O.

원고 OOO (서명 또는 날인)

OO가정법원 귀중

[작성례 ②] 사실혼 파기로 인한 위자료 등 청구의 소

소　　　　　　장

원　　고　　○　○　○(○　○　○) (주민등록번호)
　　　　　　　1900. ○. ○.생
　　　　　　　등록기준지 : ○○시 ○○군 ○○읍 ○○길 ○○
　　　　　　　주소 : ○○시 ○○구 ○○길 ○○(우편번호)
피　　고　　△　△　△(△　△　△) (주민등록번호)
　　　　　　　1900. ○. ○.생
　　　　　　　등록기준지 : ○○시 ○○군 ○○면 ○○길 ○○
　　　　　　　주소 : ○○시 ○○구 ○○길 ○○(우편번호)

위자료 등 청구의 소

청 구 취 지

1. 피고는 원고에게 위자료로서 금 ○○○원 및 이에 대한 이 사건 소장
   부본 송달일 다음날부터 다 갚는 날까지 연 12%의 비율로 계산한 돈을
   지급하라.
2. 피고는 원고에게 별지목록 기재 각 부동산 중 2분의 1지분에 관하여
   재산분할을 원인으로 하는 소유권이전등기절차를 이행하라.
3. 소송비용은 피고가 부담한다.
4. 위 제1항은 가집행할 수 있다.
라는 판결을 구합니다.

청 구 원 인

1. 원고는 배우자와 사별한 후 홀몸으로 생활하다가 1900. ○.경 역시
   배우자와 사별하고 홀로 ○남 ○녀를 양육하며 살아가던 피고를 만나
   위 시기부터 동거하며 사실상의 혼인관계를 시작하였습니다.
2. 원고는 부동산 중개일을 하였고, 피고는 식육점을 경영하며 생계를 유

지해 왔습니다. 원고는 집을 한 채 갖는 것이 소원이라는 피고의 말을 들어주기 위해두 사람이 함께 모은 재산으로 19○○. ○. ○. ○○시 ○구 ○○길 ○○ 소재 주택과 토지를 매수한 후 같은 해 ○. ○. 피고의 명의로 소유권이전등기를 마쳤습니다.

그 후 위 주택은 피고의 전혼의 자인 소외 □□□에게 맡겨 두고 원고와 피고는 ○○시 ○구 ○○길 ○○에서 함께 거주하며 식육점을 경영하였고, 원고는 아파트 경비일까지 하며 생계를 이어갔습니다. 19○○. ○.경 원고와 피고는 식육점을 정리하고 위 ○○시 ○구 ○○길 ○○로 주거를 옮겼습니다.

그런데 언제부터인가 피고는 원고의 월급을 모두 챙기면서 원고에게는 용돈도 전혀 주지 않아 갈등이 생기기 시작하였습니다. 19○○. ○.경 원고가 피고에게 용돈을 전혀 주지 않는다고 항의를 하자 피고는 바로 그날부터 동인의 딸 방으로 옮겨 각방을 쓰게 되었습니다.

그 때부터 피고와 위 □□□는 추운 겨울에 원고의 방으로 들어오는 전기를 절단해 버려 원고로 하여금 추위에 떨게 하고 심지어 원고의 방문을 잠가 밖으로 나오지 못하게 하는 등 심히 부당한 대우를 계속하다가, 위 □□□는 19○○. ○.경 원고에게 '마귀와는 한 집에서 같이 살수 없다'고 폭언을 하며 원고를 집에서 내쫓았고 피고도 위 □□□에게 동조하면서 원고와의 사실혼을 부당하게 파기하였습니다.

원고는 집에서 부당하게 축출당한 후 노숙자로 생활하다가 최근에야 ○○시 ○○구 ○○동 ○○ 소재 방 한 칸에 월세로 입주하여 살게 되었습니다.

3. 원고는 피고와 소외 □□□로부터 사실혼관계를 부당하게 파기 당하여 17년 동안이나 함께 살아온 세월이 안타깝고 억울하여 심한 정신적 고통을 받았는바, 이에 따른 위자료로 금 ○○○원 및 재산분할을 원인으로 하여 별지목록 기재 각 부동산 중 2분의 1지분에 관한 소유권이전등기를 청구하고자 이 사건 소를 제기합니다.

입 증 방 법

1. 갑 제1호증의 1,2   원고, 피고 혼인관계증명서
1. 갑 제2호증   주민등록초본(원고, 피고)

1. 갑 제3호증의 1,2   각 등기사항전부증명서
1. 갑 제4호증   증인진술서

첨 부 서 류

1. 위 입증방법   각 1통
1. 소장부본   1통
1. 납부서   1통

20○○년 ○월 ○일

원 고 ○ ○ ○ (서명 또는 날인)

○ ○ 가 정 법 원 귀 중

[5] 관련판례

[대법원 2024. 1. 4.선고 2022므11027 판결]

【판시사항】

[1] 사실혼 해소를 원인으로 한 재산분할에서 분할의 대상이 되는 재산과 액수를 정하는 기준시점(=사실혼이 해소된 날) / 사실혼 해소 이후 재산분할 청구사건의 사실심 변론종결 시까지 사이에 혼인 중 공동의 노력으로 형성·유지한 부동산 등에 발생한 외부적, 후발적 사정이 있는 경우, 이를 분할대상 재산의 가액 산정에 참작할 수 있는지 여부(한정 적극)

[2] 갑과 을이 사실혼 관계에 있던 중 을이 건물에 관한 소유권이전등기를 마친 후 이를 소유하였는데, 갑과 을의 사실혼 관계가 해소되어 갑이 을을 상대로 사실혼 해소에 따른 재산분할청구 소송을 제기하였고, 위 건물의 가액 산정 기준시점이 문제 된 사안에서, 위 건물의 가액 산정을 위한 감정촉탁을 할 때 사실혼 관계가 해소된 날을 기준으로 시가의 산정을 명하거나, 적어도 사실혼 관계가 해소된 시점과 가장 가까운 제1심 법원의 감정촉탁 결과에 따라 재산분할을 명하였어야 하는데도, 이와 달리 본 원심판단에 법리오해의 잘못이 있다고 한 사례

【판결요지】

[1] 사실혼 해소를 원인으로 한 재산분할에서 분할의 대상이 되는 재산과 액수는 사실혼이 해소된 날을 기준으로 하여 정하여야 한다. 한편 재산분할제도가 혼인관계 해소 시 부부가 혼인 중 공동으로 형성한 재산을 청산·분배하는 것을 주된 목적으로 하는 것으로서, 부부 쌍방의 협력으로 이룩한 적극재산 및 그 형성에 수반하여 부담한 채무 등을 분할하여 각자에게 귀속될 몫을 정하기 위한 것이므로, 사실혼 해소 이후 재산분할 청구사건의 사실심 변론종결 시까지 사이에 혼인 중 공동의 노력으로 형성·유지한 부동산 등에 발생한 외부적, 후발적 사정으로서, 그로 인한 이익이나 손해를 일방에게 귀속시키는 것이 부부 공동재산의 공평한 청산·분배라고 하는 재산분할제도의 목적에 현저히 부합하지 않는 결과를 가져오는 등의 특별한 사정이 있는 경우에는 이를 분할대상 재산의 가액 산정에 참작할 수 있다.

[2] 갑과 을이 사실혼 관계에 있던 중 을이 건물에 관한 소유권이전등기를 마친 후 이를 소유하였는데, 갑과 을의 사실혼 관계가 해소되어 갑이 을을 상대로 사실혼 해소에 따른 재산분할청구 소송을 제기하였고, 위 건물의 가액 산정 기준시점이 문제 된 사안에서, 갑과 을의 사실혼 관계가 해소된 날을 기준으로 재산분할의 대상이 되는 재산과 액수를 산정하여야 하는바, 위 건물의 가액 산정을 위한 감정촉탁을 할 때 사실혼 관계가 해소된 날을 기준으로 시가의 산정을 명하였어야 함에도 '감정일 현재 시가'의 산정만 명하였고, 원심 변론종결일까지 제출된 객관적 자료 중 사실혼 관계가 해소된 날을 기준으로 위 건물의 가액을 추단할 수 있는 자료가 보이지 않는 상황에서, 사실혼 해소 이후 재산분할 청구사건의 사실심 변론종결 시까지 사이에 혼인 중 공동의 노력으로 형성·유지한 부동산 등에 발생한 외부적·후발적 사정으로서, 그로 인한 이익이나 손해를 일방에게 귀속시키는 것이 부부 공동재산의 공평한 청산·분배라고 하는 재산분할제도의 목적에 현저히 부합하지 않는 결과를 가져오는 등의 특별한 사정이 있는지조차 불분명한 이상, 제출된 자료 중 사실혼 관계가 해소된 시점과 가장 가까운 시점을 기준으로 위 건물의 가액을 산정하였어야 하므로, 적어도 제1심법원의 감정촉탁 결과에 따라 재산분할을 명하였어야 하는데도, 원심 변론종결일에 근접한 시기를 기준으로 한 감정촉탁 결과를 근거로 위 건물의 가액을 산정한 원심판단에 법리오해의 잘못이 있다고 한 사례.

[대법원 2023. 9. 14.선고 2023므10519 판결]

【판시사항】

사실혼 해소를 원인으로 한 재산분할에서 분할의 대상이 되는 재산과 액수를 정하는 기준 시기(=사실혼이 해소된 날) / 사실혼 해소 이후 재산분할 청구사건의 사실심 변론종결 시까지 사이에 혼인 중 공동의 노력으로 형성·유지한 부동산 등에 발생한 외부적, 후발적 사정이 있는 경우, 이를 분할대상 재산의 가액 산정에 참작할 수 있는지 여부(한정 적극)

【이유】

사실혼 해소를 원인으로 한 재산분할에서 분할의 대상이 되는 재산과 액수는 사실혼이 해소된 날을 기준으로 하여 정하여야 한다. 한편 재산분할 제도가 혼인관계 해소 시 부부가 혼인 중 공동으로 형성한 재산을 청산·분배하는 것을 주된 목적으로 하는 것으로서, 부부 쌍방의 협력으로 이룩한 적극재산 및 그 형성에 수반하여 부담한 채무 등을 분할하여 각자에게 귀속될 몫을 정하기 위한 것이므로, 사실혼 해소 이후 재산분할 청구사건의 사실심 변론종결 시까지 사이에 혼인 중 공동의 노력으로 형성·유지한 부동산 등에 발생한 외부적·후발적 사정으로서, 그로 인한 이익이나 손해를 일방에게 귀속시키는 것이 부부 공동재산의 공평한 청산·분배라고 하는 재산분할제도의 목적에 현저히 부합하지 않는 결과를 가져오는 등의 특별한 사정이 있는 경우에는 이를 분할대상 재산의 가액 산정에 참작할 수 있다(대법원 2023. 7. 13. 선고 2017므11856 판결 참조).

[대법원 2022. 6. 30.자 2020스561 결정]

【판시사항】

[1] 재산분할에 관한 민법 규정을 사실혼관계에 유추적용할 수 있는지 여부(적극)

[2] 민법 제839조의2 제3항에서 정한 재산분할청구권 행사기간의 법적 성질(=제척기간) 및 위 제척기간이 그 기간 내에 재산분할심판 청구를 하여야 하는 출소기간인지 여부(적극)

【이유】

가. 사실혼은 당사자 사이에 혼인의 의사가 있고 객관적으로 사회관념상 부부공동생활을 인정할 만한 혼인생활의 실체가 있는 경우이므로, 법률혼에

대한 민법의 규정 중 혼인신고를 전제로 하는 규정은 유추적용할 수 없지만 부부재산 청산의 의미를 갖는 재산분할 규정은 부부의 생활공동체라는 실질에 비추어 인정되는 것이므로 사실혼관계에 유추적용할 수 있다(대법원 1995. 3. 10. 선고 94므1379, 1386(반소) 판결 참조).

나. 민법 제839조의2 제3항은 재산분할청구권에 관하여 '이혼한 날부터 2년을 경과한 때에는 소멸한다'라고 정하고 있다. 여기서 2년이라는 기간은 제척기간이다(대법원 1994. 9. 9. 선고 94다17536 판결 참조). 나아가 민법 제839조의2 제3항이 정하는 제척기간은 재판 외에서 권리를 행사하는 것으로 족한 기간이 아니라 그 기간 내에 재산분할심판 청구를 하여야 하는 출소기간이다 . 그 구체적인 이유는 다음과 같다.

1) 이혼으로 인한 재산분할청구권은 이혼을 한 당사자의 일방이 다른 일방에 대하여 재산분할을 청구할 수 있는 권리로서, 협의 또는 심판에 의하여 그 구체적 내용이 형성되기 전까지는 그 범위 및 내용이 불명확·불확정하기 때문에 구체적으로 권리가 발생하였다고 할 수 없다(대법원 2017. 9. 21. 선고 2015다61286 판결 참조).

2) 당사자 일방이 상대방에게 재판 외에서 재산분할청구를 하였음에도 당사자 사이에 재산분할에 관한 협의가 성립되지 않는 상태가 지속되면, 재산분할청구권 행사에도 불구하고 재산분할청구권의 구체적 내용이 형성되지 않아서 재산분할을 둘러싼 법률관계의 불안이 지속될 수 있다.

3) 한편 민법 제839조의2 제2항은 재산분할에 관하여 협의가 되지 아니하거나 협의할 수 없는 때에는 가정법원이 당사자의 청구에 의하여 분할의 액수와 방법을 정하도록 규정함으로써, 당사자 사이에 협의가 이루어지지 않으면 가정법원이 재산분할의 범위와 내용을 종국적으로 정하도록 하고 있다.

4) 재산분할에 관한 협의가 이루어지지 않을 경우에는 당사자로 하여금 신속하게 가정법원에 재산분할심판을 청구하도록 함으로써 가정법원의 재판을 통하여 재산분할을 둘러싼 법률관계가 조속하게 확정될 수 있도록 할 필요가 있다.

[대법원 2021. 5. 27.선고 2020므15841 판결]

【판시사항】

재산분할에 관한 민법 규정을 사실혼 관계에 유추적용할 수 있는지 여부(적극) 및 사실혼 관계에 있는 부부 일방이 혼인 중 공동재산의 형성에 수반하여 채무를 부담하였다가 사실혼이 종료된 후 채무를 변제한 경우, 변제된 채무가 청산 대상이 되는지 여부(원칙적 적극)

【판결요지】

사실혼은 당사자 사이에 혼인 의사가 있고 객관적으로 사회관념상 부부공동생활을 인정할 만한 혼인생활의 실체가 있는 경우이므로 법률혼에 관한 민법 규정 중 혼인신고를 전제로 하는 규정은 유추적용할 수 없다. 그러나 부부재산 청산의 의미를 갖는 재산분할 규정은 부부의 생활공동체라는 실질에 비추어 인정되는 것이므로 사실혼 관계에 유추적용할 수 있다. 부부 일방이 혼인 중 제3자에게 부담한 채무는 일상가사에 관한 것 이외에는 원칙적으로 개인의 채무로서 청산 대상이 되지 않으나 그것이 공동재산의 형성에 수반하여 부담한 채무인 경우에는 청산 대상이 된다. 따라서 사실혼 관계에 있는 부부 일방이 혼인 중 공동재산의 형성에 수반하여 채무를 부담하였다가 사실혼이 종료된 후 채무를 변제한 경우 변제된 채무는 특별한 사정이 없는 한 청산 대상이 된다.

[대법원 2009.2.9.자 2008스105 결정]

【판시사항】

[1] 사실혼관계가 당사자 일방의 의사에 의하여 해소될 수 있는지 여부(적극)

[2] 사실혼관계의 당사자 중 일방이 의식불명이 된 상태에서 상대방이 사실혼관계의 해소를 주장하면서 재산분할심판청구를 한 사안에서, 위 사실혼관계는 상대방의 의사에 의하여 해소되었고 그에 따라 재산분할청구권이 인정된다고 본 사례

【판결요지】

[1] 사실혼관계는 사실상의 관계를 기초로 하여 존재하는 것으로서 당사자 일방의 의사에 의하여 해소될 수 있고 당사자 일방의 파기로 인하여 공동생활의 사실이 없게 되면 사실상의 혼인관계는 해소되는 것이며, 다만 정당한 사유 없이 해소된 때에는 유책자가 상대방에 대하여 손해배상의 책임을 지는 데 지나지 않는다.

[2] 사실혼관계의 당사자 중 일방이 의식불명이 된 상태에서 상대방이 사실혼관계의 해소를 주장하면서 재산분할심판청구를 한 사안에서, 위 사실혼관계는 상대방의 의사에 의하여 해소되었고 그에 따라 재산분할청구권이 인정된다고 본 사례.

Chapter 2. 혼인의 무효·취소, 이혼의 무효·취소 또는 이혼을 원인으로 하는 손해배상청구 (제3자에 대한 청구를 포함한다) 및 원상회복의 청구

Section 1. 혼인의 무효·취소

[1] 혼인 무효·취소의 소

1. 의의

① 혼인무효 : 혼인성립 이전의 단계에서 그 성립요건의 흠으로 유효한 혼인이 성립하지 않음을 주장하는 재판으로, 사유는 크게 당사자 사이에 혼인의 합의가 없는 때와 당사자 사이가 근친(8촌 이내의 혈족관계, 직계인척관계가 있거나 있었던 때, 양부모계의 직계혈족관계가 있었던 때)일 때로 나눌 수 있습니다(민법 제815조).

② 혼인취소 : 중혼금지규정에 위반한 혼인, 혼인의 연령 위반, 동의 없는 혼인, 근친혼의 금지 위반, 혼인 당시 당사자 한쪽에 부부생활을 계속할 수 없는 악질, 그 밖의 중대한 사유가 있음을 알지 못한 때, 사기 또는 강박으로 인하여 혼인의 의사 표시를 한 때 등의 사유를 들어 제기하는 재판입니다.

2. 혼인무효 사유

다음의 어느 하나에 해당하는 경우에는 혼인이 무효입니다(「민법」 제809조제1항 및 제815조).

- 당사자 사이에 결혼에 대한 합의가 없는 경우

- 8촌 이내의 혈족(친양자의 입양 전 혈족 포함) 사이에 결혼한 경우

- 당사자 사이에 직계인척관계가 있거나 있었던 경우

- 당사자 사이에 양부모계의 직계혈족관계가 있었던 경우

3. 혼인 무효 방법(혼인무효소송)

① 혼인 무효 사유가 있는 경우에는 당사자, 법정대리인 또는 4촌 이내의 친족이 가정법원에 혼인무효소송을 제기할 수 있습니다(「가사소송법」 제23조).

② 부부 중 어느 한쪽이 소송을 제기한 경우에는 배우자가 상대방이 되고, 제3자가 소송을 제기한 경우에는 부부(부부 중 어느 한쪽이 사망한 경우에는 그 생존자)가 상대방이 됩니다. 만약 소송의 상대방이 될 사람이 사망한 경우에는 검사가 상대방이 됩니다(「가사소송법」 제24조제1항, 제2항 및 제3항).

③ 혼인무효소송은 가정법원의 조정 절차를 거치지 않습니다[「가사소송법」 제2조제1항제1호가목1) 및 제50조제1항 참조].

4. 혼인취소 사유

다음의 어느 하나에 해당하는 경우에는 법원에 혼인의 취소를 청구할 수 있습니다(「민법」 제816조).

1. 당사자가 18세가 되지 않은 경우(「민법」 제807조)

2. 미성년자가 부모나 미성년후견인의 동의 없이 혼인한 경우 또는 피성년후견인이 부모나 성년후견인의 동의 없이 혼인한 경우(「민법」 제808조)

   ※ 당사자가 19세가 된 후 또는 성년후견종료의 심판이 있은 후 3개월이 지나거나 혼인 중 임신하면 취소를 청구할 수 없습니다(「민법」 제819조).

3. 6촌 이내의 혈족의 배우자, 배우자의 6촌 이내의 혈족, 배우자의 4촌 이내의 혈족의 배우자인 인척이거나 이러한 인척이었던 사람과 혼인한 경우(「민법」 제809조제2항)

   ※ 당사자가 혼인 중 임신하면 취소를 청구할 수 없습니다(「민법」 제820조).

4. 6촌 이내의 양부모계의 혈족이었던 사람과 4촌 이내의 양부모계의 인척이었던 사람과 혼인한 경우(「민법」 제809조제3항)

   ※ 당사자가 혼인 중 임신하면 취소를 청구할 수 없습니다(「민법」 제820조).

5. 배우자가 있는 사람이 혼인한 경우(「민법」 제810조)

6. 혼인 당시 당사자 일방에게 부부생활을 계속할 수 없는 악질이나 그밖의 중대 사유가 있음을 알지 못한 경우

   ※ 상대방이 사유가 있음을 안 날부터 6개월이 지나면 취소를 청구할 수 없습니다(「민법」 제822조).

7. 사기 또는 강박으로 인해 혼인의 의사표시를 한 경우

   ※ 사기를 안 날 또는 강박을 면한 날부터 3개월이 지나면 취소를 청구할 수 없습니다(「민법」 제823조).

5. 혼인 취소 효과

① 혼인취소판결이 확정되면 그 혼인은 장래를 향해서 소멸하고, 소급효는 인정되지 않습니다. 따라서 혼인 중에 출생한 자녀는 혼인 중의 출생자로서의 지위가 유지됩니다(「민법」 제824조 참조).

② 혼인이 취소되면 인척관계는 종료됩니다(「민법」 제775조제1항).

③ 당사자 일방의 과실로 혼인이 취소됐다면 상대방은 이로 인한 재산상·정신상의 손해배상을 청구할 수 있습니다(「민법」 제806조제1항·제2항 및 제825조).

[2] 혼인 무효 · 취소의 소장 작성례

[법원양식 ①] 혼인무효확인의 소

혼인무효확인의 소

원 고: (연락 가능한 전화번호:)

    주민등록번호:

    주   소:

    송 달 장 소:

    등 록 기준지:

피 고:

    주민등록번호:

    주   소:

    등 록 기준지:

청 구 취 지

1. 원고와 피고 사이에 [년 월 일]   (시,도)   (시,군, 구)청장 에게 신고하여 한 혼인은 무효임을 확인한다.
2. 소송비용은 피고가 부담한다.

라는 판결을 구합니다.

청 구 원 인

(소송을 제기하는 사유를 구체적으로 기재하십시오.)

첨 부 서 류

1. 혼인관계증명서(원고, 피고)   각 1통
2. 가족관계증명서(상세)(원고, 피고)   각 1통
3. 주민등록표등(초)본(원고,피고)   각 1통

4. 혼인신고서사본   1부
5. 소장부본   1부

                        20   .   .   .
        원고   (서명 또는 날인)

                              법원   귀중

휴대전화를 통한 정보수신 신청

 위 사건에 관한 **재판기일의 지정·변경·취소 및 문건접수 사실**을 예납의무
자가 납부한 송달료 잔액 범위 내에서 아래 휴대전화를 통하여 알려주실 것
을 신청합니다.

▣ 휴대전화번호:

                        20   .   .   .
        신청인   원고   (서명 또는 날인)

※ 문자메시지는 재판기일의 지정·변경·취소 및 문건접수 사실이 법원재판사무시스템에
  입력되는 당일 이용 신청한 휴대전화로 발송됩니다.

※ 문자메시지 서비스 이용 금액은 메시지 1건당 17원씩 납부된 송달료에서 차감됩니다
  (송달료가 부족하면 문자메시지가 발송되지 않습니다.).

※ 추후 서비스 대상 정보, 이용 금액 등이 변동될 수 있습니다.

※ 휴대전화를 통한 문자메시지는 <u>원칙적으로 법적인 효력이 없으니 참고 자료로만 활용</u>
  하시기 바랍니다.

◇ **유의 사항** ◇

1. 소장에는 인지액 20,000원 상당의 금액을 현금이나 신용카드·직불카드
   등으로 납부한 내역을 기재한 영수필확인서를 첨부하여야 합니다.

2. 송달료는 당사자 수 ×우편료 × 15회분을 송달료 취급 은행에 납부하고
   납부서를 첨부하여야 합니다.

[법원양식 ②] 혼인취소청구

혼 인 취 소 청 구

원　　　　고　　　　　　　　　　(연락 가능한 전화번호:　　　　　　　　　)
　　　　　　　주민등록번호　　　　　-
　　　　　　　주소
　　　　　　　등록기준지

피　　　　고
　　　　　　　주민등록번호　　　　　-
　　　　　　　주소
　　　　　　　등록기준지

청 구 취 지

1. 원고와 피고 사이의 20　　.　　.　　.자　　　구청장에게 한 혼인신
   고는 이　　를 취소한다.
2. 소송비용은 피고의 부담으로 한다.
라는 판결을 구합니다.

청 구 원 인

(혼인신고의 취소를 주장하는 사유를 구체적으로 기재하십시오.)

첨 부 서 류

1. 가족관계증명서(상세)　　　1통
2. 혼인관계증명서　　　　　　1통
3. 주민등록등본　　　　　　　1통

20　　　.　　　.　　　.

원고　　　　　　　(서명 또는 날인)

법원　귀중

◇ **유의 사항** ◇

1. 소장에는 인지액 20,000원 상당의 금액을 현금이나 신용카드·직불카드 등으로 납부한 내역을 기재한 영수필확인서를 첨부하여야 합니다.
2. 송달료는 당사자 수 ×우편료 × 15회분을 송달료 취급 은행에 납부하고 납부서를 첨부하여야 합니다.

[작성례 ①] 혼인무효확인 등(일방적 혼인신고)

소 　 장

원　　고　　○　○　○ (○○○)
　　　　　　　1900년 ○월 ○○일생
　　　　　　　등록기준지　　○○시 ○○구 ○○길 ○○
　　　　　　　주소　　○○시 ○○구 ○○길 ○○ (우편번호)
　　　　　　　전화　　○○○ - ○○○○

피　　고　　△　△　△ (△△△)
　　　　　　　1900년 ○월 ○일생
　　　　　　　등록기준지　　○○시 ○○구 ○○길 ○○
　　　　　　　주소　　○○시 ○○구 ○○길 ○○ (우편번호)
　　　　　　　전화　　○○○ - ○○○○

혼인무효확인 등의 소

청 　 구 　 취 　 지

1. 원고와 피고의 혼인신고 (2000년 ○○월 ○○일 ○○구청장 접수)는 무효임을 확인한다.
2. 피고는 원고에게 금15,000,000원 및 소장부본 송달 다음날부터 다 갚는 날까지 연 20%의 비율에 의한 금원을 지급하라
3. 소송비용은 피고가 부담한다.

4. 제2항은 가집행할 수 있다.

라는 판결을 구합니다.

청 구 원 인

1. 피고 △△△은 원고의 스토커로 2년동안 줄기차게 원고에게 구혼을 요구하였으나 원고는 따로 결혼을 약속한 사람이 있어 피고와의 혼인을 단호히 거부하였습니다.

2. 그러나 피고는 원고의 동의 없이 20○○년 ○○월 ○○일 ○○구청에서 혼인신고를 하였습니다.

   이 사실을 모르고 원고는 소외 □□□과 ○○예식장에서 20○○년 ○월 ○일 결혼식을 올리고 6월 뒤인 20○○년 ○월 ○일에 혼인신고를 하려던 차에 이미 피고와 혼인신고가 되어 있음을 이유로 소외 □□□와 말다툼 끝에 서로 헤어지는 결과를 초래하였습니다.

3. 이에 원고는 혼인무효확인을 구함과 아울러 피고의 불법행위에 대한 위자료 금15,000,000원을 청구하기에 이른 것입니다.

입 증 방 법

1. 갑 제1호증   혼인관계증명서
1. 갑 제2호증   주민등록등본
1. 갑 제3호증   결혼식 사진
1. 갑 제4호증   증언서

첨 부 서 류

1. 위 입증방법   각 1통
1. 소장부본   1통
1. 납부서   1통

20○○년 ○월 ○일

원 고   ○ ○ ○ (서명 또는 날인)

○ ○ 가 정 법 원   귀 중

소 　 장

원 고　이 ○ ○ (주민등록번호)
　　　　등록기준지 : ○○시 ○○구 ○○길 ○○
　　　　주소 : ○○시 ○○구 ○○길 ○○(우편번호)

피 고　텐 △△△ (TEN. △△△)
　　　　19○○년 ○월 ○일생, 여
　　　　국적 : 카자흐스탄
　　　　최후 주소 : ○○시 ○○구 ○○길 ○○(우편번호)

혼인무효확인청구의 소

청 구 취 지

1. 가. 주위적 청구
　　원고와 피고 사이에 20○○. ○. ○. ○○시 ○○구청장에게 신고하여
　　한　혼인은 무효임을 확인한다.
　　나. 예비적 청구
　　원고와 피고는 이혼한다.
2. 소송비용은 피고가 부담한다.
라는 판결을 구합니다.

청 구 원 인

1. 원고는 19○○. ○.경부터 □□□ 교회에 다니다가 □□□에서 주최하는
　국제 합동결혼식절차를 통하여 20○○. ○. ○. 한국 ◎◎회관에서 카자
　흐스탄 국적의 피고와 결혼식을 거행하고, 20○○. ○. ○. ○○시 ○○
　구청장에게 혼인신고를 함으로써 가족관계등록부상으로는 피고와 부부
　로 되어 있습니다.

2. 그런데 원고는 위 결혼식 이전에는 피고를 만나 본 사실이 없고 서로 사진만 본 상태에서 □□□에서 정해주는 절차에 따라 피고와 결혼식을 올렸습니다. 그리고 결혼식 후에도 즉시 혼인생활을 위한 동거에 들어가지 못하는 □□□ 교리에 따라 피고는 원고와 떨어져 ○○시 ○○구 ○○동 ○○ 소재 □□□ 기숙사에서 40일을 지내야 하였고, 그 기간을 도과한 이후에서야 원·피고는 비로소 정식으로 혼인생활에 들어가도록 예정되어 있었습니다.
따라서 원고는 피고와 결혼식만 올렸을 뿐, 육체관계나 동거 한번 없이 피고의 국내 체류기간 연장을 위하여 20○○. ○. ○. 피고와 혼인신고를 하였던 것입니다.

3. 그러나 피고는 위 □□□의 별거기간을 끝내고 원고와 혼인생활에 들어가기로 예정되어 있던 바로 전날인 20○○. ○. ○. 비자와 여권을 가지고 도망을 가서 지금까지 소재불명상태인바, 출입국사실을 확인해 본 결과 아직 국내 체류 중으로 되어 있었습니다. 피고의 여권은 원래 원고가 보관하고 있었는데 피고가 □□□의 교구장 목사를 통하여 자신의 여권을 돌려 달라고 사정하는 바람에 20○○. ○. ○. 마지못해 피고에게 여권을 주었는데 여권을 받은 바로 다음날 사라진 것입니다.

4. 위와 같은 사실을 종합해 볼 때 피고는 원고와 혼인할 의사 없이 단지 한국에 입국할 목적으로 원고를 기망하여 혼인신고를 한 것으로서 원·피고의 혼인은 혼인 당사자 간에 혼인에 관한 실질적 합의가 결여된 상태에서 이루어진 것으로서 무효라 할 것입니다.
가사 혼인무효가 인정되지 않는다 하더라도, 민법 제840조 제2호 소정의 재판상이혼사유인 "악의의 유기"에는 해당된다고 할 것입니다.

5. 따라서 원고는 청구취지 기재와 같이 주위적으로는 혼인무효확인을 구하고 예비적으로 재판상 이혼을 구하기 위하여 이 건 소제기에 이르렀습니다.

입 증 방 법

1. 갑 제1호증   혼인관계증명서
1. 갑 제2호증   주민등록등본
1. 갑 제3호증   피고여권사본

1. 갑 제4호증   가출인신고 접수증
1. 갑 제5호증   출입국에관한사실증명
1. 갑 제6호증   원고본인진술서

첨 부 서 류

1. 소장 부본   1통
1. 위 각 입증방법   각 1통
1. 위임장   1통
1. 납부서   1통

2000년 ○월 ○일

위 원고   (서명 또는 날인)

○ ○ 가 정 법 원   귀 중

[작성례 ③] 혼인무효확인 청구의 소(당사자 간 직계혈족)

소   장

원 고   ○ ○ ○ (○○○)
            1900년 ○월 ○일생
            등록기준지   ○○시 ○○구 ○○길 ○○
            주소   ○○시 ○○구 ○○길 ○○ (우편번호)
            전화   ○○○ - ○○○○

피 고   △ △ △ (△△△)
            1900년 ○월 ○일생
            등록기준지   ○○시 ○○구 ○○길 ○○
            주소   ○○시 ○○구 ○○길 ○○ (우편번호)

전화   ○○○ - ○○○○

혼인무효확인청구의 소

청 구 취 지

1. 원고와 피고 사이에 20○○. ○. ○. ○○시 ○○구청장에게 신고하여
   한 혼인은 무효임을 확인한다.
2. 소송비용은 피고가 부담한다.
라는 판결을 구합니다.

청 구 원 인

1. 피고 △△△은 원고의 이종사촌이었으나 원고의 어머니와 피고의 어머
   니가 1951년 8월경 피란 도중 헤어지게 되어 이를 알지 못하고 피고
   와 원고는 같은 대학 같은 학과에 입학하여 서로에게 호감을 갖고 사귀
   던 중 결혼을 하고 19○○년 ○월 ○일 ○○구청에서 혼인신고를 하였
   습니다.
2. 이후 원고 어머니와 피고 어머니가 옛날 이야기를 하던 도중 서로가 6
   ·25때 헤어진 자매라는 사실을 알게되어 원고는 혼인무효확인을 청
   구하기에 이른 것입니다.

입 증 방 법

1. 혼인관계증명서	1통
1. 제적등본	1통
(또는, 가족관계기록사항에 관한 증명서)	1통
1. 결혼식 사진	1통
1. 증언서	1통

첨 부 서 류

1. 위 입증방법	각 1통
1. 소장부본	1통
1. 납부서	1통

20〇〇년 〇월 〇일

원 고   〇 〇 〇 (서명 또는 날인)

〇 〇 가 정 법 원   귀 중

[작성례 ④] 혼인무효확인 청구의 소(당사자 간 직계인척)

소   장

원 고   〇 〇 〇
    1900년 〇월 〇일생
    등록기준지   〇〇시 〇〇구 〇〇길 〇〇
    주소   〇〇시 〇〇구 〇〇길 〇〇 (우편번호)
    전화   〇〇〇 - 〇〇〇〇

피 고   김 △ △
    1900년 〇월 〇일생
   윤 △ △
    1900년 〇월 〇일생
    〇〇시 〇〇구 〇〇길 〇〇
 위 피고들의 등록기준지   〇〇시 〇〇구 〇〇길 〇〇
    주소   〇〇시 〇〇구 〇〇길 〇〇 (우편번호)
    전화   〇〇〇 - 〇〇〇〇

혼인무효확인청구의 소

청 구 취 지

1. 피고들 사이에 20〇〇. 〇. 〇. 〇〇시 〇〇구청장에게 신고하여 한 혼인은 무효임을 확인한다.

2. 소송비용은 피고들이 부담한다.

라는 판결을 구합니다.

청 구 원 인

1. 피고 김△△은 원고의 차녀이며, 같은 피고 윤△△는 20○○. ○. ○. 피고 김△△와 혼인신고를 한 법률상 부부로서 원고에게는 둘째 사위입니다.

2. 피고 김△△은 ○○제과 ○○대리점의 영업사원으로 근무하다 대리점 주인이었던 소외 망 윤▲▲와 혼인을 하였던 사실이 있습니다. 그러나 원고는 장성한 자식들이 있는 위 망 윤▲▲와 피고 김△△의 혼인관계를 인정할 수 없어 연락을 두절하고 살았는데, 그 후 몇 년 만에 위 망 윤▲▲가 사망하자 얼마 되지 않아 피고 김△△와 같은 피고 윤△△가 재혼하였다는 소식을 듣게 되었습니다.

3. 피고들은 결혼식을 올리지도 않고 동거에 들어가면서 혼인신고를 마친 후, 법률상 부부로서 살고 있었는데 이후 집안간 왕래하는 과정에서 피고 윤△△가 위 망 윤▲▲의 자로서 피고들 간에 직계인척 관계가 있었던 사실이 밝혀졌습니다.

4. 원고와 가족들은 위와 같은 청천 벽력같은 소식에 우선 당사자들에게 관계를 정리하고 모든 것을 없었던 상태로 되돌릴 것을 요구하였으나 당사자들은 이미 자신들이 법률상 부부이므로 헤어질 수 없다며 가족들의 요구를 거절하고 있습니다.

5. 원고와 가족들은 피고들이 원만히 이번 일을 해결하기를 바랐으나, 피고들은 가족들의 거듭된 요구를 거절하고 있고, 당사자들의 혼인은 민법 제815조 제3호에 해당되어 무효인 혼인에 해당되므로 원고가 스스로 피고들의 패륜적인 관계를 종결시키고자 본 소송에 이른 것입니다.

입 증 방 법

1. 갑 제1호증   가족관계증명서(김△△)
1. 갑 제2호증   가족관계증명서(윤△△)
1. 갑 제3호증   혼인관계증명서

첨 부 서 류

1. 위 입증방법   각 1통
1. 소장부본   2통
1. 납부서   1통

20○○년 ○월 ○일

원 고 ○ ○ ○ (서명 또는 날인)

○ ○ 가 정 법 원   귀 중

[3] 관련판례

[대법원 2024. 5. 23.선고 2020므15896 전원합의체 판결]

【판시사항】

혼인관계가 이혼으로 해소된 이후에도 과거 일정기간 존재하였던 혼인관계의 무효 확인을 구할 확인의 이익이 있는지 여부(원칙적 적극)

【판결요지】

이혼으로 혼인관계가 이미 해소되었다면 기왕의 혼인관계는 과거의 법률관계가 된다. 그러나 신분관계인 혼인관계는 그것을 전제로 하여 수많은 법률관계가 형성되고 그에 관하여 일일이 효력의 확인을 구하는 절차를 반복하는 것보다 과거의 법률관계인 혼인관계 자체의 무효 확인을 구하는 편이 관련된 분쟁을 한꺼번에 해결하는 유효·적절한 수단일 수 있으므로, 특별한 사정이 없는 한 혼인관계가 이미 해소된 이후라고 하더라도 혼인무효의 확인을 구할 이익이 인정된다고 보아야 한다. 그 상세한 이유는 다음과 같다.

① 무효인 혼인과 이혼은 법적 효과가 다르다. 무효인 혼인은 처음부터 혼인의 효력이 발생하지 않는다. 따라서 인척이거나 인척이었던 사람과의 혼인금지 규정(민법 제809조 제2항)이나 친족 사이에 발생한 재산범죄에 대하여 형을 면제하는 친족상도례 규정(형법 제328조 제1항 등) 등이 적용되지 않는다. 반면 혼인관계가 이혼으로 해소되었더라도 그 효력은 장래에 대해서만 발생하므로 이혼 전에 혼인을 전제로 발생한 법률관계는 여전히 유효하다. 그러므로 이혼 이후에도 혼인관계가 무효임을 확인할 실익이 존재한다.

② 가사소송법은 부부 중 어느 한쪽이 사망하여 혼인관계가 해소된 경우 혼인관계 무효 확인의 소를 제기하는 방법에 관한 규정을 두고 있다. 이러한 가사소송법 규정에 비추어 이혼한 이후 제기되는 혼인무효 확인의 소가 과거의 법률관계를 대상으로 한다는 이유로 확인의 이익이 없다고 볼 것은 아니다.

③ 대법원은 협의파양으로 양친자관계가 해소된 이후 제기된 입양무효 확인의 소에서 확인의 이익을 인정하였다. 대법원의 위와 같은 판단은 이혼으로 혼인관계가 해소된 이후 제기된 혼인무효 확인의 소에서 확인의 이익을 판단할 때에도 동일하게 적용될 수 있다.

④ 무효인 혼인 전력이 잘못 기재된 가족관계등록부의 정정 요구를 위한 객관적 증빙자료를 확보하기 위해서는 혼인관계 무효 확인의 소를 제기할 필요가 있다.

⑤ 가족관계등록부의 잘못된 기재가 단순한 불명예이거나 간접적·사실상의 불이익에 불과하다고 보아 그 기재의 정정에 필요한 자료를 확보하기 위하여 기재 내용의 무효 확인을 구하는 소에서 확인의 이익을 부정한다면, 혼인무효 사유의 존부에 대하여 법원의 판단을 구할 방법을 미리 막아버림으로써 국민이 온전히 권리구제를 받을 수 없게 되는 결과를 가져올 수 있다.

[대법원 2016. 2. 18.선고 2015므654,661 판결]

【판시사항】

[1] 민법 제816조 제3호가 규정하는 '사기'에 소극적으로 고지를 하지 아니하거나 침묵한 경우가 포함되는지 여부(적극) / 불고지 또는 침묵을 위법한 기망행위로 보기 위한 요건 및 이때 관습 또는 조리상 고지의무가 인정되는지 판단하는 방법

[2] 출산 경력을 고지하지 아니한 것이 민법 제816조 제3호에서 정한 혼인 취소사유에 해당하는지 판단하는 방법

【판결요지】

[1] 민법 제816조 제3호가 규정하는 '사기'에는 혼인의 당사자 일방 또는 제3자가 적극적으로 허위의 사실을 고지한 경우뿐만 아니라 소극적으로 고지를 하지 아니하거나 침묵한 경우도 포함된다. 그러나 불고지 또는 침묵의 경우에는 법령, 계약, 관습 또는 조리상 사전에 사정을 고지할 의무가 인정되어야 위법한 기망행위로 볼 수 있다. 관습 또는 조리상 고지의무가 인정되는지는 당사자들의 연령, 초혼인지 여부, 혼인에 이르게 된

경위와 그때까지 형성된 생활관계의 내용, 당해 사항이 혼인의 의사결정
에 미친 영향의 정도, 이에 대한 당사자 또는 제3자의 인식 여부, 당해
사항이 부부가 애정과 신뢰를 형성하는 데 불가결한 것인지, 또는 당사
자의 명예 또는 사생활 비밀의 영역에 해당하는지, 상대방이 당해 사항
에 관련된 질문을 한 적이 있는지, 상대방이 당사자 또는 제3자에게서
고지받았거나 알고 있었던 사정의 내용 및 당해 사항과의 관계 등의 구
체적·개별적 사정과 더불어 혼인에 대한 사회일반의 인식과 가치관, 혼인
의 풍속과 관습, 사회의 도덕관·윤리관 및 전통문화까지 종합적으로 고려
하여 판단하여야 한다.

[2] 혼인의 당사자 일방 또는 제3자가 출산의 경력을 고지하지 아니한 경우
에 그것이 상대방의 혼인의 의사결정에 영향을 미칠 수 있었을 것이라는
사정만을 들어 일률적으로 고지의무를 인정하고 제3호 혼인취소사유에
해당한다고 하여서는 아니 되고, 출산의 경위와 출산한 자녀의 생존 여
부 및 그에 대한 양육책임이나 부양책임의 존부, 실제 양육이나 교류가
이루어졌는지 여부와 시기 및 정도, 법률상 또는 사실상으로 양육자가
변경될 가능성이 있는지, 출산 경력을 고지하지 않은 것이 적극적으로
이루어졌는지 아니면 소극적인 것에 불과하였는지 등을 면밀하게 살펴봄
으로써 출산의 경력이나 경위가 알려질 경우 당사자의 명예 또는 사생활
비밀의 본질적 부분이 침해될 우려가 있는지, 사회통념상 당사자나 제3
자에게 그에 대한 고지를 기대할 수 있는지와 이를 고지하지 아니한 것
이 신의성실 의무에 비추어 비난받을 정도라고 할 수 있는지까지 심리한
다음, 그러한 사정들을 종합적으로 고려하여 신중하게 고지의무의 인정
여부와 위반 여부를 판단함으로써 당사자 일방의 명예 또는 사생활 비밀
의 보장과 상대방 당사자의 혼인 의사결정의 자유 사이에 균형과 조화를
도모하여야 한다.

[대법원 2015.2.26.선고 2014므4734,4741 판결]

【판시사항】

[1] 임신가능 여부가 민법 제816조 제2호의 혼인취소 사유인 '부부생활을 계
속할 수 없는 악질 기타 중대한 사유'에 해당하는지 여부(원칙적 소극)
및 위 '부부생활을 계속할 수 없는 중대한 사유'의 해석 방법

[2] 갑이 배우자인 을을 상대로 을의 성기능 장애 등을 이유로 민법 제816
조 제2호에 따른 혼인취소를 구한 사안에서, 을의 성염색체 이상과 불임

등의 문제가 민법 제816조 제2호에서 정한 '부부생활을 계속할 수 없는 악질 기타 중대한 사유'에 해당한다고 보기 어렵다고 한 사례

【판결요지】

[1] 혼인은 남녀가 일생의 공동생활을 목적으로 하여 도덕 및 풍속상 정당시 되는 결합을 이루는 법률상, 사회생활상 중요한 의미를 가지는 신분상의 계약으로서 본질은 양성 간의 애정과 신뢰에 바탕을 둔 인격적 결합에 있다고 할 것이고, 특별한 사정이 없는 한 임신가능 여부는 민법 제816 조 제2호의 부부생활을 계속할 수 없는 악질 기타 중대한 사유에 해당한 다고 볼 수 없다. 그리고 '혼인을 계속하기 어려운 중대한 사유'에 관한 민법 제840조 제6호 의 이혼사유와는 다른 문언내용 등에 비추어 민법 제816조 제2호의 '부부생활을 계속할 수 없는 중대한 사유'는 엄격히 제한하여 해석함으로써 그 인정에 신중을 기하여야 한다.

[2] 갑이 배우자인 을을 상대로 을의 성기능 장애 등을 이유로 민법 제816 조 제2호에 따른 혼인취소를 구한 사안에서, 제반 사정에 비추어 갑의 부부생활에 을의 성기능 장애는 크게 문제 되지 않았다고 볼 여지가 많 고, 설령 을에게 성염색체 이상과 불임 등의 문제가 있다고 하더라도 이 를 들어 민법 제816조 제2호에서 정한 '부부생활을 계속할 수 없는 악 질 기타 중대한 사유'에 해당한다고 보기 어려운데도, 이와 달리 본 원심 판결에 법리오해 등의 잘못이 있다고 한 사례.

Section 2. 이혼의 무효·취소

[1] 이혼의 무효

1. 이혼무효 사유

협의이혼은 ① 부부간 이혼의사가 합치하고 ② 이혼신고 절차를 거치는 경우에 성립합니다. 이혼신고가 없다면 외관상 이혼이 성립할 수 없으므로 결국 협의이혼이 무효가 되는 경우는 부부간 이혼의사가 합치하지 않는 경우입니다.

2. 이혼무효 사유의 예시

① 부부 일방 또는 쌍방이 모르는 사이에 누군가에 의해 이혼신고가 된 경우(「민법」 제834조)

② 부부 일방이 모르는 사이에 외국에서 이혼소송이 진행되어 이혼판결이 난 경우(서울가정법원 1993. 12. 9. 선고 92드68848 판결)

③ 이혼신고가 수리되기 전에 부부 일방 또는 쌍방이 이혼의사를 철회했는데 이혼신고가 수리된 경우(대법원 1994. 2. 8. 선고 93도2869 판결)

④ 심신상실자가 의사능력이 결여된 상태에서 이혼한 경우

[2] 이혼의 취소

1. 이혼의 취소 사유

이혼합의는 부부의 자유로운 의사에 근거해서 이루어져야 하므로, 사기 또는 강박(强迫)으로 인해 이혼의 의사표시를 한 경우는 가정법원에 그 취소를 청구할 수 있습니다(「민법」 제838조).

2. 이혼취소판결의 효과

① 이혼취소청구를 인용(認容)하는 확정판결의 효력은 제3자에게도 적용됩니다(「가사소송법」 제21조제1항). 따라서 이혼취소사유를 제공한 사람이 제3자인 경우에는 그 사람에게 재산상·정신상 손해에 대한 배상을 청구할 수 있습니다.

② 이혼취소판결이 확정되면 그 이혼은 처음부터 없었던 것과 같아지므로 취소판결 전에 다른 일방이 재혼을 했다면 그 재혼은 중혼(重婚)이 됩니다(대법원 1984. 3. 27. 선고 84므9 판결).

3. 이혼취소판결에 대한 불복

① 이혼취소소송에 관한 가정법원의 판결에 대해 불복하는 경우에는 판결정본의 송달 전 또는 판결정본이 송달된 날로부터 14일 이내에 항소할 수 있습니다(「가사소송법」 제19조제1항).

② 이혼취소소송에 관한 항소법원의 판결에 대해 불복하는 경우에는 판결정본의 송달 전 또는 판결정본이 송달된 날로부터 14일 이내에 대법원에 상고할 수 있습니다(「가사소송법」 제20조).

[3] 이혼에 따른 손해배상 및 재산분할

1. 이혼과 손해배상

① 부부가 이혼하는 경우 부부 중 일방은 혼인파탄에 책임이 있는 배우자에 대해 손해배상을 청구할 수 있습니다. 손해에는 재산상 손해와 정신상 손해가 모두 포함됩니다(「민법」 제806조 및 제843조).

② 판례는 혼인파탄의 책임성에 대해 혼인파탄의 원인이 된 사실에 기초해서 평가할 일이며 혼인관계가 완전히 파탄된 뒤에 있었던 일을 가지고 따질 것은 아니라고 보고 있습니다(대법원 2004. 2. 27. 선고 2003므1890 판결).

③ 특히, 정신적 고통에 대한 손해배상, 즉 위자료의 액수를 산정하는 경우에는 혼인파탄의 원인과 책임정도, 재산상태, 혼인기간 및 생활정도, 학력·직업·연령 등 신분사항, 자녀 양육관계 등의 사항을 고려해서 정하게 되며(대법원 1981. 10 13. 선고 80므100 판결), 혼인파탄의 원인이 부부 모두에게 있는 경우에는 부부 쌍방이 받은 정신적 고통의 정도, 즉 불법행위책임의 비율에 따라 위자료 액수가 정해집니다(대법원 1994. 4. 26. 선고 93므1273, 1280 판결).

2. 이혼과 재산분할

① 부부가 이혼하면 혼인 중 공동으로 형성한 재산을 나누게 됩니다. 이 때 재산의 명의에 상관없이 상대방에게 부부 공유재산에 대해 분할을 청구할 수 있습니다(「민법」 제830조제2항 및 제839조의2). 부부가 공동으로 형성한 재산에는 부부가 협력해서 취득한 부동산, 부부공동생활을 위해 저축한 예금, 부부공동생활을 위해 구입한 가재도구 등이 해당될 것입니다.

② 재산분할의 비율은 부부가 합의해서 정할 수 있으며, 합의가 이루어지지 않으면 법원이 재산형성에 대한 기여도, 혼인파탄의 원인과 책임정도, 혼인기간 및 생활정도, 학력·직업·연령 등 신분사항, 자녀 양육관계, 위자료 등의 사항을 고려해서 산정하게 됩니다(대법원 1998. 4. 10. 선고 96므1434 판결, 대법원 1998. 2. 13. 선고 97므1486,1493 판결, 대법원 1993. 5. 25. 선고 92므501 판결 등).

[4] 이혼의 무효·취소의 소장 작성례

[작성례 ①] 이혼청구의 소(유기)

소　　　　　　　장

원　고　　○　○　○ (주민등록번호)

　　　　　　　등록기준지 : ○○시 ○○구 ○○길 ○○

　　　　　　　주소 : ○○시 ○○구 ○○길 ○○(우편번호)

피　고　　△　△　△ (주민등록번호)

　　　　　　　등록기준지 : 원고와 같음

　　　　　　　주소 : ○○시 ○○구 ○○길 ○○(우편번호)

이혼청구의 소

청 구 취 지

1. 원고와 피고는 이혼한다.
2. 소송비용은 피고의 부담으로 한다.
라는 판결을 구합니다.

청 구 원 인

1. 법률상 부부

　　원고와 피고는 19○○. ○. ○. 혼인신고를 마친 법률상 부부로서 그 사이에 ○녀를 두고 있습니다. {증거 : 갑 제1호증(혼인관계증명서),갑 제2호증(가족관계증명서}

2. 재판상 이혼 사유 (악의의 유기)

　　가. 피고는 원고와 혼인한 후 취업을 할 수 없는 특별한 문제가 있는 것도 아닌데 처음부터 일정한 직업없이 지내면서 가족을 부양하지 않는 바람에 원고가 혼자 힘으로 자녀를 양육하고 가족의 생계를 해결해 왔습니다.

나. 원고는 세월이 흐르면 피고의 태도가 달라질 것으로 기대하였으나 나아지기는커녕 무질서한 생활로 다른 사람들로부터 사기, 횡령죄 등으로 고소당하여 피해 다니기 일쑤였고, 19○○. ○월경 또 다시 사기죄로 고소당하여 수사기관으로부터 출석요구서가 집으로 송달되자 갑자기 집을 나가서는 연락도 없이 지금까지 돌아오지 않고 있으며 최근에 그 주소지를 확인하여 주민등록등본을 발급 받아보니 무단전출 직권말소가 되어 있었습니다.

　　{증거 : 갑 제3호증(주민등록 등본 -말소자 등본)}

다. 피고는 위와 같이 원고와는 소식을 끊고 있지만 광주에 있는 자신의 부모님과는 연락을 하고 있는바, 원고는 광주 시부모님으로부터 피고가 원고와의 이혼을 원하고 있지만 기소중지 상태라 협의이혼 수속을 꺼리고 있을 뿐이라는 말을 들은 사실이 있어 피고와의 무의미한 별거 생활을 청산하고 이혼하기로 마음을 굳혔습니다.

라. 위와 같은 사유에 비추어 볼 때 원고와 피고의 혼인생활은 배우자와 자녀에 대한 부양의무를 저버린 피고의 귀책사유로 인하여 회복할 수 없을 정도로 파탄되었다 할 것이고, 이는 민법 제840조 제2호 소정의 재판상 이혼 사유인 "배우자가 악의로 다른 일방을 유기한 때"에 해당한다고 할 것입니다.

3. 자녀에 대한 친권행사자 문제

원고는 현재 국민기초생활보장수급자로 지정 받아 고○, 중○인 딸 ○명을 양육하고 있으나, 더 이상 딸들의 양육을 감당하기에는 역부족입니다. 반면 시부모님이 원고보다는 경제적 형편이 나은 편이라 이혼시 위 손녀들을 맡아 양육하기로 원고와 합의하였으며, 원고의 딸들도 엄마의 입장을 이해하고 있습니다. 피고도 자신의 본가에는 왕래가 있으므로 피고가 친권을 행사하는데 문제가 없을 것이므로 원고는 딸들에 대한 친권행사자 및 양육권 주장을 하지 않겠습니다.

4. 결론

이상의 이유로 원고는 이 건 이혼 청구에 이르렀습니다.

입 증 방 법

1. 갑 제1호증　　　　　　　　　　혼인관계증명서

1. 갑 제2호증   가족관계증명서
1. 갑 제3호증   주민등록등본(말소자 등본)

첨 부 서 류

1. 소장 부본   1통
1. 위 입증 방법   각 1통
1. 납부서   1통

2000년   0월   0일

위 원고   ○   ○   ○ (서명 또는 날인)

○ ○ 가 정 법 원 귀 중

[작성례 ②] 이혼청구의 소(배우자 등의 부당한 대우)

소   장

원 고   ○ ○ ○(○○○)
         (19○○년 ○월 ○일생)
         등록기준지 : ○○시 ○○구 ○○길 ○○번지
         주소 : ○○시 ○○구 ○○길 ○○번지(우편번호)
         송달장소 : ○○시 ○○구 ○○길 ○○번지

피 고   △ △ △(△△△)
         (19○○년 ○월 ○일생)
         등록기준지 : ○○시 ○○구 ○○길 ○○번지
         주소 : ○○시 ○○구 ○○길 ○○번지(우편번호)

이혼청구의 소

청 구 취 지

1. 원고와 피고는 이혼한다.
2. 소송비용은 피고의 부담으로 한다.
라는 판결을 구합니다.

청 구 원 인

1. 원고와 피고는 20○○년 ○○월 ○○일에 혼인신고를 필한 법률상 부부로서 슬하에 ○남 ○녀를 두고 지내왔습니다.

2. 원고는 혼인 후 피고 등과 함께 지내던 중 피고가 혼수를 적게 해왔다는 이유로 원고 및 원고의 친정부친에 대해 모욕적인 언행을 서슴치 않더니 급기야는 사소한 문제를 들어 원고를 마구 구타하기 시작하였습니다. 이로 인해 원고는 심한 모욕감에 시달렸으나 자녀들을 생각하여 참고 지내왔습니다.

3. 그러나 피고의 구타 및 모욕적인 언행은 그칠 줄을 모르고 더욱 심해져 20○○년 ○월 ○일 술을 먹고 들어와서는 아무런 이유 없이 원고를 마구 구타하여 원고에게 전치 ○주의 상해를 입히고 또한 이를 말리던 원고의 친정 부친을 폭행하였습니다.

4. 이후에도 피고는 사소한 문제를 가지고 원고를 폭행하여 마침내 피고의 모욕적인 언행 및 심한 폭행을 견디지 못한 원고는 친정으로 피신을 하게 되었습니다.

5. 위에서 본 바와 같이 피고의 이러한 일련의 행위들은 민법 제840조 제3호의 '배우자로부터 심히 부당한 대우를 받았을 때' 및 같은 조 제6호의 '기타 혼인을 지속할 수 없는 중대한 사유가 있는 때'에 해당하여 재판상 이혼사유가 된다 할 것이며, 아울러 원·피고간의 혼인의 파탄책임은 전적으로 원고 및 원고의 가족들에게 부당한 대우를 한 피고에게 있다 할 것입니다.

6. 따라서 원고는 더 이상 피고와의 혼인생활을 지속할 수가 없어 부득이 원고의 이혼청구에 불응하고 있는 피고에게 이혼을 구하고자 이건 청구에 이르게 되었습니다.

입 증 방 법

1. 갑 제1호증   혼인관계증명서
1. 갑 제2호증   상해진단서
1. 갑 제3호증   인우보증서

첨 부 서 류

1. 위 입증방법   각 1통
1. 소장부본   1통
1. 납부서   1통

20○○년 ○월 ○일

위 원 고 ○ ○ ○ (서명 또는 날인)

○ ○ 가 정 법 원 귀 중

[작성례 ③] 이혼청구의 소(생사 3년 이상 불분명)

소   장

원 고 ○ ○ ○(○ ○ ○)
         19○○년 ○월 ○일생
         등록기준지 : ○○도 ○○군 ○○면 ○○길 ○○
         주소 : ○○시 ○○구 ○○길 ○○(우편번호)

피 고 △ △ △(△ △ △)
         19○○년 ○월 ○일생
         등록기준지 : ○○시 ○구 ○○길 ○○
         주소 : 원고와 같음

사건본인   박   ○   ○(주민등록번호)
　　　　　등록기준지 및 주소 : 원고와 같음

이혼청구의 소

청 구 취 지

1. 원고와 피고는 이혼한다.
2. 사건본인에 대한 친권자 및 양육자로 원고를 지정한다.
3. 소송비용은 피고의 부담으로 한다.
라는 판결을 구합니다.

청 구 원 인

1. 원고와 피고는 19○○. ○. ○. 혼인신고를 마친 법률상 부부로서 슬하
   에 사건본인을 두었습니다.
2. 피고는 원고와 결혼전 무직으로 생활하다 원고를 만나 가정을 이루어
   생활하면서도 변변한 직업 없이 인근 다방을 전전하면서 그곳에서 만나
   알게된 '미스 ○'이라는 여자와 빈번히 외유를 하며 생활하다가 이를
   걱정하며 안타까운 마음에"이제 제발 그만하고 가정을 돌보라"는 원고
   의 애원에도 불구하고 도리어 화를 내며 "니가 내게 뭘 해주었냐"면서
   원고에게 윽박지르며 "돈을 내 놓으라"면서 노점을 하며 근근히 벌어온
   생활비마저 강취해가 이를 유흥비에 탕진하며 지내 오던 중 19○○.
   ○. ○. 급기야는 전재산이라고 할 수 있는 피고명의로 되어있던 주택
   청약부금을 해약하고 이에 따른 금액 ○○○여만원의 금원을 가지고 위
   '미스 ○'이라는 여자와 함께 행방을 감추고야 말았습니다.
3. 이에 원고는 선천적인 착함 탓에 돌아오리라는 기대만을 가지고 집나간
   피고를 기다렸지만 피고는 근 4년이 지난 지금까지도 연락을 해오지
   않고 그동안 백방으로 피고의 소재를 수소문 해 온 원고로서도 어린 자
   녀를 위해서라도 끝 까지 기다려 보기로 하였지만 자녀의 장래 및 자신
   의 처지를 그냥 보고만 있을 수 없기에 부득이 청구취지와 같은 판결을
   구하기 위해 본 소에 이르렀습니다.

입 증 방 법

1. 갑 제1호증   가족관계증명서
1. 갑 제2호증   혼인관계증명서
1. 갑 제3호증   주민등록(말소자)등본
1. 갑 제4호증   불거주확인서
1. 갑 제5호증   사실확인서

첨 부 서 류

1. 위 입증방법   각1통
1. 소장부본   1통
1. 납부서   1통

20○○. ○. ○.

원 고   ○ ○ ○ (서명 또는 날인)

○ ○ 가 정 법 원 귀중

[작성례 ④] 이혼무효확인 청구의 소

소   장

원 고   ○ ○ ○(○○○)
        1900년 ○월 ○일생
        등록기준지   ○○시 ○○구 ○○길 ○○
        주소   ○○시 ○○구 ○○길 ○○ (우편번호)
        전화   ○○○ - ○○○○

피 고   △ △ △(△△△)
        1900년 ○월 ○일생
        등록기준지   ○○시 ○○구 ○○길 ○○

해설, 판례, 소장 작성례와 함께 살펴 본 이기는 가사소송!   353

주소   ○○시 ○○구 ○○길 ○○ (우편번호)

전화   ○○○ - ○○○○

이혼무효확인청구의 소

청 구 취 지

1. 원고와 피고 사이에 20○○. ○. ○○. ○○시 ○○구청장에게 신고하여 한 이혼은 무효임을 확인한다.
2. 소송비용은 피고가 부담한다.

라는 판결을 구합니다.

청 구 원 인

1. 원고와 피고는 20○○. ○. ○○. 혼인 신고한 법률상 부부로서 이후 혼인생활을 유지해 오던 중 20○○. ○월부터 피고가 잦은 외박을 하더니 아예 20○○. ○월에는 연락도 없이 집을 나가버렸습니다.
2. 원고는 이미 임신 3개월째라 피고가 돌아오기만을 기다리며 지내던 중 20○○. ○.경 피고로부터 전화가 걸려왔고 다른 여자와 동거하고 있으니 이혼해 달라고 요구하였는 바, 원고는 임신사실을 이야기하며 이혼은 할 수 없다고 하였고, 이후에도 피고로부터 몇차례 이혼을 종용하는 전화가 걸려왔으나 같은 이유로 거절하였으며 이후 피고가 임의로 협의이혼신청서를 가정법원에 접수시켜 원고는 법원에서 통보한 날짜인 20○○. ○. ○. 출두하여 이혼의사가 없음을 밝히기도 하였습니다.
3. 20○○. ○. 원고는 피고의 아이를 출산하였고 아이의 출생신고를 위해 20○○. ○.구청에 갔다가 원고와 피고간에 협의이혼 신고(20○○. ○. ○. ○○시 ○○구청장 접수)가 되어있음을 알게 되었습니다.
4. 원고는 전혀 모르는 사실이었으므로 협의이혼신고시 제출된 서류들을 열람한 결과, 협의이혼의사확인서 등본이 교묘히 위조되었음을 확인하였고, 이에 피고를 공정증서원본부실기재죄로 고소해 둔 상태입니다.
5. 이와 같이 원고와 피고의 협의이혼은 원고가 전혀 모르는 사실이고 원고는 피고와 이혼할 의사가 없기 때문에 ○○구청장에게 신고한 원고와 피고의 협의이혼은 무효이므로 청구취지와 같이 본 건 청구에 이른 것입니다.

입 증 방 법

1. 갑 제1호증	혼인관계증명서(원고)
1. 갑 제2호증	혼인관계증명서(피고)
1. 갑 제3호증	협의이혼의사확인서 사본
1. 갑 제4호증	고소장

첨 부 서 류

1. 위 입증방법	각 1통
1. 소장부본	1통
1. 납 부 서	1통

20○○년 ○월 ○○일

원 고 　 ○ ○ ○ (서명 또는 날인)

○ ○ 가 정 법 원 　 귀 중

[작성례 ⑤] 이혼, 위자료 및 재산분할청구의 소

소 　 장

원 고 　 ○ ○ ○(○ ○ ○)

　　　　1900. ○. ○.생

　　　　등록기준지: ○○남도 ○○군 ○○면 ○○길 ○○

　　　　주소 : ○○시 ○○구 ○○길 ○○ (우편번호)

피 고 　 △ △ △(△ △ △)

　　　　1900. ○. ○○생

　　　　등록기준지 : ○○남도 ○○군 ○○면 ○○길 ○○

주민등록상 주소 : ○○시 ○○구 ○○길 ○○

현거소 : ○○시 ○○구 ○○길 ○○ (우편번호)

이혼 등 청구의 소

청 구 취 지

1. 원고와 피고는 이혼한다.

2. 피고는 원고에게 재산분할로서 금 ○○○원을 지급하라.

3. 피고는 원고에게 위자료로 금 ○○○원 및 이에 대한 소장부본 송달 다음날부터 다 갚는 날까지 연 12%의 비율에 의한 금원을 지급하라.

4. 소송비용은 피고의 부담으로 한다.

5. 제 2, 3항은 가집행할 수 있다.

라는 판결을 구합니다.

청 구 원 인

1. 원고와 피고는 19○○. ○.에 결혼식을 올리고 살다가 19○○. ○. ○. 혼인신고를 한 법률상 부부로서 아들 □□□를 두고 있습니다.

2. 재판상 이혼청구사유에 관하여

　　가. 원고와 피고는 결혼 후 서로 믿고, 서로 도우며 행복하게 살며 어떠한 고난도 이겨 나갈 수 있는 신뢰하는 부부로 신혼의 꿈을 안고 살기 시작하였습니다. 그러나 피고는 결혼 후 얼마동안 지나면서부터 19○○년 여름부터 아무 이유없이 원고에게 시비를 걸어 사이다 상자로 원고의 얼굴을 때려 현재까지도 그 상처가 남아있습니다. 피고는 그 후로부터는 아무 이유없이 원고를 폭행하여 왔으며 때로는 식칼을 들고 원고를 죽여버리겠다고 하며 한달이 넘어라 하고 상습적으로 원고를 구타하여 왔습니다. 그 뿐만 아니라 피고는 뭇 여성들을 사귀고 그 여자들에게 돈을 쓰며 바람이 나서 다녔고, 원고가 가정에 충실할 것을 만날 적마다 애원하였으나 피고는 원고의 위와 같은 애원도 아랑곳하지 않고, 시간만 있으면 집을 나가서 여자를 만나고, 노름을 하고, 집에 들어와서는 원고를 구타하였습니다.

그리고 애를 못 낳는다고 구박을 하여 같이 병원에 갔으나 남자에게 이상이 있다고 하여 시부모와 의논 끝에 19○○. ○.에 □□□를 데려다가 길러 출생신고를 하였습니다.

나. 그후 원고는 □□□를 위해 모든 노력을 하였으나 피고는 아랑곳하지 않고 계속하여 노름을 하고, 여자들과 어울려 다니고, 원고를 폭행할 뿐만 아니라 아들 □□□가 5살이 되자 아들에게도 상습적으로 폭행을 하고 잘못하면 어린애를 연탄방에 몇시간씩 가두어 놓고 있습니다. 그리고 19○○년에는 원고에게 돈놀이하게 돈 ○○○원만 대출해 달라고 하여 원고가 농협에서 원고의 명의로 ○○○원을 대출 받아 주었으나 돈놀이를 하다가 다 떼었다고 하면서 한 푼도 갚지 않아 농협으로부터 원고 앞으로 원금과 연체료를 갚으라는 통고가 왔습니다. 그리고 원고가 가진 고생을 하여 19○○년에 집을 사고 ○월달에 입주하여 살고 있었으나 피고는 19○○년에 이 집이 재수 없다고 하며 집을 팔아야 된다고 우겨 집을 팔아 탕진해 버렸습니다.

다. 그 후 19○○년 여름에 이번에는 틀림없으니 돈 ○○○원만 얻어 달라고 하여 없다고 하자 피고는 아들의 교육보험에 가입한 사실을 알고 교육보험에서 대출해 달라고 하여 아들 교육보험에서 금 ○○○원을 대출하여 주었으나 이를 바람 피우는데 다 써버리고 갚지 않고 있습니다.
원고 명의인 교보생명 연금보험에서 ○○○만원을 대출받아 주었는데 이것도 갚지 않고 있습니다. 이와 같이 위 돈을 피고가 꼭 갚아야 할 원고 명의의 채무입니다.

라. 원고는 피고가 날이 가면 가정에 충실하겠지 하고 오로지 □□□와 가정을 위해 참았으나 피고는 포악한 성격, 헤아릴 수 없는 구타, 도벽, 욕설 등을 계속하여 하였으며 모든 것을 용서하는 심정으로 참고 견디며 가정생활과 부부관계를 유지하려는 원고의 노력을 외면한 채 피고는 계속하여 방탕생활을 하고 조금도 뉘우치거나 가정에 충실치 않고 상습적으로 19○○. ○.까지 원고의 아들 □□□를 계속하여 구타하여 원고는 매를 이길 수가 없어서, 20○○. ○. ○. 아들을 집에 둔 채 집을 나왔습니다. 원고가 집을 나온 후 생

계를 위하여 남에 집의 식모도 하고 모든 궂은 일을 다하여 생계를 이어오고 있습니다.

그래서 원고가 피고에게 이혼을 해 달라고 하자 피고는 가만히 있어도 자동이혼이 될텐데 열심히 돈이나 벌어라 하며 거절하였고, 피고는 원고의 배우자로서 한 가정의 가장으로서 한 가정을 이끌어 나가는데 주어진 의무를 다할 책임이 있다 하거늘 이를 무시하고 오히려 인간의 도리를 저버린 채 원고를 상습적으로 폭행하고 멸시하고 욕설하여 가정을 버렸습니다.

마. 더욱이 피고는 원고의 남편으로서 한 가정을 거느릴 의무를 저버린 채 이러한 비인간적 행동과 심히 도의에 어긋나는 상식밖의 행위를 계속함으로 부부 생활을 더 이상 계속할 수 없이 파탄에 이르게 하는 점에 대하여 인간사회에 모든 사람으로부터 비난을 면할 수 없을 것이라 생각되며 이러한 부도덕한 피고와의 부부관계를 유지하려는 노력을 계속하는 원고의 성의와는 달리 심히 부당한 대우를 하는 이상과 같은 피고의 행위는 원고로서는 인내에 한계점에 이르렀다 생각되어 차라리 이혼하고 홀로 일평생을 열심히 살아가는 것이 인간답게 사는 길이라 사료되어 이러한 결심을 하게 되었으나 피고는 현재도 어린 □□□를 상습적으로 계속하여 폭행하고 있습니다.

따라서 피고의 위에 본바와 같은 각 소위는 민법 제840조 제2,3,6호 소정의 배우자가 악의로 다른 일방을 유기 한때, 배우자로부터 심히 부당한 대우를 받았을 때, 기타 혼인을 계속하기 어려운 중대한 사유가 있을 때에 각 해당한다 할 것입니다.

3. 재산분할청구에 대하여

가. 민법 제839조의2에 의하여 이혼당사자인 원고는 피고에게 다음과 같이 재산분할청구권을 가집니다. 재산분할청구권의 성질에 대하여는 우리나라 다수설인 청산 및 부양설에서는 혼인생활 중 취득한 재산은 부부의 공유이고 이것을 혼인해소시 청산하는 것이 재산분할청구권이며 이때 이혼 후 부양청구권의 의미도 함께 내포된다고 하고 있습니다. 그러므로 공동재산의 분할기준은 부부의 기여도 및 이혼후의 이혼당사자의 재산취득유무, 재혼의 가능성, 혼인중의 생

활정도, 자녀의 양육권 등이 고려되어야 할 것입니다.

나. 기여도의 측면에서 볼 때, 원고는 19○○년 결혼할 당시 성동구 자양동에 있는 부엌도 없는 단칸방 월세에서 출발하여 현재의 자산수준에 도달하는데 있어서 부동산 투자를 통한 재산증식으로 부부공동재산을 형성하는데 기여하였습니다. 한편 피고는 별지목록 기재의 부동산을 소유하고 있으며(갑제 3호증) 위 부동산의 현재 시가는 금 ○○○원 상당입니다. 피고는 그밖에도 ○○○○ 콘도회원권과 승용차가 1대를 가지고 있으나 원고는 이 사건 재산분할의 대상을 피고 소유의 위 부동산으로 한정하겠습니다.

다. 그런데 위 부동산의 분할방법에 관하여 당사자 사이에 협의가 되지 아니하고 또한 협의가 불가능한 것이 현실이므로 원고는 현물분할이 아닌 금액분할을 구하는 것입니다. 나아가 분할금액은 앞서 밝힌 제반사정에 비추어 볼 때 부동산 가액의 50%인 금 ○○○원 상당이 적절한 것이나 위 부동산에 관한 시가감정을 기다려 그 금액을 확정하기로 하고 우선 일부로서 금 ○○○원의 지급을 구합니다.

4. 위자료에 대하여

피고는 결혼생활 ○○년 동안 원고에게 폭행을 가하고, 바람이 나서 돈을 헤프게 쓰는 등 피고의 귀책사유로 인하여 원, 피고가 이혼하게 되었으므로 이혼으로 인한 원고의 정신적, 육체적, 고통에 대하여도 위자하여야 할 것인바, 금액은 최소한 ○○○원 이상은 되어야 할 것입니다.

5. 위와 같은 사유로 청구취지 기재와 같은 판결을 받고자 본 청구에 이른 것입니다.

입 증 방 법

1. 갑 제1호증   혼인관계증명서
1. 갑 제2호증   가족관계증명서
1. 갑 제3호증의 1내지 2   각 주민등록등본
1. 갑 제4호증   등기사항전부증명서

첨 부 서 류

1. 위 입증방법   각 1통

1. 소장부본   1통
1. 소송위임장   1통
1. 납부서   1통

20○○.   ○.   ○.

위 원고   ○ ○ ○(서명 또는 날인)

○ ○ 가 정 법 원 귀 중

[5] 관련판례

[대법원 1995. 11. 21.선고 95므731 판결]

【판시사항】

[1] 협의이혼한 후 배우자 일방이 일방적으로 혼인신고를 하였더라도 그 사
    실을 알고 혼인생활을 계속한 경우, 상대방에게 혼인할 의사가 있었거나
    무효인 혼인을 추인하였다고 인정한 사례

[2] 유책배우자의 이혼청구 인정 여부

【판결요지】

[1] 협의이혼한 후 배우자 일방이 일방적으로 혼인신고를 하였더라도 그 사
    실을 알고 혼인생활을 계속한 경우, 상대방에게 혼인할 의사가 있었거나
    무효인 혼인을 추인하였다고 인정한 사례.

[2] 혼인생활의 파탄에 대하여 주된 책임이 있는 배우자는 그 파탄을 사유로
    하여 이혼을 청구할 수 없는 것이 원칙이고, 다만 상대방도 그 파탄 이
    후 혼인을 계속할 의사가 없음이 객관적으로 명백하고 다만 오기나 보복
    적 감정에서 이혼에 응하지 않고 있을 뿐이라는 등 특별한 사정이 있는
    경우에만 예외적으로 유책배우자의 이혼청구권이 인정된다.

[대법원 1994. 5. 10.선고 93므1051, 1068 판결]

【판시사항】

대한민국 법원에서 이혼청구기각판결이 확정된 후 동일한 청구원인으로외국 법원에 제소하여 이혼판결을 받은 경우 그 외국판결의 대한민국에서의 효력

【판결요지】

동일 당사자 간의 동일 사건에 관하여 대한민국에서 판결이 확정된 후에 다시 외국에서 판결이 선고되어 확정되었다면 그 외국판결은 대한민국판결의 기판력에 저촉되는 것으로서 대한민국의 선량한 풍속 기타 사회질서에 위반되어 민사소송법 제203조 제3호에 정해진 외국판결의 승인요건을 흠결한 경우에 해당하므로 대한민국에서는 효력이 없다.

[대법원 1993. 6. 11.선고 93므171 판결]

【판시사항】

일시적으로 법률상 부부관계를 해소할 의사로써 한 협의이혼신고의 효력 유무(적극)

【판결요지】

협의이혼에 있어서 이혼의사는 법률상 부부관계를 해소하려는 의사를 말하므로 일시적으로나마 법률상 부부관계를 해소하려는 당사자간의 합의하에 협의이혼신고가 된 이상 협의이혼에 다른 목적이 있더라도 양자간에 이혼의사가 없다고는 말할 수 없고 따라서 이와 같은 협의이혼은 무효로 되지 아니한다.

Chapter 3. 입양의 무효·취소, 파양의 무효·취소 또는 파양을 원인으로 하는 손해배상청구 (제3자에 대한 청구를 포함한다) 및 원상회복의 청구

Section 1. 입양의 무효·취소

[1] 입양의 무효

1. 입양무효의 원인

① 입양신고를 한 후에도 입양의 성립요건에 중대한 결격사유가 있는 경우에는 입양이 무효로 됩니다(「민법」 제883조).

② 양부모가 되려는 사람과 양자가 될 사람 사이에 입양의 합의가 없는 경우에는 입양신고가 수리되었다고 해도 그 입양은 무효입니다(「민법」 제883조제1호).

③ 따라서 가장입양(대법원 2004. 4. 9. 선고 2003므2411 판결), 의사무능력자의 입양행위, 입양당사자 몰래 제3자가 한 입양신고(대법원 1991. 12. 27. 선고 91므30 판결), 입양의사를 철회한 후에 수리된 입양, 조건부 또는 기한부 입양 등은 무효입니다.

④ 미성년자 또는 피성년후견인을 입양하려는 경우에는 가정법원의 허가를 받아야 하며, 이를 받지 못한 경우에는 입양이 무효가 됩니다(「민법」 제883조제2호, 제867조제1항 및 제873조제2항)

⑤ 양자가 될 사람이 13세 미만인 경우에는 법정대리인이 그를 갈음하여 입양을 승낙해야 하며, 입양의 승낙이 없으면 입양은 무효입니

다(「민법」 제883조제2호 및 제869조제2항).

⑥ 양부모가 되려는 사람이 존속이나 연장자를 입양한 경우 그 입양은 무효가 됩니다(「민법」 제883조제2호 및 제877조).

2. 입양무효의 성질

① 입양에 무효사유가 있으면 그 입양은 처음부터 당연히 무효입니다 (「민법」 제883조).

② 따라서 무효인 입양은 처음부터 성립되지 않은 입양으로서 누구나 입양이 성립되지 않았음을 주장할 수 있으며, 입양에 관하여 다툼이 있는 경우에는 당사자, 법정대리인 또는 4촌 이내의 친족은 언제든지 가정법원에 입양무효의 소를 제기할 수도 있고, 예를 들어 상속회복의 소송 등 별개의 소송사건에서 입양무효를 그 선결문제로 다툴 수도 있습니다[「가사소송법」 제2조제1항제1호가목5)].

3. 손해배상청구권의 발생

① 입양이 무효로 된 경우 손해를 입은 당사자 일방은 과실 있는 상대방에게 손해배상을 청구할 수 있습니다.

② 손해배상의 범위에는 재산상의 손해뿐만 아니라 정신상 고통에 대한 손해도 포함되고, 정신상 고통에 대한 배상청구원은 원칙적으로 양도 또는 승계할 수 없습니다(「민법」 제897조 및 제806조).

③ 손해배상을 청구하려는 입양당사자는 먼저 가정법원에 조정신청을 해야 합니다[「가사소송법」 제2조제1항제1호다목3) 및 제50조제1항].

[2] 입양의 취소

1. 일반양자 입양 취소의 개념

① "입양의 취소"란 일정한 입양 취소 원인이 있을 때 취소 청구권자가 가정법원에 소송을 제기(「민법」 제884조)하여 그 취소판결이 확정됨으로써 양부모와 양자관계를 장래에 향하여 소멸시키는 것입니다.

② 입양 취소의 소송은 그 취소원인에 따라 취소 청구권의 행사기간에 조금씩 차이가 있습니다.

2. 입양 취소의 원인

① 미성년자가 양자를 입양한 경우(「민법」 제884조제1항제1호 및 제866조)

취소 청구권자 : 양부모·양자와 그 법정대리인 또는 직계혈족(「민법」 제885조)

② 법정대리인의 동의를 받지 않고 13세 이상의 미성년자를 입양한 경우(「민법」 제884조제1항제1호 및 제869조제1항)

취소 청구권자 : 양자 또는 동의권자(「민법」 제886조)

③ 법정대리인의 소재를 알 수 없는 등의 사유로 동의 또는 승낙을 받지 않은 경우(「민법」 제884조제1항제1호 및 제869조제3항제2호)

취소 청구권자 : 양자 또는 동의권자(「민법」 제886조)

④ 법정대리인의 동의(양자가 될 사람이 13세 이상의 미성년자인 경우)나 입양의 승낙(양자가 될 사람이 13세 미만인 경우)이 없음에도 부모의 동의를 받지 않고 미성년자를 입양한 경우(「민법」제884조제1항제1호 및 제870조제1항제1호)

취소 청구권자 : 양자 또는 동의권자(「민법」 제886조)

⑤ 미성년자의 부모가 친권상실의 선고를 받았거나 소재를 알 수 없는 등의 사유가 없었음에도 부모의 동의를 받지 않고 미성년자를 입양

한 경우(「민법」 제884조제1항제1호, 제870조제1항제2호 및 제3호)

취소 청구권자: 양자 또는 동의권자(「민법」 제886조)

⑥ 양자가 될 사람이 성년인 경우에 부모의 소재를 알 수 없는 등의 사유로 동의를 받을 수 없는 경우가 아님에도 부모의 동의를 받지 않은 경우(「민법」 제884조제1항제1호 및 제871조제1항)

취소 청구권자: 동의권자(「민법」 제886조)

⑦ 피성년후견인이 성년후견인의 동의를 받지 않고 입양을 하거나 양자가 된 경우(「민법」 제884조제1항제1호 및 제873조제1항)

취소 청구권자: 피성년후견인 또는 성년후견인(「민법」 제887조)

⑧ 배우자 있는 사람이 그 배우자와 공동으로 입양하지 않거나, 다른 일방의 동의를 얻지 않고 양자가 된 때(「민법」 제884조제1항제1호 및 제874조)

취소 청구권자: 배우자(「민법」 제888조)

⑨ 입양 당시 양부모와 양자 중 어느 한쪽에게 악질(惡疾)이나 그 밖에 중대한 사유가 있음을 알지 못한 경우(「민법」 제884조제1항제2호)

취소 청구권자: 양부모와 양자 중 어느 한 쪽(「민법」 제896조)

⑩ 사기 또는 강박으로 입양의 의사표시를 한 경우(「민법」 제884조제1항제3호)

취소 청구권자: 사기 또는 강박으로 입양의 의사표시를 한 사람

3. 손해배상청구권의 발생

① 입양이 취소된 경우 손해를 입은 당사자 일방은 과실 있는 상대방에게 손해배상을 청구할 수 있습니다(「민법」 제897조 및 제806조제1항).

② 손해배상을 청구하려는 입양당사자는 먼저 가정법원에 조정신청을 해야 합니다[「가사소송법」 제50조 및 제2조제1항제1호다목3)].

[3] 입양 무효 · 취소의 소장 작성례

[작성례 ①] 입양무효확인의 소

소　　　　장

원　고　　○　○　○ (金○○)

　　　　　　1900년 ○월 ○일생

　　　　　　등록기준지　　○○시 ○○구 ○○길 ○○

　　　　　　주소　　○○시 ○○구 ○○길 ○○(우편번호)

　　　　　　전화　　○○○ - ○○○○

피　고　　1. 김　△　△ (金△△)

　　　　　　1900년 ○월 ○일생

　　　　　2. 정　△　△ (鄭△△)

　　　　　　1900년 ○월 ○일생

　　　　　　피고들의 등록기준지 : 원고와 같음

　　　　　　피고들의 주소 : ○○시 ○○구 ○○길 ○○(우편번호)

　　　　　　피고들의 특별대리인　□　□　□

　　　　　　주소 : ○○시 ○○구 ○○길 ○　　우편번호 : ○○○○○

입양무효확인의 소

청 구 취 지

1. 원고와 피고들 사이의 20○○. ○. ○. ○○시 ○○구청장에게 신고한
   입양은 무효임을 확인한다.
2. 소송비용은 피고들의 부담으로 한다.

라는 판결을 구합니다.

청 구 원 인

1. 피고들은 입양관계증명서 상 20○○. ○. ○. 원고에게 입양된 양 신고
   되어 있습니다.

2. 그러나 사실은 피고들의 생부인 소외 김□□는 20○○. ○. ○. 원고 및
   피고들의 생모인 소외 박□□과 상의없이 일방적으로 피고들을 원고의
   양자로 하는 입양신고를 함으로서 입양관계증명서와 기본증명서 및 가
   족관계증명서 상 그와 같이 등재된 것입니다.

3. 그러므로 원고와 피고들 사이의 위 입양신고는 당사자 사이에 입양의
   합의없이 이루어진 것으로서 그로 인한 입양은 무효라고 할 것이므로
   그 확인을 구하고자 이 사건 소제기에 이르게 된 것입니다.

입 증 방 법

1. 갑제 1호증의 1, 2   각 가족관계증명서
1. 갑제 2호증의 1, 2   각 입양관계증명서
1. 갑제 3호증의 1, 2   각 기본증명서

첨 부 서 류

1. 소장부본   1통
1. 위 입증방법   각 1통
1. 납부서   1통

20○○년   ○월   ○일

위 원고 ○ ○ ○ (서명 또는 날인)

○ ○ 가 정 법 원   귀 중

[작성례 ②] 입양무효확인 청구의 소

소   장

원　　고(양부)　　1. 김 ○ ○ (金 ○ ○)

19○○년 ○월 ○일생

(양모)　　2. 이 ○ ○ (李 ○ ○)

19○○년 ○월 ○일생

위 원고들의 등록기준지　　○○시 ○○구 ○○길 ○○

주소　　○○시 ○○구 ○○길 ○○(우편번호)

전화　　○○○ - ○○○○

피　　고(양자)　　△ △ △ (△△△)

19○○년 ○월 ○일생

등록기준지　　○○시 ○○구 ○○길 ○○

주소　　○○시 ○○구 ○○길 ○○(우편번호)

전화　　○○○ - ○○○○

입양무효확인청구의 소가

청 구 취 지

1. 원고들과 피고사이의 입양신고(○○구청장 20○○. ○. ○.접수)는 무효임을 확인한다.
2. 소송비용은 피고의 부담으로 한다.

라는 판결을 구합니다.

청 구 원 인

1. 원고들은 누군가가 슬며시 원고들의 집앞 대문에 놓아두고 간 기아인 피고를 가엾이 여겨 마침 자녀가 없는 터라 양육하기로 협의하고 현재까지 친자녀처럼 양육을 하여 왔습니다.
2. 원고들은 비록 슬하에 친자녀가 없습니다만 재산은 상당히 축적하고 있

어서 자녀가 있는 부부보다 못지 않게 여생을 안락하게 보낼 수 있는
처지였으므로 입양을 할 생각은 전혀 없었습니다.

3. 그런데, 업무상 직장에 제출할 필요가 있어 20○○. ○. ○.경 ○○구청
에서 가족관계증명서를 발급받아 내용을 우연히 살펴보는 중에 뜻밖에
도 피고가 양자로 입적되어 있는 사실을 알게 되었습니다.

4. 원고들은 양자를 입양할 의사도 없었을 뿐만 아니라 더욱이 원고들에게
그다지 양육의 고마움을 느끼지 못하고 있는 터에 피고를 양자로 입양
한다는 것은 전혀 생각해 보지도 않았으며 입양신고에 대하여도 원고들
은 전혀 모르는 사실입니다.

5. 그 후로 위 입양사실을 알아보았더니 원고들이 연로한데다가 친자녀가
없는 관계로 피고가 차후 상속에 있어서 상속받기 위하여 몰래 입양신
고를 하였다는 사실을 알게 되었으므로 청구취지와 같은 판결을 받고자
본 소에 이른 것입니다.

입 증 방 법

1. 갑 제1호증   가족관계증명서
1. 갑 제1호증   입양관계증명서
1. 갑 제2호증   피고의 자술서
1. 갑 제3호증   증인확인서

첨 부 서 류

1. 위 입증방법   각 1통
1. 소장부본   1통
1. 납부서   1통

20○○년   ○월   ○일
원   고   1. 김 ○ ○ (서명 또는 날인)
2. 이 ○ ○ (서명 또는 날인)

○ ○ 가 정 법 원 귀중

소   장

원　　고　　○　○　○ (주민등록번호)
　　　　　　　　등록기준지 : ○○시 ○○구 ○○길 ○○번지
　　　　　　　　주소 : ○○시 ○○구 ○○길 ○○번지(우편번호)

피　　고　　1. △　△　△ (주민등록번호, 양부)
　　　　　　　　등록기준지 : ○○시 ○○구 ○○길 ○○번지
　　　　　　　　주소 : ○○시 ○○구 ○○길 ○○번지(우편번호)

　　　　　　2. □　□　□ (주민등록번호, 양모)
　　　　　　　　등록기준지 : ○○시 ○○구 ○○길 ○○번지
　　　　　　　　주소 : ○○시 ○○구 ○○길 ○○번지(우편번호)

　　　　　　3.◇◇◇ (주민등록번호, 친양자)
　　　　　　　　등록기준지 : ○○시 ○○구 ○○길 ○○번지
　　　　　　　　주소 : ○○시 ○○구 ○○길 ○○번지(우편번호)

친양자입양취소청구의 소

청 구 취 지

　○○법원 20　느　호 사건에 관하여 위 법원이 20　.　.　. 한 심판에 의하여 피고 1. △ △ △, 피고 2. □ □ □와 피고 3.◈◈◈ 사이에 성립한 친양자 입양은 이를 취소한다.
라는 판결을 구합니다.

청 구 원 인

1. 원고는 피고 3.◈◈◈의 친생의 부인데, 최근 피고 3.◈◈◈이 피고 1. △△

△와 피고 2. □□□의 친양자로 입양되어 있다는 사실을 알게 되었습니다.

2. 원고는 20○○.   .   . 피고 3.◇◇◇과 함께 ○○시 인근 캠핑장에 갔다가, 위 피고 3.◇◇◇을 잃어버린 이후 경찰서에 실종선고를 접수하였던 사실이 있습니다.

3. 한편, 피고 3.◇◇◇은 아동보호시설에 보호되고 있던 중, ○○법원 20느 호 심판에 의하여 원고에게 친양자로 입양되었고, 원고는 위 사실을 20○○.   .   . 알게 되었습니다.

4. 피고 3.◇◇◇의 친생의 아버지인 원고는 피고 1. △△△, 피고 2. □□□가 피고 3.◇◇◇을 친양자로 입양할 당시 책임질 수 없는 사유로 인하여 민법 제908조의 2 제1항 단서에 따른 동의를 할 수 없었다고 할 것인바, 민법 제908조의 4에 따라 친양자 입양의 취소를 구하는 바입니다.

입 증 방 법

1. 갑 제1호증　　　　　　　　　가족관계증명서(원고)
1. 갑 제2호증　　　　　　　　　친양자입양관계증명서(피고3.)
1. 갑 제3호증　　　　　　　　　주민등록등본(피고1. 또는 피고2.)

첨 부 서 류

1. 위 입증방법　　　　　　　　각 1통
1. 소장부본　　　　　　　　　　1통
1. 납부서　　　　　　　　　　　1통

20○○년　　○월　　○일

원　　고　　○　○　○ (서명 또는 날인)

○ ○ 가 정 법 원 귀 중

[4] 관련판례

[대법원 2004. 4. 9.선고 2003므2411 판결]

【판시사항】

[1] 입양의 실질적 요건 및 호적상 형식적으로만 입양한 것처럼 가장하기로 하여 이루어진 입양신고의 효력(소극)

[2] 진실로 양자로 입양할 의사 없이 다른 사람의 호적부로 전적할 때까지 잠정적으로 양자로 입양하는 것처럼 가장하는 입양신고를 함으로써 이루어진 입양은 당사자 사이에 입양의 합의가 없는 때에 해당하여 무효라고 한 사례

【이유】

입양의 실질적 요건이 구비되어 있다고 하기 위하여는 입양의 합의가 있을 것, 15세 미만자는 법정대리인의 대낙이 있을 것, 양자가 양부모의 존속 또는 연장자가 아닐 것 등 민법 제883조 각 호 소정의 입양의 무효사유가 없어야 하며, 민법 제883조 제1호의 입양무효사유인 '당사자 간에 입양의 합의가 없는 때'라 함은 당사자 간에 실제로 양친자로서의 신분적 생활관계를 형성할 의사를 가지고 있지 아니한 경우를 말하므로, 입양신고가 호적상 형식적으로만 입양한 것처럼 가장하기로 하여 이루어진 것일 뿐 당사자 사이에 실제로 양친자로서의 신분적 생활관계를 형성한다는 의사의 합치가 없었던 것이라면 이는 당사자 간에 입양의 합의가 없는 때에 해당하여 무효라고 보아야 한다(대법원 1995. 9. 29. 선고 94므1553, 1560 판결, 2000. 6. 9. 선고 99므1633, 1640 판결 등 참조).

[대법원 2002. 12. 26.선고 2002므852 판결]

【판시사항】

[1] 주위적 청구를 기각하고 예비적 청구만을 인용한 제1심판결에 대하여 피고만이 항소한 경우 상소심의 심판 범위

[2] 항소심이 심판의 대상이 아닌 주위적청구에 대하여 판단하여 이를 배척하는 취지의 판결을 한 경우, 이 부분에 관한 상고의 적법 여부(소극)

[3] 양친자관계가 회복할 수 없을 정도로 파탄된 것이 양자에게 주된 책임이 있는 사유로 인한 것이라고 보기 어렵다고 한 원심판결을 수긍한 사례

【판결요지】

[1] 제1심법원이 주위적 청구인 입양무효확인청구와 예비적 청구인 파양 및 위자료청구를 병합심리한 끝에 주위적 청구는 기각하고 예비적 청구만을 인용하는 판결을 선고한 데 대하여 피고만이 항소한 경우, 항소제기에 의한 이심의 효력은 당연히 사건 전체에 미쳐 주위적 청구에 관한 부분도 항소심에 이심되지만, 항소심의 심판범위는 피고가 불복신청한 범위, 즉 예비적 청구를 인용한 제1심판결의 당부에 한정되는 것이므로, 원고의 부대항소가 없는 한 주위적 청구는 심판대상이 될 수 없고, 그 판결에 대한 상고심의 심판대상도 예비적 청구 부분에 한정된다.

[2] 항소심이 심판의 대상이 아닌 주위적청구인 입양무효확인청구에 대하여도 판단하여 이 부분을 배척하는 취지의 판결을 하였다고 하더라도, 원고가 그에 대하여 상고함으로써 입양무효확인청구 부분이 상고심의 심판대상이 되는 것은 아니므로, 이 부분에 관한 원고의 상고는 심판대상이 되지 않은 부분에 대한 상고로서 불복의 이익이 없어 부적법하다.

[3] 양친자관계가 회복할 수 없을 정도로 파탄된 것이 양자에게 주된 책임이 있는 사유로 인한 것이라고 보기 어렵다고 한 원심판결을 수긍한 사례.

[대법원 2002. 6. 28.선고 2000므1363 판결]

【판시사항】

[1]구 민법 시행 당시 호주가 아닌 자를 위한 사후양자 선정의 효력(무효)

[2]구 민법 시행 당시 입양신고가 이루어졌으나, 입양자가 그 후 실종선고 심판의 확정으로 위 입양일자 이전에 사망한 것으로 간주됨으로써 입양신고가 무효가 된 경우, 입양 당시 입양자가 호주의 장남에 불과하여 사후양자 선정의 실질적 요건을 갖추지 못하였으므로 무효행위전환에 의한 사후양자 신고로서의 효력을 인정할 수 없다고 한 사례

【판결요지】

[1] 구 민법(1964. 12. 31. 법률 제1668호로 개정되기 전의 것) 제867조 제1항은 호주가 사망한 경우 그 직계비속이 없는 때에 한하여 사후양자를 선정할 수 있다고 규정하고 있는바, 사망한 자가 호주가 아님에도 그를 위하여 사후양자를 선정하였다면 이러한 사후양자 선정은 무효라고 할 것이고, 나아가 그러한 무효인 사후양자의 신고가 추인될 수 있는 것이라고도 할 수 없다.

[2] 구 민법 시행 당시 입양신고가 이루어졌으나, 입양자가 그 후 실종선고
    심판의 확정으로 위 입양일자 이전에 사망한 것으로 간주됨으로써 입양
    신고가 무효가 된 경우, 입양 당시 입양자가 호주의 장남에 불과하여 사
    후양자 선정의 실질적 요건을 갖추지 못하였으므로 무효행위전환에 의한
    사후양자 신고로서의 효력을 인정할 수 없다고 한 사례.

Section 2. 파양의 무효·취소

[1] 파양의 무효

1. "파양"의 의의

① "파양"이란 입양성립 후에 발생한 원인으로 양부모와 양자의 친자관계를 해소시키는 행위를 말합니다.

② 양부모와 양자의 친자관계는 입양 당사자의 사망만으로 해소되지 않고, 파양에 의해서만 해소됩니다(「민법」 제776조). 왜냐하면, 입양의 성립으로 양부모와 양자 사이에 양부모와 양자관계 및 그 양부모의 혈족과의 사이에도 혈족관계가 생기기 때문입니다.

2. 파양의 종류

① 파양의 종류에는 협의상 파양과 재판상 파양이 있습니다.

② 협의상 파양은 입양 당사자 사이의 협의에 의하여 입양으로 발생한 양부모와 양자관계를 해소하는 것입니다(「민법」 제898조 본문).

③ 재판상 파양은 법률에 규정된 파양원인이 있는 경우 양부모, 양자 또는 파양 청구권자(「민법」 제906조)가 다른 일방을 상대로 소를 제기하여 법원의 판결로 양부모와 양자관계를 해소하는 것입니다(「민법」 제905조 참조).

④ 재판상 파양의 기준은 입양아동의 복리를 위해 필요한지의 여부입니다. 이것은 양자제도가 입양아동의 복리를 실현하기 위한 것이기 때문입니다.

3. 협의상 파양의 무효

① 당사자 사이에 파양의 합의가 없는 경우 그 협의상 파양은 당연무효입니다(「민법」 제898조).

② 따라서 의사무능력자의 파양행위, 가장파양, 조건부파양, 제3자가 파양 당사자가 모르는 사이에 신고한 파양, 대낙권이 없는 사람이 협의한 파양, 파양신고가 수리되기 전에 파양의사를 철회한 경우 등은 무효입니다.

③ 협의상 파양에 관하여 다툼이 있는 경우에는 가정법원에 파양무효의 소를 제기할 수 있습니다(「가사소송법」 제31조, 제23조 및 제24조).

4. 손해배상 청구

① 재판상 파양으로 손해를 입은 당사자 일방은 과실 있는 상대방에게 손해배상을 청구할 수 있습니다(「민법」 제908조 및 제806조제1항).

② 재판상 파양으로 인한 손해의 범위는 재산상의 손해뿐만 아니라 정신상 고통에 대한 손해도 포함됩니다.

③ 정신상 고통에 대한 배상청구권은 당사자간에 이미 그 배상에 관한 계약이 성립되거나 소를 제기한 후가 아니라면 양도 또는 승계할 수 없습니다(「민법」 제908조 및 제806조제2항 및 제3항).

④ 재판상 파양의 손해배상을 청구하려는 당사자는 먼저 가정법원에 조정신청을 해야 합니다[「가사소송법」 제2조제1항제1호다목3) 및 제50조].

[2] 협의상 파양의 취소

① 협의상 파양이 사기 또는 강박으로 이루어진 경우에는 이를 취소할 수 있습니다.

② 이 경우에는 사기를 안 날 또는 강박을 면한 날부터 3개월 내에 가정법원에 파양취소의 소를 제기해야 하며, 3개월을 경과한 때에는 그 취소를 청구할 수 없습니다[「민법」 제904조, 제823조 및 「가사소송법」 제2조제1항제1호나목11)].

③ 파양취소의 소를 제기하려는 사람은 먼저 가정법원에 조정을 신청
해야 합니다. 만일 조정을 신청하지 않고 소를 제기하면, 가정법원
이 그 사건을 조정에 회부하게 됩니다[「가사소송법」 제2조제1항제1
호나목11) 및 제50조].

④ 조정이 성립하지 않으면 재판을 받을 수 있습니다(「가사소송법」 제
49조, 「민사조정법」 제36조).

[3] 파양 무효·취소의 소장 작성례
[작성례 ①] 파양무효확인 청구의 소

파 양 무 효 확 인 청 구

원　　고　　○　○　○(양자)
　　　　　　　1900년 ○월 ○일생
　　　　　　　등록기준지　　○○시 ○○구 ○○길 ○○
　　　　　　　주소　　○○시 ○○구 ○○길 ○○(우편번호)
　　　　　　　전화　　○○○ - ○○○○

피　　고　　1. 김　△　△(양부)
　　　　　　　1900년 ○월 ○일생
　　　　　　　등록기준지　　○○시 ○○구 ○○길 ○○
　　　　　　　주소　　○○시 ○○구 ○○길 ○○(우편번호)
　　　　　　　전화　　○○○ - ○○○○

　　　　　　2. 이　△　△(양모)
　　　　　　　1900년 ○월 ○일생
　　　　　　　등록기준지　　○○시 ○○구 ○○길 ○○
　　　　　　　주소　　○○시 ○○구 ○○길 ○○(우편번호)
　　　　　　　전화　　○○○ - ○○○○

파양무효확인청구의 소

청 구 취 지

1. 원고와 피고들 사이의 파양(20○○년 ○월 ○일 ○○구청장 접수)은 무효임을 확인한다.
2. 소송비용은 피고들의 부담으로 한다.

라는 판결을 구합니다.

청 구 원 인

1. 원고는 원래 ○○구 ○○동 ○○번지 최□□(부)와 조□□(모) 사이에서 출생한 자입니다.
2. 원고는 생가의 형편으로 19○○년 ○월경 양부모에게 인계되어 부양을 받아오다가 19○○년 ○월 ○일 입양신고를 마치고 현재까지도 같이 살고 있습니다.
3. 그런데 원고 자신도 모르는 사이에 20○○년 ○월 ○일 협의 파양된 것으로 호적부에 기재된 것을 알게 되었습니다.
4. 그러므로 이를 알아본 즉 피고들이 이민을 가려면 양자가 있으면 장남을 데려갈 수 없다는 말을 듣고 원고와의 협의 없이 편의상 그렇게 한 것이라고 합니다.
5. 따라서 원고는 피고들과 하등의 협의 파양한 사실이 없으므로 이건 청구에 이른 것입니다.

입 증 방 법

1. 갑 제1호증 　　　　　입양관계증명서
1. 갑 제2호증 　　　　　가족관계증명서
1. 갑 제3호증 　　　　　협의파양서(위조)
1. 갑 제4호증 　　　　　주민등록등본
1. 갑 제5호증 　　　　　진술서(피고)

첨 부 서 류

1. 위 입증방법 　　　　　각　1통

1. 소장부본   1통
1. 납 부 서   1통

2000년   ○월   ○일
원   고   ○   ○   ○ (서명 또는 날인)

○ ○ 가 정 법 원 귀 중

[작성례 ②] 파양취소청구의 소

소   장

원   고   ○   ○   ○(○○○)
　　　　　1900년 ○월 ○일생 (주민등록번호:)
　　　　　등록기준지 : ○○시 ○구 ○길 ○○번지
　　　　　주소 : ○○시 ○○구 ○○길 ○○번지(우편번호)

피   고   △   △   △(△△△)
　　　　　1900년 ○월 ○일생 (주민등록번호:)
　　　　　등록기준지 : ○○도 ○○군 ○○면 ○○길 ○○번지
　　　　　주소 : ○○시 ○○구 ○길 ○번지(○동, ○아파트)(우편번호)

파양취소청구의 소

청 구 취 지

1. 원고와 피고 사이에 2000. ○. ○. ○○ ○○구청장에게 신고하여 한
   파양은 이를 취소한다.
2. 소송비용은 피고의 부담으로 한다.
라는 판결을 구합니다.

<h1 align="center">청 구 원 인</h1>

1. 원고는 소외 망 □□□의 자로서 초등학교 1년인 19○○. ○. ○.경 친척인 피고로부터 양자로 되어 달라는 부탁을 받은 부모의 동의하에 19○○. ○. ○. 입양신고를 필하고 피고의 양자가 되어 살아온 사실이 있습니다.

2. 피고는 20○○. ○. ○. 원고에게 현재 피고가 운영하고 있는 사업장이 자금 문제로 많은 어려움을 겪고 있으며, 수명의 채권자들이 함께 살고 있는 가옥과 대지 및 집안 내 가재도구에 대한 강제집행 절차를 진행중에 있으므로 이렇게 되면 원고를 포함한 가족 모두가 오갈 데 없는 신세가 될 것이니 원고가 일정금원을 보태 취득한 위 부동산과 가재도구에 대한 강제집행을 면하기 위해서라도 우선 형식상 파양을 하고 이것은 어디까지나 형식에 불과한 것이어서 양친자관계는 사실상 종전과 다름이 없고 위 채무변제 책임을 피할 수 있을 것이라는 감언이설로 원고를 기만하였습니다.

3. 이에 속은 원고로 하여금 20○○. ○. ○. 파양신고서를 작성케 하는 방법으로협의상 파양의사를 표시하기 이르렀고, 피고가 동 신고서류를 20○○. ○. ○. ○○ ○○구청장에게 신고한 바 있습니다.

4. 원고는 피고가 위 신고를 한 이후 잠시 다른 곳에 있던 원고를 다시 찾겠다고약속했던 피고로부터 별다른 연락이 없자 그 동안의 사정을 조사해 본 결과 피고가 외국에 나가있던 친자인 소외 □□□를 불러들여 함께 살고 있으며, 위 부동산도 파양신고를 한 당일 그에게 증여를 한 사실을 알게 되었으며, 채무가 많이 있다는 것도 모두 허위인 사실임을 알게 되었습니다.

5. 결국 피고는 그 동안 원고와 함께 이룩한 위 재산을 빼돌리기 위해 원고를 기망하여 협의파양의 의사표시를 하게 한 것이므로 청구취지와 같은 판결을 구하고자 이 건 청구에 이른 것입니다.

<h1 align="center">입 증 방 법</h1>

1. 갑 제1호증   파양신고서
1. 갑 제2호증   부동산등기사항전부증명서
1. 갑 제3호증   입양관계증명서

1. 갑 제4호증   가족관계증명서
1. 갑 제5호증   주민등록등본(양부모)

첨 부 서 류

1. 위 입증방법   각 1통
1. 소장부본   1통
1. 납부서   1통

20○○년 ○월 ○일

원 고 ○ ○ ○ (서명 또는 날인)

○ ○ 가 정 법 원 귀 중

[4] 관련판례

[대법원 1995. 9. 29.선고 94므1553, 1560(반소) 판결]

【판시사항】

협의파양으로 양친자관계가 해소된 이후에도 입양의 무효확인을 구할 소의 이익이 있다고 본 사례

【판결요지】

입양이 무효임의 확인을 구하는 반소청구가 협의파양신고로 인하여 양친자관계가 해소된 이후에 제기된 것이므로 그 협의파양의 무효를 구하는 본소청구가 인용되어 양친자관계가 회복되지 아니하는 한 이는 과거의 법률관계에 대한 확인을 구하는 것이라 하겠지만, 그 입양은 모든 분쟁의 근원이 되는 것이어서 이의 효력 유무에 대한 판단결과는 당사자간의 분쟁을 발본적으로 해결하거나 예방하여 주는 효과가 있다 할 것이므로 이를 즉시 확정할 법률상의 이익이 있다.

[대법원 1983. 9. 13.선고 83므16 판결]

【판시사항】

양조부의 재판상 파양청구권 유무(소극)

【판결요지】

인사소송법 제37조에 의하여 준용되는 같은 법 제26조는 혼인무효의 소의 당사자에 관한 규정으로서 입양무효에 관한 소에는 준용될 수 있으나 이와 성질을 달리하는 파양의 소에는 준용할 수 없으므로 양조부는 재판상 파양 청구권이 없다.

Chapter 4. 민법 제839조의3에 따른 재산분할청구권 보전을 위한 사해행위 취소 및 원상회복의 청구

[1] 재산분할청구권 보전을 위한 사해행위취소권

① 부부의 일방이 다른 일방의 재산분할청구권 행사를 해함을 알면서도 재산권을 목적으로 하는 법률행위를 한 때에는 다른 일방은 제406조제1항을 준용하여 그 취소 및 원상회복을 가정법원에 청구할 수 있습니다.

② ①의 소는 제406조제2항의 기간 내에 제기하여야 합니다.

> **제406조(채권자취소권)** ①채무자가 채권자를 해함을 알고 재산권을 목적으로 한 법률행위를 한 때에는 채권자는 그 취소 및 원상회복을 법원에 청구할 수 있다. 그러나 그 행위로 인하여 이익을 받은 자나 전득한 자가 그 행위 또는 전득당시에 채권자를 해함을 알지 못한 경우에는 그러하지 아니하다.
> ②전항의 소는 채권자가 취소원인을 안 날로부터 1년, 법률행위 있은 날로부터 5년내에 제기하여야 한다.

[2] 재산분할청구의 소장 작성례

[작성례 ①] 이혼 및 재산분할청구의 소

소　　　　장

원　고　○　○　○(○　○　○)
1900년 ○월 ○일생
등록기준지 : ○○시 ○○구 ○○길 ○○
주소 : ○○시 ○○구 ○○○길 ○○(우편번호)

피　　고　　△　△　△(△△△)
　　　　　　　19○○년 ○월 ○일생
　　　　　　　등록기준지 : 원고와 같음
　　　　　　　주소 : 불명
　　　　　　　최후주소 : ○○시 ○○구 ○○길 ○○(우편번호)

이혼 및 재산분할청구의 소

청　구　취　지

1. 원고와 피고는 이혼한다.
2. 피고는 원고에게 재산분할로서 금 ○○○원을 지급하라.
3. 소송비용은 피고의 부담으로 한다.
라는 판결을 구합니다.

청　구　원　인

1. 원고와 피고간의 혼인
　　원고는 서울에서 직장생활을 하다가 같은 직장동료인 피고를 만나 결혼을 하고 19○○. ○. ○. 혼인신고를 마쳤습니다. 그 후 원고는 피고와의 사이에 □□□과 □□□을 낳고 비교적 평범하게 살아왔습니다.
2. 원고와 피고간의 혼인생활의 파탄경위
　　가. 피고는 평소 술을 자주 마시고 원고에게 부당한 행동을 하였으며 술에서 깨어난 후에 사과하곤 하였습니다. 피고는 두 자녀가 자라는데도 생활비를 거의 주지 아니하고 가정을 돌보지 않아 하는 수 없이 원고는 생활에 보탬을 주려고 19○○년경부터 친구의 도움으로 미8군의 군납일을 하게 되었습니다.
　　　　그런데 피고는 평소 술을 자주 마셨으며, 조그마한 사업(화랑)을 하면서도 싫증을 빨리 느껴 자주 사업을 바꾸었으며, 자주 술을 마시고 아무런 이유도 없이 원고의 트집을 잡고 원고에게 화풀이를 하였습니다. 그럼에도 원고는 자녀들을 생각하여 수없이 참으면서 생활을 해왔습니다.
　　나. 그러나 피고는 19○○년 이후에는 생활비를 전혀 주지 아니하고

술을 마시고 집에서 소리를 크게 지르고 원고가 잠을 못 자게 방해를 하여 원고가 직장생활을 하는데 막대한 지장을 주었으나 원고는 한 가정의 파탄을 막기위해 혼자서 괴로움을 당하면서도 참고 생활을 유지해 왔습니다.

그런데 19○○. ○.경부터 피고는 원고를 주먹이나 발로 자주 폭행하면서 괴롭혀 원고는 하는 수 없이 위 자녀들을 데리고 직장 가까운 곳에 월세방을 얻어 생활을 하기 시작하였습니다.

피고는 원고가 직장을 한번도 바꾸지 않아 원고의 직장 전화번호를 잘 알면서도 한번도 원고에게 전화한 적이 없었으며, 지금까지도 피고가 원고나 위 자녀들에게 한번도 찾아오지 않으며, 처와 자식들이 어떻게 살아가는지 조차 신경을 쓴 적도 없었습니다.

다. 위에서 본 바와 같이 원고와 피고와의 혼인생활은 피고가 일방적으로 가정을 돌보지 않은 것에 의한 악의의 유기 및 폭행 등으로 인하여 파탄에 이르게 된 것이므로 제840조 제2호 소정의 배우자가 악의로 다른 일방을 유기한 때, 같은 조 제3호 소정의 배우자로부터 심히 부당한 대우를 받았을 때, 같은 조 제6호 소정의 혼인을 계속하기 어려운 중 대한 사유가 있는 때에 해당한다 할 것입니다.

3. 재산분할청구에 대하여

가. 원고는 아무런 재산도 없고 경제적인 능력도 없는 반면 피고는 시가 ○억원 상당의 별지1. 기재 아파트를 소유하고 있고, 또한 시가 ○억원 이상인 별지2. 기재 증권들을 소유하고 있습니다.

나. 피고는 19○○. ○. ○.부터 ○○에 근무하면서 미국에서 연수받게 되어, 미국에 체류하게 되자 원고는 피고와 함께 미국에 살면서, 19○○. ○부터 19○○. ○까지 사이에 계속 파출부, 애 돌보기, 식당종업원 등으로 일하면서 돈을 벌어 가계에 보태었습니다. 뿐만 아니라 원고는 가사노동에 충실하며 피고의 재산형성에 많은 기여를 하였습니다.

다. 피고의 위 재산은 원고와의 결혼생활 중에 형성된 것이고 원고는 위 재산형성에 많은 기여를 하였기 때문에, 원고는 재산분할로서 위 재산가액 중 2분의 1에 해당하는 금○○○원을 청구합니다.

4. 위와 같은 사유로 청구취지 기재와 같은 판결을 받고자 본 청구에 이른 것입니다.

입 증 방 법

1. 갑 제1호증   혼인관계증명서
1. 갑 제2호증   주민등록등본

첨 부 서 류

1. 위 입증방법   각 1통
1. 소장부본   1통
1. 납부서   1통

2000.　〇.　〇.

위 원고 〇 〇 〇 (서명 또는 날인)

〇 〇 가 정 법 원 귀 중

[작성례 ②] 이혼, 위자료 및 재산분할청구의 소

소　　　　　장

원　고　〇 〇 〇(〇 〇 〇)
　　　　　　1900. 〇. 〇.생
　　　　　　등록기준지: 〇〇남도 〇〇군 〇〇면 〇〇길 〇〇
　　　　　　주소 : 〇〇시 〇〇구 〇〇길 〇〇

피　고　△ △ △(△ △ △)
　　　　　　1900. 〇. 〇〇생
　　　　　　등록기준지 : 〇〇남도 〇〇군 〇〇면 〇〇길 〇〇
　　　　　　주민등록상 주소 : 〇〇시 〇〇구 〇〇길 〇〇
　　　　　　현거소 : 〇〇시 〇〇구 〇〇길 〇〇

이혼 등 청구의 소

청 구 취 지

1. 원고와 피고는 이혼한다.
2. 피고는 원고에게 재산분할로서 금 ○○○원을 지급하라.
3. 피고는 원고에게 위자료로 금 ○○○원 및 이에 대한 소장부본 송달 다음날부터 다 갚는 날까지 연 12%의 비율에 의한 금원을 지급하라.
4. 소송비용은 피고의 부담으로 한다.
5. 제 2, 3항은 가집행할 수 있다.

라는 판결을 구합니다.

청 구 원 인

1. 원고와 피고는 1900. ○.에 결혼식을 올리고 살다가 1900. ○. ○. 혼인신고를 한 법률상 부부로서 아들 □□□를 두고 있습니다.
2. 재판상 이혼청구사유에 관하여

  가. 원고와 피고는 결혼 후 서로 믿고, 서로 도우며 행복하게 살며 어떠한 고난도 이겨 나갈 수 있는 신뢰하는 부부로 신혼의 꿈을 안고 살기 시작하였습니다. 그러나 피고는 결혼 후 얼마동안 지나면서부터 1900년 여름부터 아무 이유없이 원고에게 시비를 걸어 사이다 상자로 원고의 얼굴을 때려 현재까지도 그 상처가 남아있습니다. 피고는 그 후로부터는 아무 이유없이 원고를 폭행하여 왔으며 때로는 식칼을 들고 원고를 죽여버리겠다고 하며 한달이 넘어라 하고 상습적으로 원고를 구타하여 왔습니다. 그 뿐만 아니라 피고는 뭇 여성들을 사귀고 그 여자들에게 돈을 쓰며 바람이 나서 다녔고, 원고가 가정에 충실할 것을 만날 적마다 애원하였으나 피고는 원고의 위와 같은 애원도 아랑곳하지 않고, 시간만 있으면 집을 나가서 여자를 만나고, 노름을 하고, 집에 들어와서는 원고를 구타하였습니다.
  그리고 애를 못 낳는다고 구박을 하여 같이 병원에 갔으나 남자에게 이상이 있다고 하여 시부모와 의논 끝에 1900. ○.에 □□□를 데려다가 길러 출생신고를 하였습니다.
  나. 그후 원고는 □□□를 위해 모든 노력을 하였으나 피고는 아랑곳하지 않고 계속하여 노름을 하고, 여자들과 어울려 다니고, 원고를

폭행할 뿐만 아니라 아들 □□□가 5살이 되자 아들에게도 상습적으로 폭행을 하고 잘못하면 어린애를 연탄방에 몇시간씩 가두어 놓고 있습니다. 그리고 19○○년에는 원고에게 돈놀이하게 돈 ○○○원만 대출해 달라고 하여 원고가 농협에서 원고의 명의로 ○○○원을 대출 받아 주었으나 돈놀이를 하다가 다 떼었다고 하면서 한 푼도 갚지 않아 농협으로부터 원고 앞으로 원금과 연체료를 갚으라는 통고가 왔습니다. 그리고 원고가 가진 고생을 하여 19○○년에 집을 사고 ○월달에 입주하여 살고 있었으나 피고는 19○○년에 이 집이 재수 없다고 하며 집을 팔아야 된다고 우겨 집을 팔아 탕진해 버렸습니다.

다. 그 후 19○○년 여름에 이번에는 틀림없으니 돈 ○○○원만 얻어 달라고 하여 없다고 하자 피고는 아들의 교육보험에 가입한 사실을 알고 교육보험에서 대출해 달라고 하여 아들 교육보험에서 금 ○○○원을 대출하여 주었으나 이를 바람 피우는데 다 써버리고 갚지 않고 있습니다.

원고 명의인 교보생명 연금보험에서 ○○○만원을 대출받아 주었는데 이것도 갚지 않고 있습니다. 이와 같이 위 돈을 피고가 꼭 갚아야 할 원고 명의의 채무입니다.

라. 원고는 피고가 날이 가면 가정에 충실하겠지 하고 오로지 □□□와 가정을 위해 참았으나 피고는 포악한 성격, 헤아릴 수 없는 구타, 도벽, 욕설 등을 계속하여 하였으며 모든 것을 용서하는 심정으로 참고 견디며 가정생활과 부부관계를 유지하려는 원고의 노력을 외면한 채 피고는 계속하여 방탕생활을 하고 조금도 뉘우치거나 가정에 충실치 않고 상습적으로 19○○. ○.까지 원고의 아들 □□□를 계속하여 구타하여 원고는 매를 이길 수가 없어서, 20○○. ○. ○. 아들을 집에 둔 채 집을 나왔습니다. 원고가 집을 나온 후 생계를 위하여 남에 집의 식모도 하고 모든 궂은 일을 다하여 생계를 이어오고 있습니다.

그래서 원고가 피고에게 이혼을 해 달라고 하자 피고는 가만히 있어도 자동이혼이 될텐데 열심히 돈이나 벌어라 하며 거절하였고, 피고는 원고의 배우자로서 한 가정의 가장으로서 한 가정을 이끌어 나가는데 주어진 의무를 다할 책임이 있다 하거늘 이를 무시하고 오히려 인간의 도리를 저버린 채 원고를 상습적으로 폭행하고 멸시하고 욕설하여 가정을 버렸습니다.

　마. 더욱이 피고는 원고의 남편으로서 한 가정을 거느릴 의무를 저버린 채 이러한 비인간적 행동과 심히 도의에 어긋나는 상식밖의 행위를 계속함으로 부부 생활을 더 이상 계속할 수 없이 파탄에 이르게 하는 점에 대하여 인간사회에 모든 사람으로부터 비난을 면할 수 없을 것이라 생각되며 이러한 부도덕한 피고와의 부부관계를 유지하려는 노력을 계속하는 원고의 성의와는 달리 심히 부당한 대우를 하는 이상과 같은 피고의 행위는 원고로서는 인내에 한계점에 이르렀다 생각되어 차라리 이혼하고 홀로 일평생을 열심히 살아가는 것이 인간답게 사는 길이라 사료되어 이러한 결심을 하게 되었으나 피고는 현재도 어린 □□□를 상습적으로 계속하여 폭행하고 있습니다.

　따라서 피고의 위에 본바와 같은 각 소위는 민법 제840조 제2,3,6호 소정의 배우자가 악의로 다른 일방을 유기 한때, 배우자로부터 심히 부당한 대우를 받았을 때, 기타 혼인을 계속하기 어려운 중대한 사유가 있을 때에 각 해당한다 할 것입니다.

3. 재산분할청구에 대하여

　가. 민법 제839조의2에 의하여 이혼당사자인 원고는 피고에게 다음과 같이 재산분할청구권을 가집니다. 재산분할청구권의 성질에 대하여는 우리나라 다수설인 청산 및 부양설에서는 혼인생활 중 취득한 재산은 부부의 공유이고 이것을 혼인해소시 청산하는 것이 재산분할청구권이며 이때 이혼 후 부양청구권의 의미도 함께 내포된다고 하고 있습니다. 그러므로 공동재산의 분할기준은 부부의 기여도 및 이혼후의 이혼당사자의 재산취득유무, 재혼의 가능성, 혼인중의 생활정도, 자녀의 양육권 등이 고려되어야 할 것입니다.

　나. 기여도의 측면에서 볼 때, 원고는 19○○년 결혼할 당시 성동구 자양동에 있는 부엌도 없는 단칸방 월세에서 출발하여 현재의 자산수준에 도달하는데 있어서 부동산 투자를 통한 재산증식으로 부부공동재산을 형성하는데 기여하였습니다. 한편 피고는 별지목록

기재의 부동산을 소유하고 있으며(갑제 3호증) 위 부동산의 현재
시가는 금 ○○○원 상당입니다. 피고는 그밖에도 ○○○○ 콘도회
원권과 승용차가 1대를 가지고 있으나 원고는 이 사건 재산분할의
대상을 피고 소유의 위 부동산으로 한정하겠습니다.

다. 그런데 위 부동산의 분할방법에 관하여 당사자 사이에 협의가 되지
아니하고 또한 협의가 불가능한 것이 현실이므로 원고는 현물분할
이 아닌 금액분할을 구하는 것입니다. 나아가 분할금액은 앞서 밝
힌 제반사정에 비추어 볼 때 부동산 가액의 50%인 금 ○○○원 상
당이 적절한 것이나 위 부동산에 관한 시가감정을 기다려 그 금액
을 확정하기로 하고 우선 일부로서 금 ○○○원의 지급을 구합니다.

4. 위자료에 대하여

피고는 결혼생활 ○○년 동안 원고에게 폭행을 가하고, 바람이 나서 돈
을 헤프게 쓰는 등 피고의 귀책사유로 인하여 원, 피고가 이혼하게 되
었으므로 이혼으로 인한 원고의 정신적, 육체적, 고통에 대하여도 위자
하여야 할 것인바, 금액은 최소한 ○○○원 이상은 되어야 할 것입니다.

5. 위와 같은 사유로 청구취지 기재와 같은 판결을 받고자 본 청구에 이른
것입니다.

입 증 방 법

1. 갑 제1호증	혼인관계증명서
1. 갑 제2호증	가족관계증명서
1. 갑 제3호증의 1내지 2	각 주민등록등본
1. 갑 제4호증	등기사항전부증명서

첨 부 서 류

1. 위 입증방법	각 1통
1. 소장부본	1통
1. 소송위임장	1통
1. 납부서	1통

2000.　○.　○.

                         위 원고   ○ ○ ○ (서명 또는 날인)

                     ○ ○ 가 정 법 원 귀 중

[3] 관련판례

[대법원 2024. 5. 30.선고 2024므10370 판결]

【판시사항】

[1] 재산분할사건에서 법원이 당사자의 주장에 구애되지 아니하고 재산분할의 대상과 가액을 직권으로 조사·판단할 수 있는지 여부(적극)

[2] 재판상 이혼을 전제로 한 재산분할에서 분할의 대상이 되는 재산과 그 액수를 정하는 기준 시기(=이혼소송의 사실심 변론종결일) / 재산분할액 산정의 기초가 되는 재산의 가액을 평가하는 방법

【판결요지】

[1] 협의상 이혼한 자 일방은 다른 일방에 대하여 재산분할을 청구할 수 있고(민법 제839조의2 제1항), 재판상 이혼에 따른 재산분할청구권에도 위 민법 제839조의2가 준용된다(민법 제843조). 재산분할사건은 마류 가사비송사건에 해당하고[가사소송법 제2조 제1항 제2호 (나)목 4)], 금전의 지급 등 재산상의 의무이행을 구하는 마류 가사비송사건의 경우 원칙적으로 청구인의 청구취지를 초과하여 의무의 이행을 명할 수 없다(가사소송규칙 제93조 제2항 본문). 그러나 한편 가사비송절차에 관하여는 가사소송법에 특별한 규정이 없는 한 비송사건절차법 제1편의 규정을 준용하며(가사소송법 제34조 본문), 비송사건절차에 있어서는 민사소송의 경우와 달리 당사자의 변론에만 의존하는 것이 아니고, 법원이 자기의 권능과 책임으로 재판의 기초가 되는 자료를 수집하는, 이른바 직권탐지주의에 의하고 있으므로(비송사건절차법 제11조), 법원으로서는 당사자의 주장에 구애되지 아니하고 재산분할의 대상과 가액을 직권으로 조사·판단할 수 있다. 따라서 재산분할사건에서 재산분할 대상과 가액을 주장하는 것은 그에 관한 법원의 직권 판단을 구하는 것에 불과하다.

[2] 재판상 이혼을 전제로 한 재산분할에서 분할의 대상이 되는 재산과 그 액수는 이혼소송의 사실심 변론종결일을 기준으로 정하는 것이 원칙이다.

재산분할액 산정의 기초가 되는 재산의 가액은 반드시 시가감정에 의하여 인정하여야 하는 것은 아니지만 객관성과 합리성이 있는 자료에 의하여 평가하여야 할 것인바, 법원으로서는 위 변론종결일까지 기록에 나타난 객관적인 자료에 의하여 개개의 공동재산의 가액을 정하여야 한다.

[대법원 2023. 9. 21.선고 2023므10861, 10878 판결]

【판시사항】

[1] 이혼으로 인한 재산분할청구권이 채권자대위권의 목적이 될 수 있는지 여부(소극) 및 파산재단에 속하는지 여부(소극)

[2] 이혼으로 인한 재산분할을 구하는 절차가 채무자 회생 및 파산에 관한 법률 제347조 제1항에 따른 수계의 대상인지 여부(원칙적 소극)

【판결요지】

[1] 이혼으로 인한 재산분할청구권은 이혼을 한 당사자의 일방이 다른 일방에 대하여 재산분할을 청구할 수 있는 권리로서 청구인의 재산에 영향을 미치지만, 순전한 재산법적 행위와 같이 볼 수는 없다. 오히려 이혼을 한 경우 당사자는 배우자, 자녀 등과의 관계 등을 종합적으로 고려하여 재산분할청구권 행사 여부를 결정하게 되고, 법원은 청산적 요소분만 아니라 이혼 후의 부양적 요소, 정신적 손해(위자료)를 배상하기 위한 급부로서의 성질 등도 고려하여 재산을 분할하게 된다. 또한 재산분할청구권은 협의 또는 심판에 의하여 구체적 내용이 형성되기까지는 그 범위 및 내용이 불명확·불확정하기 때문에 구체적으로 권리가 발생하였다고 할 수 없어 채무자의 책임재산에 해당한다고 보기 어렵고, 채권자의 입장에서는 채무자의 재산분할청구권 불행사가 그의 기대를 저버리는 측면이 있다고 하더라도 채무자의 재산을 현재의 상태보다 악화시키지 아니한다. 이러한 사정을 종합하면, 이혼으로 인한 재산분할청구권은 그 행사 여부가 청구인의 인격적 이익을 위하여 그의 자유로운 의사결정에 전적으로 맡겨진 권리로서 행사상의 일신전속성을 가지므로, 채권자대위권의 목적이 될 수 없고 파산재단에도 속하지 않는다고 보아야 한다.

[2] 채무자 회생 및 파산에 관한 법률 제347조 제1항 제1문은 파산재단에 속하는 재산에 관하여 파산선고 당시 법원에 계속되어 있는 소송은 파산관재인 또는 상대방이 수계할 수 있다고 정하고 있다. 그러나 이혼으로 인한 재산분할청구권은 파산재단에 속하지 아니하여 파산관재인이나 상대

방이 절차를 수계할 이유가 없으므로, 재산분할을 구하는 절차는 특별한
사정이 없는 한 위 규정에 따른 수계의 대상이 아니라고 보아야 한다.

[대법원 2023. 7. 13.선고 2017므11856, 11863 판결]
【판시사항】
사실혼 해소를 원인으로 한 재산분할에서 분할의 대상이 되는 재산과 액수를
정하는 기준 시기(=사실혼이 해소된 날) / 사실혼 해소 이후 재산분할 청구
사건의 사실심 변론종결 시까지 사이에 혼인 중 공동의 노력으로 형성·유지
한 부동산 등에 발생한 외부적, 후발적 사정이 있는 경우, 이를 분할대상 재
산의 가액 산정에 참작할 수 있는지 여부(한정 적극)
【판결요지】
사실혼 해소를 원인으로 한 재산분할에서 분할의 대상이 되는 재산과 액수는
사실혼이 해소된 날을 기준으로 하여 정하여야 한다. 한편 재산분할 제도가
혼인관계 해소 시 부부가 혼인 중 공동으로 형성한 재산을 청산·분배하는 것
을 주된 목적으로 하는 것으로서, 부부 쌍방의 협력으로 이룩한 적극재산 및
그 형성에 수반하여 부담한 채무 등을 분할하여 각자에게 귀속될 몫을 정하
기 위한 것이므로, 사실혼 해소 이후 재산분할 청구사건의 사실심 변론종결
시까지 사이에 혼인 중 공동의 노력으로 형성·유지한 부동산 등에 발생한 외
부적, 후발적 사정으로서, 그로 인한 이익이나 손해를 일방에게 귀속시키는
것이 부부 공동재산의 공평한 청산·분배라고 하는 재산분할제도의 목적에 현
저히 부합하지 않는 결과를 가져오는 등의 특별한 사정이 있는 경우에는 이
를 분할대상 재산의 가액 산정에 참작할 수 있다.

[대법원 2022. 11. 10.자 2021스766 결정]
【판시사항】
민법 제843조, 제839조의2 제3항에서 정한 2년의 제척기간이 출소기간인지
여부(적극) 및 재산분할청구 후 제척기간이 지날 때까지 청구 목적물로 하지
않은 재산에 대해서 제척기간을 준수한 것으로 볼 수 있는지 여부(원칙적 소
극) / 청구인 지위에서 대상 재산에 대해 적극적으로 재산분할을 청구하는
것이 아니라 이미 제기된 재산분할청구 사건의 상대방 지위에서 분할대상 재
산을 주장하는 경우, 제척기간이 적용되는지 여부(소극)

【판결요지】

민법 제843조, 제839조의2 제3항은 협의상 또는 재판상 이혼 시의 재산분할청구권에 관하여 '이혼한 날부터 2년을 경과한 때에는 소멸한다.'고 정하고 있는데, 위 기간은 제척기간이고, 나아가 재판 외에서 권리를 행사하는 것으로 족한 기간이 아니라 그 기간 내에 재산분할심판 청구를 하여야 하는 출소기간이다. 재산분할청구 후 제척기간이 지나면 그때까지 청구 목적물로 하지 않은 재산에 대해서는 특별한 사정이 없는 한 제척기간을 준수한 것으로 볼 수 없다. 그러나 청구인 지위에서 대상 재산에 대해 적극적으로 재산분할을 청구하는 것이 아니라, 이미 제기된 재산분할청구 사건의 상대방 지위에서 분할대상 재산을 주장하는 경우에는 제척기간이 적용되지 않는다.

① 민법 제839조의2 제3항, 제1항은 이혼한 날부터 2년이 지나면 재산분할을 청구할 수 있는 권리, 즉 재산분할청구권이 소멸한다고 정하는바, 위 조항이 규정하는 2년의 제척기간은 재산분할을 청구하는 경우에 적용됨이 법문언상 명백하고 또한 이는 재판청구기간이므로, 결국 위 제척기간은 법원에 재산분할심판을 청구하는 청구인의 권리에 대하여 적용되는 것이다.

② 재산분할심판 사건은 마류 가사비송사건에 해당하는데[가사소송법 제2조 제1항 제2호 (나)목 4)], 금전의 지급 등 재산상의 의무이행을 구하는 마류 가사비송사건의 경우 원칙적으로 청구인의 청구취지를 초과하여 의무의 이행을 명할 수 없다(가사소송규칙 제93조 제2항 본문). 따라서 설령 재산분할심판 사건의 심리 결과 청구인이 보유하고 있는 재산이 재산분할 비율에 따른 청구인의 몫을 초과한다는 점이 밝혀지더라도, 상대방이 반심판을 청구하지 않는 이상 원칙적으로 청구인의 재산분할청구가 기각될 뿐, 나아가 청구인에게 초과 보유분의 재산분할을 명할 수는 없다. 결국 상대방의 지위에서 청구인의 적극재산 등을 분할대상 재산으로 주장하는 것은 청구인의 재산분할심판 청구에 대하여 일종의 방어방법을 행사하는 것으로 볼 수 있고, 이를 청구인의 지위에서 적극적으로 대상 재산의 분할심판을 구하는 것과 동일하게 평가할 수 없다.

③ 재산분할사건은 가사비송사건에 해당하고, 가사비송절차에 관하여는 가사소송법에 특별한 규정이 없는 한 비송사건절차법 제1편의 규정을 준용하며(가사소송법 제34조 본문), 비송사건절차에 있어서는 민사소송의 경우와 달리 당사자의 변론에만 의존하는 것이 아니고, 법원이 자기의 권능과 책임으로 재판의 기초가 되는 자료를 수집하는, 이른바 직권탐지주의에 의하고 있으므로(비송사건절차법 제11조), 법원으로서는 당사자의 주장에 구애되지 아니하

고 재산분할의 대상이 무엇인지 직권으로 사실조사를 하여 포함시키거나 제외시킬 수 있다. 따라서 상대방의 지위에서 분할대상 재산을 주장하는 것은 재산분할의 대상 확정에 관한 법원의 직권 판단을 구하는 것에 불과하다.

④ 상대방의 분할대상 재산 주장에 대하여 제척기간을 적용하면, 제척기간 도과가 임박한 시점에 청구인이 자신에게 일방적으로 유리하게 분할대상 재산을 선별하여 재산분할심판을 청구한 경우 상대방으로서는 이에 대응할 수 있는 방법이 봉쇄되는바, 이는 부부가 혼인 중 형성한 재산관계를 청산·분배하는 것을 본질로 하는 재산분할제도의 취지에 맞지 않고, 당사자 사이의 실질적 공평에도 반하여 부당할뿐더러, 가사소송법이 재산분할 등 사건에서 직권 또는 신청에 따른 재산명시·재산조회 제도(가사소송법 제48조의2, 제48조의3)를 둔 취지에도 맞지 않다.

[대법원 2022. 7. 28.자 2022스613 결정]

【판시사항】

이혼으로 인한 재산분할청구권이 채권자대위권의 목적이 될 수 있는지 여부(소극) 및 파산재단에 속하는지 여부(소극)

【판결요지】

이혼으로 인한 재산분할청구권은 이혼을 한 당사자의 일방이 다른 일방에 대하여 재산분할을 청구할 수 있는 권리로서 청구인의 재산에 영향을 미치지만, 순전한 재산법적 행위와 같이 볼 수는 없다. 오히려 이혼을 한 경우 당사자는 배우자, 자녀 등과의 관계 등을 종합적으로 고려하여 재산분할청구권 행사 여부를 결정하게 되고, 법원은 청산적 요소뿐만 아니라 이혼 후의 부양적 요소, 정신적 손해(위자료)를 배상하기 위한 급부로서의 성질 등도 고려하여 재산을 분할하게 된다. 또한 재산분할청구권은 협의 또는 심판에 의하여 구체적 내용이 형성되기까지는 그 범위 및 내용이 불명확·불확정하기 때문에 구체적으로 권리가 발생하였다고 할 수 없어 채무자의 책임재산에 해당한다고 보기 어렵고, 채권자의 입장에서는 채무자의 재산분할청구권 불행사가 그의 기대를 저버리는 측면이 있다고 하더라도 채무자의 재산을 현재의 상태보다 악화시키지 아니한다. 이러한 사정을 종합하면, 이혼으로 인한 재산분할청구권은 그 행사 여부가 청구인의 인격적 이익을 위하여 그의 자유로운 의사결정에 전적으로 맡겨진 권리로서 행사상의 일신전속성을 가지므로, 채권자대위권의 목적이 될 수 없고 파산재단에도 속하지 않는다고 보아야 한다.

[대법원 2022. 6. 30.자 2020스561 결정]

【판시사항】

[1] 재산분할에 관한 민법 규정을 사실혼관계에 유추적용할 수 있는지 여부 (적극)

[2] 민법 제839조의2 제3항에서 정한 재산분할청구권 행사기간의 법적 성질 (=제척기간) 및 위 제척기간이 그 기간 내에 재산분할심판 청구를 하여 야 하는 출소기간인지 여부(적극)

【이유】

가. 사실혼은 당사자 사이에 혼인의 의사가 있고 객관적으로 사회관념상 부 부공동생활을 인정할 만한 혼인생활의 실체가 있는 경우이므로, 법률혼에 대한 민법의 규정 중 혼인신고를 전제로 하는 규정은 유추적용할 수 없 지만 부부재산 청산의 의미를 갖는 재산분할 규정은 부부의 생활공동체 라는 실질에 비추어 인정되는 것이므로 사실혼관계에 유추적용할 수 있 다(대법원 1995. 3. 10. 선고 94므1379, 1386(반소) 판결 참조).

나. 민법 제839조의2 제3항은 재산분할청구권에 관하여 '이혼한 날부터 2년 을 경과한 때에는 소멸한다'라고 정하고 있다. 여기서 2년이라는 기간은 제척기간이다(대법원 1994. 9. 9. 선고 94다17536 판결 참조). 나아가 민법 제839조의2 제3항이 정하는 제척기간은 재판 외에서 권리를 행사 하는 것으로 족한 기간이 아니라 그 기간 내에 재산분할심판 청구를 하 여야 하는 출소기간이다. 그 구체적인 이유는 다음과 같다.

1) 이혼으로 인한 재산분할청구권은 이혼을 한 당사자의 일방이 다른 일방 에 대하여 재산분할을 청구할 수 있는 권리로서, 협의 또는 심판에 의 하여 그 구체적 내용이 형성되기 전까지는 그 범위 및 내용이 불명확· 불확정하기 때문에 구체적으로 권리가 발생하였다고 할 수 없다(대법 원 2017. 9. 21. 선고 2015다61286 판결 참조).

2) 당사자 일방이 상대방에게 재판 외에서 재산분할청구를 하였음에도 당 사자 사이에 재산분할에 관한 협의가 성립되지 않는 상태가 지속되면, 재산분할청구권 행사에도 불구하고 재산분할청구권의 구체적 내용이 형 성되지 않아서 재산분할을 둘러싼 법률관계의 불안이 지속될 수 있다.

3) 한편 민법 제839조의2 제2항은 재산분할에 관하여 협의가 되지 아니 하거나 협의할 수 없는 때에는 가정법원이 당사자의 청구에 의하여 분 할의 액수와 방법을 정하도록 규정함으로써, 당사자 사이에 협의가 이

루어지지 않으면 가정법원이 재산분할의 범위와 내용을 종국적으로 정
하도록 하고 있다.

4) 재산분할에 관한 협의가 이루어지지 않을 경우에는 당사자로 하여금 신
속하게 가정법원에 재산분할심판을 청구하도록 함으로써 가정법원의
재판을 통하여 재산분할을 둘러싼 법률관계가 조속하게 확정될 수 있
도록 할 필요가 있다.

◼ 편 저 구 희 진 ◼
· 부산 동부 지방법원 민사과
· 부산 동부 지방법원 민사계장
· 부산지방법원 민원실장
· 부산지방법원 민원과장
· 부산지방법원 집행관
· 부산지방법원 법무사

해설, 판례, 소장 작성례와 함께 살펴 본
이기는 가사소송

2026년 3월 15일 인쇄
2026년 3월 20일 발행

저 자 구희진
발행인 김현호
발행처 법문북스
공급처 법률미디어

주소 서울 구로구 경인로 54길4(구로동 636-62)
전화 02)2636-2911~2, 팩스 02)2636-3012
홈페이지 www.lawb.co.kr

등록일자 1979년 8월 27일
등록번호 제5-22호

ISBN 979-11-94820-62-8 (13360)

정가 28,000원

이 도서의 국립중앙도서관 출판예정도서목록(CIP)은 서지정보유통지원시스템 홈페이지(http://seoji.nl.go.kr)와 국가
자료종합목록 구축시스템(http://kolis-net.nl.go.kr)에서 이용하실 수 있습니다.

홈페이지 www.lawb.co.kr
페이스북 www.facebook.com/bummun3011
인스타그램 www.instagram.com/bummun3011
네이버 블로그 blog.naver.com/bubmunk